港珠澳大桥主桥桥梁桩基试验研究

罗永传　谭逸波　主编

人民交通出版社股份有限公司

北　京

内 容 提 要

本书介绍了关于港珠澳大桥桩基试验技术的研究成果,具体内容包括:海工高性能混凝土材料试验,环保泥浆试验,钢管插打噪声、激波影响试验,钢管桩荷载试验及沉桩施工工艺,钢管复合桩、钻孔灌注桩轴向静荷载试验和施工工艺及其在实际工程中的应用。其中涉及许多桩基试验关键技术和创新技术,值得同行学习和借鉴。

本书内容结合工程实际,内容详尽,图文并茂,简明易懂,可作为桥梁工程领域设计、施工技术人员和高校相关专业师生研究应用的参考书。

图书在版编目(CIP)数据

港珠澳大桥主桥桥梁桩基试验研究 / 罗永传,谭逸波主编. — 北京 : 人民交通出版社股份有限公司, 2021.3

ISBN 978-7-114-16515-3

Ⅰ. ①港… Ⅱ. ①罗…②谭… Ⅲ. ①跨海峡桥—桥梁基础—桩基础—试验—研究—中国 Ⅳ. ①U448.19

中国版本图书馆 CIP 数据核字(2020)第 072755 号

Gang-Zhu-Ao Daqiao Zhuqiao Qiaoliang Zhuangji Shiyan Yanjiu

书　　名:港珠澳大桥主桥桥梁桩基试验研究
著 作 者:罗永传　谭逸波
责任编辑:任雪莲
责任校对:孙国靖　魏佳宁
责任印制:张　凯
出版发行:人民交通出版社股份有限公司
地　　址:(100011)北京市朝阳区安定门外外馆斜街 3 号
网　　址:http://www.ccpcl.com.cn
销售电话:(010)59757973
总 经 销:人民交通出版社股份有限公司发行部
经　　销:各地新华书店
印　　刷:北京虎彩文化传播有限公司
开　　本:787 × 1092　1/16
印　　张:24
字　　数:574 千
版　　次:2021 年 3 月　第 1 版
印　　次:2021 年 3 月　第 1 次印刷
书　　号:ISBN 978-7-114-16515-3
定　　价:120.00 元

编委会名单

前　　言

我国于2013年提出了“一带一路”倡议，旨在改善我国与周边新兴经济体的基础设施环境，为我国与周边新兴经济体开辟新的合作机制。为此，加快公路、铁路、航空的互联互通是实现构想的第一要务。桥梁建设是基础设施建设的重要组成部分。形成与国际接轨的管理目标、核心建设理念、建造技术是我国跻身桥梁强国之列的首要任务，是实现中国“桥梁出海”的生命之源。自东海大桥建成以来，中国桥梁建设实现了从跨江、跨河到跨海的飞跃，由粤、港、澳三地政府联合规划投资建设的港珠澳大桥又将使这一飞跃得以升华。

港珠澳大桥东接香港特别行政区，西接广东省（珠海市）和澳门特别行政区，是国家公路规划网中珠江三角洲地区环线的组成部分和跨越伶仃洋海域的关键工程。主要包括两项内容：一是海中桥隧工程，二是粤、港、澳三地口岸及连接线。海中桥隧工程全长约35.6km，其中香港段长约6km。粤、港、澳三地共建主体工程长约29.6km，采用桥隧结合方案，穿越伶仃西航道和铜鼓航道段约6.7km采用隧道方案，其余路段约22.9km采用桥梁方案。港珠澳大桥建成后将形成连接珠江东西两岸的公路运输新通道，在促进香港、澳门和珠江三角洲西岸地区经济上的进一步发展具重要的策略意义。

广东省长大公路工程有限公司通过对港珠澳大桥进行桩基试验研究，取得了多项技术创新成果，其中最具代表性的内容包括：①解决了钢管复合桩中剪力环与混凝土结合的问题，并在工程实践中应用，为钢管复合桩的设计提供了强有力的理论支持；②研究团队编写了《港珠澳大桥主体工程桥梁试桩工程研究报告》，不仅将为港珠澳大桥主体桥梁工程的施工提供强有力的技术和管理保障，同时也将为今后海上工程的设计及施工提供宝贵的经验。

本书编者将港珠澳大桥桩基试验研究作为主要内容，对试验中出现的难点与解决措施进行了分析总结，形成了系统的施工技术成果。

第1篇为总述篇包含1章内容，主要由罗永传负责编写，第1章主要介绍了港珠澳大桥的工程概况、地质环境条件及技术标准等。

第2篇为试验研究篇，包含第2~7章内容。第2、3章主要由苏年就、陈永清负责编写，第4~6章主要由杨宇负责编写，第7章主要由牟芸负责编写，该篇主要内容如下：

第2章主要介绍了海工高性能混凝土材料试验；

第3章主要介绍了环保泥浆试验；

第4章主要介绍了钢管插打噪声、激波影响试验；

第5章主要介绍了钢管桩荷载试验，包括高应变试验和锚桩反力架法试验；

第6章主要介绍了钢管复合桩轴向静荷载试验，同时介绍了钢管复合桩内壁泥皮清除试验；

第7章主要介绍了钻孔灌注桩轴向静荷载试验。

第3篇为施工篇，包含第8~10章内容。第8章主要由杨富发、杨伟刚负责编写，第9章主要由谭海雄、颜得胜负责编写，第10章主要由胡振伟、张国勋负责编写，该篇主要内容如下：

第8章详细介绍了钢管桩沉桩施工工艺；

第9章详细介绍了钢管复合桩施工工艺；

第10章详细介绍了钻孔灌注桩施工工艺。

第4篇为应用篇，包含第11～13章内容，主要由谭逸波负责编写，该篇主要内容如下：

第11章详细介绍了成套技术在通航孔桥平台中的应用；

第12章详细介绍了非通航孔桥施工工艺；

第13章详细介绍了海洋工程环保研究。

全书由罗永传审定统稿，由罗永传、谭逸波担任主编。

感谢港珠澳大桥管理局在试验及研究过程中的大力支持和指导。本书内容全面、真实，在撰写过程中收集了试验过程中大量原始资料，是科学研究和工程实践相结合的成功例证，对广大桥梁科技工作者、高校师生及工程技术人员都具有实用价值。

编　者

2020年9月

目　　录

第1篇　总　述　篇

第2篇　试验研究篇

第3篇 施 工 篇

第4篇 应 用 篇

第 1 篇

总述篇

第 1 章 绪 论

1.1 工 程 概 述

1.1.1 项目背景

20 世纪 80 年代以来,香港、澳门与内地之间的运输通道,特别是香港与广东省珠江三角洲东岸地区的陆路运输通道的建设有效地促进了香港与珠江三角洲地区的经济、文化交流和发展,但是香港与珠江西岸的交通联系却比较薄弱。1997 年亚洲金融危机以后,香港特别行政区政府为了振兴香港经济,促进与内地的经济文化交流,提出有必要建造一条连接香港、澳门和珠海的跨海陆路通道,以充分发挥香港、澳门的优势,并于 2002 年向中央政府提出了修建港珠澳大桥的建议。2003 年 7 月,内地与香港有关方面共同委托研究机构完成了《香港与珠江西岸交通联系研究》,结果表明,修建港珠澳大桥连通三地具有重大的政治及经济意义。2003 年,国务院正式批准开展港珠澳大桥项目前期工作。

港珠澳大桥东接香港特别行政区,西接广东省(珠海市)和澳门特别行政区,是国家公路规划网中珠江三角洲地区环线的组成部分和跨越伶仃洋海域的关键工程,建成后将形成连接珠江东西两岸的公路运输新通道,对促进香港、澳门和珠江三角洲西岸地区经济的进一步发展具有重要的战略意义。港珠澳大桥投资超 700 亿元,约需 8 年建成。主体建造工程于 2009 年 12 月 15 日开工建设,一期于 2015—2016 年完成。该工程涉及 6648m 的“沉管隧道”、460m 的“双塔钢箱梁斜拉桥”、用钢量相当于 11 个鸟巢、遇多项世界难题、珠海口岸桥头建观景台、澳门口岸设万位停车场。港珠澳大桥全长为 49.968km,主体工程“海中桥隧”(粤港分界线至珠海和澳门口岸段,以下称“主体工程”)长达 35.578km。以总长 6648m 的“沉管隧道”、主跨 460m 的“双塔钢箱梁斜拉桥”成为大桥最具特色的“标志”。目前是世界上最长的六线行车沉管隧道及世界上跨海距离最长的桥隧组合公路。

1.1.2 项目概况

港珠澳大桥工程包括三项内容:一是海中桥隧工程,二是香港、珠海和澳门三地口岸,三是香港、珠海、澳门三地连接线。主体工程由粤、港、澳三地共同建设;海中桥隧工程香港段(起自香港磡石湾、止于粤港分界线)、三地口岸和连接线由三地各自建设。

海中桥隧工程采用磡石湾—拱北/明珠的线位方案,路线起自香港大屿山磡石湾,经香港水域,沿 23DY 锚地北侧向西,穿(跨)越珠江口铜鼓航道、伶仃西航道、青州航道、江海直达船航道、九洲航道,止于珠海/澳门口岸人工岛,总长约 35.6km,其中香港段长约 6km;粤港澳三地共同建设的主体工程长约 29.6km。主体工程采用桥隧组合方案,穿越伶仃西航道和铜鼓航道段约6.7km,采用隧道方案,其余路段约22.9km,采用桥梁方案。为实现桥隧转换和设置通风井,主体工程隧道两端各设置一个海中人工岛,东人工岛东边缘距粤港分界线约300m,西人工岛东边缘距伶仃西航道约2000m,两人工岛最近边缘间距约5500m。

港珠澳大桥的建设具有十分重要的意义,主要体现在以下几方面:

(1)加速粤、港、澳经济一体化进程,提升大珠江三角洲的综合竞争力。充分发挥香港、澳门和内地各自的优势,实现优势互补,推进区域经济整合与协调发展,是提高大珠江三角洲地区经济国际竞争力的有效途径。为适应大珠江三角洲区域经济整合与协调发展要求,迫切需要加快作为香港连接珠江西岸陆路通道的港珠澳大桥的建设。

(2)加速港、澳新一轮产业结构调整,促进港、澳经济持续繁荣和稳定发展。港珠澳大桥的建设,将缩短珠海与香港之间的交通运输时间,珠江西岸相对低廉的劳动力与土地和与香港互补的产业结构将吸引更多的港资,有利于香港新一轮产业结构调整,为香港持续繁荣和稳定发展创造条件;另外,由于缩短香港与澳门之间的交通运输时间,将进一步拓展澳门经济发展的空间,促进澳门旅游业和整个经济的发展。

(3)加快珠江三角洲西岸社会经济发展。改革开放四十多年以来,珠江三角洲西岸与香港缺乏直接的陆路连接,难以接受其辐射和带动作用。西岸地区的开发将带动东岸以及整个大珠江三角洲地区的社会经济发展。加快珠江三角洲西岸经济发展,是建设港珠澳大桥工程经济价值的重要体现,对大珠江三角洲地区社会经济的发展具有十分重要的战略意义。

(4)有利于粤、港、澳各地扬长避短,深化区域分工,推动内地市场体系发展。港珠澳大桥的建设可将粤、港、澳连接成整体,降低港、澳厂商投资与生产经营的经济成本,扩大产品市场需求;利用香港的金融、贸易、信息及管理技术的优势,可以为广东经济发展提供资金融通渠道,引进信息管理技术,拓展国际营销市场;利用澳门的优势,可以促进三地旅游业的发展,增强与欧美国家的联系。

(5)拉动粤西乃至广大西部地区经济,扩大港、澳经济腹地和辐射范围。港珠澳大桥的建设可以开辟便捷通道,接入粤西及西部的交通网络,密切港澳与西部地区的联系,有助于西部大开发战略的实施,促进西部欠发达地区的国民经济快速增长。

(6)促进粤、港、澳三地物流业和旅游业快速发展。港珠澳大桥缩短了广州、深圳、珠海、澳门和香港五大机场之间的陆路距离,而且使珠江三角洲西部地区主要城市集装箱及货物到香港国际航运、航空货物中心的运输成本降低,在途时间减少,有效地降低了物流成本,同时也将加速粤西和西南地区新的货运市场的不断涌现和发展。港珠澳大桥直接将粤、港、澳连成一体,有助于联合开发旅游线路,合理使用其旅游设施,从而提高粤、港、澳在国际旅游市场上的竞争力。

(7)推动大珠江三角洲地区快速交通网络的形成,满足香港、澳门和内地之间跨界交通需求不断增长的需要。目前水路交通是香港与珠江西岸之间客货交流的主要运输方式,而水路交通由于受运力、运输时间以及天气等自然条件影响,在一定程度上限制了跨界交通出行,随着经济发展及交通基础设施的不断完善,香港与珠江西岸、澳门间的经济交流和交通联系将不断加强。港珠澳大桥的建设将在最大限度上满足不断增长的跨界交通需求,进一步促进香港、澳门和内地之间经济的发展。

(8)促进泛珠江三角洲乃至东盟自由贸易区的经济发展及广泛联系。港珠澳大桥建成后,对于营造区域经济中的多赢局面,形成综合的竞争实力等都具有十分重要的意义。另外,泛珠江三角洲经济区位于中国与东盟国家的接合部,是中国和东盟各国进行经济合作的重要平台。港珠澳大桥建成后,有利于促进泛珠江三角洲经济区与东盟经济圈的对接互动,开创两大经济区联合发展的新局面。

综上所述,港珠澳大桥具有重大的政治、经济意义,并将获得宏观社会经济效益,其工程建设是必要的。

1.1.3 本书依托项目概况

由于港珠澳大桥工程区域地质条件较为复杂、环境保护要求高,大直径、深基础桩的运用尚无先例,缺乏可以利用、借鉴的设计资料及施工经验,因此,试桩工程施工及试验研究成为施工图设计阶段的基础设计及施工优化必不可少的环节。研究项目基本涵盖了桥梁的全线区域,试桩不仅可为设计和施工优化提供重要的设计参数及试验数据,也可降低或消除一些重要的海上施工环节中的不确定因素(包括长桩运输与架设、打桩精度控制、打桩程序及设备要求等),增加施工的可实施性及可操作性,为将来的主体工程施工提供施工工艺、施工进度、作业时间、造价控制、施工安全及风险控制措施、生态环保等方面的重要信息,能够有效地保证工程质量、缩短工期和节约成本。

桥梁试桩地点分别设在青州航道桥、江海直达轮航道桥和九洲航道桥三座桥的桥位附近,对应主体工程的里程桩号分别为K19+003、K27+033和K33+317,均位于桥轴线北侧150m左右。每个地点各进行一组两根桩的试桩试验,其中在青州航道桥桥位附近进行大直径钢管桩高应变法和锚桩反力架法试验;在江海直达轮航道桥桥位附近进行钢管复合桩自平衡法试验、钢管插打时噪声及激波的影响测试、钢管内壁泥皮清除措施和剪力环附近泥浆滞留情况研究;在九洲航道桥桥位附近进行钻孔灌注桩自平衡试验、桩基成孔及成桩施工工艺研究、环保泥浆设计及应用研究等。在每个试桩点对桩位处进行地质补钻,共6根,K19+003处增加2个CPTU孔(孔压静力触探)。

1.2 地质环境条件

1.2.1 地质条件

港珠澳大桥主体工程地质勘察勘探深度范围内覆盖层厚24.0~89.3m。根据勘察钻孔揭示情况,结合前期勘察成果和区域地质资料,按成因时代、岩性特征可划分为5个大层组、27个亚层。

第1层为全新统海相沉积物,其岩性为淤泥、淤泥质黏土和淤泥质黏土夹砂;第2层为晚更新统晚期陆相沉积物,呈断续分布,其中局部孔段缺失,层厚较薄,主要为软塑、可塑黏土,其下部多分布有薄层松散粉砂、砾砂,局部夹有透镜体状的圆砾土;第3层为晚更新统中期海相冲积物,其岩性主要为淤泥质粉质黏土、淤泥质黏土和软塑、可塑状黏土,夹有粉砂、中砂透镜体,部分地段黏土与粉细砂相互交叠;第4层为晚更新统早期河流相冲积物,主要由中密、密实砂类土组成,总体自上而下变粗(粉砂至砾砂),夹有透镜体状的软塑、可塑状粉质黏土和密实圆砾土;第 5 层为基岩风化残积物,呈硬或半干硬砂质黏性土状,见于珠海侧近岸孔段。

基岩主要为燕山期花岗岩和震旦系片麻状混合花岗岩、混合花岗岩,其中震旦系片麻状混合花岗岩和混合花岗岩分布长约 12km 范围。据钻探及物探资料显示,勘察区段基岩面起伏变化很大,埋深自 24.0 ~ 89.3m 不等,岩面高程为 -27.05 ~ -96.4m。勘探范围内,基岩全、强、中、微风化均有揭示,但风化差异显著,不同地段基岩风化程度变化很大。

1.2.2 水文特征

1)潮汐性质

试桩区域潮汐类型属于不规则的半日潮混合潮型。工程水域潮差也有由外海向珠江口内逐渐增大的趋势。水文测验期间,各站实测最大潮差 2.25 ~ 2.51m,最小潮差 0.04 ~ 0.13m,平均潮差 1.06 ~ 1.16m,该区域属于弱潮海湾。

伶仃洋海域具有高潮位由外海向珠江口逐渐增大、低潮位由外海向珠江口逐渐降低的特点。工程区澳门与珠海测站的潮汐特征统计值见表 1-2-1。

工程区澳门与珠海测站的潮汐特征值统计值(m) 表 1-2-1

测站	澳门	珠海
最高潮位	3.52	2.51
最低潮位	-1.24	-1.28
平均高潮位	1.05	1.05
平均低潮位	0.00	-0.20
最大潮差	3.50	3.04
最小潮差	0.02	0.11
平均潮差	1.06	1.24
平均海平面	0.54	0.48

注:表中潮位基准面采用 1985 国家高程基准。

2)潮流特性

工程区海域潮流属于不规则半日潮类型,呈现往复流运动形式。海域内潮流基本为沿槽线走向的周期性往复流,内伶仃岛以内流向以 NNW ~ SSE 向为主,内伶仃岛以外流向转为 S ~ N 向。依据澳门站各重现期设计潮差,并参考 1988 年水文测验资料,考虑径流和风海流的影响,推算得出:各站落潮水流流速大于涨潮水流流速,SW07 站流速最大,300 年一遇垂线平均最大落潮水流流速为 1.99m/s。

工程水域风海流和径流比较复杂,在现阶段难以准确计算,根据《港口与航道水文规范》(JTS 145—2015)对风海流加以估算并考虑径流影响后,估算得到可能最大垂线平均水流流速约为 2.2m/s。工程区附近测站潮流可能最大流速见表 1-2-2。

工程区附近测站潮流可能最大流速(m/s) 表 1-2-2

测 站	海面	0.2*H*	0.4*H*	0.6*H*	0.8*H*	海底	垂线平均
SW02	1.58	1.81	1.62	1.52	1.22	0.68	1.41
SW07	1.57	1.78	1.85	1.66	1.30	1.14	1.55

注:*H* 为测试点海水深度。

3)波浪

根据位于澳门路环岛九澳角的九澳波浪观测站 1986—2001 年波浪观测资料统计,常浪向为 SE、ESE 和 S 向,出现频率分别为 20.024%、18.693% 和 16.907%;强浪向为 ESE ~ S 向。有效波高大于 1m 的波出现频率为 4.96%。该站实测最大有效波高(H_s)2.86m,周期(T)为 10.1s,波向为 SE 向,出现于 1989 年 7 月 18 日 8908 号(Gordon)台风期间。

1.2.3　气象特征

1)气温

珠江口海区位于北回归线以南,属亚热带海洋性气候,常年冬无严寒,夏无酷暑,夏季炎热多雨,气温较高,冬季温暖少雨,气温较低。根据珠海市气象台(22°16′30.5″N,113°34′01.63″E)1980—2003 年的统计资料,该地区多年平均气温为 22.4℃,历年最高气温为 38.7℃,历年最低气温为 2.5℃,多年月平均气温为 28.6℃,每年最高气温出现在 7 月,日平均气温高达 28.8℃;1 月日平均气温较低,为 14.1℃,气温日较差为 5.3℃。

2)降水

降水量的多寡直接影响港珠澳大桥的施工进度、难度和大桥建成运营后的交通安全。根据珠海市气象台及香港气象台的统计资料,港珠澳大桥区域多年平均降水量为 1800 ~ 2300mm。每年 4—9 月降水量较多,占全年降水量的83% ~86%,每年 10 月至翌年 3 月降水量较少,占全年降水量的 14% ~17%。年平均降水日数(日降水量≥0.1mm)约为 140d,年均(日降水量≥25mm)降水日数为 22 ~ 28d,年均降水量(日降水量≥50mm)日数为 10 ~ 13d。常年出现≥50mm 的暴雨的时间多在每年 6—8 月。统计显示,年均降水量最多年份时为 3343.0mm,年均降水量最少年份时为 901.1mm,均出现在香港。

湿度会影响到工程建筑物的锈蚀速度和地面摩擦力,港珠澳大桥所经海区的湿度形成,主要是由于海洋性气团与大陆入袭的气流的相互作用,使得大气中水汽不断增加的缘故。据统计资料,港珠澳大桥附近海域多年平均相对湿度为 80%,其中 9 月至翌年 1 月相对湿度变化范围为 70% ~79%,2—8 月相对湿度变化范围为 80% ~86%,在这种相对湿度较大的海区进行施工作业和大桥建成后的交通安全都是不可忽略的考虑因素。

3)风

工程区年盛行风向以东南偏东和东风为主,但季节变化明显。香港横澜岛测风站一年四季的盛行风向均为东风;珠海站盛行风向,秋冬季主导风向为东北风,春季为东和东南偏东风,夏季主导风向在西南到东风之间变化,其中以西南风为主;澳门站春、秋两季盛行东南偏东风,冬季为北风,夏季为西南风。

珠海站和澳门站年平均风速分别为 3.1m/s 和 3.6m/s,香港横澜岛测风站因位于珠江口外的海岛上,年平均风速达 6.3m/s。香港天文台记录的最大阵风为 71.9m/s,香港横澜岛为 65.0m/s,珠海站为 44.6m/s,澳门站为 58.6m/s。

4)雾、雷暴

工程区以澳门观测站记录的雾日最多,年平均达 19.3d。雾天主要发生在每年的 1—4 月,其中以 3 月为最多,平均 7.3d。

年平均雷暴日以珠海观测站记录最多,年平均为 61.6d。雷暴天气主要集中出现在 4—9

月,占全年的89% ~93%;11月至翌年1月较少出现雷暴天气。

1.2.4 主要海洋自然灾害

1)热带气旋

项目所在海域受冬季偏北大风与热带气旋的影响。其中,热带气旋影响是广东沿海地区最为严重的灾害。热带气旋所产生的大风、暴雨和暴潮直接威胁到海上及沿岸的构筑物、船只和人员的安全。

根据历史天气资料分析,工程所在海区受热带气旋直接影响的开始季节是春末(5月),结束多在秋末(11月)。一年中受热带气旋影响期长达7个月。正面袭击工程海域的热带气旋多集中在9—10月,因此,对工程的影响也较严重。热带气旋登陆或影响深圳市赤湾海洋站海域的最早时间是5月2日,最晚时间是12月2日;登陆或影响的热带气旋最多的月份是9月,占33%,其次是7月,占23%,8月和6月较少,分别占20%和10%。1949—2007年登陆或影响赤湾海洋站海域的热带气旋详细资料统计见表1-2-3。

1949—2007年登陆或影响赤湾海洋站海域的热带气旋详细资料统计(个) 表1-2-3

时间	5月	6月	7月	8月	9月	10月	11月	合计	年平均
台风	3	5	7	9	12	3	2	41	0.7
强热带气旋	—	—	6	5	8	—	—	19	0.3
热带气旋	—	1	1	1	1	—	—	4	0.1
小计	3	6	14	15	21	3	2	64	1.1
占比(%)	5	10	23	20	33	5	3	100	—

2)风暴潮

风暴潮灾害主要是由登陆和影响本区的热带气旋引起的。1991—2007年,在珠江口附近登陆的热带气旋共24个,其中台风10个,强热带风暴9个。

每年7—9月是风暴潮发生最多的月份,共占71.2%,其中7月最甚,达30.5%。每年5—11月,当赤湾港沿岸受热带气旋登陆影响时,能发生50cm增水以上的风暴潮。珠江口内水深大部分小于25m,在强台风期间,海底沉积物受搅动的可能性很大。在台风期间,水流基本上由强风所控制并显著增强,无论表层还是底层水流都比正常时的流速大几倍,水流的流向也随风向而改变。风暴潮对桥位附近海区的影响程度主要与风暴强度及所在海区的水深条件有关。在相同风暴强度下,风暴潮对桥位西侧海区的影响要大于对桥位东侧海区的影响。但由于桥区所在的伶仃洋湾外有一系列岛屿(如万山群岛)掩护,对外海传来的风暴会有一定的阻挡作用,作为桥区主航道的大濠水道槽宽水深,风暴对海床的影响较小。珠江口虽是台风频发区,但伶仃洋能长期保持“三滩两槽”的基本格局,伶仃洋深水航道多年来并没有发生台风“骤淤”而碍航的实际情况,说明风暴潮对本海区的水下滩槽分布没有明显的破坏作用。

3)赤潮

珠江口海域是我国海洋赤潮的多发地之一。近年来,珠江口海域赤潮频率增加,范围扩大,危害加重。2002年6月发生的珠江口赤潮延续时间长、范围广、面积大。赤潮自6月4日大面积发生,至13日完全消失,共持续了9d。从深圳西部的赤湾港至珠海桂山岛海域多次出现块状赤潮,赤潮最严重的一天,其面积达到500km^2。赤潮生物是中肋骨条藻和无纹环沟藻,对海水养殖业未造成影响。根据2006年《广东省海洋环境质量公报》,珠江口海域共发生赤潮3起,累计面积约602km^2;有毒赤潮1次,为2006年4月发生在珠江口桂山港和东澳岛码头附近海域的多环旋沟藻赤潮,其余主要为无毒的球形棕囊藻赤潮。

4)地震

工程区位于南海北部滨海地震带,这是华南沿海一条较强的地震活动带,分布在沿海岛链的外侧,位于水深30~50m的地区。南海北部沿海自1067年以来,4.3级以上的地震共发生了百余次,其中8.0级1次,7.3~7.4级2次,6.3~7.0级6次,6.0~6.2级12次,5.1~5.4级14次,4.34~5.4级65次。广东省地震局在综合研究了南海区海陆地震资料后指出,担杆岛南面海域是发生地震的危险区,预测震中烈度可达X度,影响香港、深圳、大亚湾的烈度可达Ⅶ度。

1.3 技术标准

港珠澳大桥主体工程采用双向六车道高速公路标准建设,设计速度采用100km/h,桥梁总宽33.1m,隧道宽度采用2×14.25m,净高采用5.1m。全线桥涵设计汽车荷载等级采用公路-Ⅰ级,同时应满足香港 *Structure Design Manual for Highways and Railways* 中规定的活载要求,大桥的设计使用寿命为120年。其他技术标准应符合《公路工程技术标准》(JTG B01—2014)中的规定。通航标准按《关于港珠澳大桥通航净空尺度和技术要求的批复》(交水发〔2008〕97号)执行。

本项目研究内容技术参照以下标准文件进行:

(1)《公路工程水泥及水泥混凝土试验规程》(JTG E30—2005);

(2)《普通混凝土长期性能和耐久性能试验方法标准》(GB/T 50082—2009);

(3)《混凝土结构耐久性设计规范》(GB/T 50476—2008);

(4)《海港工程混凝土结构防腐蚀技术规范》(JTJ 275—2000);

(5)《混凝土结构耐久性设计与施工指南》(CCES 01—2004,2005年修订版);

(6)《公路桥涵施工技术规范》(JTG/T F50—2011);

(7)《公路桥涵地基与基础设计规范》(JTG D63—2007);

(8)《建筑基桩检测技术规范》(JGJ 106—2014);

(9)《建筑桩基技术规范》(JGJ 94—2008);

(10)《公路工程基桩动测技术规程》(JTG/T F81-01—2004);

(11)《基桩静载试验 自平衡法》(JT/T 738—2009);

(12)《港珠澳大桥主体工程桥梁试桩工程施工及试验研究招标文件》。

1.4 工程建设环境影响及意义

海洋工程建设项目要全面贯彻落实科学发展观,建设“资源节约型经济”和“循环经济”等指导思想。海洋环境是一独特的生态系统,既具有较大的环境容量,同时也容易因海洋工程的建设以及人类活动而遭受损害。因此,工程建设项目在达到既有目的的同时也要兼顾对环境的影响。港珠澳项目作为国家重点工程项目,使用新型技术、环保材料,促进海洋环境保护十分必要。

1.4.1 项目环境保护要求

依据《广东省海洋功能区划》(2011—2020 年),港珠澳大桥所处海域的功能区划为港珠澳大桥预留区。港珠澳大桥预留区地理范围从珠海拱北、澳门明珠至香港大屿山。工程周边海域的功能区众多且复杂,主要功能区包括港口区、航道区、锚地区、渔港区、养殖区、增殖区、旅游区、海底管线区、海岸防护工程区、海洋保护区、预留区、保留区。

结合工程的特点和项目所属海域以及附近海域的功能区划状况,由于大桥穿越珠江口中华白海豚国家级自然保护区,本项目海域海水水质评价执行《海水水质标准》(GB 3097—1997)中的第一类水质标准;沉积物质量评价执行《海洋沉积物质量标准》中的第一类标准;海洋生物质量评价执行《海洋生物质量》(GB 18421—2001)中的第一类标准;生物体内污染物质残毒分析评价标准采用《全国海岸带和海涂资源综合调查简明规程》中规定的生物质量标准,石油烃含量的评价标准采用《第二次全国海洋污染基线调查技术规程》(第二分册)中规定的生物质量标准。

根据《港珠澳大桥工程环境影响报告书》,跨海大桥路段的声环境按《声环境质量标准》(GB 3096—2008)中的 0 类标准评价,陆上部分按路段执行 2 类标准和 3 类标准,见表 1-4-1。跨海大桥路段大气环境执行《环境空气质量标准》(GB 3095—2012/XG1—2018)中的一级标准,陆上部分的侧接线执行《环境空气质量标准》(GB 3095—2012/XG1—2018)中的二级标准(见表 1-4-2,表中 NO_2 值根据环发〔2000〕1 号文进行了修改)。

港珠澳大桥工程推荐线位海上部分声环境现状执行标准　　表 1-4-1

路段	执行标准	标准值 L_{Aeq}(dB)	
		昼间	夜间
海上路段	0 类标准	50	40
K4 +400 ~ K8 +150 BK4 +690.348 ~ BK5 +110	2 类标准	60	50
K8 +150 ~ K13 +407.075 BK10 +980.00 ~ BK11 +290.00	3 类标准	65	55

环境空气质量标准(摘录)(mg/m³)　　表1-4-2

污染物名称		NO_2	PM10	CO
《环境空气质量标准》(GB 3095—2012/XG1—2018)一级浓度限值	日平均	0.08	0.05	4.00
	1小时平均	0.12	—	10.00
《环境空气质量标准》(GB 3095—2012/XG1—2018)二级浓度限值	日平均	0.12	0.15	4. 00
	1小时平均	0.24	—	10.00

对于施工期和营运期的生产生活废水水污染物排放则执行广东省《水污染物排放限值》(DB 44/26—2001)的标准,其中属《海水水质标准》(GB 3097—1997)中二类海域的执行第二时段的第一级标准,属《海水水质标准》(GB 3097—1997)中三、四类海域的执行第二时段的二级标准,船舶污染物排放执行《船舶水污染物排放控制标准》(GB 3552—2018),施工期执行《建筑施工场界环境噪声排放标准》(GB 12523—2011)。

1.4.2　项目环境保护主要区域

根据港珠澳大桥工程项目的施工特征,并结合广东省海洋功能区划,可初步确定工程附近的环境敏感区有:珠江口中华白海豚国家级自然保护区、广东内伶仃岛—福田国家级自然保护区、崖13-1天然气海底管线区、淇澳岛海洋生态系统保护区、桂山连岛—市区通信光缆管线区、珠港航空油海底管线区、情侣路城市景观用海区、伶仃洋经济鱼类繁育场保护区和幼鱼幼虾保护区等。

1)珠江口中华白海豚国家级自然保护区

1997年,香港特别行政区确定中华白海豚为香港回归祖国的吉祥物,并在与广东省中华白海豚相邻水域的沙洲及龙鼓洲建立海岸公园,保护中华白海豚。1999年10月,由广东省政府批准建立了珠江口中华白海豚自然保护区,2003年6月该区晋升为国家级自然保护区。保护区东起粤港水域分界线,西至东经113°40′00″,南起北纬22°11′00″,北至北纬22°24′00″,总面积约460km²,其中核心区面积约140km²,缓冲区面积约192km²,实验区面积约128km²。工程从西向东依次穿过该保护区的实验区、缓冲区和核心区。

2)广东内伶仃岛—福田国家级自然保护区

广东内伶仃岛—福田国家级自然保护区位于广东省深圳市境内的内伶仃岛,1984年经广东省政府批准建立,1988年晋升为国家级自然保护区。其主要保护对象为猕猴、鸟类和红树林。该保护区北距工程区约13km。

3)崖13-1天然气海底管线区

崖13-1天然气海底管线区从海南莺歌海经海南岛东部海域、珠江口至香港烂角咀海域,现为管线区,管线左右两侧各50m禁止抛锚、挖砂,并给航道留出通航要求。该用海区与拟建港珠澳大桥存在交越。

4)淇澳岛海洋生态系统保护区

淇澳岛海洋生态系统保护区位于珠海市香洲区淇澳岛西部沿岸海域,海域使用面积为499.8公顷。其管理要求为按照自然保护区法规管理,恢复、改善海洋生态环境和保持生物多样性,保护自然景观。该保护区位于拟建港珠澳大桥北部约15km。

5)桂山连岛—市区通信光缆管线区

该管线区接驳珠深通信光缆至桂山连岛钓天角海域,海域使用面积为569.1公顷。管理要求为左右两侧各50m禁止抛锚、挖砂,并满足航道通航要求。该用海区与拟建港珠澳大桥存在交越,但目前该光缆未使用。

6)珠港航空油海底管线区

珠港航空油海底管线区从牛头岛跨大濠水道至香港大屿山海域,现为管线,海域使用面积为100.6公顷,管理要求为左右两侧各50m禁止抛锚、挖砂,并满足航道通航要求。该用海区位于拟建港珠澳大桥东南侧约11.5km。

7)情侣路城市景观用海区

该用海区位于情侣路外侧海域,用海面积为2855.7公顷,管理要求为取消养殖功能,旅游设施建设要与生态环境的承载能力相适应,不宜破坏自然景观,达标排放和科学处理陆源污染物,执行不低于三类的海水水质标准。拟建港珠澳大桥的珠海连接线经过该用海区的南部。

8)伶仃洋经济鱼类繁育场保护区和幼鱼幼虾保护区

参照《中国海洋渔业水域图(第一批)》(2002年2月),伶仃洋经济鱼类繁育场保护区范围为:从珠海市金星门水道的铜鼓角起,经内伶仃岛东角咀至深圳市妈湾下角止三点连线以北,广州市番禺区的莲花山至东莞市的新沙两点连线以南的海域。该保护区为广东省重要渔业品种保护区,现为鱼类繁育场,主要保护珠江口经济鱼虾等的繁殖和生长,保护期为每年的农历4月20日—7月20日。保护期内禁止使用大缯、企业缯、装箩、掺缯、闸箔等渔具和机拖渔船作业。幼鱼幼虾保护区的范围向南扩展到万山群岛水域水深20m以内。

1.5 中华白海豚专项保护措施

珠江口中华白海豚自然保护区位于珠江口伶仃洋中部偏东水域,其东边界与粤港水域边界线重叠,其东北部边界与香港沙洲—龙鼓洲海岸公园的西边界衔接。该保护区属于珍稀濒危水生动物保护区,主要保护对象是中华白海豚,其次是江豚(为国家二级水生保护动物)。

保护区范围内,尤其是核心区与香港沙洲及龙鼓洲海岸公园连成一片的水域,无疑是中国沿海中华白海豚分布最为密集的区域。这里能成为白海豚栖息活动的密集区,主要原因有:首先,珠江是我国南方最大的河流,年径流量达3000多亿平方米,出海口的伶仃洋水域宽广,面积约1300km^2,气候温暖,水温和盐度条件与中华白海豚喜栖于热带和亚热带河口咸淡水交汇区的习性相吻合;其次,该水域是咸淡水交汇处,珠江径流带来大量的陆源冲积物,使营养盐变得十分丰富,初级生产力极高,因此水生生物资源丰富,是多种鱼虾类的产卵场和繁育场,水产资源蕴藏量达1万t以上,能为中华白海豚提供足够的食物;此外,保护区的核心区域自然性较高,水质环境较好,在内伶仃岛沿岸和大屿山岛西侧,仍有自然岸线未被开发。因此，尽管这一带是经济繁荣、船舶频繁穿梭的水域，白海豚仍然选择在这里生活及繁衍。因此，对此稀有物种进行保护十分必要。工程中对中华白海豚的保护措施主要有以下几点。

1)施工干扰的缓解措施

(1)施工现场监视

由于施工噪声声源的复杂性，建议在耙吸式挖泥船和打桩船周围设立半径不少于500m的监视缓冲区，以缓解对中华白海豚的影响。施工的大型船只上配备至少两名海豚观察员，观察员可由船员或工人来兼任，在进行施工时，安排至少一名海豚观察员在船上视野开阔处值班，使用望远镜及肉眼搜索船周围360°范围的海面，以确定视野内是否有海豚出没。海豚观察员每隔30min轮换，以减轻疲劳，并保持与船控制台的联系通畅。

施工前，由海豚观察员监视施工船周围360°范围海面5min，以确认500m范围内是否有海豚出没，如果500m范围内有海豚出没，应等待海豚游离监视范围方可开工。由于中华白海豚群体的潜水时间最长达5min，所以必须连续监视5min没有海豚出现方可确认海豚已离开。在施工过程中，如发现有海豚出没，施工船应减速，并尽量减少施工机器的开动量，以减轻施工噪声对海豚的干扰。

加强对中华白海豚及施工水域水质长期监测，建立中华白海豚保护监察员制度，由保护区管理机构委派有经验的人员担任。施工船上的海豚观察员应接受中华白海豚观察相关知识的培训。另外，建议在施工期间监测水中噪声的水平，并留意中华白海豚的行为变化。

(2)合理安排施工进度、位置和控制施工船速

为了减少施工噪声的累加效应，应尽量减少邻近区域同时作业的施工船数量，并尽量避免因机械操作而产生噪声，所有施工机械均应保持良好的性能状态。

根据在香港沙洲和龙鼓洲海岸公园实施航船限速的经验，将航船的速度限制在10节以下，可以有效防止航船撞击海豚和降低噪声滋扰，因此，在保护区范围内与工程有关的施工船只应限速在10节以内。如果有海豚出现在航道上，施工船应减速或暂停以避让海豚，直到海豚游离航道后方可施工，以避免海豚被机器或船只螺旋桨撞伤。

(3)在海豚繁殖的敏感季节减少或避免施工

隧道人工岛及隧道开挖段处于中华白海豚重要分布区之内，并且穿越珠江口中华白海豚国家级自然保护区的核心区，在每年4—8月海豚繁殖高峰季节，为了不影响海豚的繁殖，应尽量避免施工活动或者减少工作量，如撞击式的打桩，以保护中华白海豚和经济鱼类的繁殖活动。

2)污染物影响的缓解措施

施工期间的水域污染主要来自底土扰动和悬浮物扩散，开挖施工应尽量减低悬浮物的产生和扩散，尽可能在隔泥幕内进行，缓解措施建议如下：

(1)采用先进的自航式耙吸船

建议采用先进的自航式耙吸船进行作业，并在适当位置安装摄录镜来监视沉积物在自航式耙吸船泥斗内的水位或在斗内安装水位探测器，以显示水位高度，预防淤泥溢流及水溢流，以进一步防止水污染。在保护区范围内施工禁止淤泥溢流，在保护区范围外施工宜利用环保阀以减少溢流。

(2)缩短自航耙吸式挖泥船的试喷时间

耙吸式挖泥船在开始装舱前,一般需进行试喷,以检验其管路是否完好。为减少疏浚物进入疏浚区水域,施工作业人员应尽量缩短试喷的时间,并在确认耙子弯管与船体吸泥管口的连接完全对位后开始疏浚作业,以免疏浚物从连接处泄漏而污染水域。

(3)减少挖泥船溢流

耙吸式挖泥船的船体两侧设有溢流口,当泥浆量超过两侧溢流口时,稀泥浆即从溢流口中溢出。这将会使疏浚区局部水域的浑浊度增加而影响海域的水质,因此,施工单位应调整好泥舱溢流口的位置,控制好溢流口的泥浆浓度,减少入水泥浆。工程中使用的大型耙吸式挖泥船本身带有先进的定位系统,可采用自动调节溢流口的装置,更易于减轻溢流对施工海域的污染。

(4)确保舱门密闭,严防泥浆泄漏

挖泥船在倾倒区抛泥完毕后,应及时关闭舱门,并确定舱门关闭后方可返航;否则在航行途中,泥浆泄漏入海将会导致污染事故的发生。同时,在疏浚作业期间,应特别留意气象预报,在恶劣天气条件下,应提前做好防护准备并停止挖泥和倾倒作业。

(5)其他防护措施

在基础挖掘的地方加上保护罩、在周围围上隔泥网,并在挖泥时利用封密措施,预防挖泥船溢流,可减轻海床挖掘或打桩所带来的水质污染。桥桩钻孔应尽量采用围水干排钻孔的施工方法,避免湿排钻孔的悬浮物扩散。在人工岛护岸挖泥、吹填和沉管隧道基槽开挖、回填等施工过程中,必须采取先围后填和先围后挖的施工顺序。同时,应合理安排工期,控制每日挖泥量,以减少水流或雨水冲刷造成的悬浮物扩散。此外,填海砂源不宜在保护区和海豚的主要生境之内选取。

3)与广州港出海航道三期工程叠加影响的缓解措施

由于港珠澳大桥的施工可能与广州港出海航道三期工程的施工后期有作业区重叠,两大工程可能会同时在保护区内施工。为减轻两项工程对保护区和中华白海豚的叠加影响,在不调整工期的情况下,可通过合理安排施工顺序,避免施工区重叠的叠加影响。建议保护区内航道段安排在工程初期施工,以避工程可能与航道后期工程同时在保护区施工而造成的叠加影响。

4)加强监督管理

为了落实施工期海豚保护及其他环境管理措施,建议聘请环境监理公司对各施工内容进行监理。与海豚保护有关的监察内容主要包括:避免施工噪声干扰的措施,挖掘和吹填的悬浮物控制,污染物入海及水上交通等。同时,应对疏浚物的装载、运输和抛弃进行监控,避免疏浚物的不当处置行为。环境监理公司应有专门负责海豚保护的监察人员,及时告知施工人员需要采取的保护或预防措施;并及时向建设单位和保护区管理局报告损害海豚的意外情况。此外,建设单位在与各工程分包商签订的施工合同中应明确分包商应承担的海豚和环境保护责任。

大桥施工活动对中华白海豚的影响因素及缓解措施见表1-5-1。海上施工对中华白海豚的保护要求详见表1-5-2。

大桥施工活动对中华白海豚的影响因素及缓解措施　表1-5-1

施工活动	影响因素	影响程度	缓解措施
桥墩桩基施工	噪声、饵料	桩基施工噪声严重影响附近的白海豚；桥墩占地区域内的底栖生物完全遭到破坏，会影响到白海豚的饵料来源	桩基施工时，预先用小船在邻近海域敲打竹竿，驱赶白海豚，避免白海豚进入受影响的区域；或者通过插入水下的管道喷气在周围建立"气泡屏幕"，削弱噪声强度，减缓对白海豚的影响。 通过投放人工鱼礁等方法弥补可能造成的渔业资源损失和白海豚的饵料减少
口岸填海	基本生境	填海造成白海豚基本生境的损失和栖息地的减少，属于不可逆转的影响	根据珠江口白海豚的季节出没规律，选择白海豚出没概率较小的季节进行施工
口岸填海基槽挖泥	饵料及其他	挖泥区的底栖生物完全损失，可能会间接地影响中华白海豚的饵料。 挖泥使底泥泛起，导致海水中的污染物含量增高，生物富集作用最终会影响到白海豚的饵料质量。 挖泥将会直接导致海水中总悬浮物浓度增高，可能会对白海豚造成一定的不利影响	挖泥区的生物量损失为不可逆转的影响，通过投放人工鱼礁等方式弥补可能造成的渔业资源损失和白海豚的饵料减少。 控制挖泥船的作业过程，尽量减少泥水的泄漏
口岸填海吹填	生境恶化	口岸填海需要进行吹填作业，包括挖砂、吹填、溢流等过程，挖泥区的底栖生物完全损失、溢流口处悬浮物浓度增大等，均有可能对白海豚的栖息环境质量造成影响	在综合考虑环境经济损益的基础上，避免选择在珠江口白海豚的活动密集区域挖砂。 储砂坑的选择除了考虑合适的地形地貌外，还应在海洋生态调查的基础上考虑。避免破坏白海豚的栖息地。 设置溢流口时应考虑其设置位置，防止悬浮物的扩散。 口岸护堤外侧应采用粗糙界面，营造水生附着生物的良好附着基，利于生态环境的改善
人工岛挖泥	饵料及其他	挖泥区的底栖生物完全损失，可能会间接地影响中华白海豚的饵料。 挖泥使底泥泛起，导致海水中的污染物含量增高，生物富集作用最终会影响到白海豚的饵料质量。 挖泥将会直接导致海水中总悬浮物浓度增高，可能会对白海豚造成一定的不利影响	挖泥区的生物量损失为不可逆转的影响，通过投放人工鱼礁等方式弥补可能造成的渔业资源损失和白海豚的饵料减少。 控制挖泥船的作业过程，尽量减少泥水的泄漏

续上表

施工活动	影响因素	影响程度	缓解措施
人口岛吹填	生境恶化	口岸填海需要进行吹填作业，包括挖砂、吹填、溢流等过程，挖泥区的底栖生物完全损失、溢流口处悬浮物浓度增大等，均有可能对白海豚的栖息环境质量造成影响	在综合考虑环境经济损益的基础上，避免选择在珠江口白海豚的活动密集区域挖砂。 储砂坑的选择除了考虑合适的地形地貌外，还应在海洋生态调查的基础上考虑。避免破坏白海豚的栖息地。 设置溢流口时应考虑其设置位置，防止悬浮物的扩散。 口岸护堤外侧应采用粗糙界面，营造水生附着生物的良好附着基，利于生态环境的改善
施工船舶	噪声、撞击	施工船舶噪声可能会对白海豚带来一定的影响。 施工船舶密集增加了撞击白海豚的概率	限制施工船舶使用刺耳的高噪声设备。 控制施工船舶的速度。 应预先对参与施工的船舶上的工作人员进行有关白海豚保护的教育

海上施工对中华白海豚的保护要求 表 1-5-2

海上施工活动	影响因素	影响程度	保护要求
挖泥/砂	饵料、重金属、其他	挖泥区的底栖生物完全损失，可能会最终影响中华白海豚的饵料。 挖泥使底泥中沉积的重金属泛起，导致海水中的重金属含量增高，最终可能会由于其他生物富集作用而影响到白海豚的饵料质量。 挖泥将会直接导致海水中总悬浮物浓度增高，可能会对白海豚造成一定的不利影响	挖泥区的选择应避开白海豚的栖息地和主要活动地点。 控制挖泥船的作业过程，减少泥水浆的泄漏。 作业面应集中，范围不宜过大，严格控制多船同时作业过程
填海	饵料、重金属、其他	填海造成白海豚基本生境的损失和栖息地的减少，属于不可逆转的影响。 口岸填海需要进行吹填作业，包括挖砂、吹填、溢流等过程，挖泥区的底栖生物完全损失、溢流口处悬浮物浓度增大等，均有可能对白海豚的栖息环境质量造成影响	填海材料应使用无毒无害材料。 选择合适地点设立储砂坑，运砂船直接将砂从舱底倒入坑内，高出的坑壁可减少悬浮物的扩散。 溢流口的设置应考虑其设置位置，防止悬浮物的扩散。 口岸护堤外侧应考虑粗糙界面，营造水生附着生物的良好附着基，以利于生态环境的改善

第 2 篇

试验研究篇

第 2 章　海工高性能混凝土材料试验

2.1　概　　述

混凝土是当今主要的建筑结构工程材料之一。“高性能混凝土（High Performance Concrete）”这个概念是由美国国家标准与技术研究院（NIST）、美国混凝土协会（ACI）在 1950 年 5 月提出的。目前，对于高性能混凝土还没有一个统一的定义，可简单概述为：高性能混凝土是在大幅度提高常规混凝土性能的基础上，采用现代混凝土技术，选用优质原材料，除水泥、水、集料外必须掺加足够数量的活性矿物掺合料和高效外加剂，具有混凝土结构所要求的各项力学性能，具有高耐久性、高工作性和高体积稳定性的混凝土。根据不同的目的和用途，除对高性能混凝土的工作性、耐久性、强度、体积稳定性、经济合理性等性能有一定的要求外，必要时对某些特别要求的性能应给予重点保证，以提高其适应性。高性能混凝土具有体积稳定性好、耐久性强、工作性优良、强度高等优越性能，在技术经济、社会和环境效益方面也有显著的优势。高性能混凝土技术使混凝土的使用过程和应用过程实现了绿色化，符合人类与自然和谐、可持续发展的趋势。

从高性能混凝土的特性来看，由于其强度高，可减小建筑物构件的截面尺寸，减小结构物的自重，节约材料用量，并使结构具有较大的刚度，延长结构物的工作寿命。这些特性可满足现代工程结构向大跨度、重载、超高层发展和结构物在恶劣环境条件下正常工作的需要。高性能混凝土的这些特性为现代混凝土工程技术的发展开辟了一条新的途径。正是由于这些特性，高性能混凝土的研究和开发得到了各国政府及科研院所的高度重视，从而促进国内外对高性能混凝土进行广泛深入的研究。近十年来，在高性能混凝土的配制技术、工作性和耐久性的改善及工程应用方面，取得了一些可喜的成果，越来越多的成果已应用于高层建筑、大跨度桥梁、海工建筑等工程领域中。高性能混凝土在国内发展较快，如上海经贸大厦（C60，1998 年）、广东虎门大桥（C50）、重庆万州区长江大桥钢管混凝土（C60）等均采用了高性能混凝土。国外如美国芝加哥 311 瓦克大厦 C85（1990 年）、英吉利海峡隧道（45MPa，设计工作寿命 120 年）、日本东京的高层建筑等也早已应用了高性能混凝土。但是由于受技术难度和经济性投入的限制，从试验过程及工程实体的功能检测来看，高性能混凝土还存在许多问题亟待研究，如对高性能混凝土配合比缺乏优化设计、应用理论及工程技术的系统研究等。

跨海大桥处于环境恶劣的海洋中，由于长期受到海水中氯盐、硫酸盐等不利因素的侵蚀，对桥梁混凝土结构的安全使用性能会产生不利影响。因此，海洋环境下的混凝土耐久性设计是海工高性能混凝土材料试验的关键之一。

因此，对 C45 高性能混凝土配合比的优化设计及现场工程应用等方面进行系统性研究，以此从技术层面指导港珠澳大桥主体工程 C45 高性能混凝土的制备与工程应用。

国内外在应用桩基C45海工高性能混凝土方面尚无先例,在国外跨海大桥中应用混凝土强度等级最高的为马来西亚槟城二桥,为C40;在国内跨海大桥中,青岛海湾大桥桩基混凝土为C35,杭州湾跨海大桥桩基混凝土为C30,东海大桥桩基混凝土为C35。

港珠澳大桥跨越珠江口伶仃洋海域,所处的海洋环境对混凝土结构及钢结构具有强腐蚀性作用。该区域海水和空气中含有大量的盐分,混凝土易受到盐类侵蚀,尤其是钢筋混凝土结构中的钢筋易受到氯离子的锈蚀,而使结构失效。综合考虑港珠澳大桥的结构形式、使用年限、服役环境以及结构破坏形式等,为保证结构耐久性,达到120年的设计使用寿命,工程采用耐久性混凝土,即海工高性能混凝土,并将氯离子渗透系数作为港珠澳大桥海工高性能混凝土耐久性设计的重点指标。本次试桩工程总共6根桩(2根钻孔灌注桩、2根钢管复合桩、2根钢管桩)和3个承台,其混凝土均采用海工高性能混凝土。

2.2 试验目的及内容

2.2.1 试验目的

通过试验分析各材料组成对海工高性能混凝土性能的影响,测试不同新拌混凝土的工作性能、硬化混凝土的力学性能及耐久性能,确定海工高性能混凝土配合比及施工工艺,最大限度地减少海洋环境对混凝土施工及性能的不利影响,确保工程120年的设计使用寿命。

2.2.2 试验内容

(1)试验室配合比设计

对原材料进行优化选择,以水胶比、矿物细掺料组成及掺量、砂率、单位用水量、外加剂掺量为因素进行混凝土配合比试验,并测试新拌混凝土的工作性能、硬化混凝土抗压强度及耐久性能。

(2)施工工艺总结

全程跟踪并记录整个混凝土施工过程,从施工配合比及混凝土拌和、运输、浇筑、养护等工序中发现施工中的问题并分析可能产生的影响,研究解决问题可选择的方案,记录采取的相关措施及其效果,全面总结海工高性能混凝土施工工艺。

2.3 海工高性能混凝土试验室配合比设计

2.3.1 设计目标及路线

1)设计目标

(1)桩基海工高性能混凝土

①混凝土强度等级:C45;

②混凝土耐久性：28d 氯离子扩散系数≤$7.0\times10^{-12}m^2/s$，56d 氯离子扩散系数≤$4.5\times10^{-12}m^2/s$；

③坍落度：180～220mm，初凝时间大于10h。

(2)承台海工高性能混凝土

①混凝土强度等级：C45；

②混凝土耐久性：28d 氯离子扩散系数≤$7.0\times10^{-12}m^2/s$，56d 氯离子扩散系数≤$4.5\times10^{-12}m^2/s$；

③坍落度160～200mm。

2)设计路线

(1)依据各原材料对混凝土性能的影响，优选混凝土原材料。

(2)采用低水胶比，掺入矿物外加剂，提高混凝土强度和密实性，从而保证其耐久性。

(3)掺入高性能减水剂，保证低水胶比下混凝土的工作性能。

(4)高性能减水剂中复配缓凝成分，适当延长混凝土初凝时间，使其符合施工要求。

2.3.2 试验室配合比

1)各组成材料选择

(1)水泥：水泥 P·Ⅱ42.5，具体性能见表2-3-1。

水泥 P·Ⅱ42.5 性能参数 表2-3-1

密度(g/cm^3)	比表面积(m^2/kg)	凝结时间(min)		抗压强度(MPa)		抗折强度(MPa)	
		初凝	终凝	3d	28d	3d	28d
3.12	348	107	171	34.7	60.6	6.6	8.3

(2)砂：细度模数2.72，Ⅱ区中砂，表观密度为$2636kg/m^3$，松散堆积密度为$1520kg/m^3$，含泥量为0.9%。

(3)碎石：5～25连续级配，表观密度为$2656kg/m^3$，松散堆积密度为$1390kg/m^3$，压碎值为8.6%，含泥量为0.4%，泥块含量为0.1%，针片状占4.9%。

(4)粉煤灰：Ⅱ级，具体性能见表2-3-2。

粉煤灰性能参数(%) 表2-3-2

细度	需水量比	烧失量	含水率	三氧化硫含量
9.6	98	1.88	0.2	1.06

(5)矿粉：S95级矿粉，具体性能参数见表2-3-3。

矿粉性能参数 表2-3-3

密度(g/cm^3)	烧失量(%)	三氧化硫含量(%)	含水率(%)	流动度比(%)	比表面积(m^2/kg)	活性指数(%)	
						7d	28d
2.83	1.24	1.53	0.4	102	419	78	98

(6)外加剂：包含缓凝型高性能减水剂与阻锈剂。缓凝型高性能减水剂，具体性能指标见表2-3-4；阻锈剂为MS-601有机复合型阻锈剂，无腐蚀，7d抗压强度比为102%，28d抗压强度

比为99%。

减水剂性能指标 表2-3-4

减水率(%)	含气量(%)	初凝时间差(min)	抗压强度比(%)	
			7d	28d
29	3.8	+185	149	138

注:以上测试结果按减水剂掺量为1.2%得到。

(7)水:淡水。

2)仪器设备

试验所需仪器设备见表2-3-5。

试验所需仪器设备 表2-3-5

序号	设备名称	数量
1	烘箱	1
2	万能试验机	1
3	数显压力试验机	1
4	水泥净浆搅拌机	1
5	水泥胶砂搅拌机	1
6	水泥胶砂振动台	1
7	水泥标准养护箱	1
8	电动抗折试验机	1
9	强制式混凝土搅拌机	1
10	混凝土振动台	1
11	混凝土贯入阻力仪	1
12	标准养护室	1
13	抗氯离子渗透RCM试验装置	1
14	混凝土拌合物含气量测定仪	1
15	混凝土坍落度试验仪	1
16	混凝土拌合物压力泌水仪	1

3)配合比

(1)桩基海工高性能混凝土配合比

采用海工高性能混凝土灌注桩基,无法对混凝土进行振动捣实,只能利用混凝土本身的流动性和扩展性填充桩孔、成形。因此,桩基用海工高性能混凝土的流动性要求比承台用海工高性能混凝土高。

①水胶比:根据混凝土28d氯离子扩散系数(DRCM)小于$7.0\times10^{-12}m^2/s$,混凝土强度等级为C45,确定基准水胶比为0.31(可上下浮动0.02),然后根据试配混凝土强度进行调整。

②单位用水量:根据减水剂的减水率,混凝土坍落度为180~220mm的要求,以及桩基混凝土的流动性应适当提高,确定桩基混凝土单位用水量约为$145kg/m^3$,并根据新拌混凝土的工作性能进行调整。

③胶凝材料组成及用量：根据水胶比和单位用水量确定胶凝材料用量，胶凝材料用量不宜少于 350kg/m^3，且不宜大于 450kg/m^3；矿物细掺料采用等量取代水泥法掺入，细掺料总掺量不宜低于胶凝材料的 45%，且不宜高于 70%，具体掺量视掺合料性质，并通过试验，综合考虑混凝土早期强度及工作性能确定。

④外加剂掺量：根据混凝土初凝时间大于 10h 的要求，依据混凝土实际浇筑时间等情况对混凝土性能的要求调整减水剂组成情况，并根据厂家推荐掺量进行试验。

⑤粗细集料用量：通过测试粗集料孔隙率，并依据拨开系数确定砂率，一般砂率控制在 40% 左右，并根据混凝土工作性能进行调整，利用绝对体积法计算粗细集料用量。

经试验室多次试配后，选择性能符合规范和设计要求且性能最佳的配合比。C45 桩基用海工高性能混凝土配合比见表 2-3-6。

C45 桩基用海工高性能混凝土配合比（kg/m^3）　　表 2-3-6

部　　位	水胶比	水泥	水	粉煤灰	矿粉	砂	石	减水剂
桩基	0.32	247	145	135	68	788	1002	6.08

（2）承台海工高性能混凝土配合比

海工桩基高性能混凝土处于海水部分被钢护筒包裹，而承台位于桩基之上，加之外围没被包裹，其受流动性海水、干湿交替等腐蚀性因素影响大于桩基，进行配合比设计时，应充分考虑这些因素。承台混凝土单位用水量小于桩基，而矿粉掺量大于桩基，并掺入钢筋阻锈剂以保证其耐久性。

①水胶比：根据混凝土 28d 氯离子扩散系数（DRCM）小于 7.0×10^{-12}m^2/s，混凝土强度等级为 C45，确定基准水胶比为 0.31（可上下浮动 0.02），然后根据试配混凝土强度调整。

②单位用水量：根据减水剂的减水率，混凝土坍落度为 160 ~ 200mm 的要求，以及承台海工高性能混凝土的流动性较桩基混凝土小，确定承台混凝土单位用水量约 135kg/m^3，并根据新拌混凝土的工作性能进行调整。

③胶凝材料组成及用量：根据水胶比和单位用水量确定胶凝材料用量，用量不宜少于 350kg/m^3，且不宜大于 450kg/m^3，矿物细掺料采用等量取代水泥法掺入，细掺料总掺量不宜低于胶凝材料的 45%，且不宜高于 70%，具体掺量视掺合料性质确定，并通过试验，综合考虑混凝土早期强度、工作性能确定。

④外加剂掺量：承台用混凝土外加剂除使用高性能减水剂外，还掺入阻锈剂。其中，减水剂掺量根据厂家推荐掺量进行试验，并由试拌试验结果确定；阻锈剂掺量按照厂家推荐掺量按水泥质量的 2% 进行试验。

⑤粗细集料用量：通过测试粗集料孔隙率，并依据拨开系数，确定砂率，一般砂率控制在 40% 左右，并根据混凝土工作性能进行调整，利用绝对体积法计算粗细集料用量。

经试验室多次试配后，选择性能符合规范和设计要求且性能最佳的配合比。C45 承台用海工高性能混凝土配合比见表 2-3-7。

C45 承台用海工高性能混凝土配合比（kg/m^3）　　表 2-3-7

部　　位	水胶比	水泥	水	粉煤灰	矿粉	砂	石	减水剂	阻锈剂
承台	0.31	180	135	130	130	760	1050	5.28	3.6

试验室桩基海工高性能混凝土试拌如图 2-3-1 所示，承台海工高性能混凝土试拌如图 2-3-2所示。

图 2-3-1　桩基海工高性能混凝土试拌

图 2-3-2　承台海工高性能混凝土试拌

2.3.3　混凝土性能测试

（1）新拌混凝土初始性能及硬化混凝土力学性能均按照《公路工程水泥及水泥混凝土试验规程》（JTG E30—2005）要求进行。用一个上口宽 100mm、下口宽 200mm、高 300mm 的喇叭状的坍落度桶灌入混凝土，分三次填装，每次填装后用捣槌沿桶壁均匀由外向内击 25 下，捣实后抹平。然后拔起桶，混凝土因自重产生坍落现象，用桶高（300mm）减去坍落后混凝土最高点的高度，即为坍落度，混凝土扩展后的直径即为扩展度。采用混凝土含气量测定仪测量海工高性能混凝土含气量，严格遵照仪器使用说明书的规定步骤进行操作。

（2）混凝土耐久性能：混凝土抗氯离子渗透性能试验参照《普通混凝土长期性能和耐久性能试验方法》（GB/T 50082—2009）中的抗氯离子渗透试验（RCM）法进行。RCM 法由德国亚琛工业大学土木工程研究所提出，是德国氯离子电迁移快速试验方法发展中的一种版本，而且已先后被瑞士 SLA 262/1—2003 标准和德国 BAW 标准草案（2004. 5）采纳。经过多年的发展,RCM 法在国际上被认为是当前测量在非稳态下氯离子扩散系数较为精确的试验方法之一。

C45 桩基用海工高性能混凝土性能见表 2-3-8,C45 承台用海工高性能混凝土性能见表 2-3-9,海工高性能混凝土氯离子扩散系数测定如图 2-3-3 所示。

C45 桩基用海工高性能混凝土性能　　表 2-3-8

部　位	坍落度(mm)	扩展度(mm)	含气量(%)	7d 抗压强度(MPa)	28d 抗压强度(MPa)	28d 氯离子扩散系数($\times10^{-12}m^2/s$)
桩基	210	505	3.2	40.7	58.1	2.2

C45 承台用海工高性能混凝土性能　　表 2-3-9

部　位	坍落度(mm)	扩展度(mm)	含气量(%)	7d 抗压强度(MPa)	28d 抗压强度(MPa)	28d 氯离子扩散系数($\times10^{-12}m^2/s$)
承台	200	490	2.6	40.6	58.2	2.95

图 2-3-3　海工高性能混凝土氯离子扩散系数测定

2.4　混凝土施工工艺

2.4.1　混凝土施工配合比确定

混凝土施工配合比是指在试验室配合比的基础上,根据现场原材料含水率,尤其是砂石集料的含水率情况,调整相应的各种材料用量,从而使实际的各种材料用量与试验配比更接近。混凝土正式开盘前,目测现场原材料情况,根据经验对原材料性能作大致的了解,如砂的细度、含泥量、碎石粒径、形状、针片状情况等,并测试现场砂石含水率,确定施工配合比,并进行试拌,测试坍落度和扩展度,工作性能符合要求后方可开盘。SZ-5 钻孔灌注桩混凝土施工现场实测混凝土坍落度和扩展度如图 2-4-1 所示。

图 2-4-1　SZ-5 钻孔灌注桩混凝土施工现场实测混凝土坍落度和扩展度

2.4.2　混凝土搅拌、运输

搅拌工艺对混凝土,尤其是高性能混凝土的性能影响较大。因为高性能混凝土组成更复杂,包括胶凝材料、外加剂、砂、碎石和水,其中胶凝材料由水泥以及一种或多种矿物掺合料(如粉煤灰、矿粉)复合而成。复合胶凝材料没有经过预先均化处理,它的均匀性及混凝土中各材料的均匀性完全靠混凝土搅拌实现。而纯水泥混凝土中的唯一胶凝材料水泥出厂前已经过均化处理。因此,高性能混凝土的搅拌时间应比普通混凝土适当延长。

混凝土搅拌时间的确定,与搅拌机的性能、装料容量、投料方式和外加剂都有紧密的联系。搅拌时间应保证混凝土各组分材料拌和均匀,混凝土拌合物应达到规定的坍落度、重度、含气量且硬化后能达到规定强度。

进行混凝土试验室配合比设计时,采用两种不同的搅拌工艺进行试验:①砂、石、水泥、矿物掺合料、水和外加剂一起加入,然后搅拌 120s,出料;②"砂浆裹石"搅拌工艺:水泥 + 掺合料 + 砂 + 80% 水混合搅拌 60s,再投入粗集料 + 20% 水 + 外加剂,搅拌 60s,出机。试验结果表明,采用"砂浆裹石"搅拌工艺,在外加剂掺量相同的情况下,具有更好的流动性,且混凝土拌合物均质性更佳。

本工程混凝土搅拌在长大 16 拌和船中集中进行,由于拌和船自动搅拌操作系统无法根据"砂浆裹石"工艺进行更改,实际施工时采用的搅拌工艺为:砂、石、水泥、矿物掺合料、水和外加剂一起加入,然后搅拌 120s 后出料,每盘拌和方量为 $2m^3$。长大 16 拌和船如图 2-4-2 所示。

图 2-4-2　长大 16 拌和船

混凝土运输采用搅拌船上自带的输送泵(天泵)。长大16拌和船设计生产能力和运输能力为100m³/h,可连续供应500m³混凝土,能满足施工要求。

2.4.3　桩基混凝土水下灌注

1)钻孔灌注桩混凝土灌注

K33+317钻孔灌注桩SZ-5桩基直径为1.8m,混凝土浇筑高度为43.22m,总共浇筑体积约为130m³。导管为法兰接头钢导管,剪球混凝土为10.5m³。剪球时,混凝土由输送泵泵至储料斗,再由储料斗流入导管进行灌注。钻孔灌注桩混凝土浇筑现场如图2-4-3所示。

图2-4-3　钻孔灌注桩混凝土浇筑现场

海工高性能混凝土现场灌注施工过程中,存在的问题为:双掺粉煤灰、矿粉的海工高性能混凝土黏聚性、保水性良好,坍落度为210mm,但扩展度欠佳,储料斗下料较不顺畅。

究其原因,混凝土扩展度不佳可能是由于矿粉的加入使得其稠度增加,黏聚性增强。矿粉由水淬粒化高炉矿渣磨细后得到,其细度远高于普通水泥,一般为420~450m²/kg,而普通水泥为330~350m²/kg,与普通混凝土相比,掺矿粉混凝土需水量增加约5%。另外,由于超细矿粉比表面积大,其对减水剂的吸附量也相应增大。因此,在单位用水量相同或减水剂掺量相同的情况下,掺矿粉混凝土黏聚性良好,但流动性能不如普通水泥混凝土和掺粉煤灰混凝土。另外,储料斗出料槽大小、长度尺寸和倾斜度不够也是储料斗下料不顺畅的原因。

为解决上述问题,不断优化施工工艺,采取以下措施:

(1)对配合比进行调整,混凝土配合比中矿物掺合料由矿粉、粉煤灰双掺改为粉煤灰单掺,同时增加水泥用量,具体配合比见表2-4-1。

调整后 C45 桩基用海工高性能混凝土配合比（kg/m^3） 表 2-4-1

部 位	水胶比	水泥	水	粉煤灰	砂	石	减水剂
桩基	0.31	260	143	200	777	1010	5.06

调整后的桩基用海工高性能混凝土工作性能得到进一步改善，具体性能见表 2-4-2。

调整后的桩基用海工高性能混凝土性能 表 2-4-2

部 位	坍落度（mm）	扩展度（mm）	7d 抗压强度（MPa）	28d 抗压强度（MPa）	28d 氯离子扩散系数（$\times10^{-12}m^2/s$）
桩基	215	510	40.1	55.6	4.6

（2）适当增大储料斗出料槽尺寸和倾斜度。出料口宽度由原来的 40cm 改为 60cm，长度由原来的 40cm 改为 100cm，倾斜度由原来的 15°改为 30°。

图 2-4-4 K27 +033 复合钢管桩 SZ-4 桩基混凝土施工

2）钢管复合桩混凝土灌注

K27 +033 复合钢管桩 SZ-4，桩长 72.25m，上部 59.15m，直径为 2.2m，下部 13.1m，直径为 2.0m，总共混凝土方量约 $270m^3$。本次浇筑采用调整后的海工高性能混凝土配合比，混凝土拌合物工作性能良好，流动性优于双掺粉煤灰、矿粉的配合比，混凝土浇筑速度加快。K27 +033 复合钢管桩 SZ-4 桩基混凝土施工如图 2-4-4 所示。

3）承台混凝土浇筑

K33 钻孔灌注桩承台长 9.6m、宽 3.6m、高 4m，浇筑混凝土总方量为 $143m^3$。承台混凝土浇筑采用长大 16 拌和船集中搅拌，通过拌和船自带输送泵泵送至平台，采用振动棒插入式人工振捣成形，进行浇筑。K33 承台混凝土浇筑如图 2-4-5 所示。

图 2-4-5 K33 承台混凝土浇筑

2.5　试验结果分析

2.5.1　桩基海工高性能混凝土

(1)粉煤灰、矿粉双掺桩基海工高性能混凝土性能见表 2-5-1。

粉煤灰、矿粉双掺桩基海工高性能混凝土性能　　表 2-5-1

部　位	坍落度(mm)	扩展度(mm)	氯离子扩散系数($\times10^{-12}m^2/s$)		抗压强度(MPa)		28d 抗压弹性模量($\times10^4$MPa)
			28d	56d	28d	56d	
SZ-3	210	500	3.15	1.73	57.7	68.7	4.46

(2)粉煤灰单掺桩基海工高性能混凝土性能见表 2-5-2。

粉煤灰单掺桩基海工高性能混凝土性能　　表 2-5-2

部　位	坍落度(mm)	扩展度(mm)	氯离子扩散系数($\times10^{-12}m^2/s$)		抗压强度(MPa)		28d 抗压弹性模量($\times10^4$MPa)
			28d	56d	28d	56d	
SZ-4	220	510	3.38	2.5	53.5	64.2	3.12

2.5.2　承台海工高性能混凝土

承台海工高性能混凝土性能见表 2-5-3。

承台海工高性能混凝土性能　　表 2-5-3

部　位	坍落度(mm)	氯离子扩散系数($\times10^{-12}m^2/s$)	抗压强度(MPa)
		28d	28d
K33 承台	200	3.1	56.3

2.5.3　试验总结

(1)从试验室配合比和施工配合比试验结果可知,桩基用海工高性能混凝土采用矿粉、粉煤灰双掺配合比和粉煤灰单掺配合比工作性能、力学性能及耐久性能均满足设计及施工要求。本次试桩工程采用的矿物外掺合料双掺和单掺的桩基海工高性能混凝土配合比分别见表 2-5-4、表 2-5-5。

C45 桩基海工高性能混凝土双掺配合比(kg/m^3)　　表 2-5-4

水胶比	水泥	水	粉煤灰	矿粉	砂	石	减水剂
0.32	247	145	135	68	788	1002	6.08

C45 桩基海工高性能混凝土单掺配合比（kg/m³） 表 2-5-5

水胶比	水泥	水	粉煤灰	砂	石	减水剂
0.31	260	143	200	777	1010	5.06

（2）桩基用海工高性能混凝土工作性能要求比承台高，而承台用海工高性能混凝土耐久性要求比桩基高。因此，在满足相关条件下，桩基混凝土宜采用粉煤灰单掺技术，而承台宜采用矿粉、粉煤灰双掺技术。表 2-5-6 为经试验和施工检验后成功的 C45 承台用海工高性能混凝土配合比。

C45 承台用海工高性能混凝土配合比（kg/m³） 表 2-5-6

水胶比	水泥	水	粉煤灰	矿粉	砂	石	减水剂	阻锈剂
0.31	180	135	130	130	760	1050	5.28	3.6

（3）矿物掺合料高掺是海工高性能混凝土的特点，同时也是保证其耐久性的主要技术途径之一。但与矿物掺合料低掺量或纯水泥混凝土相比，其强度发展规律不同，早期强度包括 28d 强度偏低，但随着活性掺合料二次水化的缓慢进行，其后期强度（28d 后强度）仍有较大增长。因此，对于矿物掺合料高掺量海工高性能混凝土宜使用 28d 强度作为质量控制标准，而以 56d 强度作为验收标准。

第 3 章　环保泥浆试验

3.1　工 程 概 述

在钻孔灌注桩和钢管复合桩试桩点进行环保泥浆的现场应用测试。钻孔灌注桩施工点从上往下大致可分为 10 个地质层,基本地质情况见表 3-1-1。

基 本 地 质 情 况　　表 3-1-1

序号	地质层名称	层厚(m)	特　征
1	淤泥	6.20	灰色,饱和,流塑,滑腻,偶含少量粉细砂,稍具臭味
2	淤泥质土	4.00	灰色,饱和,软塑,含少量粉细砂及贝壳碎
3	粉质黏土	3.60	灰黄色,饱和,可塑,切面稍光滑,黏性一般,含稍多泥质结核
4	粉质黏土	5.10	棕红色,夹灰黄色,饱和,可塑,切面较粗糙,黏性较差,含较多泥质结核及砂斑
5	黏土	0.90	灰色,夹灰白色,饱和,可塑,切面光滑,黏性好,偶含少量粉细砂
6	黏性土混砂	1.70	棕红色,夹灰黄色,饱和,可塑,切面光滑,黏性土为主,混约 30% 的粗砾砂,局部呈粉质黏土状
7	粉质黏土	3.20	棕红色,夹灰白色,饱和,可塑,切面稍光滑,黏性好,含较多泥质结核及砂斑
8	粗砂	0.50	灰色,饱和,中密,粗砂为主,含少量中砂及细砂,分选性较差,含较多黏粒,磨圆度较好
9	残积土	3.30	灰白色,稍湿,中密,岩芯呈粗砾砂状,除石英外其他矿物成分基本风化,为花岗岩残积土
10	中风化花岗岩	15.20	灰白色,岩质坚硬,粗粒结构,块状构造,岩芯呈短柱状、碎块状,局部为长柱状,主要矿物成分为石英、长石、云母等,风化裂隙发育,渲染较多铁锰质锈斑,岩芯敲击声脆,难断,TCR =97%,RQD =48%

港珠澳大桥主体工程桥梁试桩工程地处中华白海豚保护区,海洋生态保护要求高,为避免钻孔泥浆对海洋环境、海洋生物的潜在污染和毒性危害,本工程旨在研究配制出符合桩基钻孔施工要求和环保要求的泥浆,并在试桩工程中应用,形成一套环保泥浆应用成果,为港珠澳大桥主体工程积累施工经验,以供后续参建单位借鉴。

3.2 试验目的及技术依据

3.2.1 试验目的

针对港珠澳大桥主体桥梁试桩工程所处环境和桩基施工特点，配制出“可用、经济、环保”的泥浆，并对其施工工艺进行总结，探索出一套适用于港珠澳大桥桥梁施工的泥浆工艺。

3.2.2 试验技术依据

试验技术主要依据《公路桥涵施工技术规范》(JTG/T F50—2011)。泥浆主要性能指标见表3-2-1。

泥浆主要性能指标　　表3-2-1

钻孔方法	地层情况	泥浆性能指标							
		相对密度	黏度(s)	含砂率(%)	胶体率(%)	失水率(mL/30min)	泥皮厚度(mm/30min)	静切力(Pa)	pH值
正循环	一般地层	1.05~1.20	16~22	4~8	≥96	≤25	≤2	1.0~2.5	8~10
	易坍地层	1.20~1.45	19~28	4~8	≥96	≤15	≤2	3~5	8~10
反循环	一般地层	1.02~1.06	16~20	≤4	≥95	≤20	≤3	1~2.5	8~10
	易坍地层	1.06~1.10	18~28	≤4	≥95	≤20	≤3	1~2.5	8~10
	卵石层	1.10~1.15	20~35	≤4	≥95	≤20	≤3	1~2.5	8~10
推钻冲抓	一般地层	1.10~1.20	18~24	≤4	≥95	≤20	≤3	1~2.5	8~11
冲击	易坍地层	1.20~1.40	22~30	≤4	≥95	≤20	≤3	3~5	8~11

测试泥浆的pH值、相对密度、黏度、含砂率、胶体率、失水率和泥皮厚度等性能，具体根据《公路桥涵施工技术规范》(JTG/T F50—2011)中的试验方法进行。

3.3 试验综述

本试验利用膨润土、抗盐黏土、原状土、黄黏土、pH值调节剂、羧甲基纤维素(CMC)、部分水解聚丙烯酰胺(PHP)、聚合物泥浆粉末、淡水及海水等原材料通过大量试验配制不同类别的泥浆，测试不同配比泥浆施工性能(黏度、相对密度、胶体率、泥皮厚度等)，分析不同组分及掺量对泥浆施工性能影响，依据“可用、环保、经济”的原则进行优选，确定符合施工要求的泥浆配合比。在此基础上，分析、对比不同泥浆的经济性能，并参照《海洋监测规范》(GB 17378.5—2007)和《海洋沉积物质量》(GB 18668—2002)对泥浆有害物浓度进行测定，评价其环保性能。具体泥浆类别见表 3-3-1。

本研究具体泥浆类别　　表 3-3-1

泥浆类别		原材料	性能测试及分析
淡水泥浆	淡水膨润土泥浆	淡水、膨润土	黏度、相对密度、pH 值、胶体率、含砂率、泥皮厚度、失水率、经济性、环保性能
	淡水抗盐黏土泥浆	淡水、抗盐黏土	
	淡水原状土泥浆	淡水、原状土、Na_2CO_3、CMC	
海水泥浆	海水膨润土泥浆	海水、膨润土、Na_2CO_3、CMC、PHP	
	海水抗盐黏土泥浆	海水、抗盐黏土、Na_2CO_3、CMC	
	海水原状土泥浆	海水、原状土、Na_2CO_3、CMC	
聚合物泥浆	海水黄黏土泥浆	海水、黄黏土、Na_2CO_3	
	淡水聚合物泥浆	淡水、聚合物粉末、Na_2CO_3	
	海水聚合物泥浆	海水、聚合物粉末、Na_2CO_3	

3.3.1　泥浆性能指标的测定方法

泥浆是黏土的微小颗粒在水中分散，并与水混合形成的半胶体悬浮液。在胶体化学中，固体的黏土叫分散相或固相，水叫介质或液相。如果固相分散成分子、离子状，固相与液相间没有相界面存在的均匀体，叫真溶液，如食盐在水中溶化的溶液。如在液相中分散的颗粒由许多分子组成，虽然颗粒很微小，但有相介面存在，这样的混合物叫胶体溶液，常用的各种胶水属于这一类。如果和胶体溶液差不多，但是有 40% 以上的固体颗粒都大于 0.2μm（1μm = 0.001mm）的，称为半胶体或悬浮液，泥浆即属于这种半胶体的悬浮液。

泥浆在钻孔过程中，除起护壁作用外，还具有携带岩土、冷却钻头、堵漏等功能，泥浆性能的好坏直接影响钻进效率和生产安全。在钻进过程中必须严格控制泥浆的 pH 值、相对密度、黏度、含砂率、胶体率、失水率和泥皮厚度各项性能指标。其性能指标的测试方法如下：

（1）泥浆相对密度。将要测定的泥浆装满泥浆杯，加盖并洗净从小孔溢出的泥浆，再置于支架上，移动游码，使杠杆水平，游码左侧的刻度即为泥浆的相对密度。泥浆相对密度计如图 3-3-1 所示。

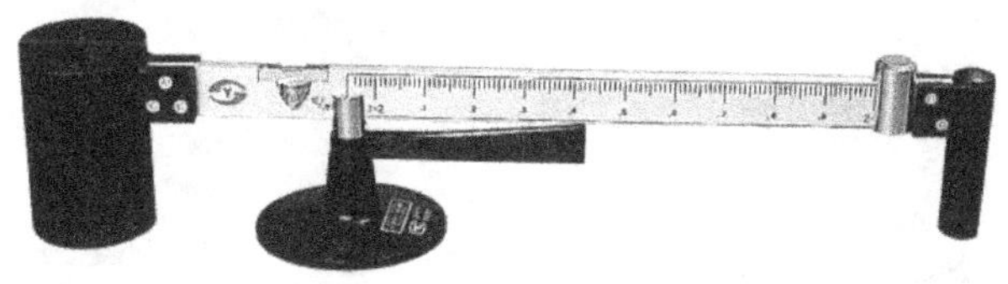

图 3-3-1　泥浆相对密度计

（2）泥浆黏度。用两端开口杯分别量取 200mL 和 500mL 的泥浆，用筛网滤去大的砂粒，再将泥浆倒入漏斗，使泥浆从漏斗流出，流满 500mL 量杯所需的时间即为泥浆的黏度（校正方

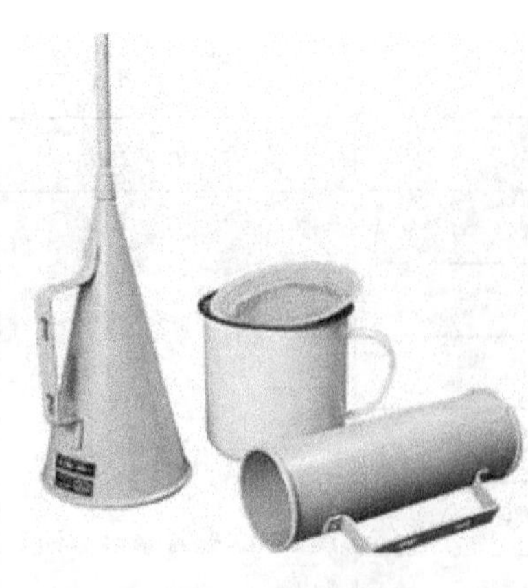

图 3-3-2 黏度计

法:漏斗中加满 700mL 的清水,流出 500mL 的时间应为 15s,如偏差超过 ±1s,则应对测定结果进行修正)。黏度计如图 3-3-2 所示。

(3)泥浆胶体率。泥浆的胶体率是泥浆中黏土水化分散程度及其悬浮状态稳定性的简易且有效的衡量指标。将 100mL 泥浆倒入有刻度的量筒中,静置 24h,观察泥浆析出水分的情况。如上部析水 5mL,则表明泥浆胶体率为 95%。一般要求泥浆的胶体率在 96% 以上。

(4)泥浆失水率(mL/30min)和泥皮厚度(mm/30min)。用一张 120mm × 120mm 的滤纸,置于水平玻璃板上,中央画一直径 30mm 的圆圈,将 2mL 的泥浆滴于圆圈中心,30min 后,量算湿润圆圈的平均半径,减去泥浆摊平成为泥饼的平均半径即失水率,算出的结果值代表失水率,单位为 mL/30min。在滤纸上量出泥饼厚度,即为泥皮厚度。

3.3.2 原材料和试验设备

1)原材料

(1)膨润土:钠基膨润土。

(2)抗盐黏土:如图 3-3-3 所示。

(3)原状土:取自钻孔桩位处。

(4)黄黏土:粉质黄色黏土,烘干过 0.16mm 的筛,如图 3-3-4 所示。

(5)聚合物粉末:主要成分为聚丙烯酰胺,如图 3-3-5 所示。

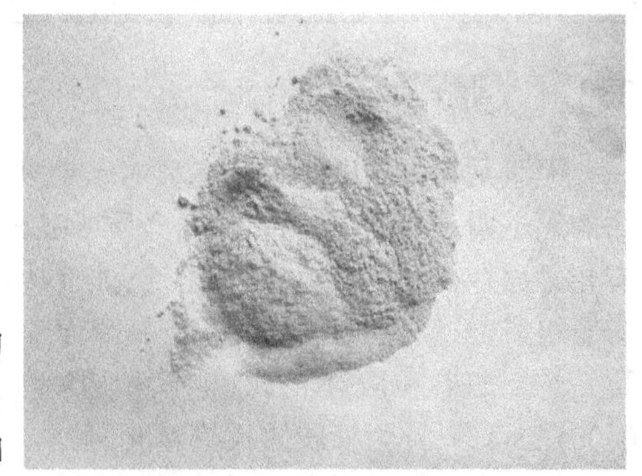

图 3-3-3 抗盐黏土

图 3-3-4 黄黏土

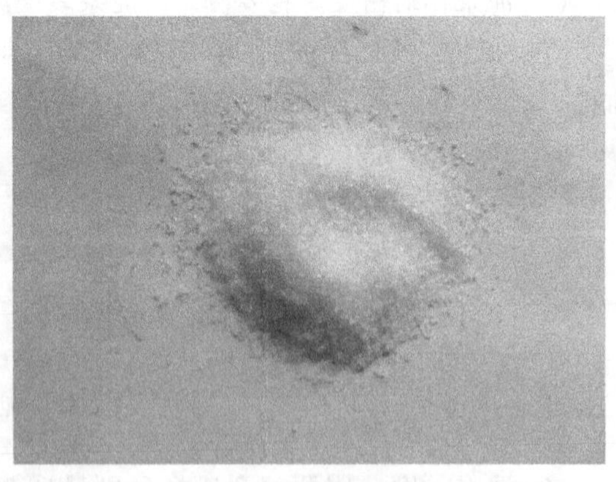

图 3-3-5 聚合物粉末

(6)纯碱(Na_2CO_3)。

(7)羧甲基纤维素(CMC)。

(8)部分水解聚丙烯酰胺(PHP)。

(9)淡水:自来水。

(10)海水:深圳海域和珠海海域。

2)试验设备

试验设备见表3-3-2。

试验设备　　表3-3-2

序号	设备名称	数量
1	烘箱	1
2	泥浆三件套	1
3	pH值测定仪	1
4	泥浆搅拌器	2

3.3.3　环保泥浆的配制

环保泥浆是一种由高分子聚合物所组成的高浓缩性乳液稳定液,用于地下连续墙或桩基施工,具有稳定沟槽的功能,可取代传统的膨润土。其分子量为$(2.3\sim2.5)\times10^7$,分子与分子之间借助铰链彼此相连,遇水之后产生膨胀作用,如此可提高水的黏滞度,可在孔壁表面形成一层坚韧的胶膜,防止孔壁坍塌。

环保泥浆的特点:①易溶于水;②不会腐败变质;③配制的泥浆能快速凝聚或分散,可以马上使用;④可使槽孔内悬浮的砂或沉渣凝聚成团粒,促进迅速沉降;⑤单独使用时可以在黏土、未固结粉砂或砂的表面形成薄膜,保持孔壁形状不变;⑥与膨润土合用,具有造壁能力和降失水特性;⑦易受可溶盐类的影响,必须与纯碱(Na_2CO_3)合用;⑧环保泥浆本身带阴离子,而黏土颗粒表面也带阴离子,在挖槽过程中,两者不会混合,其钻渣含水率很小,可以直接装上货车运离工地;⑨耐盐性高,在海水中也可使用。

试验室泥浆配比确定:对泥浆原料(膨润土、黏土、聚合物粉末)进行淡水、海水两个系列试验,首先按照一定配合比称取水(海水)、膨润土(黏土)、聚合物和外加剂,然后将泥浆原料用电动搅拌器搅拌30min,最后根据《公路桥涵施工技术规范》(JTG/T F50—2011)提供的试验方法测定泥浆各项性能指标,包括pH值、相对密度、黏度、含沙率、胶体率、失水率和泥皮厚度。

通过膨润土、抗盐黏土、肇花工地周边的黏土分别与淡水、海水造浆可以看出,达到《公路桥涵施工技术规范》(JTG/T F50—2011)要求时,淡水造浆需要的造浆土质量要低于海水造浆。与海水泥浆相比,淡水泥浆密度小、黏度大,胶体的稳定性好。这是因为海水中矿物质离子的浓度高于淡水中矿物质离子的浓度。当水中的Ca^{2+}浓度达到100mg/L以上时,造浆土就会凝聚和沉降分离;当水中的Na^+浓度达到500mg/L以上时,膨润浆土的湿涨性会下降极快,达到海水浓度时(3400mg/L)会产生凝聚。为此,在用海水直接造浆时,造浆土与海水相溶会凝聚和沉淀分离,用海水直接造浆则胶体率低,性能不稳定。但是选用适宜的泥浆分散剂和增稠剂,可使海水泥浆性能满足要求。

在地表水中,按每757L水中加0.4536kg纯碱的比例,将水pH值调整为8~10,然后按水与环保泥浆原液为800:1～900:1的比例将环保泥浆原液加入到配制好的水中,在地面水池或槽孔中,用一个回旋型搅拌机搅拌即可(但不能使用切力搅拌机或离心式水泵,过分剪切会降低黏度)。

(1)淡水泥浆

利用膨润土、抗盐黏土、原状土及淡水,根据表3-3-3中的初始配合比(参照湛江海湾大桥泥浆配比)制备淡水泥浆,测试其黏度、相对密度、pH值、胶体率、含砂率、泥皮厚度及失水率,并根据测试结果做相应的调整,参考表3-3-4(钻孔泥浆大概控制指标表),看是否能达到钻孔泥浆性能要求。

淡水泥浆初始配合比(kg/m^3) 表3-3-3

膨润土	淡水	$Ca(OH)_2$
213	907	0
213	907	0.85

(2)海水泥浆

利用现场原状土(抗盐黏土、膨润土)、海水,参照湛江海水泥浆初始配合比(表3-3-4),配制海水泥浆。

海水泥浆初始配合比(kg/m^3) 表3-3-4

黏土	海水	$Ca(OH)_2$
285	850	0
285	895	1.425

如无法满足施工性能要求,加入膨润土(或抗盐黏土)和CMC(膨润土掺量为海水的3%～5%,CMC掺量为膨润土的0.01%～0.05%,具体掺量根据试验结果确定),配制高性能泥浆,并测试其黏度、相对密度、pH值、胶体率、含砂率、泥皮厚度及失水率,参考表3-3-5钻孔泥浆大概控制指标表,考察其施工性能。

钻孔泥浆大概控制指标表 表3-3-5

地层情况	泥浆性能指标						
	相对密度	黏度(s)	胶体率(%)	失水率(mL/30min)	泥皮厚度(mm/30min)	含砂率(%)	pH值
一般地层	1.02～1.06	16～20	≥95	≤20	≤3	≤4	8～10
易坍地层	1.06～1.10	18～28	≥95	≤20	≤3	≤4	8～10
卵石层	1.10～1.15	20～35	≥95	≤20	≤3	≤4	8～10

(3)聚合物泥浆

往海水中掺入Na_2CO_3,将水的pH值调到8～10,再加入聚合物泥浆粉末(可参考表3-3-6不同地层聚合物泥浆材料大致用量)搅拌成不同泥浆,测试其黏度、pH值、相对密度等性能,研究聚合物泥浆粉末和Na_2CO_3掺量、搅拌时间和速率对泥浆性能的影响,从而确定聚合物泥浆配比和搅拌工艺参数。

不同地层聚合物泥浆材料大致用量　　表 3-3-6

地 层 状 况	聚合物泥浆粉末(kg/m^3)	黏度(s)
黏土、页岩	0.2～0.7	24～30
淤泥、细中砂	0.3～0.8	26～32
粗砂、小砾石	0.4～0.9	26～35
卵砾石	0.7～1.2	35～45

3.3.4　试验结果分析

1)淡水泥浆的配制

(1)膨润土淡水泥浆的配制

利用膨润土和淡水造浆,由试验可知,按不同比例配制的泥浆性能指标见表 3-3-7。

膨润土淡水泥浆性能指标　　表 3-3-7

膨润土:水	土质量(g)	水质量(g)	pH 值	相对密度 ρ_x	黏度 η(s)	含砂率(%)	胶体率(%)	失水率(mL/30min)
1:4	150	600.0	7	1.112	23.7	1	100	49
1:4.5	133	600.0	7	1.097	22.3	<0.5	100	46
1:5.0	120	600.0	7	1.085	19.3	<0.5	99.5	45
1:5.5	109	600.0	7	1.068	18.9	<0.5	99	40
1:6	100	600.0	7	1.053	17.8	<0.5	99	39

在现场如果泥浆的性能不能满足《公路桥涵施工技术规范》(JTG/T F50—2011),可以加入分散剂 Na_2CO_3 改善泥浆的性能,其掺入量为膨润土的 0.4%～1%。当钠质膨润土和水的质量比为 1:5.5 时,泥浆的主要性能指标为:相对密度 1.068,黏度 18.9s,按该配合比配制的泥浆的黏度要求符合试验目的要求(图 3-3-6)。按照该配合比制造 $1m^3$ 泥浆,需要膨润土和水的质量分别为

$$膨润土:1.068 \times 1 \times 10^3 \times \frac{1}{1+5.5} = 164.3(kg)$$

$$水:1.068 \times 1 \times 10^3 \times \frac{5.5}{1+5.5} = 903.7(kg)$$

(2)抗盐黏土淡水泥浆的配制

利用抗盐黏土和淡水造浆,由试验可知抗盐黏土淡水泥浆的性能指标,见表 3-3-8。

抗盐黏土淡水泥浆性能指标　　表 3-3-8

抗盐黏土:淡水	土质量(g)	水质量(g)	pH 值	相对密度 ρ_x	黏度 η(s)	含砂率(%)	24h 胶体率(%)	失水率(mL/30min)	泥皮厚度(mm/30min)
1:13.5	200	2700	7	1.101	34.37	3.1	100	>55	0.87
1:16.5	200	3300	8	1.038	22.25	1.8	99	>55	0.65

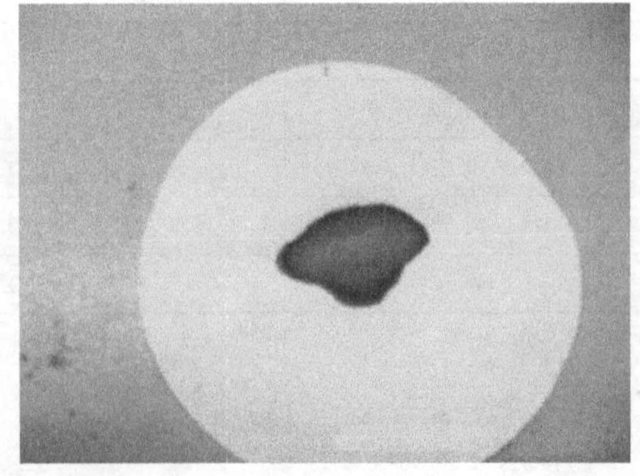

图3-3-6 钠质膨润土、水的质量比为1:5.5时24h的胶体率及泥皮厚度

从表3-3-8中可以看到抗盐黏土的造浆能力很强,1:16.5的比例就可以达到施工要求。按照该配合比制造1m³泥浆,需要抗盐黏土和淡水的质量分别为

抗盐黏土:$1.038 \times 1 \times 103 \times \frac{1}{1+16.5} = 59.3(kg)$

淡水:$1.038 \times 1 \times 103 \times \frac{16.5}{1+16.5} = 978.7(kg)$

(3)原状土淡水泥浆配制

利用原状土和淡水造浆,依据表3-3-9原状土淡水泥浆配比进行试验,得出原状土淡水泥浆性能指标,见表3-3-10。

原状土淡水泥浆配比 表3-3-9

原状土:淡水:Na_2CO_3:CMC	原状土质量(g)	淡水质量(g)	Na_2CO_3(g)	CMC(g)
1:2.6:0.5%:0.05%	325.3	845.7	1.63	0.163

原状土淡水泥浆性能指标 表3-3-10

pH值	相对密度 ρ_x	黏度 η (s)	含砂率(%)	3h胶体率(%)	12h胶体率(%)	24h胶体率(%)	失水率(mL/30min)	泥皮厚度(mm/30min)
10	1.17	21.5	2.0	98	96	95	16	0.92

按照该配合比制造1m³泥浆,需要原状土、淡水、Na_2CO_3、CMC的质量分别为

原状土:$1.17 \times 1 \times 103 \times \frac{1}{1+2.6} = 325(kg)$

淡水:$1.17 \times 1 \times 103 \times \frac{2.6}{1+2.6} = 845(kg)$

Na_2CO_3:$325 \times 0.5\% = 1.63(kg)$

CMC:$325 \times 0.05\% = 0.163(kg)$

2)海水泥浆的配制

利用膨润土、现场原状土、抗盐黏土、黄黏土、海水、Na_2CO_3、CMC,参照湛江海湾大桥海水泥浆初始配比,在试验室配制海水泥浆。

(1)膨润土配制海水泥浆

从表3-3-11中可以看出,膨润土海水造浆胶体率很低。这是由于:

①海水中的Ca^{2+}、Na^{+}含量比淡水高。Ca^{2+}浓度达到100mg/L以上时,膨润土会凝聚并沉淀分离;Na^{+}浓度达到500mg/L以上时,膨润土的湿胀性下降极快,达到海水浓度3400mg/L时就会产生凝聚。

②海水的pH值为6,由《公路桥涵施工技术规范》(JTG/T F50—2011)可知,在泥浆中pH值过小,颗粒难以分解,黏度降低。pH值为8~10,可以提高泥浆的胶体率和稳定性。当用海水造浆时,可以掺入外加剂CMC或者PHP来改善泥浆的性能。其中Na_2CO_3、CMC掺入量按膨润土质量的百分比计,PHP按孔内泥浆的百分数计。如图3-3-7、图3-3-8和表3-3-12~表3-3-14所示。

不掺外加剂土样泥浆性能指标　　表3-3-11

膨润土:海水	土质量(g)	海水质量(g)	pH值	相对密度 ρ_x	黏度 η(s)	含砂率(%)	24h胶体率(%)	失水率(mL/30min)	泥皮厚度(mm/30min)
1:4	250	1000	6	1.123	18.94	1.7	43	>55	0.82
1:4.5	222.2	1000	6	1.119	17.3	0.8	44	>55	0.61
1:5.0	200	1000	6	1.110	17.06	1.8	37	>55	0.55

图3-3-7　膨润土:海水为1:4时泥浆24h胶体率

图3-3-8　膨润土:海水为1:4时泥浆泥皮厚度

掺CMC泥浆配合比　　表3-3-12

编　号	膨润土:海水:Na_2CO_3:CMC	膨润土质量(g)	海水质量(g)	Na_2CO_3(g)	CMC(g)
1	1:4:0.4%:0.08%	150	600	0.6	0.12
2	1:4.5:0.4%:0.08%	133.3	600	0.53	0.106
3	1:5:0.4%:0.08%	120	600.0	0.48	0.096

掺PHP泥浆配合比　　表3-3-13

编　号	膨润土:海水:Na_2CO_3:PHP	膨润土质量(g)	海水质量(g)	Na_2CO_3(g)	PHP(g)
1	1:4:0.4%:0.003%	250	1000	1	0.038
2	1:4.5:0.4%:0.003%	222	1000	0.88	0.036

泥浆性能指标　　表 3-3-14

编　号	pH 值	相对密度 ρ_x	黏度 η (s)	含砂率 (%)	3h 胶体率 (%)	12h 胶体率 (%)	24h 胶体率 (%)	失水率 (mL/30min)	泥皮厚度 (mm/30min)
1	9	1.125	19.9	2.5	98	95	85	>55	0.66
2	8	1.120	19.2	1.6	98	93	63	>55	0.57
3	9	1.110	18.1	1.6	96	87	51	>55	0.46
4	9	1.120	18.9	2	96	90	81	>55	0.60
5	9	1.114	18.2	1.8	97	89	80	>55	0.55

图 3-3-9、图 3-3-10 是膨润土∶海水∶Na_2CO_3∶CMC = 1∶4.5∶0.4%∶0.08% 时泥浆的性能照片。

图 3-3-9　24h 的胶体率

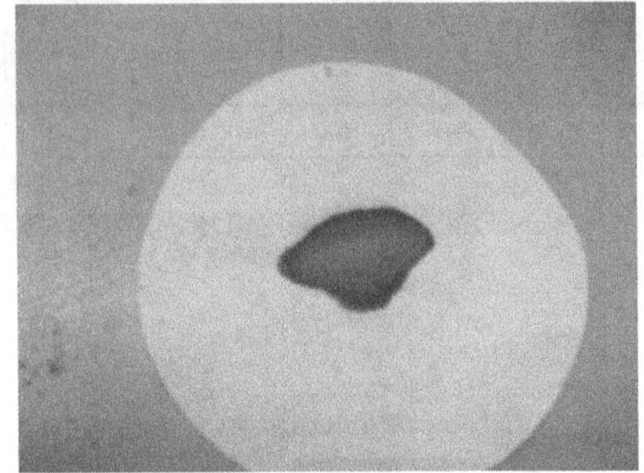

图 3-3-10　泥皮厚度

通过以上数据可以看到，用膨润土海水造浆，通过加入外加剂 Na_2CO_3、CMC 或 PHP 仍不能提高泥浆的胶体率；或虽然有所提高，但其稳定性差，12h 后不能满足规范要求。因此，用膨润土海水造浆比用淡水造浆性能差，因而用海水造浆时不建议使用膨润土。

(2)抗盐黏土配制海水泥浆(表 3-3-15、表 3-3-16)

掺 CMC 抗盐黏土配合比　　表 3-3-15

抗盐黏土∶海水∶Na_2CO_3∶CMC	抗盐黏土质量(g)	海水质量(g)	Na_2CO_3(g)	CMC(g)
1∶15∶1.5%∶0.5%	64	960	0.96	0.32

抗盐黏土泥浆性能指标　　表 3-3-16

pH 值	相对密度 ρ_x	黏度 η (s)	含砂率 (%)	3h 胶体率 (%)	12h 胶体率 (%)	24h 胶体率 (%)	失水率 (mL/30min)	泥皮厚度 (mm/30min)
8	1.024	24.2	1.2	100	100	100	>50	0.75

按照该配合比制造 1m³ 泥浆，需要抗盐黏土、海水、Na_2CO_3 和 CMC 的质量分别为

抗盐黏土：$1.024 \times 1 \times 103 \times \frac{1}{16} = 64(kg)$

海水：$1.024 \times 1 \times 103 \times \frac{15}{16} = 960(kg)$

Na_2CO_3：$64 \times 1.5\% = 0.96(kg)$

CMC：$64 \times 0.5\% = 0.32(kg)$

(3)黄黏土配制泥浆

黄黏土泥浆配合比见表 3-3-17，泥浆性能指标见表 3-3-18。

黄黏土泥浆配合比表　　表 3-3-17

黄黏土：海水：Na_2CO_3	黄黏土质量(g)	海水质量(g)	Na_2CO_3(g)
1:2:0.6%	500	1000	3

黄黏土泥浆性能指标　　表 3-3-18

pH 值	相对密度 ρ_x	黏度 η (s)	含砂率 (%)	3h 胶体率 (%)	12h 胶体率 (%)	24h 胶体率 (%)	失水率 (mL/30min)	泥皮厚度 (mm/30min)
8	1.161	23.42	4.5	100	97	94	>50	—

按照该配合比制造 $1m^3$ 泥浆，需要黄黏土、海水、Na_2CO_3 的质量分别为

黄黏土：$1.161 \times 1 \times 10^3 \times \frac{1}{3} = 387(kg)$

海水：$1.161 \times 1 \times 10^3 \times \frac{2}{3} = 774(kg)$

Na_2CO_3：$387 \times 0.6\% = 2.322(kg)$

注：当有黄黏土结成团时，可以延长搅拌时间，使黄黏土能够充分分散。

(4)原状土海水造浆

从地质图中可以看到，桩基地质由淤泥层、黏土层、砂层、花岗岩层构成。其中黏土层中的黏土本身可以造浆。若黏土造浆能力好，可以在钻进过程中，根据《公路桥涵施工技术规范》(JTG/T F50—2011)提供的试验方法测定泥浆各项性能指标，包括相对密度、黏度、含砂率等。取现场原状土在试验室用海水配制泥浆，其泥浆配比及性能指标见表 3-3-19、表 3-3-20。

原状土泥浆配合比　　表 3-3-19

原状土：海水：Na_2CO_3：CMC	原状土质量(g)	海水质量(g)	Na_2CO_3(g)	CMC(g)
1:2.6:0.4%:0.05%	325.3	845.7	1.3	0.163

原状土泥浆性能指标　　表 3-3-20

pH 值	相对密度 ρ_x	黏度 η (s)	含砂率 (%)	3h 胶体率 (%)	12h 胶体率 (%)	24h 胶体率 (%)	失水率 (mL/30min)	泥皮厚度 (mm/30min)
9	1.171	20.5	2.0	98	96	95	18	0.87

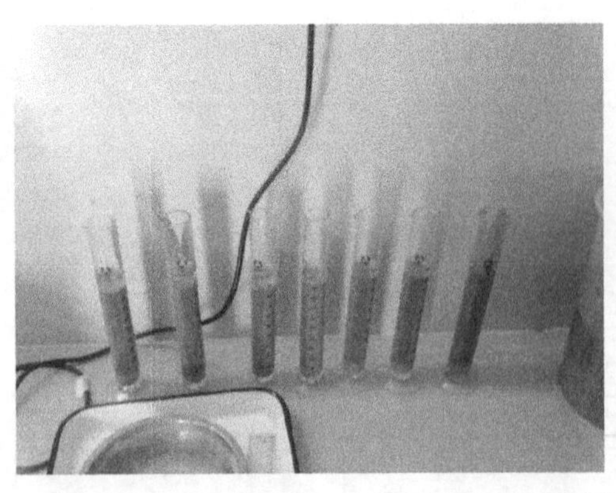

图 3-3-11 原状土泥浆 24h 胶体率试验

如泥浆的性能指标达不到规范要求,可以加入纯碱、CMC 改善泥浆性能。原状土泥浆 24h 胶体率试验如图 3-3-11 所示。

3.3.5 影响聚合物泥浆性能的因素

往水中掺入 Na_2CO_3,将水的 pH 值调到 8 ~ 10,再加入聚合物泥浆粉末(可参考厂家推荐表 3-3-21 不同地层聚合物泥浆材料大致用量)搅拌成不同泥浆,测试其黏度、pH 值、相对密度等性能,研究水质、聚合物泥浆粉末和 Na_2CO_3 掺量、搅拌时间和速率对泥浆性能的影响,从而确定聚合物泥浆配比和搅拌工艺参数。

不同地层聚合物泥浆材料大致用量 表 3-3-21

地层状况	聚合物泥浆粉末(kg/m^3)	黏度 η(s)
黏土、页岩	0.2 ~ 0.7	24 ~ 30
淤泥、细中砂	0.3 ~ 0.8	26 ~ 32
粗砂、小砾石	0.4 ~ 0.9	26 ~ 35
卵砾石	0.7 ~ 1.2	35 ~ 45

(1)聚合物粉末掺量对泥浆的影响

按不同配比配制聚合物泥浆,研究聚合物粉末掺量对泥浆性能的影响,找到最佳掺量。聚合物泥浆配合比、性能参数见表 3-3-22、表 3-3-23。

聚合物泥浆配合比 表 3-3-22

编号	环保泥浆:淡水:Na_2CO_3	环保泥浆质量(g)	淡水质量(g)	Na_2CO_3(g)
1	0.5:1000:0.5	0.5	1000	0.5
2	0.6:1000:0.5	0.6	1000	0.5
3	0.7:1000:0.5	0.7	1000	0.5

聚合物泥浆性能指标 表 3-3-23

编号	pH 值	相对密度 ρ_x	黏度 η (s)	含砂率 (%)	24h 胶体率 (%)	失水率 (mL/30min)	泥皮厚度 (mm/30min)
1	8	1.007	27.3	0	100	—	—
2	8	1.008	31	0	100	—	—
3	8	1.009	39	0	100	—	—

根据《公路桥涵施工技术规范》(JTG/T F50—2011)要求的泥浆性能指标,聚合物粉末与

淡水的质量比为 0.6∶1000 时为最佳掺量。聚合物泥浆的泥皮厚如图 3-3-12 所示，聚合物泥浆 24h 胶体率如图 3-3-13 所示。

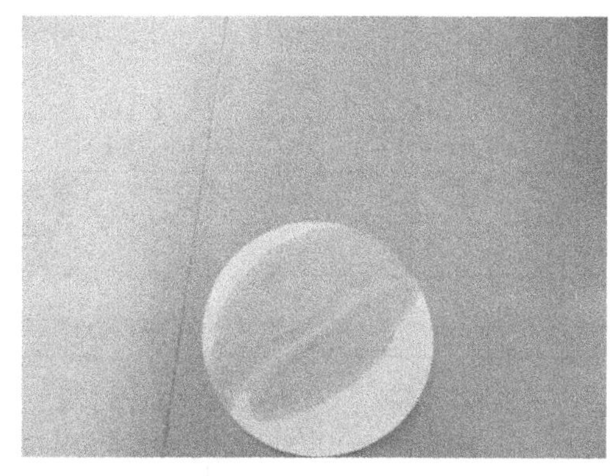

图 3-3-12　聚合物泥浆的泥皮厚度

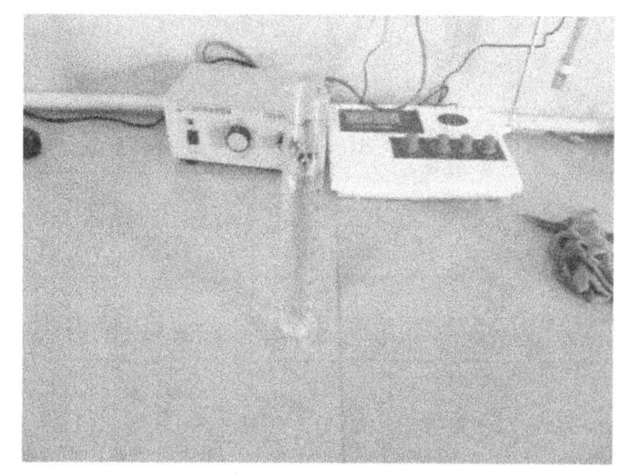

图 3-3-13　聚合物泥浆 24h 胶体率

(2) Na_2CO_3掺量对聚合物泥浆的影响

Na_2CO_3为外加剂，它可使 pH 值增大到 10。溶液的 pH 值对聚合物粉末溶解有很大影响，可通过试验研究找到最佳 pH 值。不同 Na_2CO_3掺量泥浆配合比见表 3-3-24，聚合物泥浆性能指标见表 3-3-25。

不同 Na_2CO_3掺量泥浆配合比　　表 3-3-24

编号	聚合物∶淡水∶Na_2CO_3	聚合物质量(g)	淡水质量(g)	Na_2CO_3(g)
1	0.6∶1000∶0	0.6	1000	0
2	0.6∶1000∶0.5	0.6	1000	0.5
3	0.6∶1000∶0.7	0.6	1000	0.7

聚合物泥浆性能指标　　表 3-3-25

编　号	pH 值	相对密度 ρ_x	黏度 η (s)	含砂率 (%)	24h 胶体率 (%)	失水率 (mL/30min)	泥皮厚度 (mm/30min)
1	7	1.006	18.3	0	100	—	—
2	8	1.007	31	0	100	—	—
3	9	1.007	30	0	100	—	—

从试验结果可知，加入 Na_2CO_3可调整溶液的 pH 值，且聚合物泥浆的黏度随 pH 值的增加呈先增大后减小的趋势。这是由于碱可促进低水解度聚合物的水解，水解聚合物分子链上负电基团间的斥力使分子伸展，分子流体体积变大，溶液黏度增大。但水解度达到一定值后，分子已达到舒展的极限，若继续增加碱的浓度，分子链会因电荷的屏蔽作用而蜷缩，分子流体力学体积变小，分子链之间相互缠绕的机会下降，聚合物溶液的黏弹性随之降低。Na_2CO_3掺量与淡水的质量比为 0.5∶1000 时为最佳掺量。

(3)搅拌速度对聚合物泥浆的影响

聚合物粉末为高分子材料，难溶于水，可通过搅拌加速聚合物溶解，研究搅拌速度对聚合物泥浆性能的影响。不同搅拌速度泥浆配比见表3-3-26，泥浆性能指标见表3-3-27。

不同搅拌速度泥浆配比　表3-3-26

编号	聚合物:淡水:Na_2CO_3	搅拌速度(r/min)	聚合物质量(g)	海水质量(g)	Na_2CO_3(g)
1	0.6:1000:0.5	300	0.6	1000	0.5
2	0.6:1000:0.5	500	0.6	1000	0.5
3	0.6:1000:0.5	3000	0.6	1000	0.5

泥浆性能指标　表3-3-27

编号	pH值	相对密度 ρ_x	黏度 η (s)	含砂率(%)	24h胶体率(%)	失水率(mL/30min)	泥皮厚度(mm/30min)
1	8	1.007	23.4	0	100	—	—
2	8	1.008	31	0	100	—	—
3	8	1.008	16.7	0	100	—	—

从表3-3-26和表3-3-27中可以看到，搅拌速度对聚合物泥浆的黏度有很大的影响，搅拌速度太大或太小都对泥浆黏度不利。这是由于聚合物泥浆是一种由高分子聚合物所组成的高浓缩性乳液稳定液，其主要材料成分为聚丙烯酰胺，其分子与分子之间借铰链彼此相连。由于聚丙烯酰胺分子结构的特性，决定其较难溶解。另外发现同一质量分数的聚丙烯酰胺溶液在不同的搅拌速度下溶解得到的溶液最终黏度相差较大，溶解过程主要是克服分子链间—$CONH_2$的氢键缔合。搅拌速度快时，分子内氢键构成聚丙烯酰胺的环结构和螺旋结构的刚性链段被破坏与解离。在本试验范围内，试验结果表明，转速控制在500r/min时，搅拌效果最好。

(4)水质对聚合物泥浆的影响

将聚合物粉末分别溶于淡水和海水中，测试黏度、pH值、相对密度等性能，找到满足现场施工要求的聚合物泥浆配比。

从表3-3-28和表3-3-29中可以看到，不管是海水造浆还是淡水造浆，聚合物泥浆比重小，但是达到相同的黏度，海水需要的聚合物质量要比淡水多。这是由于海水矿化度很高，导致溶液黏度很低，天然海水中浓度较高的Ca^{2+}和Mg^{2+}会导致聚合物溶液黏度的显著下降。矿化度对聚合物溶液黏度的影响在于溶液中的盐中和了聚合物基团上的电荷。聚合物的黏度随矿化度的升高而降低，主要是由于溶液中存在的阳离子屏蔽了聚合物链上的负电荷，降低了羧基离子之间的排斥力，因而使聚合物卷曲紧缩，在一定程度上降低了聚合物溶液的黏度。

海水造浆泥浆配合比　表3-3-28

编号	聚合物:海水:Na_2CO_3	聚合物质量(g)	海水质量(g)	Na_2CO_3(g)
1	1.5:1000:0.5	1.5	1000	0.5
2	1.7:1000:0.5	1.7	1000	0.5

聚合物泥浆性能指标 表3-3-29

编　号	pH值	相对密度 ρ_x	黏度 η (s)	含砂率 (%)	24h胶体率 (%)	失水率 (mL/30min)	泥皮厚度 (mm/30min)
1	7	1.013	21.6	0	100	—	—
2	7	1.014	27.3	0	100	—	—

(5)聚合物粉末不适用于海上大直径桩基施工的原因

资料表明:聚合物泥浆适用于小孔径旋挖钻孔施工。旋挖钻孔施工是利用钻杆和钻斗的旋转,以钻斗自重并加液压作为钻进压力,使土屑装满钻斗后提升钻斗出土。通过钻斗的旋转、挖土、提升、卸土和泥浆置换护壁,反复循环而成孔。

港珠澳大桥试桩钻孔采用回旋钻反循环施工工艺。反循环是从孔底用吸泵将孔底稠泥浆和沉渣直接吸出,由泥浆池向孔口补浆。根据试验室试验得出的最佳配比制备聚合物泥浆,然后将聚合物泥浆与施工现场取回的原状土泥浆搅拌混合,搅拌均匀后停止搅拌,观察其稳定性。

从图3-3-14、图3-3-15中可以看到,静置搅拌均匀的聚合物泥浆与普通泥浆10min后发生分层现象,这是由于聚合物泥浆的相对密度接近淡水的相对密度,普通泥浆的相对密度比聚合物泥浆的相对密度大,容易分层沉底。聚合物泥浆黏度虽然能满足泥浆性能要求,但是聚合物泥浆相对密度太小(接近水的相对密度),无法把钻渣悬浮起来,大大降低了钻进效率;同时,聚合物泥浆与桩孔内泥浆停止搅拌后,会导致孔内泥浆快速分层,同时在孔壁形成一层膜,使得泥浆无法向土体渗透而形成不了保护孔壁四周土体稳定的黏结网,也无法形成泥皮,从而难以保证孔壁稳定;并且由于泥浆快速分解,不能循环利用,所造泥浆基本全部弃用,环保性反而降低,并且非常不经济;而且对钢管复合桩来说,由于有长护筒护壁,对泥浆性能的要求反而不高,使用聚合物泥浆更显得不经济,因而不建议使用聚合物泥浆。

图3-3-14 聚合物泥浆与普通泥浆混合

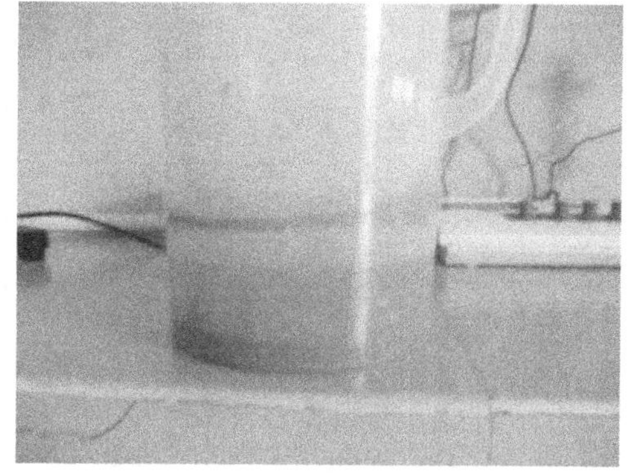

图3-3-15 混合静置10min后的分层现象

3.3.6 海水泥浆的环保性能分析

在实际工程中使用常规水基泥浆,存在井内钻具粘卡、易坍塌,大部分井径扩大率大于

20%、井眼质量差、建井周期长、固井质量难以保证等问题，难以达到抑制油层黏土膨胀、预防水敏发生的目的，导致勘探效益不理想，储量难以升级，开发受到制约。由于该区块位于黄河滩区，属环境敏感性区域，油基泥浆成本高、污染环境，限制了其在该地区的使用。

参照《海洋监测规范　第5部分：沉积物分析》(GB 17378.5—2007)和《海洋沉积物质量》(GB 18668—2002)对海水泥浆(原材料包括膨润土、抗盐黏土、原状土)有害物浓度进行测定，评定其环保性能。其检测结果如图3-3-16所示。

从上述检测结果可以看出，海水泥浆的有害物浓度远低于《海洋沉积物质量》(GB 18668—2002)规定的限值，可认定其为环保泥浆。

3.3.7　环保泥浆降解

在施工完成之后，在储浆池中按照1:4000的体积比加入5%的次氯酸钠或3%的过氧化氢，用潜水泵将储浆池的泥浆再循环流动一次，24h之后可以直接排入沟渠中。

3.3.8　不同泥浆配比的经济成本分析

对满足性能的泥浆，按材料进货单价：膨润土350元/t，淡水35元/t，纯碱2000元/t，CMC 10000元/t，抗盐黏土1450元/t，黄黏土35元/m^3，聚合物泥浆22000元/t。根据每立方米泥浆原材料的用量及每种材料的价格，计算并比较不同泥浆的经济性能，见表3-3-30。

不同泥浆配比的经济成本　　表3-3-30

试验配比	相对密度 ρ_x	24h胶体率	黏度(s)	成本(元/m^3)	排序
膨润土:淡水:Na_2CO_3=1:5.5:0.4%	1.075	99	21.2	94.98	3
抗盐黏土:淡水=1:16.5	1.038	99	22.25	120.24	1
原状土:淡水:Na_2CO_3:CMC=1:5.5:0.5%:0.05%	1.17	95	21.5	34.46	5
抗盐黏土:海水:Na_2CO_3:CMC=1:15:1.5%:0.5%	1.024	100	24.2	97.92	2
黄黏土:海水:Na_2CO_3=1:2:0.6%	1.161	94	23.42	18.19	6
原状土:海水:Na_2CO_3:CMC=1:2.6:0.4%:0.05%	1.171	95	20.5	4.2	7
聚合物粉末:淡水:Na_2CO_3=0.6:1000:0.5	1.008	100	31	49.2	4

从表3-3-30可以看出，首先利用原状土造浆最为经济；其次是用黄黏土造浆；再次是用聚合物造浆，但其不适用于桥梁桩基成孔工艺；最不经济的是用膨润土和抗盐黏土造浆。

3.3.9　环保泥浆的现场施工应用

通过试验获取适用于本工程施工工艺和环保要求的钻孔泥浆配比、施工工艺和质量控制措施。

根据泥浆配合比试验可知，淡水泥浆能满足施工要求，但海水泥浆通过添加外加剂纯碱、CMC，泥浆性能均能满足施工要求。本次试桩采用海水+原状土造浆和淡水+原状土造浆工艺。

Pony Testing International Group

检 测 结 果

报告编号：E03073037202D　　　　第 2 页，共 2 页

样品名称和编号	检测项目(单位)		限值 GB 18668-2002			检 测 结 果
			第一类	第二类	第三类	
E03073037202D 海水泥浆	砷($\times 10^{-6}$)		≤20.0	≤65.0	≤93.0	12.7
	镉($\times 10^{-6}$)		≤0.50	≤1.50	≤5.00	0.358
	铅($\times 10^{-6}$)		≤60.0	≤130.0	≤250.0	43.7
	铜($\times 10^{-6}$)		≤35.0	≤100.0	≤200.0	34.5
	锌($\times 10^{-6}$)		≤150.0	≤350.0	≤600.0	149
	铬($\times 10^{-6}$)		≤80.0	≤150.0	≤270.0	18.4
	汞($\times 10^{-6}$)		≤0.20	≤0.50	≤1.00	0.082
	有机碳($\times 10^{-2}$)		≤2.0	≤3.0	≤4.0	1.98
	硫化物($\times 10^{-6}$)		≤300.0	≤500.0	≤600.0	33.4
	石油类($\times 10^{-6}$)		≤500.0	≤1000.0	≤1500.0	448
	六六六	α-BHC($\times 10^{-6}$)	≤0.50	≤1.00	≤1.50	未检出 (<0.0006)
		β-BHC($\times 10^{-6}$)				
		γ-BHC($\times 10^{-6}$)				
		δ-BHC($\times 10^{-6}$)				
	滴滴涕	PP'- DDE($\times 10^{-6}$)	≤0.02	≤0.05	≤0.10	未检出 (<0.001)
		PP'- DDD($\times 10^{-6}$)				
		OP'- DDT($\times 10^{-6}$)				
		PP'- DDT($\times 10^{-6}$)				
	多氯联苯($\times 10^{-6}$)		≤0.02	≤0.20	≤0.60	未检出 (<0.01)
以下空白	以下空白		以下空白	以下空白	以下空白	以下空白

本检测单位保证检测的客观公正性，并对委托单位的商业秘密履行保密义务；委托单位对样品的代表性和资料的真实性负责，本检测单位仅对样品负责，委托单位对于检测结果的使用，使用所产生的直接或间接损失及一切法律后果，本检测单位不承担任何经济和法律责任；本《检测报告》如无PONY专用章和批准人签字或被复制，则无效；任何对本《检测报告》未经授权的部分或全部转载、篡改、伪造或复制行为都是违法的，将被追究民事、行政甚至刑事责任。

防伪说明：(1)《检测报告》的报告编号是唯一的，即每一个报告编号仅对应唯一的《检测报告》；
(2)《检测报告》采用特制防伪纸张印制，纸张表面带有"PONY"防伪纹路，该防伪纹路不支持复印，即复制件不会带有"PONY"防伪纹路；
(3)《检测报告》采用的防伪纸张内部亦加带有高科技"PONY"防伪水印，只有在验钞机等紫外线照射下方可显出无色荧光防伪字样；

Pony Testing International Group

www.ponytest.com　Hotline 400-819-5688

Add: YingzhiBuilding,No.49-3,Suzhou Road,HaidianDistrict,Beijing
Tel: (010)82618116
Fax: (010)82619629
E-mail: pony@ponytest.com

Building35,No.680,GuipingRoad, XuhuiDistrict,Shanghai
(021)64851999
(021)64856403
csh@ponytest.com

Building6ofZhongxingIndustryCity, ChuangyeRoad,NanshanDistrict,Shenzhen
(0755)26050909
(0755)26068336
sz@ponytest.com

No.2-1,KeyuanWeiRoad3,Hi-tech Park,LaoshanDistrict,Qingdao
(0532)88706866
(0532)88706877
qd@ponytest.com

图 3-3-16　海水泥浆环保性能检测结果

港珠澳大桥是香港、珠海、澳门的连接线,是世界级的海中桥隧工程。由于港珠澳大桥地质条件较复杂,处于中华白海豚保护区,海洋生态保护要求高,必须通过试验研究配制经济环保泥浆。为了保证港珠澳大桥主体工程的顺利进行,港珠澳大桥桥梁试桩工程试桩位置的选取不仅要满足桥位水文及地质条件要求,同时也要满足海中桥梁施工测量平台的选点需要。此次试桩是在 K27、K33 处,桥轴线北侧约 150m 进行的。一共灌注了 4 根桩,每根桩采用一种泥浆配比,分别为原状土造浆(如配比 15)、淡水膨润土造浆(如配比 3)、抗盐黏土海水造浆(如配比 12)、黄黏土海水造浆(如配比 14)。施工过程中严格控制泥浆的性能指标,整个灌浆过程中泥浆的护壁作用稳定,未发生坍孔、卡钻等事故,桩基检测优良。

1)泥浆循环系统

桩基成孔采用 KP3500 型转盘式回转钻机成孔,土层内使用刮刀钻头,进入岩层后更换为滚刀钻头。成孔采用气举反循环泥浆系统,根据试验要求及地质条件,采用海水 + 原状土造浆和淡水 + 原状土造浆工艺。泥浆循环系统主要由空气压缩机及气管、钻杆及水龙头、泥浆管、泥浆桶、泥浆泵、泥浆船和除砂器组成,如图 3-3-17 所示。

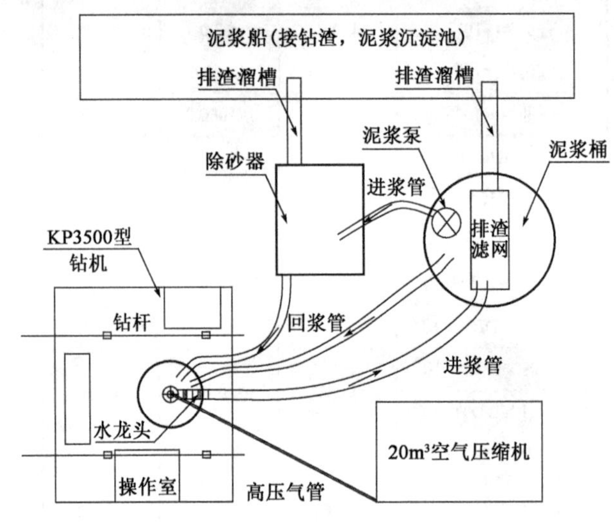

图 3-3-17　泥浆循环系统示意图

2)泥浆施工应用

(1)环保泥浆的制备

根据地质钻探资料显示,桩位有较厚的粉质黏土和黏土覆盖层,造浆性能优良,通过试验室泥浆配比试验,发现用原状土造浆、抗盐黏土造浆、黄黏土造浆的泥浆指标良好,再适当添加适量纯碱和 CMC 材料,指标更为优良。

SZ5 采用海水 + 原状土造浆,SZ6 采用淡水 + 原状土造浆。在黏土和粉质黏土等造浆性能优良的覆盖层内,所造泥浆可以储备在泥浆船内,在进入中风化花岗岩后,泥浆经循环、除砂等过程,性能有所下降时,采用储备在泥浆船上的泥浆补充,并加入适量纯碱和 CMC 调节泥浆性能,成孔阶段泥浆性能指标见表 3-3-31。地质中粉质黏土和黏土覆盖层厚,自身造浆能力强,泥浆性能优良,满足泥浆施工要求。SZ3、SZ4 均采用海水 + 原状土造浆。

各阶段泥浆性能指标　　表 3-3-31

编　号	地　　层	黏度(s)	相对密度	含砂率(%)	胶体率(%)	pH 值	泥皮厚度(mm/30min)
0	试验室	20.5	1.17	2.0	98	9	0.87
1	淤泥、淤泥质土	16 ~ 20	1.10 ~ 1.15	1 ~ 2	>93	6 ~ 7	1.10 ~ 1.5
2	粉质黏土、黏土	20 ~ 40	1.15 ~ 1.30	1.5 ~ 6	>95	6 ~ 7	1.5 ~ 2.5
3	粗砂、残积土	25 ~ 35	1.20 ~ 1.30	5 ~ 8	>95	6 ~ 7	1.0 ~ 2.0
4	中风化花岗岩	20 ~ 25	1.15 ~ 1.26	1 ~ 6	>95	6 ~ 7	1.0 ~ 1.5
5	清孔后	19.2	1.10	<1	98	7	1.0

泥浆进入排渣滤网后，将其中大颗粒钻渣过滤，泥浆流入泥浆桶进行沉淀，进一步过滤掉泥浆中的较大颗粒，一部分泥浆通过回浆管流回孔内，一部分泥浆通过泥浆泵输送至黑旋风ZX-250 除砂器(图 3-3-18)，除砂净化后回流孔内。

(2)钻孔施工

采用 KP3500 型转盘式钻机成孔，如图 3-3-19 所示，在不同的地层中采用不同的钻进参数，见表 3-3-32 和表 3-3-33(以 K33 +317 钻孔灌注桩为例)。

图 3-3-18　泥浆除砂器

图 3-3-19　成孔施工

SZ5 桩不同地层钻进记录表　　表 3-3-32

编号	地　　层	钻头形式(m)	钻压(kN)	钻进方式	转速(r/min)	进尺(m)	纯钻时间(h)	进尺速度(m/h)
1	淤泥、淤泥质土	尖底刮刀 ϕ1.85	50 ~ 80	加压钻进	6 ~ 12	10.2	10.5	0.97
2	粉质黏土、黏土	尖底刮刀 ϕ1.85	90 ~ 110	减压钻进	6 ~ 12	13.5	41.5	0.33
3	护筒底(黏土层)	尖底刮刀 ϕ1.85	90	减压钻进	6 ~ 12	1	6	0.17
4	粗砂、残积土	尖底刮刀 ϕ1.85	110 ~ 120	减压钻进	6 ~ 12	3.8	4	0.95
5	岩面(中风化花岗岩)	楔齿滚刀 ϕ1.80	75 ~ 125	减压钻进	6	0.6	40	0.015
6	中风化花岗岩	楔齿滚刀 ϕ1.80	210 ~ 230	减压钻进	6 ~ 9	4.57	135	0.034

SZ6 桩不同地层钻进记录表 表 3-3-33

编号	地 层	钻头形式 (m)	钻压 (kN)	钻进方式	转速 (r/min)	进尺 (m)	纯钻时间 (h)	进尺速度 (m/h)
1	淤泥、淤泥质土	尖底刮刀 $\phi1.85$	50～80	加压钻进	6～12	10.1	10	1.01
2	粉质黏土、黏土	尖底刮刀 $\phi1.85$	90～110	减压钻进	6～12	11.8	36	0.33
3	护筒底(黏土层)	尖底刮刀 $\phi1.85$	90	减压钻进	6～12	1	8	0.13
4	残积土	尖底刮刀 $\phi1.85$	110～120	减压钻进	6～12	5.5	6	0.92
5	岩面(强风化、中风化花岗岩)	球齿滚刀 $\phi1.80$	85～135	减压钻进	6	0.72	40	0.018
6	中风化花岗岩	球齿滚刀 $\phi1.80$	220～240	减压钻进	6～9	5.08	64	0.079

(3)泥浆现场控制

在钻孔过程中,每班组对泥浆的性能进行 2～3 次检测,遇到地层变化时,加大检测频率。通过在黏土层低速钻进造浆、添加外加剂、除砂净化等方法,控制好泥浆各项指标,保证泥浆良好的护壁作用,在易坍孔的砂层和卵石层成孔时,适当提高泥浆相对密度,护壁泥浆的相对密度为1.2～1.3。成孔过程中,护筒内的泥浆面始终高出筒外水位 1.0～1.5m。现场测试泥浆黏度如图 3-3-20 所示。

图 3-3-20 现场测试泥浆黏度

采用反循环回转钻机钻孔,开钻时宜低挡慢速钻进,泥浆循环后在护筒范围内可加快钻进速度,钻至护筒脚时,降低钻进速度,出护筒脚 1m 后,再以正常速度钻进。入岩时,降低钻进速度,减压钻进,反复修孔,钻进 60～80cm 后方可适当提高钻压(仍为减压钻进),正常钻进。在钻进过程中,根据土层变化情况,随时调整钻进速度、钻孔泥浆相对密度。当进入砂层时,采用低挡慢速钻进,同时提高水头,加大泥浆比重。每次停止钻进前,宜提空钻头 20cm,继续保持泥浆循环一段时间,将孔底沉渣清理干净;每次钻进前,应将钻头提离孔底 20cm,待泥浆循环畅通后再开始钻进。

在钻进过程中要严格控制泥浆含砂率,随时观察泥浆性能的变化,及时检测泥浆的性能,不符合设计要求的泥浆禁止送入孔内,钻进时及时足量补充孔内泥浆,保持孔内外水头压差,防止孔壁坍塌。在雨天施工时,应注意泥浆性能的变化,及时根据实际情况调整泥浆原料的配比。钻机因故停钻时(如机械故障、修理钻具等),要及时向孔内补充泥浆,保持泥浆高度,以保证孔内安全。二次清孔时沉淀池泥浆容量要大,保证清孔时孔内大量泥砂的有效沉淀,使二次清孔达到设计要求。

钻孔应分班连续进行,填写钻孔施工记录,交接班时应交代钻进情况及下一班注意事项。应经常注意地层变化,在地层变化处捞取样渣保存并做标记,根据地层随时调整泥浆的性能指标。钻孔钻渣及废弃泥浆必须排入指定的泥浆船中，严禁将其排到海洋中，以免污染环境。

3）钢管复合桩钢管段泥皮现场检测

考虑到复合桩钢管入土较深（钢管长度达 60m 左右），钢管段不存在坍孔隐患，故在钢管段全速钻进，泥浆利用其原状土自然造浆。为检查钢管段泥皮实际厚度，在钻进主距离钢管底 2m 左右时，对孔内泥浆抽低 10m 左右，观测钢管内壁泥皮附着情况（图 3-3-21），可以发现钢管段内壁基本没有泥皮（这与泥皮形成机理有关：孔内泥皮是在水头压力作用下泥浆向四周渗透而逐步形成的，钢管段由于钢管封闭作用导致泥浆无法向外渗透，故难以形成泥皮），这对钢管与混凝土是非常有利的。

图 3-3-21　钢管段内壁泥皮附着情况

3.4　小　　结

（1）用抗盐黏土、原状土、黄黏土分别与淡水、海水经试验确定合适的配合比进行造浆，其泥浆性能和主要技术指标均能达到规范要求，均能满足港珠澳大桥基础施工需要，且均为环保泥浆。

（2）经过经济性比较，采用试桩施工点处原状土 + 海水造浆，除泥浆性能满足要求外，其经济性为最优。

（3）试桩采用海水原状土造浆、淡水原状土造浆，泥浆黏度、胶体率等性能指标优良，满足反循环回转钻机泥浆的护壁要求。比较其经济性，建议钻孔过程中采用海水原状土造浆。按照《公路桥涵施工技术规范》（JTG/T F50—2011）提供的试验方法测定泥浆各项性能指标。钻孔过程中必须严格按照施工工艺要求保证泥浆质量，不得随意更换造浆材料及配合比，变更造浆材料和配合比时必须得到试验室和施工负责人同意后方可使用。

（4）建议泥浆施工控制规程及检验标准如下：开钻时宜低挡慢速钻进，泥浆循环后在护筒范围内可加快钻进速度，钻至护筒脚时，必须控制泥浆的性能指标，降低钻进速度。在钻进过程中，根据土层变化情况，随时调整钻进速度、钻孔泥浆相对密度。建立工地泥浆试验室，对泥浆质量进行全过程控制，现场建立值班制度，定时监测泥浆，特别是从一种地质层进入另一种地质层时，要加强对泥浆指标的监控，对易坍地层，适当加大泥浆相对密度、黏度及胶体率，防止坍孔现象发生。二次清孔时，泥浆性能指标为相对密度 1.03 ~ 1.10，黏度 17 ~ 20s，含砂率 <2%，胶体率 >98%。

(5)充分利用泥浆内循环系统，尽量减小泥浆弃方。泥浆弃方应运到指定地点排放，确保环保要求。

第 4 章　钢管插打噪声、激波影响试验

4.1　试验目的、方法和设备

4.1.1　试验目的

对于海上施工作业的减噪措施研究,美国及一些欧洲国家发展较早。20 世纪 80 年代早期,美国便在桥梁施工中通过使用屏障性帷幕隔离水下施工作业时产生的噪声,于是,水面过滤屏障作为消音设备开始得到使用,并且此装置具有降低水下声波影响的效果。随着各国环保意识和动物保护意识的增强以及新材料的发展,越来越多的新技术和新材料被应用于海洋施工减噪中。

国内在此方面的应用较少,较成功的应用例子是香港新机场建设。香港新机场建设的经验是在打桩施工现场定向设置气泡屏幕,有效地减弱了水中噪声的强度(噪声降低 3dB 时超压降为 1/2,噪声降低 6dB 时超压降为 1/4)。

由于港珠澳大桥工程区域地质情况较复杂、环境保护要求高,缺乏可以利用的试桩资料,因此有必要在工程区域内进行工艺试桩,通过施工工艺试桩研究钢管桩成桩施工工艺,并研究钢管桩的关键施工设备、关键材料组织和关键参数,为钢管桩施工组织及施工图设计提供依据。由于该施工区域存在白海豚等海洋生物,故要通过现场试验研究以确定合理的施工措施,保护海洋生态环境。海上钢管桩插打施工所产生的噪声占噪声污染的比例很大,如何评价此影响及如何合理降低噪声是需要试验解决的重要课题。

本试验的实施目的:

(1)通过钢管插打施工时所产生的噪声大小及其强度衰减规律,评估其对海洋生物的影响。

(2)通过设置气幕发生器来降低钢管插打施工时所产生的噪声,并通过试验检测来验证、评价该装置的减噪效果。

4.1.2　试验方法

在现场打桩过程中,设置有、无气幕发生器两种工况,进行钢管插打施工时所产生的噪声的测试。现场测试由厦门大学水声通信与海洋信息技术教育部重点试验室完成。

4.1.3　试验设备

本次试验中所用到的主要设备为:气幕发生器、噪声监测仪(PULSE 3560C 多分析系统、8105 标准水听器)、空气压缩机,各试验设备如图 4-1-1 ~ 图 4-1-4 所示,测试设备调试如图 4-1-5 所示。

图 4-1-1　气幕发生器

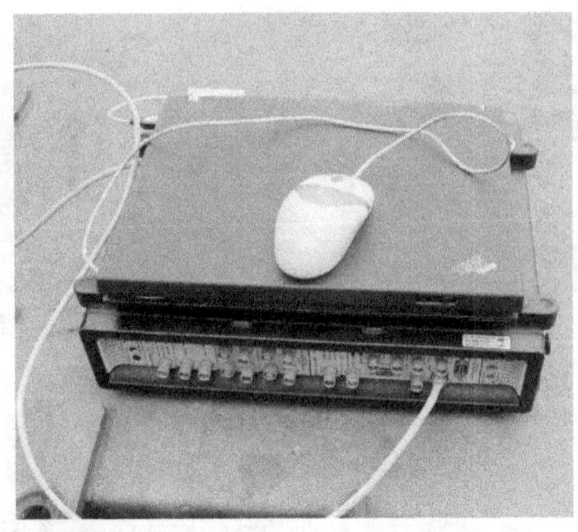

图 4-1-2　PULSE 3560C 多分析系统

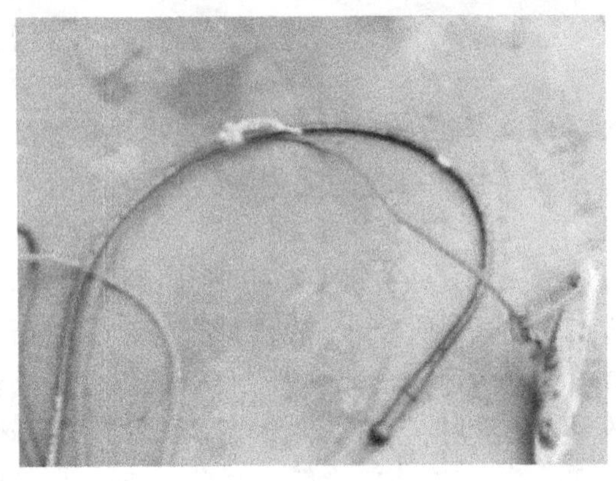

图 4-1-3　8105 标准水听器

图 4-1-4　空气压缩机

图 4-1-5　试桩现场测试人员调试测试设备

4.2 试验地点

在广东省长大公路工程有限公司广深沿江高速深圳段第3合同段项目部采用对比法进行初试，在K27+033钢管复合桩试桩现场检验。

(1)深圳具体试验地址为：机场互通主线桥右幅61~62号墩跨中水域部位，前接三围码头，距离岸边约1000m，具体钢管桩插打试验位置如图4-2-1所示。

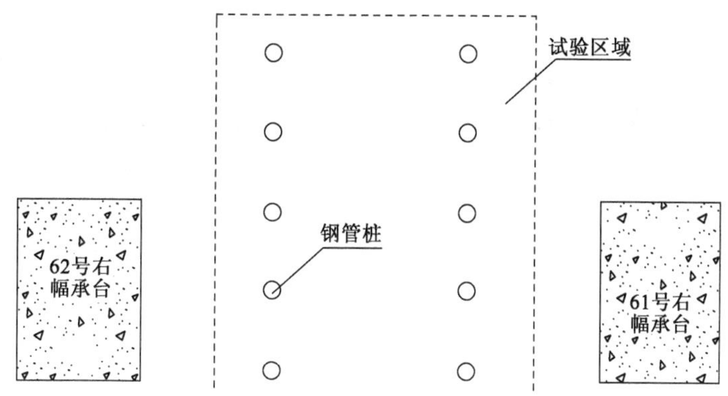

图4-2-1 钢管桩插打选址区域平面示意图

选址地点海水水体属大铲湾海域，海床面高程为-2.85m。海域工程区域设计最高潮位为+2.95m，设计最低潮位为-2.13m；实测风暴潮最高潮位为+2.68m。

(2)试桩现场检验地址为K27+033钢管复合桩试桩桩位处。水文测验期间，各站实测最大潮差2.25~2.51m，最小潮差0.04~0.13m，平均潮差1.06~1.16m，属于弱潮海湾。

4.3 试验前准备工作

4.3.1 气幕发生器的工作原理

通过在插打钢管的外围设置气幕发生器形成水中气幕来消减钢管插打时引起的水中激波的能量，减小其传播范围。

4.3.2 气幕发生器的加工制作

1)框架结构

本试验中所采用的减噪设备为自行设计的气幕发生器。其有效结构为3m×3m×5.05m的长方体；结构分3层，层高1.6m，底座由3.32m×3m双拼I25a工字钢焊接而成；每层骨架由[10号槽钢焊接而成；外框架由4根长5.3m的[10号槽钢组成；每根外框架[10号槽钢的最上面开直径为3cm的圆孔作为吊耳，用于起吊气幕发生器；其框架结构图如图4-3-1所示。

2)高压胶管布置

在气幕发生器骨架内布置一条直径为3.8cm的钢丝高压胶管,胶管水平方向上每5cm开两个直径为3mm的气孔,上下层气孔位置错开布置。用铁丝将高压胶管绑扎在骨架的各竖杆、斜杆上。打桩时,通过外接空气压缩机往胶管内压入高压空气,气体从胶管所开气孔中流出,形成气幕,从而抑制打桩时水中所产生的激波影响。胶管布置如图4-3-2所示。

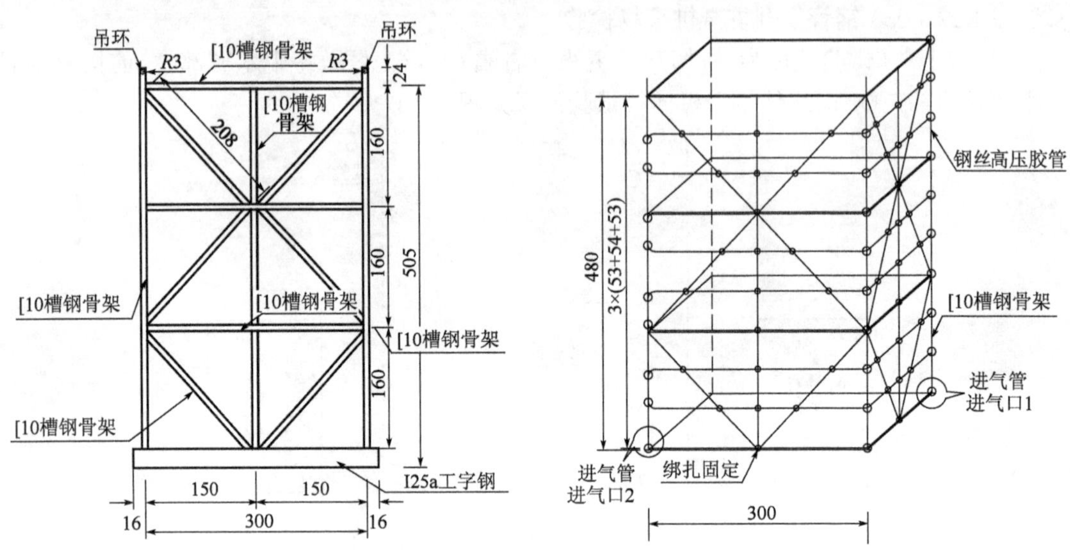

图4-3-1 气幕发生器框架结构(尺寸单位:cm)　　图4-3-2 胶管布置(尺寸单位:cm)

3)风包设计

为了加大气管的进气气压及保证气管的进气量,以使气管产生能满足减噪要求的高质量气泡,在此气幕发生器的设计中特加入风包构造。具体构造介绍如下:

在气幕发生器底座位置设置胶管,通过风包装置与外接空压机相连。风包采用直径为14cm、壁厚为8mm的钢管制作而成;风包一端开孔接空压机,另一端开42mm双孔,通过阀门接气幕发生器的高压钢丝胶管。风包具体构造如图4-3-3所示,气幕发生器底座进气管进气口位置如图4-3-4所示。

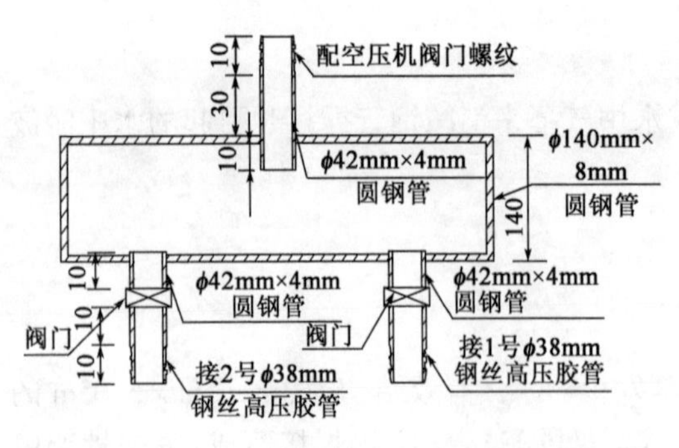

图4-3-3 风包具体构造(尺寸单位:cm)

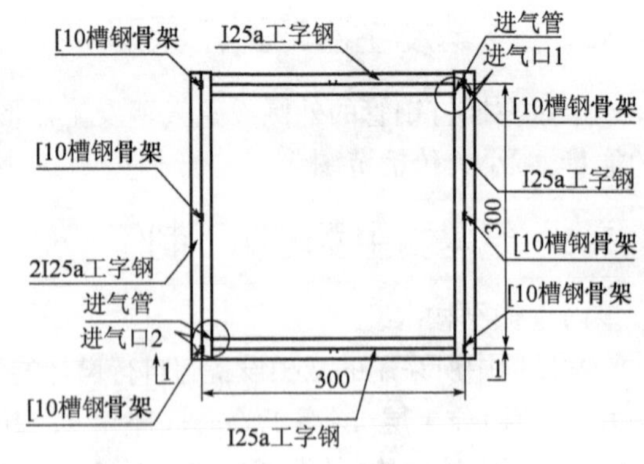

图4-3-4 进气管进气口位置(尺寸单位:cm)

4.3.3　试验材料和设备的选用

1)深圳项目部

钢管的选用:采用直径为ϕ82cm、长度为24m的钢管。

打桩锤的选用:采用VMZ-90振动锤,如图4-3-5所示。

空压机的选用:采用不小于6m³的空气压缩机。

2)试桩现场

钢管:钢管复合桩直径为ϕ220cm,桩长62m。

打桩锤的选用:采用三航桩19自带的液压锤,如图4-3-6所示。

空气压缩机的选用:采用6m³的空压机。

图4-3-5　深圳现场振动锤　　　图4-3-6　试桩现场三航桩19自带的液压锤

3)总结

气幕发生器的关键设备就是空气压缩机,通过试验可以发现,采用大于6m³的空气压缩机便可以满足要求。

4.4　气 幕 试 验

气幕试验工作流程如图4-4-1所示。

4.4.1　试验流程及操作方法

1)深圳现场试验过程

在深圳现场对钢管复合桩的插打进行现场监测,具体试验过程如下:

(1)根据已定的桩位,吊装下放钢管桩。

(2)吊装气幕发生器:在气幕发生器的顶端4个吊耳处系钢缆绳,使用浮吊吊装气幕发生器;从钢管桩的顶部慢慢下放直至海床面。

(3)启动水中气幕发生器并产生气幕。

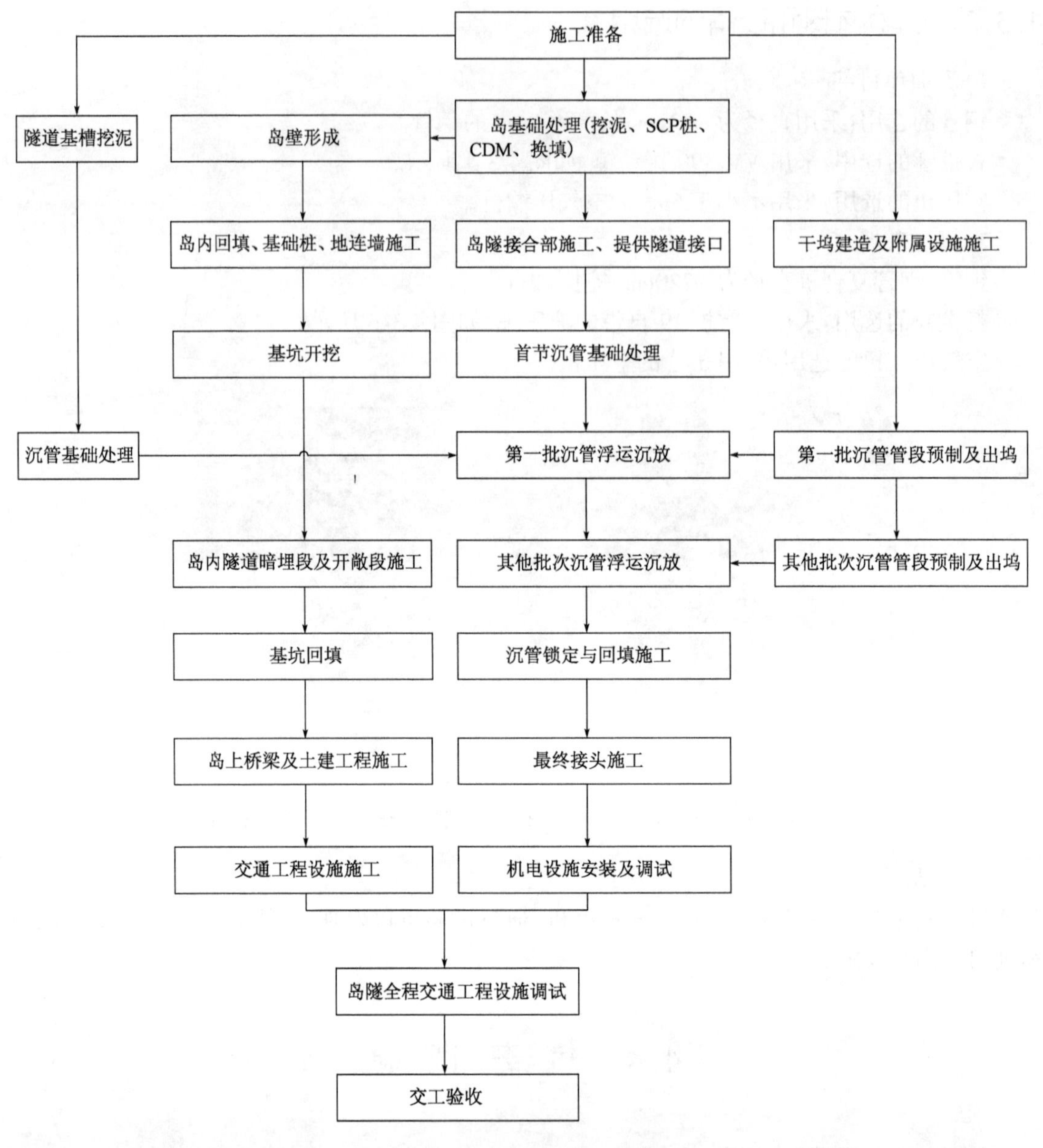

图 4-4-1　气幕试验工作流程

(4)用振动锤插打钢管至海床面以下 10m,钢管插打时引起的水中激波监测采用水中振动测试仪进行监测;在气幕发生器外 3.5m(监测点 1)、26.3m(监测点 2)、46.9m(监测点 3)、88.2m(监测点 4)、102.6m(监测点 5)设 5 个监测点,每处监测点分别在距水面 1m、2m、3m 处各设置一个海洋环境振动测试仪的水听器,监听钢护筒插打时海洋振动变化的幅度。

(5)按同样的方式,在无气幕下插打另一根钢管至海床面以下 10m。

(6)同理,在与上述位置相同处各设置一个海洋环境振动测试仪的水听器,监听钢护筒无气幕发生器插打时海洋振动变化的幅度。

现场水下噪声监测平面、纵向布置图及部分试验过程如图 4-4-2 ~ 图 4-4-7 所示。

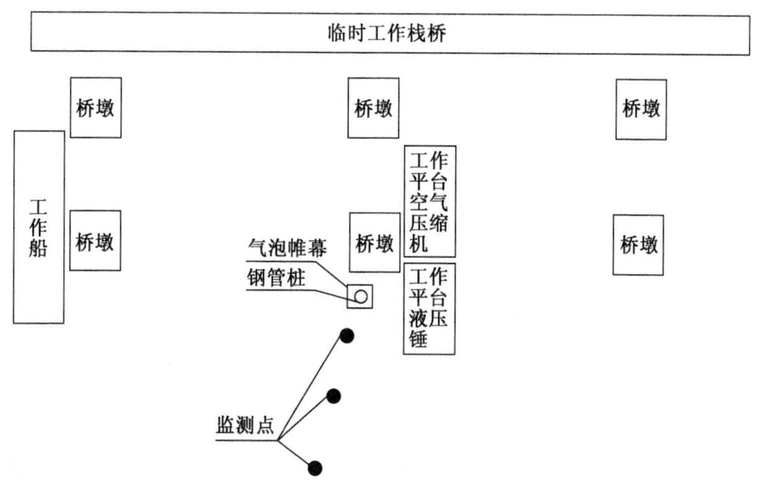

图 4-4-2　2011 年 3 月 14 日深圳现场水下噪声监测平面布置示意图

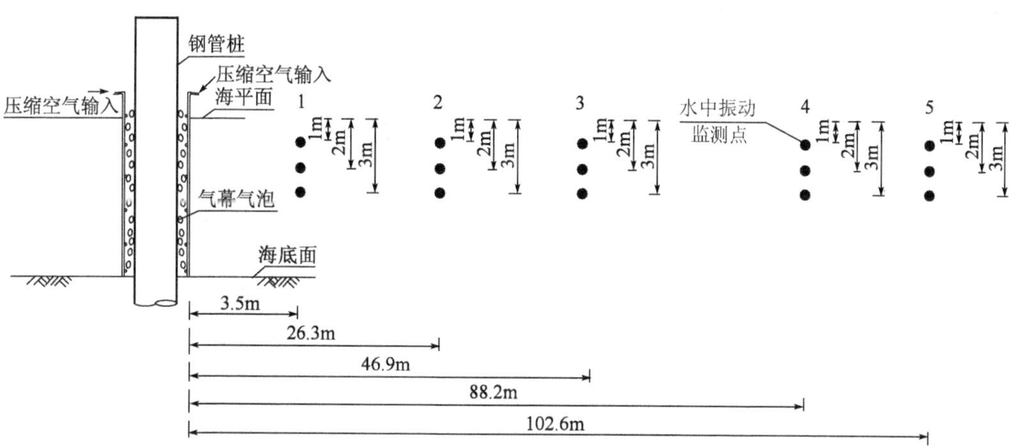

图 4-4-3　2011 年 3 月 14 日深圳现场水下噪声监测纵向布置示意图

图 4-4-4　钢管桩定位下放

图 4-4-5　钢管桩振沉

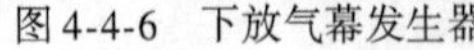

图 4-4-6　下放气幕发生器

图 4-4-7　开启气幕发生器

2) K27 + 033 试桩现场试验过程

在试桩现场对钢管复合桩的插打进行现场监测，具体试验过程如下：

(1) 根据测定的桩位，吊装下放钢管复合桩，完成后松开抱桩器，剩下自由的单根钢管桩。

(2) 吊装气幕发生器：在气幕发生器的顶端 4 个吊耳处系钢缆绳，使用浮吊吊装气幕发生器；从复合桩钢管的顶部慢慢下放至海床面。

(3) 重新将复合桩钢管定位于打桩船抱箍器。

(4) 启动水中气幕发生器并产生气幕。

(5) 钢管插打时引起的水中激波监测采用水中振动测试仪进行监测；在气幕发生器外 65m（监测点 1）、118m（监测点 2）、189m（监测点 3）、385m（监测点 4）、498m（监测点 5）和 852m（监测点 6）6 个监测点处设置海洋环境振动测试仪的水听器，监听钢护筒插打时海洋振动变化的幅度。

(6) 分别在每处监测点距水面 1m、2.5m、4m 处各设置一个水听器。

试桩现场水中振动测点平面、纵向布置示意图及部分现场试验图如图 4-4-8 ~ 图 4-4-12 所示。

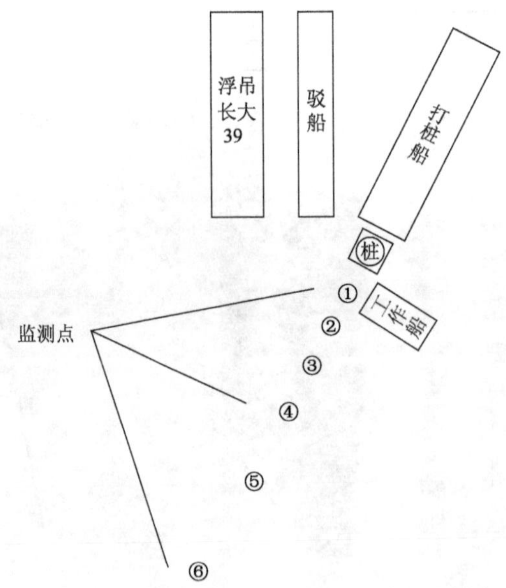

图 4-4-8　试桩现场水中振动测点平面布置示意图

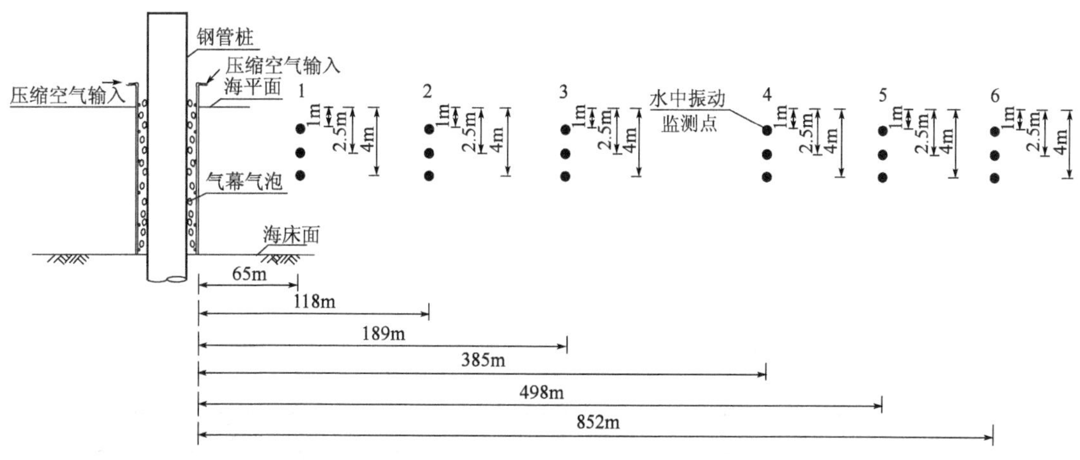

图 4-4-9　试桩现场水中振动测点纵向布置示意图

图 4-4-10　未开气幕发生器

图 4-4-11　气幕发生器开启

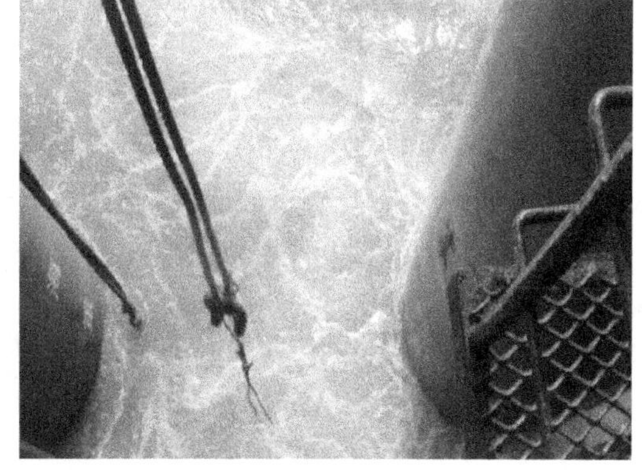

图 4-4-12　试桩现场气幕效果

4.4.2　试验现场注意事项

(1)必须保证气幕发生器的安装垂直度,可以在吊耳处系钢缆线,调整钢缆线以保证装置垂直安放于海床面,将调整好的钢缆线固定在打桩船上。

(2)空气压缩机必须达到额定功率,以保证供气充足,保证产生气泡的质量。

4.5 试验所投入的设备与材料

4.5.1 气幕结构材料数量表

气幕结构材料数量表见表4-5-1。

气幕结构材料数量表　　表4-5-1

序号	材料名称	规格	单位	数量	质量(kg)	备注
1	槽钢	[10	m	109	1090	用于气幕发生器加工
2	工字钢	I25a	m	26	990.6	
3	钢管	ϕ140mm×8mm	m	0.5	13.72	
4	钢管	ϕ42mm×4mm	m	1.2	4.94	
5	钢丝高压管	ϕ38mm	m	140(两根)	—	
6	圆丝(绑扎用)	ϕ4mm	kg	5	5	

4.5.2 试验测量仪器表

试验测量仪器表见表4-5-2。

试验测量仪器表　　表4-5-2

序号	试验设备名称/型号	单位	数量
1	PULSE 3560C 多分析系统	个	1
2	8105 标准水听器	个	18
3	空气压缩机(6m^3)	台	1
4	50t 浮吊	艘	1
5	交通船	艘	1
6	货车	辆	1
7	三航桩19号打桩船	艘	1

4.6 试验成果

4.6.1 监测结果

主要针对以下4种情境下的噪声进行监测:

(1)水下背景噪声(以下简称背景噪声):包含动力柜工作噪声。

(2)气泡帷幕:空气压缩机工作,产生气泡帷幕。

(3)液压式振动打桩(以下简称振动打桩):空气压缩机关闭,无气泡帷幕防护,液压式振动打桩机工作并向下打桩。

(4)采用气泡帷幕防护时液压式振动打桩(以下简称气泡帷幕振动打桩):空气压缩机和液压式振动打桩机工作,产生气泡帷幕防护并向下打桩。

监测结果除了噪声冲击波峰值声压数据(监测时间内信号最大极值)以及峰值声压级变换值外,鉴于液压式振动打桩机产生的噪声为周期性信号,监测结果还给出了具有代表性的周期性噪声信号的峰值声压及其峰值声压级数据。

液压打桩监测水中冲击波测量结果见附录中附表 1 及附表 2。

4.6.2　相关声学参数定义

(1)声压 P:声压是定量描述声波的最基本的物理量,它是由于声扰动产生的逾量压强,是空间位置和时间的函数,单位为帕(Pa)。

(2)峰值声压 P_m:声场中某一瞬时的声压称为瞬时声压,而在一定的时间间隔内最大的瞬时声压为峰值声压。

(3)声压级 L_p。

实际生活中,人耳可以感受到的最弱和最强的声音和能够忍受的最强的声音,如果直接用声压数值表示,其变化范围可达到 10^6 量级,使用起来很不方便,而用对数标度以突出其数量级的变化则相对明确。另外,人耳对声音的接收,并不正比于强度的绝对值,而更近于正比其对数值。因此,在声学中普遍使用对数标度来度量声压,称为声压级,单位为分贝(dB)。

定义为:将待测声压的有效值 P_e 与参考声压 P_0 的比值取以 10 为底的常用对数,再乘以 20,即

$$L_p = 20\lg P_e / P_0$$

在水中,参考声压 $P_0 = 10^{-6}\text{Pa} = 1\mu\text{Pa}$。

同样,峰值声压的对数标度称为峰值声压级。

(4)声信号频率分析。

噪声是由许多频率的声波组成的复合声,因此仅仅在时域对信号进行分析是不够的。

不同的声音,其含有的频率成分及各个频率上的能量分布是不同的,这种频率成分与能量分布的关系称为声音的频率特性,常用频谱来描述,各个频率或各个频段上的声能量分布绘成的图形称为频谱图。它的构成通常以频率为横坐标,以频率的对数为标度,用声压级作纵坐标。这些频谱反映了声音能量在各个频率上的分布特性。

4.6.3　打桩声谱分析

1)振动打桩

分析本次振动打桩所监测的数据结果可得出:

(1)在靠近工作平台的监测点 1、2(3.5m 和 26.3m)处,水下背景噪声主要来源于动力柜工作时所产生的噪声,其大部分为有规律。在较远处的监测点 3(46.9m)及以外监测点,随着距离的增加,有规律信号明显衰落,水下背景噪声逐渐以无规律的海洋环境噪声为主。

(2)气泡帷幕噪声监测:在监测点 1(3.5m),气泡帷幕产生的噪声使水下背景噪声谱级在

0 ~ 13kHz 频段上提高了 2 ~ 4dB，但随着频率的增加，噪声谱级明显加大，在 23kHz 附近达到一个极值，使水下背景噪声谱级提高了 16dB 左右。而后，随着频率的继续增加，噪声谱级逐渐减小。可见，在本次监测中，气泡帷幕产生的噪声主要为高频噪声，其谱峰为 23kHz。然而，由于海水中声波的衰减系数(dB/km)随频率增加而增加，且受到其他传输因素的影响，随着传播距离的加大，气泡帷幕产生的高频噪声衰减也越大。从较远距离的监测点 2(26.3m)的监测信号中可以看出，气泡帷幕产生的高频噪声能量已经有了显著的减小，水下噪声以动力柜工作时所产生的背景噪声为主。

(3)动力柜产生的噪声信号主要为低频信号，在近距离处为背景噪声的主要来源。但在较远距离处的监测点 3(46.9m)，该噪声信号的影响已不明显，背景噪声以海洋背景噪声为主。

(4)液压式振动打桩所产生的周期性噪声信号，能量在 0 ~ 24kHz 频带范围内均有分布，且低频范围能量分布大。以监测点 1(3.5m)水下 2m 为例，噪声级由低频到高频，从 156dB 减少至 95dB。可以看出：振动打桩所产生的噪声使水下背景噪声谱级提高了 40 ~ 25dB，3kHz 以下低频部分最为显著，达到 40dB 左右。而气泡帷幕对 0 ~ 13kHz 频带范围内的声能衰减较为明显，达到 20dB 左右；在 13 ~ 24kHz 频带范围内，由于气泡帷幕产生的自噪声影响，噪声谱级有所增加。

随着传播距离的增加，振动打桩噪声强度逐渐减弱。在 0 ~ 24kHz 频带范围内，监测点 3(46.9m)，振动打桩噪声使水下背景噪声谱级提高了 30 ~ 5dB。监测点 4(88.2m)，振动打桩噪声使水下背景噪声谱级提高了 20 ~ 3dB。监测点 5(102.6m)，振动打桩噪声使水下背景噪声谱级提高了 20 ~ 0dB。同样的，其声能提高主要集中在低频范围，且随着传播距离的增加，振动打桩噪声信号的高频分量的影响也逐渐减弱。

从监测点 3(46.9m)到监测点 5(102.6m)，采用气泡帷幕防护，使振动打桩噪声谱级降低了 3 ~ 16dB，且气泡帷幕对低频噪声的衰减较为明显。

可见，由于气泡帷幕对噪声的衰落存在频率选择性，且受到气泡帷幕自噪声的影响，相比无气泡帷幕防护的振动打桩产生的典型噪声波形，有气泡帷幕防护的振动打桩噪声信号呈现出峰值声压减小且波形有所改变的特点。因此，采用气泡帷幕防护除了对振动打桩噪声的幅值有所衰减外，对噪声的频率成分也产生了一定的影响。

2)撞击打桩

对本次撞击打桩所监测得到的数据进行分析，可以得出如下结论：

撞击打桩所产生的噪声能量在 0 ~ 24kHz 频带范围内均有分布，且在 0 ~ 16kHz 频率范围内能量分布大致均匀，16kHz 以上高频能量略有降低。

比较背景噪声、撞击打桩噪声和采用气泡帷幕防护时撞击打桩噪声频谱图(以监测点 2、水下 4m 为例)，背景噪声谱级在 0 ~ 24kHz 频率范围内，由低频到高频从 136dB 减少至 83dB 左右，而撞击打桩噪声谱级从 161dB 减少至 115dB 左右，采用气泡帷幕防护时撞击打桩噪声谱级从 156dB 减少至 95dB 左右。可以看出：撞击打桩所产生的噪声使水下背景噪声谱级提高了 40 ~ 25dB，特别是 2 ~ 16kHz 频带范围内最为显著，最高达到 40dB 左右。而气泡帷幕对撞击打桩噪声谱级的衰减为 5 ~ 20dB。

随着监测距离和时间的改变，背景噪声、撞击打桩噪声和有气泡帷幕防护时的撞击打桩噪声谱级也发生了变化，具体数据见表4-6-1（以水下4m为例）。其中，撞击打桩噪声/背景噪声、气泡帷幕撞击打桩噪声/撞击打桩噪声分别表示撞击打桩噪声使背景噪声谱级提高的分贝值和采用气泡帷幕防护时使撞击打桩噪声谱级衰减的分贝值。

0～24kHz频率范围内撞击打桩噪声谱级变化　　表4-6-1

监测点	动态范围(dB)	
	撞击打桩噪声/背景噪声	气泡帷幕撞击打桩噪声/撞击打桩噪声
1	42～27	1～12
2	40～25	5～20
3	36～10	4～20
4	33～1	—
5	36～3	—
6	—	—

4.6.4　气泡帷幕对噪声峰值声压衰减效果

1）气泡帷幕对振动打桩噪声峰值声压衰减效果

从监测数值可见：振动打桩产生的噪声峰值声压和采用气泡帷幕防护时振动打桩产生的噪声峰值声压均随着传输距离的增加而逐渐减小。

本次液压式振动打桩试验项目中采用气泡帷幕以衰减水中噪声峰值声压的效果较为明显，从实测数据可见：监测距离3.5～102.6m，水下2m处振动打桩噪声峰值声压衰减量为24%～74%。

以水下2m为例，采用气泡帷幕防护时振动打桩噪声峰值声压衰减量随距离变化关系见表4-6-2。

水下2m处振动打桩噪声峰值声压比较　　表4-6-2

距离(m)	打桩峰值声压(Pa)	气泡帷幕打桩峰值声压(Pa)	衰减量(%)
3.5	1190	342	73
26.3	—	67.4	—
46.9	126	64.6	49
88.2	45.2	11.6	74
102.6	11.4	8.68	24

2）气泡帷幕对撞击打桩噪声峰值声压衰减效果

从监测数据同样可以看出：撞击打桩产生的噪声峰值声压和采用气泡帷幕防护时撞击打桩产生的噪声峰值声压随着传输距离的增加而逐渐减小。

由于监测时海洋背景噪声较大，在监测点4(385m)和监测点5(498m)，采用气泡帷幕防护时撞击打桩产生的周期性噪声信号淹没在背景噪声中，无法分辨。在监测点6(852m)，撞击打桩产生的周期性噪声也无法分辨。即在这些情况下，撞击打桩产生的水中噪声峰值声压接近或小于海洋背景噪声（包括船舶自噪声）峰值声压。

本次撞击打桩试验项目中采用气泡帷幕以衰减水中噪声峰值声压的效果较为明显：监测距离65～189m，水下4m撞击打桩噪声峰值声压衰减量为11%～50%。

以水下4m为例，采用气泡帷幕防护时，撞击打桩噪声峰值声压衰减量随距离变化关系见表4-6-3。

水下4m处撞击打桩噪声峰值声压比较 表4-6-3

距离(m)	打桩峰值声压(Pa)	气泡帷幕打桩峰值声压(Pa)	衰减量(%)
65	1180	1050	11
118	678	358	47
189	288	145	50
385	217	—	—
498	195	—	—
852	—	—	—

4.6.5 打桩噪声冲击波对海洋生物影响分析

根据2011年3月14日和2011年4月6日监测结果，可以得出：

(1)比较本试验中采用的两种打桩方式可以看出：撞击式打桩产生的噪声峰值声压明显大于振动式打桩所产生的噪声峰值声压，且每倍频程噪声谱级变化较小，即撞击式打桩噪声在一定的频带范围内有较高的能量分布。可见，从减少水中冲击波对海洋生物影响的角度而言，采用振动式打桩优于撞击式打桩。

(2)根据2011年3月14日监测数据，采用振动式打桩，在最近的监测点：距离3.5m、水下2m处，振动打桩产生的水下噪声峰值声压为1.19×10^{3}Pa，而采用气泡帷幕防护时，振动打桩噪声峰值声压为342Pa。表4-6-4及表4-6-5的水中冲击波对人及鱼类的致伤、致死强度数值，二者皆远小于人体开始“发生致命危险”的水中冲击波压力值(2.4×10^{5}Pa)和“可能有少数鱼类受伤”的水中冲击波压力值(2.0×10^{5}Pa)。随着监测距离的加大，振动打桩噪声峰值声压衰减明显，在26.3m和46.9m处，振动打桩噪声峰值声压分别减弱为67.4Pa(采用气泡帷幕防护)和126Pa(未采用气泡帷幕防护)，仅为2.4×10^{5}Pa和2.0×10^{5}Pa的10^{-3}量级。可以认为：本次液压式振动打桩产生的水中冲击波对50m以外、采用气泡帷幕防护时对30m以外水域中的人和鱼类所产生的影响很小。

水中冲击波压力对人体的危害 表4-6-4

发生致命危险的概率(%)		开始	50m	100m
水中冲击波压力(10^{5}Pa)	未穿衣者	2.4~3.1	3.1~3.8	3.8~4.5
	穿潜水衣者	7.0~8.4	9.1~12.7	14.1~17.6

水中冲击波压力对鱼的危害 表4-6-5

水中冲击波压力(10^{5}Pa)	2.0~3.5	3.5~7.0	>7.0
鱼的损害情况	可能有少数鱼类受伤	大部分鱼类受伤，部分复活，部分死亡	几乎全部鱼类受伤，能复活的很少

(3)根据2011年4月6日的监测数据,采用撞击打桩,在距离498m、水下4m处,撞击打桩产生的水中噪声峰值声压为195Pa,而采用气泡帷幕防护时,在距离189m处,撞击打桩噪声的峰值声压为145Pa,二者也仅为2.4×10^5Pa和2.0×10^5Pa的10^{-3}量级。同样可以得出如下结论:本次液压式撞击打桩产生的水中冲击波对500m以外、采用气泡帷幕防护时对200m以外水域中的人和鱼类所产生的影响很小。因此,建议打桩作业时,可不设置气泡帷幕,加强海上白海豚观测。

4.7 试验总结

(1)通过本次试验,采用气幕发生器比没采用气幕发生器的噪声峰值声压衰减量可达24%~74%。

(2)比较试验中采用的两种打桩方式可以看出:撞击式打桩产生的噪声峰值声压明显大于振动式打桩所产生的噪声峰值声压,且每倍频程噪声谱级变化较小,即撞击式打桩噪声在一定的频带范围内有较高的能量分布。可见,从减少水下噪声对海洋环境影响的角度而言,采用振动式打桩优于撞击式打桩。

(3)根据2011年3月14日监测数据,参考相关文献中的水中冲击波对人及鱼类的致伤、致死强度数值,可见:采用振动式打桩,距离102.6m、水下3m处,振动打桩产生的水下噪声峰值声压为14Pa,而采用气泡帷幕防护时,在距离88.2m处,振动打桩噪声的峰值声压为12.5Pa,二者皆远小于“可能有少数鱼类受伤”的水中冲击波压力值(2.0×10^5Pa)和人体开始“发生致命危险”的水中冲击波压力值(2.4×10^5Pa)。可以得出如下结论:本次液压式振动打桩产生的水中噪声冲击波对100m以外、采用气泡帷幕防护时对90m以外水域中的人和鱼类所产生的影响很小。

(4)根据2011年4月6日监测数据可见:采用撞击式打桩,距离500m、水下4m处,撞击打桩产生的水下噪声峰值声压为195Pa,而采用气泡帷幕防护时,在距离189m处,撞击打桩噪声的峰值声压为145Pa,二者皆远小于“可能有少数鱼类受伤”的水中冲击波压力值(2.0×10^5Pa)和人体开始“发生致命危险”的水中冲击波压力值(2.4×10^5Pa)。同样可以得出如下结论:本次液压式撞击打桩产生的水中噪声冲击波对500m以外、采用气泡帷幕防护时对189m以外水域中的人和鱼类所产生的影响较小。

(5)通过上述(3)(4)点可知,在打桩作业点500m范围外打桩施工对鱼类的影响甚微。因此,建议打桩时,可不设置气泡帷幕防护,施工时加强海上白海豚观测,如白海豚靠近作业点500m范围时可停止作业。

第 5 章　钢管桩荷载试验

5.1　工 程 概 述

5.1.1　工程概况

港珠澳大桥主体工程桥梁试桩工程钢管桩试桩共 2 根，编号为 SZ1、SZ2。钢管桩试桩均位于港珠澳大桥青州航道桥初步设计轴线北侧 150m 左右，对应初步设计桥梁轴线里程桩号为 K19 +003。本次试桩中心坐标见表 5-1-1。

试 桩 中 心 坐 标　　表 5-1-1

桩基类型	试桩编号	*X* 坐标（北京 54 坐标）	*Y* 坐标（北京 54 坐标）	*X* 坐标（桥梁工程坐标系）	*Y* 坐标（桥梁工程坐标系）
钢管桩	SZ1	2465377.827	38471486.109	152905.47	236409.52
钢管桩	SZ2	2465371.837	38471486.451	152899.48	236409.99

经与港珠澳大桥管理局、设计方、咨询方、监理方会商，确定 SZ1、SZ2 试桩桩底高程均为 -80.0m，桩顶高程均为 +5.0m。钢管桩试桩总体布置图如图 5-1-1 所示。

钢管桩试桩直径为 170cm，壁厚为 25/22mm，采用 Q345C 钢板加工。桩长为 85m，在桩顶 12.3m 范围设置内壁剪力环。钢管外壁采用双层环氧粉末涂层涂装，内壁采用无溶剂液体环氧涂层涂装。

5.1.2　地质条件

钢管桩试桩施工前，在试桩桩位进行了两个补充地质钻孔。补充地质钻孔揭示的试桩桩位地质简况见表 5-1-2 和表 5-1-3。

SZ1 桩位地质简况　　表 5-1-2

分层序号	地层编号	层底高程(m)	土层类型
0	—	-6.20	海床面
1	①$_1$	-8.20	淤泥
2	①$_3$	-12.25	淤泥质土
3	①$_3$	-22.50	淤泥质土
4	①$_4$	-23.80	粉质黏土混砂
5	①$_4$	-27.20	粉质黏土混砂
6	③$_1$	-28.50	黏土混砂
7	③$_1$	-35.90	黏土
8	③$_5$	-48.90	粉细砂

续上表

分层序号	地层编号	层底高程(m)	土层类型
9	④$_1$	-55.00	粉细砂
10	④$_8$	-56.00	粉质黏土
11	④$_3$	-68.90	中砂
12	④$_6$	-72.60	圆砾
13	④$_5$	-75.90	粗砂
14	④$_5$	-79.10	粗砂
15	⑧$_2$	-86.00	强风化混合花岗岩

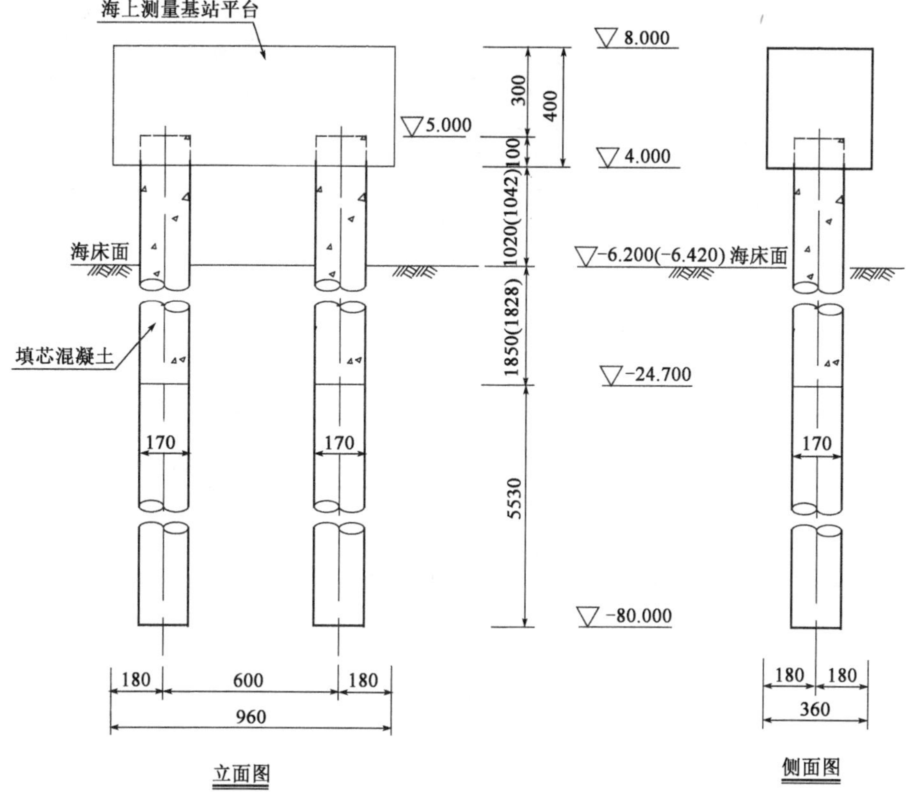

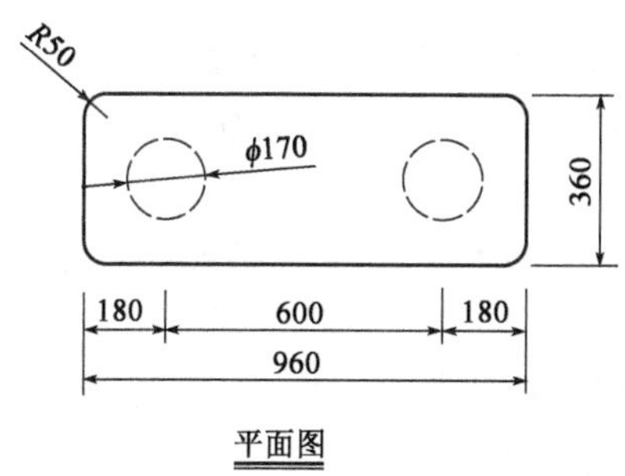

注：1.本图尺寸除高程以m计外，其余均以cm为单位。
2.括号外数字适用于SZ1试桩，括号内数字适用于SZ2试桩。
3.本图高程系统采用1985国家高程基准。

图 5-1-1　钢管桩试桩总体布置图

SZ2 桩位地质简况　　表 5-1-3

分层序号	地层编号	层底高程(m)	土层类型
0	—	-6.42	海床面
1	$①_1$	-10.92	淤泥
2	$①_3$	-11.92	淤泥质土
3	$①_3$	-22.07	淤泥质土
4	$①_4$	-23.92	粉质黏土混砂
5	$①_4$	-27.32	粉质黏土混砂
6	$③_1$	-28.52	黏土混砂
7	$③_1$	-34.92	黏土
8	$③_2$	-40.72	粉质黏土夹细砂
9	$③_5$	-42.72	细砂
10	$③_5$	-45.82	细砂夹黏土
11	$④_1$	-56.12	粉细砂
12	$④_8$	-57.42	黏土
13	$④_3$	-68.12	中砂
14	$④_6$	-70.62	圆砾
15	$④_8$	-71.12	粉质黏土
16	$④_8$	-72.02	粉质黏土
17	$④_5$	-74.42	砾砂
18	$④_5$	-76.42	粗砂
19	$④_5$	-78.92	砾砂
20	$⑧_2$	-86.02	强风化混合花岗岩

5.2 试验方法与设备

采用高应变法和锚桩反力架法对本次试桩进行了承载力试验。

5.2.1 高应变试验

1)高应变试验基本原理

高应变试验的基本原理是往桩顶沿轴向施加一个冲击力,使桩产生足够的贯入度,实测由此产生的桩身质点应力和加速度的响应,通过波动理论分析,判定单桩竖向抗压承载力及桩身完整性的检测方法。用重锤冲击桩顶,使桩土之间产生足够的相对位移,以充分激发桩周土阻力和桩端支承力。从桩身运动方向来说,有产生向下运动和向上运动之分。习惯把桩身受压(无论是内力、应力还是应变)看作正的,把桩身受拉看作负的;把向下运动(无论是位移、速度还是加速度)看作正的,而把向上的运动看作负的。由于应力波在其沿着桩身的传播过程中将产生十分复杂的透射和反射,因此,有必要把桩身内运动的各种应力波划分为上行波和下行波。

由于下行波的行进方向和规定的正向运动方向一致,在下行波的作用下正的作用力(压力)将产生正向的运动,而负的作用力(拉力)则产生负向的运动。上行波则正好相反,上行的压力波(其力的符号为正)将使桩产生负向的运动,而上行波的拉力(力的符号为负)则产生正向的运动。由于锤击所产生的压力波向下传播,在有桩侧摩阻力或桩截面突然增大处会产生一个压力同波,这一压力回到桩顶时,将使桩顶处的力增加,速度减少。同时,下行的压力波在桩截面突然减小处或有负摩阻力处,将产生一个拉力回波。拉力波返回桩顶时,将使桩顶处的力值减小,速度增加。掌握这一基本概念就可以在实测的力波曲线和速度曲线中根据两者变化关系来判断桩身的各种情况。

2)高应变试验常用方法

(1)凯斯法(Case 法)

桩身受一向下的锤击力后,桩身向下运动,产生压应力波 $P(T)$,在桩身的每一截面 x_i 处作用有土的摩阻力 $R(I,t)$,应力波到达该处后产生一新的压力波向上和向下传播。上行波为幅值等于 $1/2R(I,t)$ 的压应力波,在桩顶附近安装一组传感器,可接收到锤击力产生的应力波 $P(T)$ 和每一截面 x_i 处传来的上行波。同样,下行波是幅值为 $1/2R(I,t)$ 的拉力波,到达桩尖后反射成压力波向桩顶传播,到达传感器位置后被传感器接收,这些波在桩身中反复传播,每到传感器位置时均被传感器接收。在公式的推导过程中不考虑应力波的传播过程中能量的耗散,可得桩的静极限承载力。

(2)Capwapc 法

凯斯法的计算承载力结果取决于一个假定的阻尼系数 J_c,它需要经过一系列的动静对比试验来确定阻尼系数的取值。为此,Smith 于 1960 年建议采用通过测量桩头力与速度的变化,结合反映桩土模的波动方程,给出一组 Smith 类型的土参数的质弹模型(Capwap)。Capwapc 是在 Capwap 的基础上发展起来的。

(3)波动方程法

波动方程法是由 Smith 于 1960 年提出的,他对“锤、桩、土体系”提出了借助质量块、弹簧和阻尼器组成的离散化计算模型,计算过程以锤心初速度作为临界条件,然后借助差分程序编程计算,得到精确的数值解。波动方程法最大的优点是便于计算机编程处理,因此,该方法是大多数现有的基桩高应变动测技术的基础。

(4)波形拟合法

波形拟合法采用数值试算的方法,能有效地克服凯斯法的缺陷。其基本思路是:在锤击过程中,采集两组实测曲线——力随时间变化曲线和速度随时间变化曲线。借助分析其中一组曲线,对土阻力、桩身阻抗及其他所有桩土提出假设,进而推求另一组曲线值,再把推求值与另一组实测曲线值比对。比对不满足要求时,需要调整假设值继续试算,直到计算值与实测值相吻合,此时对应的桩土参数就是实际的桩土参数值。该检测方法充分利用了动测过程中所测得的实测值,再辅以计算机试算,可以准确地测出基桩承载力。通过大量的测试实践表明,波形拟合法是一种较为成熟的承载力确定方法,其准确性和可信度均很高。

3)试验设备

高应变试验采用加速度传感器、应变式力传感器和数据采集分析仪进行。加速度传感器和应变传感器采用在钢管外壁钻孔后以螺栓连接的方式,在钢管桩涂装完毕后安装。传感器布置位置及安装如图 5-2-1、图 5-2-2 所示。高应变试验的桩身贯入度测试采用打桩船自带的设备进行观测。

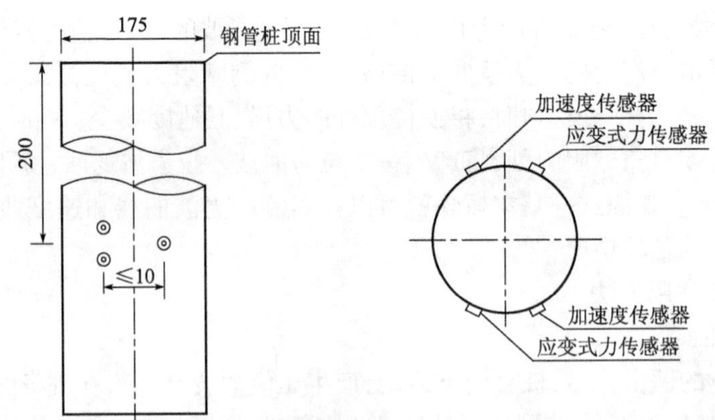

图 5-2-1 传感器装置图(尺寸单位:cm)

图 5-2-2 传感器现场安装照片

4)操作流程

(1)高应变检测的适用范围

①打入式预制桩,打试桩时的打桩过程监测。

②进行第①步操作前须完成的单桩静载试验的一级建筑桩基的工程桩竖向抗压承载力和桩身完整性的检测。

③不复杂的二级建筑桩基、一级建筑桩基的工程桩竖向抗压承载力和桩身完整性的检测。

④一、二级建筑桩基静载试验检测的辅助检测。另外,高应变检测用于进行工程设计校验和为工程验收而进行的现场试验,对多支盘灌注桩、大直径扩底桩以及具有缓变形 *Q-s* 曲线的大直径灌注桩,均不宜采用高应变法检测单桩竖向抗压承载力;对灌注桩及超长钢桩进行竖向抗压承载力检测时,应具有现场实测经验和本地区相近条件下的可靠对比验证资料。

(2)检测桩数

由于工程桩是不允许不合格桩存在的,因此在进行检测时,不应简单地采用随机抽样的方式,而应根据打桩记录,经过综合分析,抽检那些估计质量可能较差的桩,以提高检测结果的可靠度,减少工程隐患。

基桩的高应变动力检测有两种情况:一种是根据《建筑桩基技术规范》(JGJ 94—2008)中的有关规定进行的例行检测,其检测桩数不宜少于总桩数的 5%,并不得少于 5 根;另一种是发现桩基工程有质量问题,必须对桩基施工质量、承载能力作出总体评价时,应由有关方面协

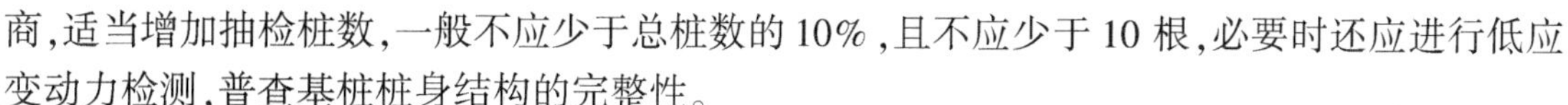

商，适当增加抽检桩数，一般不应少于总桩数的10%，且不应少于10根，必要时还应进行低应变动力检测，普查基桩桩身结构的完整性。

(3)检测截面的选择

传感器直接检测到的信号是检测面上的应变和加速度的信号，要根据其他参数设定值计算后才能得到力和速度信号。若检测截面选择不当，如传感器过分靠近桩顶或在变截面附近，则实测的应变不具代表性；若传感器安装处局部混凝土质量差，则不利于传感器的固定，在锤击力作用下还可能产生严重的非弹性变形，同时使截面的阻抗估算不准等，都会影响承载力的计算结果。

(4)锤击设备的选取

高应变动力检测基桩时，为了使桩土间产生一定的相对位移，需要在桩上作用较大的能量，因此必须用重锤锤击桩顶。对于预制桩(包括管桩)，可以利用打桩机作为锤击装置进行试验；对于灌注桩，则需要选择专门的自由落锤锤击设备，包括锤体、导向架脱钩器等，调整锤重和锤的落距是关系到能否采集到合格有用信号的关键(也就是试验成败)。锤重选取可按《建筑桩基技术规范》(JGJ 94—2008)要求，即锤重应大于预估桩极限承载力的1% ~1.5%。落距大小是影响力峰值和桩顶速度的重要因素，落距过小，则能量不足；而落距过大，力峰值过大，易击碎桩顶。一般落距控制在1.0 ~2.0m，最大落距≤2.5m，最好是重锤低击，锤重和锤落距的选取要使桩的锤击贯入度≥2.5mm，但不能超过10mm。若贯入度过小，则土的强度发挥不充分，太大则不满足波动理论，使实测波形失真。

(5)检测的工作面要求

①为确保试验时锤击力的正常传递和提高工作效率，应先凿掉桩顶部的破碎层和软弱混凝土。对灌注桩、桩头严重破损的混凝土，预制桩和桩头已出现屈服变形的钢桩，试验前应对桩头进行修复或加固处理。

②桩头顶面应保持水平、平整，桩头中轴线与桩身中轴线应重合。桩头截面积应与原桩身截面积相同，桩头主筋应全部直通至桩顶混凝土保护层之下，各主筋应在同一高度上。

③距桩顶上1倍桩径范围内，宜用3 ~5mm钢板围裹或距桩顶1.5倍桩径范围内设箍筋，间距不宜大于150mm。桩顶应设置2 ~3层钢筋网片，间距60 ~100mm，桩头混凝土强度等级宜比桩身混凝土提高1 ~2级，且不得低于C30。

④桩头应高出桩周土2 ~3倍桩径高度，桩周1.2m以内应平整夯实。

⑤从成桩到开始试验的休止时间，在桩身强度达到设计要求的前提下，一般对于砂类土不应少于7d，粉土不应少于10d，非饱和黏性土不应少于15d，饱和黏性土不应少于25d。预制桩承载力的时间效应可通过复打试验确定；对于泥浆护壁灌注桩，宜适当延长休止时间。

(6)桩土体系的破坏模式

高应变动力检测所判定的单桩竖向极限承载力是指岩土对桩的静土阻力，是在桩身材料强度满足要求的前提下得到的。大多数情况是岩土对桩的阻力被克服而使承载力达到极限；但也有其他情况，如桩身的压屈、桩径小或桩身混凝土质量差而导致桩身强度先期破坏，由于高应变检测中动力荷载的持续时间短，在静载荷试验中可能先期出现的破坏模式在高应变检测中可能不出现，因此在检测时要注意桩身阻抗的变化，不能单纯以某一次动荷载作用下获得的阻力推断承载力，而要观察桩身缺陷在多次动力冲击下的变化和发展。若桩身存在先期破坏的可能,就不能以高应变获得的极限阻力作为单桩极限承载力。

(7)检测数据分析

分析方法一般采用凯斯法和实测曲线拟合法。采用实测曲线拟合法分析桩身扩径、桩身截面渐变或多变的情况,应注意合理选择土参数。高应变法锤击的荷载上升时间一般不小于2m/s,因此对桩身浅部缺陷位置的判定存在盲区,也无法根据裂缝宽度来判定缺陷程度。只能根据力和速度曲线的比例失调程度来估计浅部缺陷程度;不能定量给出缺陷的具体部位,尤其是锤击力波上升非常缓慢时,还受土阻力的影响;对浅部缺陷桩,宜用低应变法检测并进行缺陷定位。

5)试验过程

钢管桩高应变试验程序如下:

(1)吊锤:采用与沉桩时相同的打桩锤。

(2)激振:

①待试桩桩端到达指定高程后,打桩设备停止打桩,由测试人员安装传感器。传感器按预留孔位安装。

②传感器安设成功后,由测试人员指挥打桩人员进行锤击,开始高应变测试;每个测试点至少采集两次数据。

③测试完成后,停止锤击,测试人员拆卸传感器。

④传感器拆卸完成后,打桩人员继续连续打桩。

6)试验数据分析方法

桩身完整性系数β按式(5-2-1)计算。

$$\beta = \frac{\frac{1}{2}[F(t_1) + Z \cdot V(t_1)] - \Delta R + \frac{1}{2}[F(t_x) + Z \cdot V(t_x)]}{\frac{1}{2}[F(t_1) + Z \cdot V(t_1)] - \frac{1}{2}[F(t_x) + Z \cdot V(t_x)]} \tag{5-2-1}$$

单桩轴向抗压极限承载力Q_{uc}按式(5-2-2)计算。

$$Q_{uc} = \frac{1}{2}\left\{(1 - J_c) \cdot [F(t_1) + Z \cdot V(t_1)] + (1 + J_c) \cdot \left[F\left(t_1 + \frac{2L}{c}\right) - Z \cdot V\left(t_1 + \frac{2L}{c}\right)\right]\right\} \tag{5-2-2}$$

式中: t_1——速度信号第一峰对应的时刻,ms;

t_x——缺陷反射峰对应的时刻,ms;

$F(t_1)$、$F(t_x)$——t_1和t_x时刻的锤击力,kN;

$V(t_1)$、$V(t_x)$——t_1和t_x时刻的振动速度,m/s;

Z——桩身截面力学阻抗,kN·s/m;$Z = EA/c$;

ΔR——缺陷以上部位土阻力的估算值;

J_c——凯斯法阻尼系数;

E——桩身材料弹性模量,kPa;

A——桩身截面面积,m^2;

c——桩身波速,m/s;

L——测点以下桩长,m。

5.2.2　锚桩反力架法试验

1）试验反力系统

本次钢管桩锚桩反力架法试验采用主梁、次梁、锚桩和千斤顶组成的反力体系。该锚桩反力架设计荷载为 28000kN。进行锚桩反力架法试验时，每次对 1 根试桩进行试验。每次试验，采用 4 根锚桩。锚桩、试桩、反力梁及基准桩的布置及现场照片如图 5-2-3、图 5-2-4 所示。

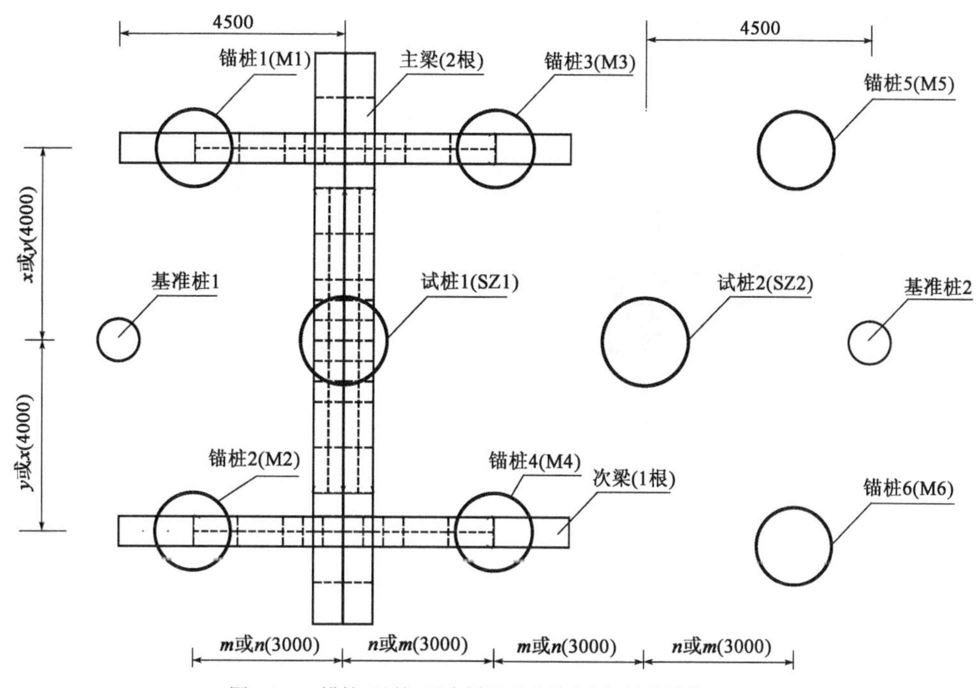

图 5-2-3　锚桩、试桩、反力梁及基准桩布置（尺寸单位：mm）

注：x、y、m、n 后括号内数字分别为各参数的设计值。

钢管桩试桩桩帽采用钢制桩帽。钢制桩帽为正方形实心钢板，尺寸为长 × 宽 × 高 = 2000mm × 2000mm × 120mm，桩帽材质为 Q345 钢。桩帽上正方形布置 4 个 QF800 型千斤顶，单个千斤顶最大有效工作加载量为 8000kN，油缸外径为 550mm，活塞杆直径为 320mm，最大伸出量为 200mm。主梁和千斤顶之间设置垫板。桩帽、千斤顶及垫板照片如图 5-2-5 所示。

图 5-2-4　锚桩、试桩及反力梁现场照片

图 5-2-5　桩帽、千斤顶及垫板照片

2)试桩应变测试

在成桩后桩身轴线对应的土层分界面位置处布置应变测点。每处布置桩身应变测点的桩身横断面布置两个应变测点,沿桩身横断面对称布置。每个应变测点设置3组应变测试元件。应变测点设置在钢管桩内壁的钢质保护槽内。钢管加工完毕后,将钢质保护槽与钢管桩焊接牢固,然后将应变测试元件焊接或胶接于钢管壁上,再在应变测试元件上覆盖环氧树脂和防火隔热棉。各类数据线经管口引出后汇接于数据采集模块。应将桩尖处保护槽制作成与钢管刃角斜率相同的楔形面。应变测试元件安装照片、元件保护措施完成的保护槽照片、安装完毕的传感器保护槽照片如图5-2-6~图5-2-8所示。

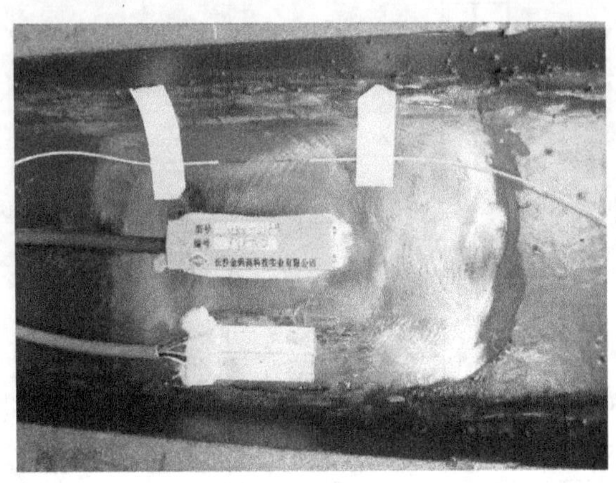

图5-2-6 应变测试元件安装照片

图5-2-7 元件保护措施完成的保护槽照片

图5-2-8 安装完毕的传感器保护槽照片

3)桩顶位移测试

在试桩桩头侧壁对称安装4个电子位移计测量位移,位移测点距桩顶面2.0m,在锚桩上安装连通管监测锚桩上拔量。电子位移计基座置于基准梁上,固定和支承位移计的基准梁采用一端固定一端自由的方式安放于基准桩上。电子位移计、基准梁、基准桩照片和连通管照片如图5-2-9、图5-2-10所示。

图5-2-9　电子位移计、基准梁、基准桩照片

4)加载方式

试验采用慢速维持荷载法,即逐级加载,每级荷载达到某一规定的相对稳定标准后方可进行下一级加载,直至达到最大加载要求量或试桩破坏,停止加载,然后分级卸载至零。

(1)加载位移观测及稳定标准

①加载位移观测:每级加载施加后第1h内在第5min、10min、15min、30min、45min、60min测读位移,以后每隔30min测读一次,当桩顶沉降速率达到相对稳定标准时,再施加下一级荷载。

②稳定标准:暂定每级加载的最后1h向下位移量不大于0.1mm,即认为稳定。

图5-2-10　连通管照片

当出现下列情况之一时,终止加载:

①某级荷载作用下,桩顶沉降量大于前一级荷载作用下沉降量的5倍。

②《建筑基桩检测技术规范》(JGJ 106—2014)规定,桩顶沉降能相对稳定且总沉降量小于40mm时,宜加载至桩顶总沉降量超过40mm。当荷载沉降曲线呈缓变形时,可加载至桩顶总沉降量60~80mm。特殊情况下,可根据具体要求加载至桩顶累积沉降量超过80mm。但建筑工程桩基础和桥梁工程桩基础的设计理念有一定差别。《建筑桩基技术规范》(JGJ 94—2008)规定,桩基按承载能力极限状态和正常使用极限状态两种要求进行设计;桩基的承载能力极限状态是指桩基达到最大承载能力、整体失稳或发生不适于继续承载的变形;正常使用极限状态是指桩基达到建筑物正常使用所规定的变形限值或达到耐久性要求的某项限值。而《公路桥涵地基与基础设计规范》(JTG D63—2007)规定,地基进行竖向承载力验算时,传至基底或承台底面的作用效应应按正常使用极限状态的短期效应组合采用,同时应考虑作用效应的偶然组合(不包括地震作用)。作用效应组合值应小于或等于相应的抗力-地基承载力容许值或单桩承载力容许值。计算基础沉降时,传至基础底面的作用效应应按正常使用极限状态下作用长期效应组合采用。可见,不论是按基础承载力还是按基础沉降计算,桥梁工程均应按正常使用极限状态进行设计。根据《公路桥涵设计通用规范》(JTG D60—2015),桥梁工程正

常使用极限状态是指对应于桥涵结构或其构件达到正常使用或耐久性的某项限值的状态。桥梁基础的变形必须满足上部结构的正常使用要求，通常满足上部结构正常使用要求的桥梁基础沉降量小于40mm。根据此项要求，考虑土体的非线性性质，结合单桩承载力容许值计算中安全系数的取值方法，本次试桩认为桩顶总沉降量大于或等于40mm时，可以停止加载。但考虑到对钢管桩承载力分析的需要，实际加载过程中，SZ1、SZ2试桩均是在桩顶位移大于70mm后才停止加载。

③某级荷载作用下桩顶沉降量大于前一级荷载作用下桩顶沉降量的2倍，且经24h尚未达到相对稳定。

④总桩顶沉降量小于40mm，但桩顶荷载达到设计要求时的最大加载量。

(2)卸载位移观测要求

每级荷载维持1h，按第15min、30min、60min测读桩顶沉降量后，即可卸下一级荷载。卸载至零后，测读桩顶残余沉降量，维持时间为3h，测读时间为第15min、30min，以后每隔30min测读一次。

5)桩身轴力及桩周岩土阻力计算方法

将同一断面有效测点的应变取平均值，按式(5-2-3)计算该断面处桩身轴力：

$$Q_i = \bar{\varepsilon}_i E_i A_i \tag{5-2-3}$$

式中：Q_i——桩身第 i 断面处轴力，kN；

$\bar{\varepsilon}_i$——第 i 断面处应变平均值；

E_i——第 i 断面处桩身材料弹性模量，kPa；

A_i——第 i 断面处桩身截面面积。

将每级试验荷载下桩身不同断面处的轴力值制成表格，并绘制轴力分布图。再由桩顶极限荷载下对应的各断面轴力值按式(5-2-4)和式(5-2-5)分别计算桩侧土的分层摩阻力和端阻力。

$$q_{si} = \frac{Q_i - Q_{i+1}}{u l_i} \tag{5-2-4}$$

$$Q_p = Q_n \tag{5-2-5}$$

式中：q_{si}——桩第 i 断面与第 $i+1$ 断面间侧摩阻力，kPa；

Q_p——桩的端阻力，kN；

i——桩检测断面顺序号，自桩顶往下从小到大排列；

u——桩身周长，m；

l_i——桩第 i 断面与第 $i+1$ 断面之间的桩长，m；

Q_n——桩端的轴力，kN。

为了分析桩侧岩土体的摩阻力是否充分发挥，对桩土相对位移进行了拟合分析。通过对大量桩土位移室外现场原位试验及室内模型试验数据进行分析，表明双曲线函数能够较好地拟合侧摩阻力与桩土位移之间的关系，且拟合方法简单，拟合精度较高。本次拟合采用双曲线拟合函数模型：

$$\tau = \frac{s}{a + bs} \tag{5-2-6}$$

5.3　钢管桩高应变试验和锚桩反力架试验结果

SZ1、SZ2 钢管桩试桩高应变试验分两个阶段进行。

(1)第 1 阶段:沉桩采用 BSPHH30 锤沉桩,达到停锤标准时分别进行一次高应变试验。试验时,SZ1 桩底高程为 -63.2m,进入中砂层 7.2m;SZ2 桩底高程为 -62.5m,进入中砂层 5.08m。

(2)第 2 阶段:沉桩采用 IHCS600 锤沉桩进行高应变试验。试验时,在 SZ1 桩底高程为 -79.50m(进入强风化花岗岩层 0.4m)、-80.00m(进入强风化花岗岩层 0.9m)时各进行一次高应变试验。在 SZ2 桩底高程为 -79.00m(进入强风化花岗岩层 0.08m)、-80.00m(进入强风化花岗岩层 1.08m)时各进行一次高应变试验。

5.3.1　SZ1 钢管桩试桩高应变试验结果

SZ1 钢管桩试桩高应变试验曲线如图 5-3-1 ~ 图 5-3-3 所示。

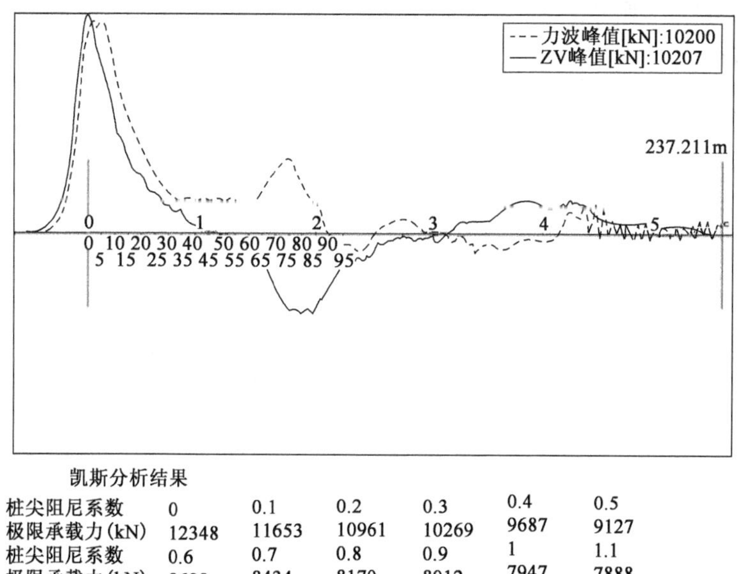

凯斯分析结果

桩尖阻尼系数	0	0.1	0.2	0.3	0.4	0.5
极限承载力(kN)	12348	11653	10961	10269	9687	9127
桩尖阻尼系数	0.6	0.7	0.8	0.9	1	1.1
极限承载力(kN)	8698	8434	8170	8012	7947	7888

图 5-3-1　SZ1 桩底高程为 -63.20m 时的高应变试验曲线

从测试信号曲线可见,曲线形态符合完整桩的测试曲线应有形态,说明在不同沉桩阶段桩身完整。经综合分析,试桩 SZ1 桩底打到 -63.20m 位置处的极限承载力为 11307kN;试桩 SZ1 桩底打到 -79.50m 位置处的极限承载力为 20787kN;试桩 SZ1 桩底打到 -80.00m 位置处的极限承载力为 22918kN。

5.3.2　SZ2 钢管桩试桩高应变试验结果

SZ2 钢管桩试桩高应变试验曲线如图 5-3-4 ~ 图 5-3-6 所示。

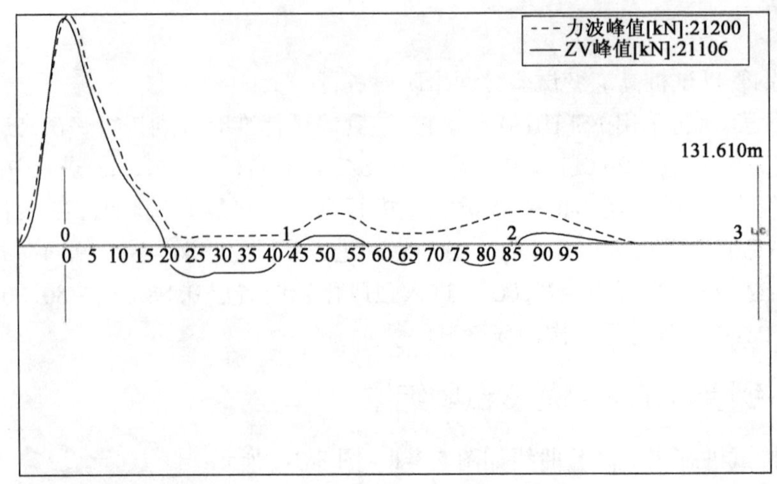

凯斯分析结果

桩尖阻尼系数	0	0.1	0.2	0.3	0.4	0.5
极限承载力(kN)	22707	20787	18886	17017	15175	13352
桩尖阻尼系数	0.6	0.37	0.8	0.9	1	1.1
极限承载力(kN)	11561	9804	8072	6388	4783	3493

图 5-3-2 SZ1 桩底高程为 -79.50m 时的高应变试验曲线

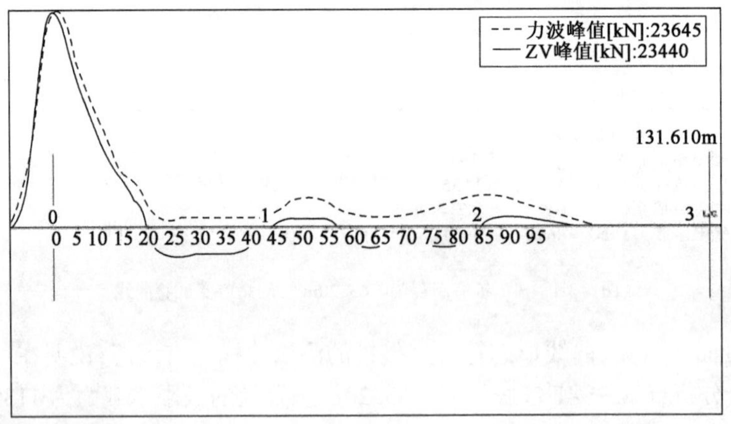

凯斯分析结果

桩尖阻尼系数	0	0.1	0.2	0.3	0.4	0.5
极限承载力(kN)	25148	22918	20710	18521	16362	14241
桩尖阻尼系数	0.6	0.7	0.8	0.9	1	1.1
极限承载力(kN)	12178	10443	9173	8831	8721	8703

图 5-3-3 SZ1 桩底高程为 -80.00m 时的高应变试验曲线

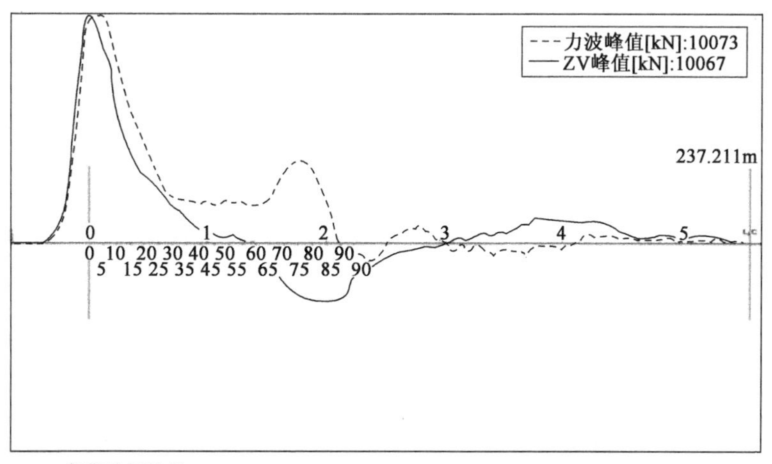

凯斯分析结果

桩尖阻尼系数	0	0.1	0.2	0.3	0.4	0.5
极限承载力(kN)	12167	11421	10682	9958	9233	8525
桩尖阻尼系数	0.6	0.7	0.8	0.9	1	1.1
极限承载力(kN)	7843	7527	7391	7255	7175	7108

图 5-3-4　SZ2 桩底高程为 -62.50m 时的高应变试验曲线

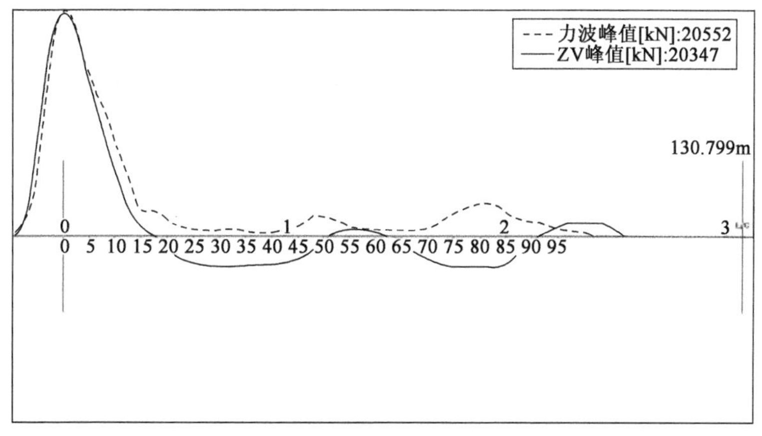

凯斯分析结果

桩尖阻尼系数	0	0.1	0.2	0.3	0.4	0.5
极限承载力(kN)	22791	20973	19167	17373	15608	13889
桩尖阻尼系数	0.6	0.7	0.8	0.9	1	1.1
极限承载力(kN)	12242	10756	9564	8859	8341	8012

图 5-3-5　SZ2 桩底高程为 -79.00m 时的高应变试验曲线

从测试信号曲线可见，曲线形态符合完整桩的测试曲线形态要求，说明在不同沉桩阶段桩身完整。经综合分析，试桩 SZ2 桩底打到 -62.50m 位置处的极限承载力为 11051kN；试桩 SZ2 桩底打到 -79.00m 位置处的极限承载力为 20973kN；试桩 SZ2 桩底打到 -80.00m 位置处的极限承载力为 22042kN。

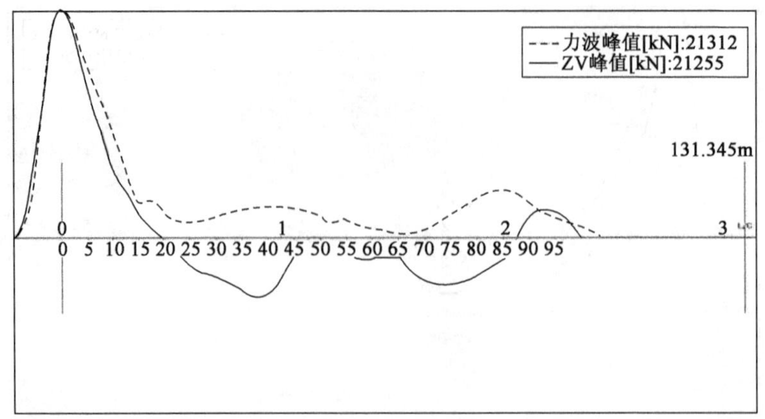

凯斯分析结果

桩尖阻尼系数	0	0.1	0.2	0.3	0.4	0.5
极限承载力(kN)	23908	22042	20185	18327	16478	14637
桩尖阻尼系数	0.6	0.7	0.8	0.9	1	1.1
极限承载力(kN)	12810	11006	9253	8173	8170	8202

图 5-3-6　SZ2 桩底高程为 -80.00m 时的高应变试验曲线

5.3.3　SZ1 钢管桩试桩锚桩反力架法试验结果

(1)SZ1 钢管桩试桩荷载-位移-时间测试结果如图 5-3-7 ~ 图 5-3-9 及表 5-3-1 所示。

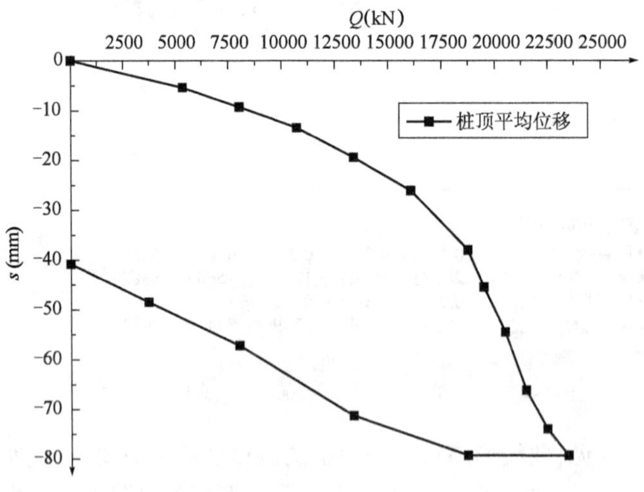

图 5-3-7　SZ1 试桩荷载试验 Q-s 曲线图

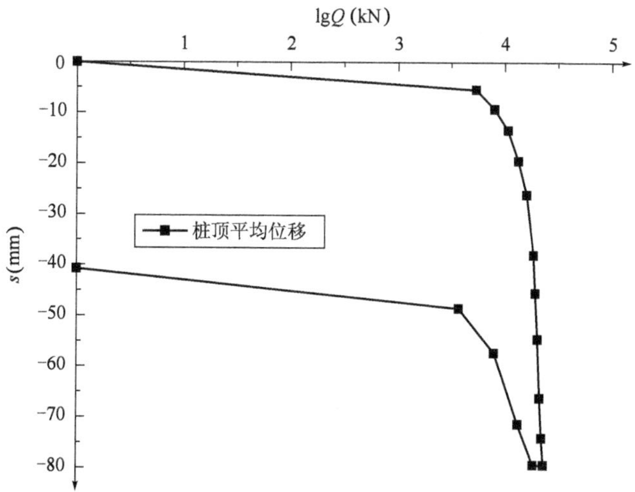

图 5-3-8　SZ1 试桩荷载试验 lg$Q$-s 曲线图

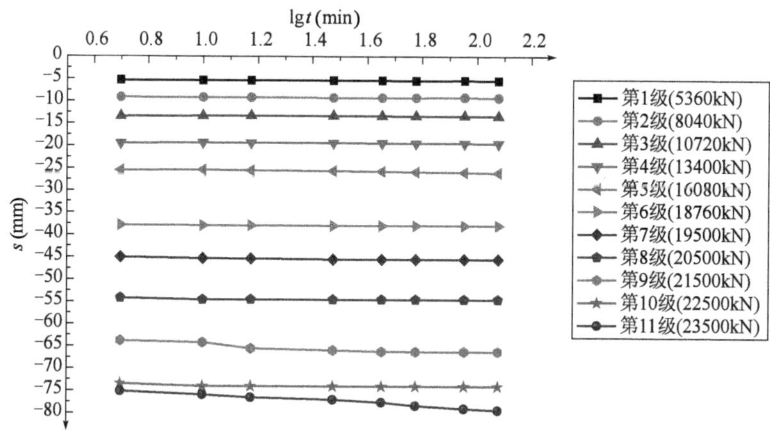

图 5-3-9　SZ1 试桩荷载试验 lg$t$-s 曲线图

SZ1 桩顶位移测试结果表　　表 5-3-1

加载级号	荷载 Q(kN)	桩顶位移记录 1(mm)		桩顶位移记录 2(mm)		桩顶位移记录 3(mm)		桩顶位移记录 4(mm)		桩顶平均位移量(mm)		本级历时(min)	累计历时(min)
		本级	累计	本级	累计	本级	累计	本级	累计	本级	累计		
0	0	0	0	0	0	0	0	0	0	0	0	0	0
1	5360	-5.39	-5.39	-5.31	-5.31	-5.38	-5.38	-5.41	-5.41	-5.32	-5.32	120	120
2	8040	-3.82	-9.21	-3.91	-9.22	-3.87	-9.35	-3.80	-9.31	-3.85	-9.27	120	240
3	10720	-4.04	-13.25	-4.13	-13.35	-4.19	-13.54	-4.18	-13.49	-4.14	-13.41	120	360
4	13400	-6.00	-19.25	-6.10	-19.45	-6.04	-19.58	-5.89	-19.38	-6.01	-19.42	120	480

续上表

加载级号	荷载 Q(kN)	桩顶位移记录1(mm)		桩顶位移记录2(mm)		桩顶位移记录3(mm)		桩顶位移记录4(mm)		桩顶平均位移量(mm)		本级历时(min)	累计历时(min)
		本级	累计	本级	累计	本级	累计	本级	累计	本级	累计		
5	16080	-6.60	-25.85	-6.73	-26.18	-6.66	-26.24	-6.64	-26.02	-6.66	-26.07	120	600
6	18760	-12.23	-38.08	-12.27	-38.45	-10.91	-37.15	-12.33	-38.35	-11.94	-38.01	120	720
7	19500	-7.55	-45.63	-7.51	-45.96	-7.52	-44.67	-7.39	-45.74	-7.49	-45.40	120	840
8	20500	-8.88	-54.51	-9.02	-54.98	-9.10	-53.77	-9.02	-54.76	-9.01	-54.51	120	960
9	21500	-11.63	-66.14	-11.79	-66.77	-11.70	-65.37	-11.58	-66.34	-11.68	-66.18	120	1080
10	22500	-7.82	-73.96	-7.92	-74.69	-7.86	-73.33	-7.80	-74.14	-7.85	-74.03	120	1200
11	23500	-5.37	-79.33	-5.36	-80.05	-5.30	-78.63	-5.33	-79.47	-5.34	-79.37	120	1320
卸1	18760	0.03	-79.3	0.11	-79.94	0.06	-78.57	0.09	-79.38	0.07	-79.30	60	1380
卸2	13400	8.62	-70.68	9.06	-70.88	7.18	-71.39	7.08	-72.3	7.99	-71.31	60	1440
卸3	8040	14.73	-55.95	13.36	-57.52	17.38	-54.01	10.79	-61.51	14.07	-57.25	60	1500
卸4	3740	7.76	-48.19	9.15	-48.37	5.39	-48.62	12.66	-48.85	8.74	-48.51	60	1560
卸5	0	6.74	-41.45	7.09	-41.28	8.86	-39.76	8.19	-40.66	7.72	-40.79	180	1740

注:负号表示向下的位移。

(2)SZ1 试桩各级荷载级别下,桩身轴力沿深度分布如图 5-3-10 及表 5-3-2 ~ 表 5-3-12 所示。

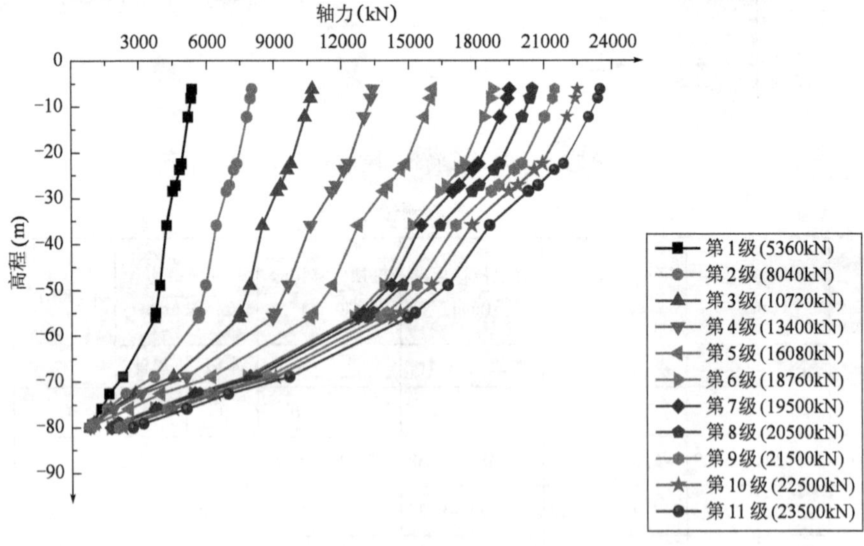

图 5-3-10　不同荷载级别下桩身轴力分布

(3)SZ1试桩各级荷载作用下,桩身摩阻力沿深度分布如图5-3-11及表5-3-2~表5-3-12所示。

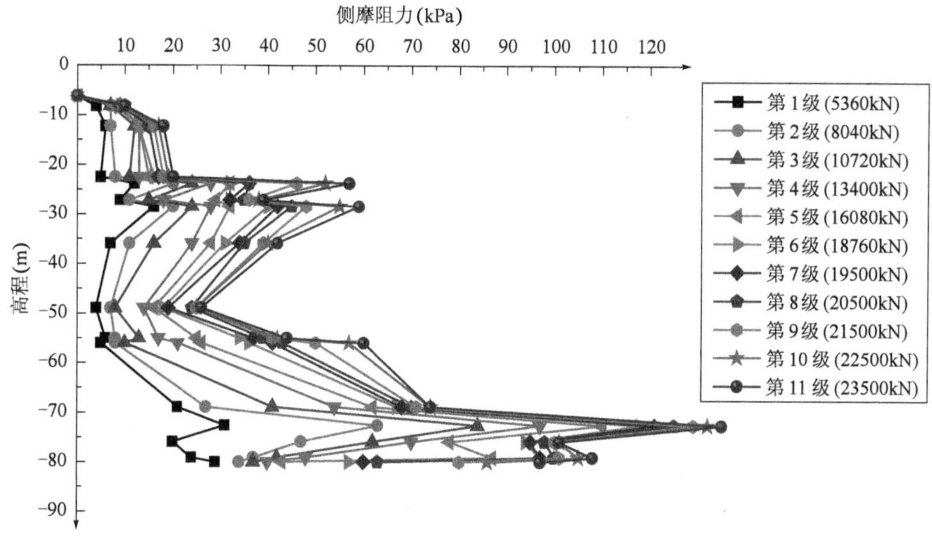

图5-3-11　不同荷载级别下桩身各断面间摩阻力分布情况

SZ1桩身轴力值与桩侧、桩端阻力计算结果(1)　　表5-3-2

荷载级别	桩顶荷载(kN)	断面号 i	第 i 断面高程(m)	土层类型	第 i 断面轴力(kN)	第 i 断面轴力本级增量(kN)	桩第 i 断面与第 $i+1$ 断面间侧摩阻力(kPa)	桩端轴力(kN)
1	5360	0	-6.20	海床面	5360	5360		
		1	-8.20	淤泥	5320	5320	4	
		2	-12.25	淤泥质土	5193	5193	6	
		3	-22.50	淤泥质土	4896	4896	5	
		4	-23.80	粉质黏土混砂	4811	4811	12	
		5	-27.20	粉质黏土混砂	4641	4641	9	
		6	-28.50	黏土混砂	4528	4528	16	
		7	-35.90	黏土	4245	4245	7	
		8	-48.90	粉细砂	3962	3962	4	
		9	-55.00	粉细砂	3764	3764	6	
		10	-56.00	粉质黏土	3736	3736	5	
		11	-68.90	中砂	2264	2264	21	
		12	-72.60	圆砾	1641	1641	31	
		13	-75.90	粗砂	1273	1273	20	
		14	-79.10	粗砂	849	849	24	
		15	-80.00	强风化混合花岗岩	707	707	29	707

(4)SZ1 试桩各级荷载作用下,桩身不同断面轴力变化如图 5-3-12 及表 5-3-2 ~ 表 5-3-12 所示。

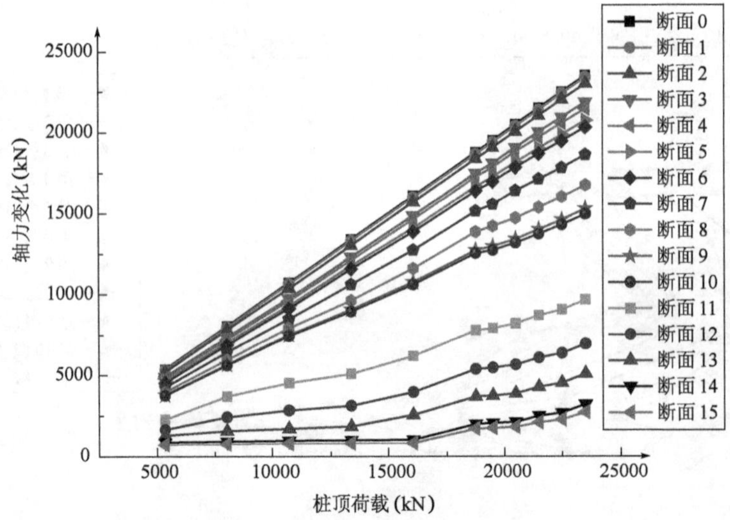

图 5-3-12　不同荷载级别下桩身各断面轴力变化情况

SZ1 桩身轴力值与桩侧、桩端阻力计算结果(2)　　表 5-3-3

荷载级别	桩顶荷载(kN)	断面号 i	第 i 断面高程(m)	土层类型	第 i 断面轴力(kN)	第 i 断面轴力本级增量(kN)	桩第 i 断面与第 $i+1$ 断面间侧摩阻力(kPa)	桩端轴力(kN)
2	8040	0	-6.20	海床面	8040	2680		
		1	-8.20	淤泥	7966	2646	7	
		2	-12.25	淤泥质土	7811	2618	7	
		3	-22.50	淤泥质土	7358	2462	8	
		4	-23.80	粉质黏土混砂	7216	2405	20	
		5	-27.20	粉质黏土混砂	7018	2377	11	
		6	-28.50	黏土混砂	6877	2349	20	
		7	-35.90	黏土	6424	2179	11	
		8	-48.90	粉细砂	5943	1981	7	
		9	-55.00	粉细砂	5660	1896	8	
		10	-56.00	粉质黏土	5617	1882	8	
		11	-68.90	中砂	3679	1415	27	
		12	-72.60	圆砾	2405	764	63	
		13	-75.90	粗砂	1556	283	47	
		14	-79.10	粗砂	906	57	37	
		15	-80.00	强风化混合花岗岩	736	28	34	736

SZ1 桩身轴力值与桩侧、桩端阻力计算结果(3) 表5-3-4

荷载级别	桩顶荷载(kN)	断面号 i	第 i 断面高程(m)	土层类型	第 i 断面轴力(kN)	第 i 断面轴力本级增量(kN)	桩第 i 断面与第 $i+1$ 断面间侧摩阻力(kPa)	桩端轴力(kN)
3	10720	0	-6.20	海床面	10720			
		1	-8.20	淤泥	10641	2674	7	
		2	-12.25	淤泥质土	10372	2561	12	
		3	-22.50	淤泥质土	9763	2405	11	
		4	-23.80	粉质黏土混砂	9593	2377	24	
		5	-27.20	粉质黏土混砂	9310	2292	15	
		6	-28.50	黏土混砂	9141	2264	24	
		7	-35.90	黏土	8490	2066	16	
		8	-48.90	粉细砂	7924	1981	8	
		9	-55.00	粉细砂	7499	1839	13	
		10	-56.00	粉质黏土	7443	1825	10	
		11	-68.90	中砂	4528	849	41	
		12	-72.60	圆砾	2830	424	84	
		13	-75.90	粗砂	1698	141	62	
		14	-79.10	粗砂	962	57	42	
		15	-80.00	强风化混合花岗岩	778	42	37	778

SZ1 桩身轴力值与桩侧、桩端阻力计算结果(4) 表5-3-5

荷载级别	桩顶荷载(kN)	断面号 i	第 i 断面高程(m)	土层类型	第 i 断面轴力(kN)	第 i 断面轴力本级增量(kN)	桩第 i 断面与第 $i+1$ 断面间侧摩阻力(kPa)	桩端轴力(kN)
4	13400	0	-6.20	海床面	13400			
		1	-8.20	淤泥	13315	2674	8	
		2	-12.25	淤泥质土	13018	2646	13	
		3	-22.50	淤泥质土	12310	2547	13	
		4	-23.80	粉质黏土混砂	12112	2519	28	
		5	-27.20	粉质黏土混砂	11772	2462	18	
		6	-28.50	黏土混砂	11574	2434	28	
		7	-35.90	黏土	10612	2122	24	
		8	-48.90	粉细砂	9622	1698	14	
		9	-55.00	粉细砂	9056	1556	17	
		10	-56.00	粉质黏土	8943	1500	21	
		11	-68.90	中砂	5094	566	54	
		12	-72.60	圆砾	3113	283	97	
		13	-75.90	粗砂	1839	141	70	
		14	-79.10	粗砂	990	28	48	
		15	-80.00	强风化混合花岗岩	792	14	40	792

SZ1 桩身轴力值与桩侧、桩端阻力计算结果(5) 表 5-3-6

荷载级别	桩顶荷载(kN)	断面号 i	第 i 断面高程(m)	土层类型	第 i 断面轴力(kN)	第 i 断面轴力本级增量(kN)	桩第 i 断面与第 $i+1$ 断面间侧摩阻力(kPa)	桩端轴力(kN)
5	16080	0	-6.20	海床面	16080			
		1	-8.20	淤泥	15989	2674	8	
		2	-12.25	淤泥质土	15706	2688	13	
		3	-22.50	淤泥质土	14857	2547	15	
		4	-23.80	粉质黏土混砂	14631	2519	32	
		5	-27.20	粉质黏土混砂	14093	2321	29	
		6	-28.50	黏土混砂	13867	2292	32	
		7	-35.90	黏土	12735	2122	28	
		8	-48.90	粉细砂	11603	1981	16	
		9	-55.00	粉细砂	10754	1698	25	
		10	-56.00	粉质黏土	10612	1670	26	
		11	-68.90	中砂	6198	1104	62	
		12	-72.60	圆砾	3962	849	110	
		13	-75.90	粗砂	2547	707	78	
		14	-79.10	粗砂	1019	28	87	
		15	-80.00	强风化混合花岗岩	807	14	43	807

SZ1 桩身轴力值与桩侧、桩端阻力计算结果(6) 表 5-3-7

荷载级别	桩顶荷载(kN)	断面号 i	第 i 断面高程(m)	土层类型	第 i 断面轴力(kN)	第 i 断面轴力本级增量(kN)	桩第 i 断面与第 $i+1$ 断面间侧摩阻力(kPa)	桩端轴力(kN)
6	18760	0	-6.20	海床面	18760			
		1	-8.20	淤泥	18663	2674	9	
		2	-12.25	淤泥质土	18366	2660	13	
		3	-22.50	淤泥质土	17489	2632	16	
		4	-23.80	粉质黏土混砂	17257	2626	32	
		5	-27.20	粉质黏土混砂	16668	2575	32	
		6	-28.50	黏土混砂	16385	2519	40	
		7	-35.90	黏土	15140	2405	31	
		8	-48.90	粉细砂	13867	2264	18	
		9	-55.00	粉细砂	12735	1981	34	
		10	-56.00	粉质黏土	12537	1924	36	
		11	-68.90	中砂	7782	1585	67	
		12	-72.60	圆砾	5377	1415	118	
		13	-75.90	粗砂	3679	1132	94	
		14	-79.10	粗砂	1981	962	97	
		15	-80.00	强风化混合花岗岩	1698	891	57	1698

SZ1 桩身轴力值与桩侧、桩端阻力计算结果(7)　　表 5-3-8

荷载级别	桩顶荷载(kN)	断面号 i	第 i 断面高程(m)	土层类型	第 i 断面轴力(kN)	第 i 断面轴力本级增量(kN)	桩第 i 断面与第 $i+1$ 断面间侧摩阻力(kPa)	桩端轴力(kN)
7	19500	0	-6.20	海床面	19500			
		1	-8.20	淤泥	19399	736	9	
		2	-12.25	淤泥质土	19074	707	15	
		3	-22.50	淤泥质土	18112	623	17	
		4	-23.80	粉质黏土混砂	17857	600	36	
		5	-27.20	粉质黏土混砂	17263	594	32	
		6	-28.50	黏土混砂	16965	580	42	
		7	-35.90	黏土	15565	424	34	
		8	-48.90	粉细砂	14206	340	19	
		9	-55.00	粉细砂	12961	226	37	
		10	-56.00	粉质黏土	12735	198	41	
		11	-68.90	中砂	7924	141	68	
		12	-72.60	圆砾	5462	85	121	
		13	-75.90	粗砂	3736	57	95	
		14	-79.10	粗砂	2038	57	97	
		15	-80.00	强风化混合花岗岩	1740	42	60	1740

SZ1 桩身轴力值与桩侧、桩端阻力计算结果(8)　　表 5-3-9

荷载级别	桩顶荷载(kN)	断面号 i	第 i 断面高程(m)	土层类型	第 i 断面轴力(kN)	第 i 断面轴力本级增量(kN)	桩第 i 断面与第 $i+1$ 断面间侧摩阻力(kPa)	桩端轴力(kN)
8	20500	0	-6.20	海床面	20500			
		1	-8.20	淤泥	20390	990	10	
		2	-12.25	淤泥质土	20050	976	15	
		3	-22.50	淤泥质土	19074	962	17	
		4	-23.80	粉质黏土混砂	18816	959	36	
		5	-27.20	粉质黏土混砂	18168	906	35	
		6	-28.50	黏土混砂	17846	880	45	
		7	-35.90	黏土	16414	849	35	
		8	-48.90	粉细砂	14716	509	24	
		9	-55.00	粉细砂	13414	453	39	
		10	-56.00	粉质黏土	13176	441	43	
		11	-68.90	中砂	8207	283	70	
		12	-72.60	圆砾	5660	198	125	
		13	-75.90	粗砂	3877	141	98	
		14	-79.10	粗砂	2122	85	100	
		15	-80.00	强风化混合花岗岩	1811	71	63	1811

SZ1 桩身轴力值与桩侧、桩端阻力计算结果(9)　　表 5-3-10

荷载级别	桩顶荷载(kN)	断面号 i	第 i 断面高程(m)	土 层 类 型	第 i 断面轴力(kN)	第 i 断面轴力本级增量(kN)	桩第 i 断面与第 $i+1$ 断面间侧摩阻力(kPa)	桩端轴力(kN)
9	21500	0	-6.20	海床面	21500	1000		
		1	-8.20	淤泥	21384	995	11	
		2	-12.25	淤泥质土	21040	990	15	
		3	-22.50	淤泥质土	20036	962	18	
		4	-23.80	粉质黏土混砂	19710	894	46	
		5	-27.20	粉质黏土混砂	19031	863	36	
		6	-28.50	黏土混砂	18692	846	48	
		7	-35.90	黏土	17121	707	39	
		8	-48.90	粉细砂	15366	651	25	
		9	-55.00	粉细砂	14008	594	41	
		10	-56.00	粉质黏土	13734	557	50	
		11	-68.90	中砂	8716	509	71	
		12	-72.60	圆砾	6084	424	129	
		13	-75.90	粗砂	4273	396	100	
		14	-79.10	粗砂	2490	368	101	
		15	-80.00	强风化混合花岗岩	2094	283	80	2094

SZ1 桩身轴力值与桩侧、桩端阻力计算结果(10)　　表 5-3-11

荷载级别	桩顶荷载(kN)	断面号 i	第 i 断面高程(m)	土 层 类 型	第 i 断面轴力(kN)	第 i 断面轴力本级增量(kN)	桩第 i 断面与第 $i+1$ 断面间侧摩阻力(kPa)	桩端轴力(kN)
10	22500	0	-6.20	海床面	22500	1000		
		1	-8.20	淤泥	22379	995	11	
		2	-12.25	淤泥质土	22031	990	16	
		3	-22.50	淤泥质土	20941	906	19	
		4	-23.80	粉质黏土混砂	20574	863	52	
		5	-27.20	粉质黏土混砂	19866	835	38	
		6	-28.50	黏土混砂	19470	778	55	
		7	-35.90	黏土	17829	707	40	
		8	-48.90	粉细砂	16017	651	25	
		9	-55.00	粉细砂	14602	594	42	
		10	-56.00	粉质黏土	14291	557	57	
		11	-68.90	中砂	9056	340	74	
		12	-72.60	圆砾	6367	283	132	
		13	-75.90	粗砂	4528	255	101	
		14	-79.10	粗砂	2688	198	105	
		15	-80.00	强风化混合花岗岩	2264	170	86	2264

SZ1 桩身轴力值与桩侧、桩端阻力计算结果(11)　　表 5-3-12

荷载级别	桩顶荷载(kN)	断面号 i	第 i 断面高程(m)	土层类型	第 i 断面轴力(kN)	第 i 断面轴力本级增量(kN)	桩第 i 断面与第 $i+1$ 断面间侧摩阻力(kPa)	桩端轴力(kN)
11	23500	0	-6.20	海床面	23500	1000		
		1	-8.20	淤泥	23371	992	12	
		2	-12.25	淤泥质土	22993	962	17	
		3	-22.50	淤泥质土	21875	934	20	
		4	-23.80	粉质黏土混砂	21465	891	57	
		5	-27.20	粉质黏土混砂	20743	877	39	
		6	-28.50	黏土混砂	20319	849	59	
		7	-35.90	黏土	18621	792	42	
		8	-48.90	粉细砂	16753	736	26	
		9	-55.00	粉细砂	15282	679	44	
		10	-56.00	粉质黏土	14953	662	60	
		11	-68.90	中砂	9678	623	74	
		12	-72.60	圆砾	6933	566	135	
		13	-75.90	粗砂	5094	566	101	
		14	-79.10	粗砂	3198	509	108	
		15	-80.00	强风化混合花岗岩	2717	453	97	2727

(5)SZ1 桩双曲线拟合 a、b 值计算表见表 5-3-13。

SZ1 桩双曲线拟合 a、b 值计算表　　表 5-3-13

地层编号	层底高程(m)	土层名称	b	a	$1/b$	$1/a$
①$_1$	-8.20	淤泥	7.81×10^{-2}	1.018234	12.81	0.98
①$_3$	-12.25	淤泥质土	5.32×10^{-2}	0.602046	18.46	1.66
①$_3$	-22.50	淤泥质土	4.33×10^{-2}	6.65×10^{-1}	23.10	1.50
①$_4$	-23.80	粉质黏土混砂	1.59×10^{-2}	3.32×10^{-1}	62.96	3.01
①$_4$	-27.20	粉质黏土混砂	2.01×10^{-2}	4.22×10^{-1}	49.85	2.37
③$_1$	-28.50	黏土混砂	1.49×10^{-2}	2.73×10^{-1}	67.32	3.67
③$_1$	-35.90	黏土	1.88×10^{-2}	3.91×10^{-1}	53.17	2.56
③$_5$	-48.90	粉细砂	2.92×10^{-2}	6.46×10^{-1}	34.24	1.55
④$_1$	-55.00	粉细砂	1.78×10^{-2}	3.26×10^{-1}	56.27	3.06
④$_8$	-56.00	粉质黏土	1.23×10^{-2}	3.37×10^{-1}	81.14	2.97
④$_3$	-68.90	中砂	1.28×10^{-2}	5.19×10^{-2}	78.41	19.29
④$_6$	-72.60	圆砾	7.28×10^{-3}	1.79×10^{-2}	137.34	55.95
④$_5$	-75.90	粗砂	9.52×10^{-3}	2.19×10^{-2}	104.99	45.46
④$_5$	-79.10	粗砂	8.91×10^{-3}	3.41×10^{-2}	112.22	29.35
⑧$_2$	-80.00	强风化混合花岗岩	1.07×10^{-2}	7.88×10^{-2}	93.71	12.69

5.3.4 SZ2 钢管桩试桩锚桩反力架法试验结果

（1）SZ2 试桩在每级试验荷载下，荷载-位移测试结果如图 5-3-13 ~ 图 5-3-15 及表 5-3-14 所示。

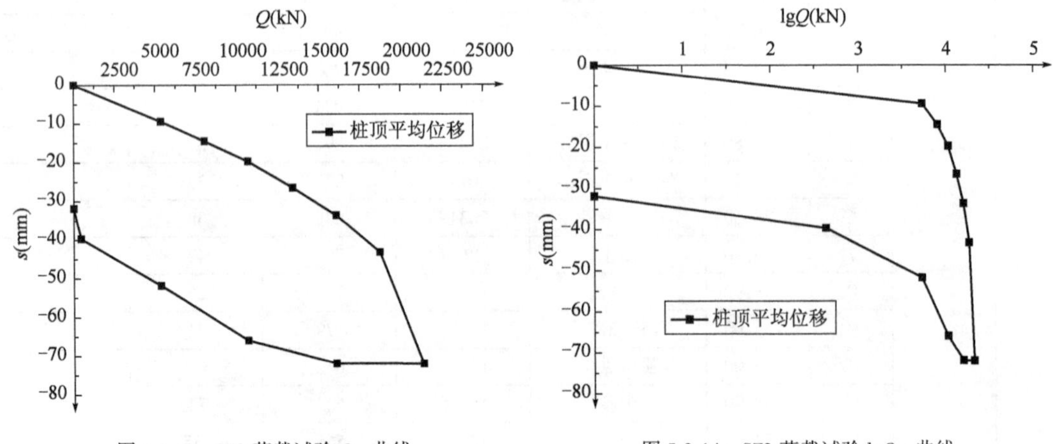

图 5-3-13　SZ2 荷载试验 Q-s 曲线

图 5-3-14　SZ2 荷载试验 lg$Q$-s 曲线

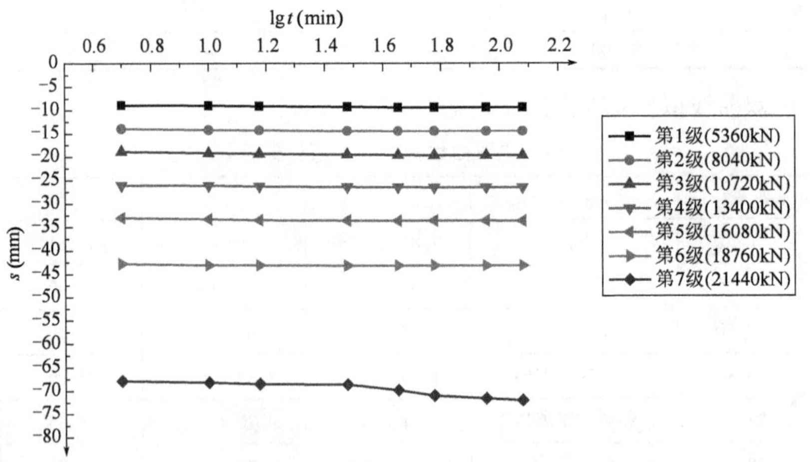

图 5-3-15　SZ2 荷载试验 lg$t$-s 曲线

SZ2 桩顶位移测试结果　　表 5-3-14

加载级号	荷载 Q(kN)	桩顶位移记录 1 (mm)		桩顶位移记录 2 (mm)		桩顶位移记录 3 (mm)		桩顶位移记录 4 (mm)		桩顶平均位移量(mm)		本级历时 (min)	累计历时 (min)
		本级	累计	本级	累计	本级	累计	本级	累计	本级	累计		
0	0	0.00	0.00	0.00	0.00	0.00	0.00	0.00	0.00	0.00	0.00	0	0
1	5360	-9.57	-9.57	-9.35	-9.35	-9.22	-9.22	-9.61	-9.61	-9.44	-9.44	120	120
2	8040	-5.05	-14.62	-5.13	-14.48	-5.10	-14.32	-5.10	-14.71	-5.10	-14.53	120	240

续上表

加载级号	荷载 Q(kN)	桩顶位移记录1(mm)		桩顶位移记录2(mm)		桩顶位移记录3(mm)		桩顶位移记录4(mm)		桩顶平均位移量(mm)		本级历时(min)	累计历时(min)
		本级	累计	本级	累计	本级	累计	本级	累计	本级	累计		
3	10720	-5.19	-19.81	-5.16	-19.64	-5.24	-19.56	-5.24	-19.95	-5.21	-19.74	120	360
4	13400	-6.95	-26.76	-6.75	-26.39	-6.68	-26.24	-6.76	-26.71	-6.79	-26.53	120	480
5	16080	-7.26	-34.02	-7.20	-33.59	-7.18	-33.42	-7.02	-33.73	-7.17	-33.69	120	600
6	18760	-8.49	-42.51	-10.03	-43.62	-10.04	-43.46	-9.63	-43.36	-9.55	-43.24	120	720
7	21440	-28.35	-70.86	-29.24	-72.86	-29.10	-72.56	-28.62	-71.98	-28.83	-72.07	120	840
卸1	16080	0.23	-70.63	0.07	-72.79	-0.09	-72.65	0.06	-71.92	0.07	-72.00	60	900
卸2	10720	6.66	-63.97	6.47	-66.32	5.29	-67.36	5.48	-66.34	6.00	-66.00	60	960
卸3	5360	13.62	-50.35	14.04	-52.28	14.68	-52.68	14.33	-52.01	14.17	-51.83	60	1020
卸4	435	11.68	-38.67	12.05	-40.23	12.43	-40.25	12.33	-39.68	12.12	-39.71	60	1080
卸5	0	7.90	-30.77	7.68	-32.55	7.83	-32.42	8.04	-31.64	7.86	-31.85	180	1260

注：负号表示向下的位移。

(2)SZ2试桩在各级荷载作用下，桩身轴力沿深度分布情况如图5-3-16及表5-3-15～表5-3-21所示。

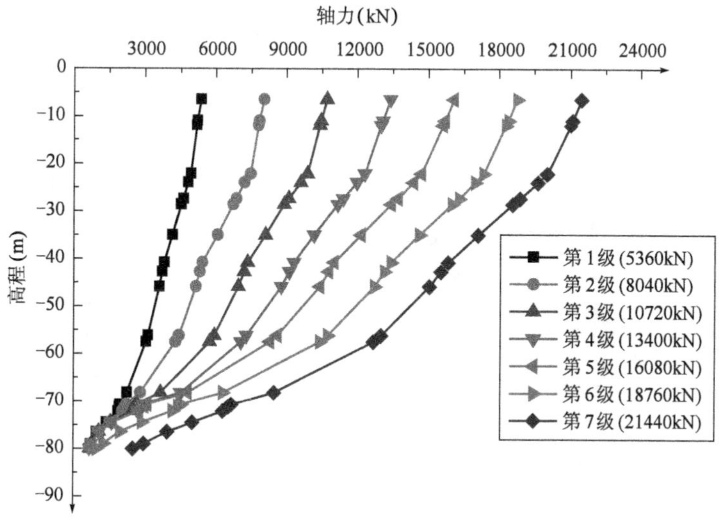

图5-3-16　不同荷载级别下桩身轴力分布

SZ2 桩身轴力值与桩侧、桩端阻力计算结果(1) 表 5-3-15

荷载级别	桩顶荷载(kN)	断面号 i	第 i 断面高程(m)	土层类型	第 i 断面轴力(kN)	第 i 断面轴力本级增量(kN)	桩第 i 断面与第 $i+1$ 断面间侧摩阻力(kPa)	桩端轴力(kN)
1	5360	0	-6.42	海床面	5360	5360		
		1	-10.92	淤泥	5207	5207	6	
		2	-11.92	淤泥质土	5179	5179	5	
		3	-22.07	淤泥质土	4924	4924	5	
		4	-23.92	粉质黏土混砂	4811	4811	11	
		5	-27.32	粉质黏土混砂	4613	4613	11	
		6	-28.52	黏土混砂	4528	4528	13	
		7	-34.92	黏土	4160	4160	10	
		8	-40.72	粉质黏土夹细砂	3820	3820	11	
		9	-42.72	细砂	3736	3736	8	
		10	-45.82	细砂夹黏土	3622	36227		
		11	-56.12	粉细砂	3141	3141	9	
		12	-57.42	黏土	3056	3056	12	
		13	-68.12	中砂	2264	2264	13	
		14	-70.62	圆砾	1981	1981	21	
		15	-71.12	粉质黏土	1953	1953	10	
		16	-72.02	粉质黏土	1896	1896	11	
		17	-74.42	砾砂	1415	1415	36	
		18	-76.42	粗砂	990	990	39	
		19	-78.92	砾砂	707	707	21	
		20	-80.00	强风化混合花岗岩	651	651	10	651

(3)SZ2 试桩在各级荷载作用下,桩身摩阻力沿深度分布情况如图 5-3-17 及表 5-3-15 ~ 表 5-3-21 所示。

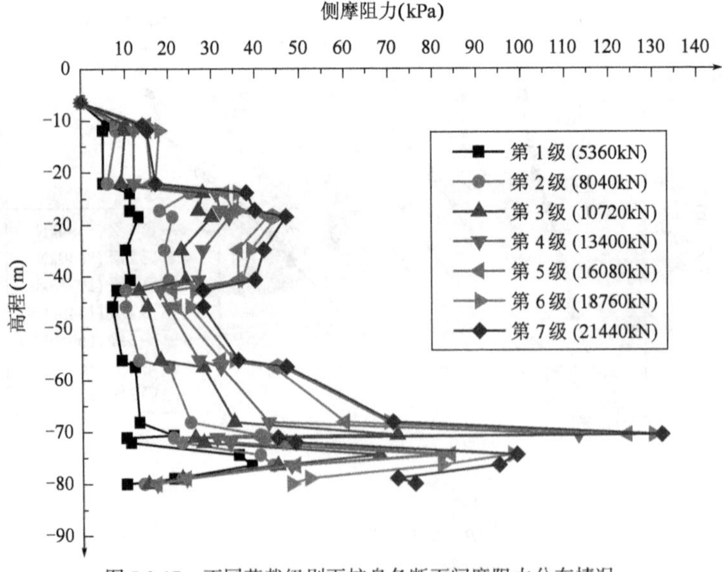

图 5-3-17 不同荷载级别下桩身各断面间摩阻力分布情况

SZ2 桩身轴力值与桩侧、桩端阻力计算结果(2)　　表 5-3-16

荷载级别	桩顶荷载(kN)	断面号 i	第 i 断面高程(m)	土 层 类 型	第 i 断面轴力(kN)	第 i 断面轴力本级增量(kN)	桩第 i 断面与第 $i+1$ 断面间侧摩阻力(kPa)	桩端轴力(kN)
2	8040	0	-6.42	海床面	8040	2680		
		1	-10.92	淤泥	7839	2632	8	
		2	-11.92	淤泥质土	7796	2618	8	
		3	-22.07	淤泥质土	7471	2547	6	
		4	-23.92	粉质黏土混砂	7216	2405	25	
		5	-27.32	粉质黏土混砂	6877	2264	18	
		6	-28.52	黏土混砂	6735	2207	21	
		7	-34.92	黏土	6084	1924	19	
		8	-40.72	粉质黏土夹细砂	5433	1613	20	
		9	-42.72	细砂	5320	1585	10	
		10	-45.82	细砂夹黏土	5150	1528	10	
		11	-56.12	粉细砂	4443	1302	13	
		12	-57.42	黏土	4301	1245	20	
		13	-68.12	中砂	2830	566	25	
		14	-70.62	圆砾	2264	283	41	
		15	-71.12	粉质黏土	2207	255	21	
		16	-72.02	粉质黏土	2094	198	23	
		17	-74.42	砾砂	1556	141	41	
		18	76.42	粗砂	1075	85	44	
		19	-78.92	砾砂	764	57	23	
		20	-80.00	强风化混合花岗岩	679	28	14	679

(4)SZ2 试桩在各级荷载作用下，桩身不同断面轴力变化情况如图 5-3-18 及表 5-3-15 ~ 表 5-3-21所示。

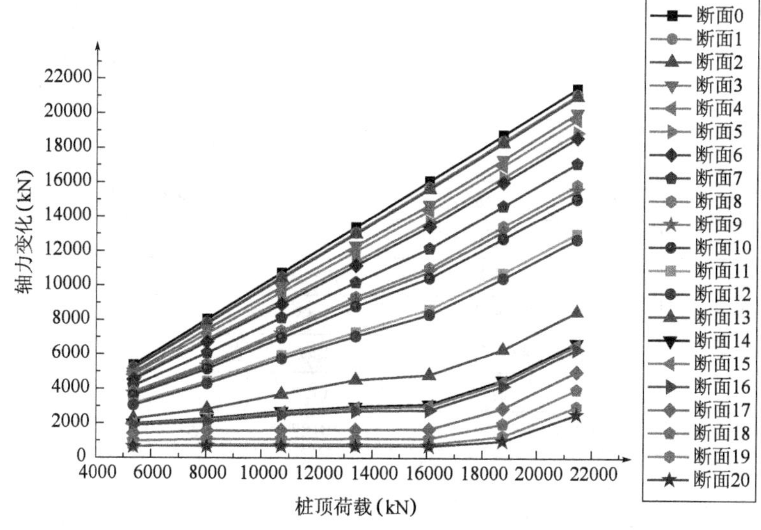

图 5-3-18　不同荷载级别下桩身各断面轴力变化情况

SZ2 桩身轴力值与桩侧、桩端阻力计算结果(3)　　表 5-3-17

荷载级别	桩顶荷载(kN)	断面号 i	第 i 断面高程(m)	土 层 类 型	第 i 断面轴力(kN)	第 i 断面轴力本级增量(kN)	桩第 i 断面与第 $i+1$ 断面间侧摩阻力(kPa)	桩端轴力(kN)
3	10720	0	-6.42	海床面	10720	2680		
		1	-10.92	淤泥	10471	2632	10	
		2	-11.92	淤泥质土	10414	2618	10	
		3	-22.07	淤泥质土	9905	2434	9	
		4	-23.92	粉质黏土混砂	9622	2405	28	
		5	-27.32	粉质黏土混砂	9112	2236	27	
		6	-28.52	黏土混砂	8914	2179	30	
		7	-34.92	黏土	8122	2038	23	
		8	-40.72	粉质黏土夹细砂	7358	1924	24	
		9	-42.72	细砂	7216	1896	13	
		10	-45.82	细砂夹黏土	6962	1811	15	
		11	-56.12	粉细砂	5943	1500	18	
		12	-57.42	黏土	5745	1443	28	
		13	-68.12	中砂	3679	849	35	
		14	-70.62	圆砾	2688	424	72	
		15	-71.12	粉质黏土	2618	410	26	
		16	-72.02	粉质黏土	2479	385	28	
		17	-74.42	砾砂	1585	28	68	
		18	-76.42	粗砂	1090	14	45	
		19	-78.92	砾砂	773	8	23	
		20	-80.00	强风化混合花岗岩	685	6	15	685

SZ2 桩身轴力值与桩侧、桩端阻力计算结果(4)　　表 5-3-18

荷载级别	桩顶荷载(kN)	断面号 i	第 i 断面高程(m)	土 层 类 型	第 i 断面轴力(kN)	第 i 断面轴力本级增量(kN)	桩第 i 断面与第 $i+1$ 断面间侧摩阻力(kPa)	桩端轴力(kN)
4	13400	0	-6.42	海床面	13400	2680		
		1	-10.92	淤泥	13074	2604	13	
		2	-11.92	淤泥质土	13006	2592	12	
		3	-22.07	淤泥质土	12310	2405	12	
		4	-23.92	粉质黏土混砂	11999	2377	31	
		5	-27.32	粉质黏土混砂	11405	2292	32	
		6	-28.52	黏土混砂	11178	2264	34	
		7	-34.92	黏土	10188	2066	28	
		8	-40.72	粉质黏土夹细砂	9339	1981	27	
		9	-42.72	细砂	9141	1924	18	
		10	-45.82	细砂夹黏土	8801	1839	20	

续上表

荷载级别	桩顶荷载(kN)	断面号 i	第 i 断面高程(m)	土层类型	第 i 断面轴力(kN)	第 i 断面轴力本级增量(kN)	桩第 i 断面与第 $i+1$ 断面间侧摩阻力(kPa)	桩端轴力(kN)
4	13400	11	-56.12	粉细砂	7301	1358	27	
		12	-57.42	黏土	7075	1330	32	
		13	-68.12	中砂	4528	849	43	
		14	-70.62	圆砾	2971	283	113	
		15	-71.12	粉质黏土	2887	269	31	
		16	-72.02	粉质黏土	2717	238	34	
		17	-74.42	砾砂	1641	57	82	
		18	-76.42	粗砂	1118	28	48	
		19	-78.92	砾砂	792	20	24	
		20	-80.00	强风化混合花岗岩	693	8	17	693

SZ2 桩身轴力值与桩侧、桩端阻力计算结果(5)　　表 5-3-19

荷载级别	桩顶荷载(kN)	断面号 i	第 i 断面高程(m)	土层类型	第 i 断面轴力(kN)	第 i 断面轴力本级增量(kN)	桩第 i 断面与第 $i+1$ 断面间侧摩阻力(kPa)	桩端轴力(kN)
5	16080	0	-6.42	海床面	16080	2680		
		1	-10.92	淤泥	15706	2632	15	
		2	-11.92	淤泥质土	15621	2615	15	
		3	-22.07	淤泥质土	14716	2405	16	
		4	-23.92	粉质黏土混砂	14376	2377	33	
		5	-27.32	粉质黏土混砂	13725	2321	35	
		6	-28.52	黏土混砂	13442	2264	43	
		7	-34.92	黏土	12169	1981	36	
		8	-40.72	粉质黏土夹细砂	11037	1698	36	
		9	-42.72	细砂	10810	1670	21	
		10	-45.82	细砂夹黏土	10442	1641	22	
		11	-56.12	粉细砂	8631	1330	32	
		12	-57.42	黏土	8320	1245	44	
		13	-68.12	中砂	4811	283	60	
		14	-70.62	圆砾	3113	141	124	
		15	-71.12	粉质黏土	3000	113	41	
		16	-72.02	粉质黏土	2773	57	46	
		17	-74.42	砾砂	1670	28	84	
		18	-76.42	粗砂	1132	14	49	
		19	-78.92	砾砂	801	8	24	
		20	-80.00	强风化混合花岗岩	699	6	17	699

SZ2 桩身轴力值与桩侧、桩端阻力计算结果(6) 表 5-3-20

荷载级别	桩顶荷载(kN)	断面号 i	第 i 断面高程(m)	土层类型	第 i 断面轴力(kN)	第 i 断面轴力本级增量(kN)	桩第 i 断面与第 $i+1$ 断面间侧摩阻力(kPa)	桩端轴力(kN)
6	18760	0	-6.42	海床面	18760	2680		
		1	-10.92	淤泥	18380	2674	15	
		2	-11.92	淤泥质土	18281	2660	18	
		3	-22.07	淤泥质土	17347	2632	17	
		4	-23.92	粉质黏土混砂	16980	2604	36	
		5	-27.32	粉质黏土混砂	16300	2575	36	
		6	-28.52	黏土混砂	16003	2561	45	
		7	-34.92	黏土	14631	2462	39	
		8	-40.72	粉质黏土夹细砂	13442	2405	37	
		9	-42.72	细砂	13159	2349	26	
		10	-45.82	细砂夹黏土	12735	2292	25	
		11	-56.12	粉细砂	10754	2122	35	
		12	-57.42	黏土	10428	2108	46	
		13	-68.12	中砂	6311	1500	70	
		14	-70.62	圆砾	4528	1415	130	
		15	-71.12	粉质黏土	4409	1409	43	
		16	-72.02	粉质黏土	4174	1401	47	
		17	-74.42	砾砂	2887	1217	98	
		18	-76.42	粗砂	1981	849	82	
		19	-78.92	砾砂	1273	473	52	
		20	-80.00	强风化混合花岗岩	990	291	48	990

SZ2 桩身轴力值与桩侧、桩端阻力计算结果(7) 表 5-3-21

荷载级别	桩顶荷载(kN)	断面号 i	第 i 断面高程(m)	土层类型	第 i 断面轴力(kN)	第 i 断面轴力本级增量(kN)	桩第 i 断面与第 $i+1$ 断面间侧摩阻力(kPa)	桩端轴力(kN)
7	21440	0	-6.42	海床面	21440	2680		
		1	-10.92	淤泥	21026	2646	17	
		2	-11.92	淤泥质土	20913	2632	21	
		3	-22.07	淤泥质土	19951	2604	17	

续上表

荷载级别	桩顶荷载(kN)	断面号 i	第 i 断面高程(m)	土层类型	第 i 断面轴力(kN)	第 i 断面轴力本级增量(kN)	桩第 i 断面与第 $i+1$ 断面间侧摩阻力(kPa)	桩端轴力(kN)
7	21440	4	-23.92	粉质黏土混砂	19597	2618	35	
		5	-27.32	粉质黏土混砂	18904	2604	37	
		6	-28.52	黏土混砂	18593	2589	47	
		7	-34.92	黏土	17121	2490	42	
		8	-40.72	粉质黏土夹细砂	15848	2405	40	
		9	-42.72	细砂	15536	2377	28	
		10	-45.82	细砂夹黏土	15055	2321	28	
		11	-56.12	粉细砂	13018	2264	36	
		12	-57.42	黏土	12684	2255	47	
		13	-68.12	中砂	8490	2179	71	
		14	-70.62	圆砾	6679	2151	132	
		15	-71.12	粉质黏土	6554	2145	45	
		16	-72.02	粉质黏土	6311	2137	49	
		17	-74.42	砾砂	5009	2122	99	
		18	-76.42	粗砂	3962	1981	95	
		19	-78.92	砾砂	2971	1698	72	
		20	-80.00	强风化混合花岗岩	2519	1528	76	2519

(5)SZ2 桩双曲线拟合 a、b 值计算表见表 5-3-22。

SZ2 桩双曲线拟合 a、b 值计算表　　表 5-3-22

地层编号	层底高程(m)	土层名称	b	a	$1/b$	$1/a$
①$_1$	-10.92	淤泥	4.35×10^{-2}	1.014968	22.99	0.99
①$_3$	-11.92	淤泥质土	0.0278104	1.289104	35.96	0.78
①$_3$	-22.07	淤泥质土	3.26×10^{-2}	1.369007	30.65	0.73
①$_4$	-23.92	粉质黏土混砂	2.36×10^{-2}	0.224601	42.36	4.45
①$_4$	-27.32	粉质黏土混砂	2.06×10^{-2}	0.290936	48.62	3.44
③$_1$	-28.52	黏土混砂	1.57×10^{-2}	0.252602	63.51	3.96
③$_1$	-34.92	黏土	1.69×10^{-2}	0.329492	59.14	3.03
③$_2$	-40.72	粉质黏土夹细砂	1.96×10^{-2}	0.241303	51.03	4.14
③$_5$	-42.72	细砂	2.63×10^{-2}	0.39441	38.02	2.54

续上表

地层编号	层底高程(m)	土 层 名 称	b	a	$1/b$	$1/a$
③$_5$	-45.82	细砂夹黏土	2.70×10^{-2}	0.353911	36.97	2.83
④$_1$	-56.12	粉细砂	2.14×10^{-2}	0.234834	46.72	4.26
④$_8$	-57.42	黏土	1.86×10^{-2}	9.46×10^{-2}	53.85	10.57
④$_3$	-68.12	中砂	1.15×10^{-2}	8.46×10^{-2}	87.04	11.83
④$_6$	-70.62	圆砾	6.79×10^{-3}	2.24×10^{-2}	147.19	44.61
④$_8$	-71.12	粉质黏土	2.05×10^{-2}	4.85×10^{-2}	48.81	20.61
④$_8$	-72.02	粉质黏土	1.91×10^{-2}	3.98×10^{-2}	52.40	25.14
④$_5$	-74.42	砾砂	9.67×10^{-3}	1.51×10^{-2}	103.42	66.34
④$_5$	-76.42	粗砂	9.76×10^{-3}	0.036844	102.45	27.14
④$_5$	-78.92	砾砂	1.21×10^{-2}	9.60×10^{-2}	82.63	10.42
⑧$_2$	-80.00	强风化混合花岗岩	1.00×10^{-2}	0.158785	99.91	6.30

5.3.5 锚桩反力架法试验单桩极限承载力分析

桥梁基础地基承载力设计和沉降计算按正常使用极限状态设计或计算，同时桥梁基础的变形必须满足上部结构的正常使用要求。

桥梁基础的变形必须满足上部结构的正常使用要求，通常满足上部结构正常使用要求的桥梁基础沉降量小于40mm。根据此项要求，考虑土体的非线性性质，结合单桩承载力容许值计算中安全系数的取值方法，本次试桩锚桩反力架法试验结果取桩顶沉降接近40mm时的试验荷载为试桩的轴向受压极限承载力。

1）SZ1 试桩轴向受压极限承载力分析

SZ1 试桩自桩顶至海床面为非入土段，扣除该段受荷时的弹性变形（表5-3-23），则锚桩反力架法试验荷载施加到20500kN时，桩顶沉降超过40mm。因此可取20500kN为SZ1试桩的极限承载力。

试桩非入土段弹性变形计算表 表5-3-23

荷载级别	1	2	3	4	5	6	7	8	9	10
荷载(kN)	2680	5360	8040	10720	13400	16080	18760	21440	24120	26800
非入土段弹性变形(mm)	0.97	1.95	2.92	3.90	4.87	5.85	6.82	7.80	8.77	9.75

2）SZ2 试桩轴向受压极限承载力分析

SZ2 试桩自桩顶至海床面为非入土段，扣除该段受荷时的弹性变形（表5-3-23），则锚桩反力架法试验荷载施加到18760kN时，桩顶沉降接近40mm。因此可取18760kN为SZ2试桩的极限承载力。

5.3.6　高应变试验结果与锚桩反力架法试验结果对比

1) SZ1 试桩对比

根据高应变试验图形,SZ1 试桩桩底打到 –79.50m 位置处的极限承载力为 20787kN,SZ1 试桩桩底打到 –80.00m 位置处的极限承载力为 22918kN。

SZ1 试桩锚桩反力架法最大加载量为 23500kN,SZ1 试桩锚桩反力架法根据位移控制原则确定的极限承载力为 20500kN。可见,高应变试验结果与锚桩反力架法根据位移控制原则测定的极限承载力较为相符。

2) SZ2 试桩对比

根据高应变试验图形,SZ2 试桩桩底打到 –79.00m 位置处的极限承载力为 20973kN,SZ2 试桩桩底打到 –80.00m 位置处的极限承载力为 22042kN。

SZ2 试桩锚桩反力架法最大加载量为 21440kN,而 SZ2 试桩锚桩反力架法根据位移控制原则确定的极限承载力为 18760kN。高应变法与 SZ2 锚桩反力架法试验结果有一定差距。其原因在于进行 SZ2 试桩锚桩反力架法试验时,试验荷载施加到 18760kN 之后,试验荷载的级差未能及时调整,导致 Q-s 曲线出现突变。

5.3.7　锚桩反力架法试桩极限承载力与理论计算结果对比

通过对桩侧各土层试验过程中各类数据的分析,认为桩侧各土层实测 τ-s 曲线与拟合 τ-s 曲线在加载后期均趋缓,说明桩侧摩阻力基本达到极限。

招标文件中提供的钢管桩试桩单桩竖向容许承载力为 6690kN(有效单桩轴向受压承载力容许值)。经与设计方核实,计算招标文件中提供单桩竖向容许承载力时,将混凝土填芯重量等视为外荷载考虑。因此,本次计算在进行试桩单桩竖向容许承载力分析时,考虑了混凝土填芯重量。单根桩体填芯混凝土($67.5\mathrm{m}^3$)重量按 1700kN 考虑,则考虑桩体自重和桩体填芯混凝土重量后的单桩竖向容许承载力为 8390kN,对应的单桩极限荷载应不小于 16780kN,SZ1、SZ2 的试验结果均满足此要求。

根据 SZ1、SZ2 两个补充地质钻孔资料,采用《建筑桩基技术规范》(JGJ 94—2008)第 5.3.7 条规定的公式计算钢管桩单桩竖向极限承载力标准值 Q_{uk},即按式(5-3-1)计算:

$$Q_{uk} = u\sum q_{sik}l_i + \lambda_p q_{pk} A_p \tag{5-3-1}$$

式中:λ_p——桩端土塞效应系数;当 $h_b/d<5$ 时,$\lambda_p=0.16h_d/d$;当 $h_b/d>5$ 时,$\lambda_p=0.8$;

h_b——桩端进入持力层深度;

d——钢管桩外径,按 1.75m 取值;

A_p——桩端面积;

q_{pk}——单桩极限端阻力标准值,按 SZ1、SZ2 补充地质钻孔勘察报告中桩基设计参数建议值取值;

q_{sik}——单桩第 i 层土的极限侧阻力标准值,按 SZ1、SZ2 补充地质钻孔勘察报告中桩基设计参数建议值取值;

l_i——桩身在第 i 层土内的长度;

u——桩身周长。

根据《公路桥涵地基与基础设计规范》(JTG D63—2007)、《建筑桩基技术规范》(JGJ 94—2008),钢管桩单桩竖向承载力容许值[R_a]按式(5-3-2)计算:

$$[R_a] = \frac{Q_{uk}}{K} \tag{5-3-2}$$

式中:K——安全系数,取 $K=2$。

SZ1 单桩承载力容许值[R_a]为 9310kN,对应的单桩极限荷载应为 18620kN,试桩的极限承载力试验结果为 20500kN,试验结果大于计算值。

SZ2 单桩承载力容许值[R_a]为 9442kN,对应的单桩极限荷载应为 18884kN,SZ2 试桩的极限承载力试验结果为 18760kN,试验结果和计算值相当。

5.3.8 锚桩反力架法试桩桩端土塞效应系数对比

桩端土塞效应系数实测值按以下两种方法计算。

根据式(5-3-3),可以计算实测桩端土塞效应系数 λ'_p:

$$\lambda'_p = \frac{F}{q_{pk}A_p} \tag{5-3-3}$$

此外,根据《建筑桩基技术规范》(JGJ 94—2008)第 5.3.7 条的条文说明中提供的公式[式(5-3-4)]计算桩端土塞效应系数 λ''_p:

$$\lambda''_p = \frac{F}{30NA_p} \tag{5-3-4}$$

式(5-3-3)、式(5-3-4)中,F 为实测桩端轴力,N 为桩端土标贯击数(根据补充地质勘察报告,SZ1 试桩 N 取 127,SZ2 试桩 N 取 74),其余符号含义同式(5-3-1)。

根据式(5-3-3)、式(5-3-4)计算得到的 SZ1、SZ2 在各级试验荷载下的桩端土塞效应系数 λ'_p 和 λ''_p 见表 5-3-24、表 5-3-25。

SZ1 各级试验荷载下的桩端土塞效应系数 表 5-3-24

试验荷载(kN)	5360	8040	10720	13400	16080	18760	19500	20500	21500	22500	23500
桩端轴力 F(kN)	707	736	778	792	807	1698	1740	1811	2094	2264	2717
λ'_p	0.042	0.044	0.046	0.047	0.048	0.101	0.104	0.108	0.125	0.135	0.162
λ''_p	0.077	0.080	0.085	0.087	0.088	0.186	0.190	0.198	0.229	0.248	0.297

SZ2 各级试验荷载下的桩端土塞效应系数 表 5-3-25

试验荷载(kN)	5360	8040	10720	13400	16080	18760	19500
桩端轴力 F(kN)	651	679	685	693	699	990	2519
λ'_p	0.039	0.040	0.041	0.041	0.042	0.059	0.150
λ''_p	0.122	0.127	0.129	0.130	0.131	0.186	0.473

SZ1 按规范计算得到的桩端土塞效应系数为 0.08。由表 5-3-24 可见,SZ1 在试验荷载不大于 16080kN 时,λ'_p 小于按规范计算值;在试验荷载大于 16080kN 时,λ'_p 大于按规范计算值;在各级试验荷载下,λ''_p 接近或大于按规范计算值。

SZ2 按规范计算得到的桩端土塞效应系数为 0.10。由表 5-3-25 可见,SZ2 在施加低于

18760kN 的试验荷载下测得的桩端土塞效应系数 λ'_p 均小于按规范计算值。施加 18760kN 的试验荷载时测得的桩端土塞效应系数 λ'_p 接近按规范计算值。施加大于 18760kN 的试验荷载时测得的桩端土塞效应系数 λ'_p 大于按规范计算值。而 SZ2 测得的桩端土塞效应系数 λ''_p 在各级试验荷载下均大于按规范计算值。

从上述分析可见,桩端土塞效应系数因计算方法不同而存在差异。

《建筑桩基技术规范》(JGJ 94—2008)推荐的桩端土塞效应计算公式根据测试数据统计分析而得到。由于参与统计分析数据的离散性等原因,桩端土塞效应计算公式的计算结果与实测数据会存在一定的偏差。

5.4 试验总结

SZ1 试桩锚桩反力架法最大加载量为 23500kN,SZ1 试桩锚桩反力架法根据位移控制原则确定的极限承载力为 20500kN。对于 SZ1 试桩,施加 20500kN 的试验荷载时得到的桩侧摩阻力值与勘察报告提供的桩侧摩阻力标准值的对比见表 5-4-1。对于 SZ1 试桩桩位补充地质勘察揭示的地质条件,根据试验情况和勘察文件,SZ1 试桩桩侧土极限摩阻力建议取值见表 5-4-1。

SZ1 试桩桩侧摩阻力极限值与勘察报告提供值对比表　　表 5-4-1

地层编号	第 i 断面高程(m)	土层类型	桩侧摩阻力实测值(kPa)	勘察报告提供的桩侧摩阻力标准值(kPa)	本次试验建议的桩侧摩阻力标准值(kPa)
—	-6.20	海床面	—	—	—
①$_1$	-8.20	淤泥	10	6	6
①$_3$	-12.25	淤泥质土	15	15	15
①$_3$	-22.50	淤泥质土	17	15	15
①$_4$	-23.80	粉质黏土混砂	36	25	25
①$_4$	-27.20	粉质黏土混砂	35	25	25
③$_1$	-28.50	黏土混砂	45	30	30
③$_1$	-35.90	黏土	35	30	30
③$_5$	-48.90	粉细砂	24	20	20
④$_1$	-55.00	粉细砂	39	35	35
④$_8$	-56.00	粉质黏土	43	40	40
④$_3$	-68.90	中砂	70	68	68
④$_6$	-72.60	圆砾	125	105	105
④$_5$	-75.90	粗砂	98	95	95
④$_5$	-79.10	粗砂	100	95	95
⑧$_2$	-80.00	强风化混合花岗岩	63	150	63
桩端土塞效应取值:0.108					

SZ2 试桩锚桩反力架法最大加载量为 21440kN，而 SZ2 试桩锚桩反力架法根据位移控制原则确定的极限承载力为 18760kN。对于 SZ2 试桩，施加 18760kN 的试验荷载时得到的桩侧摩阻力值与勘察报告提供的桩侧摩阻力标准值的对比见表 5-4-2。对于 SZ2 试桩桩位补充地质勘察揭示的地质条件，根据试验情况和勘察文件，SZ2 试桩桩侧土极限摩阻力建议取值见表 5-4-2。

SZ2 试桩桩侧摩阻力极限值与勘察报告提供值对比表 表 5-4-2

地层编号	第 i 断面高程(m)	土层类型	桩侧摩阻力实测值(kPa)	勘察报告提供的桩侧摩阻力标准值(kPa)	本次试验建议的桩侧摩阻力标准值(kPa)
—	-6.42	海床面	—	—	—
①$_1$	-10.92	淤泥	15	6	6
①$_3$	-11.92	淤泥质土	18	15	15
①$_3$	-22.07	淤泥质土	17	15	15
①$_4$	-23.92	粉质黏土混砂	36	25	25
①$_4$	-27.32	粉质黏土混砂	36	25	25
③$_1$	-28.52	黏土混砂	45	30	30
③$_1$	-34.92	黏土	39	30	30
③$_2$	-40.72	粉质黏土夹细砂	37	35	35
③$_5$	-42.72	细砂	26	20	20
③$_5$	-45.82	细砂夹黏土	25	20	20
④$_1$	-56.12	粉细砂	35	35	35
④$_8$	-57.42	黏土	46	40	40
④$_3$	-68.12	中砂	70	68	68
④$_6$	-70.62	圆砾	130	105	105
④$_8$	-71.12	粉质黏土	43	40	40
④$_8$	-72.02	粉质黏土	47	40	40
④$_5$	-74.42	砾砂	98	95	95
④$_5$	-76.42	粗砂	82	95	82
④$_5$	-78.92	砾砂	52	95	52
⑧$_2$	-80.00	强风化混合花岗岩	48	150	48
桩端土塞效应系数取值:0.059					

根据本次试验结果，按《建筑桩基技术规范》(JGJ 94—2008)推荐的桩端土塞效应系数计算公式计算得到的桩端土塞效应系数与实测值存在一定的偏差，因此进行桩端土塞效应系数的计算时，应注意对计算结果和计算方法的选取。

建议在进行工程桩的设计时，应根据工程地质勘察结果、本次试桩结果和本工程所在地相邻工程的经验等，综合选取各项设计参数值。

第6章　钢管复合桩轴向静荷载试验

6.1　工程概述

6.1.1　工程概况

港珠澳大桥主体工程桥梁试桩工程钢管复合桩试桩共2根,编号为SZ3、SZ4。钢管复合桩试桩均位于港珠澳大桥江海直达轮航道桥初步设计轴线北侧150m左右,对应初步设计桥梁轴线里程桩号为K27+033。本次试桩中心坐标见表6-1-1。

试桩中心坐标　　表6-1-1

桩基类型	试桩编号	X坐标（北京54坐标）	Y坐标（北京54坐标）	X坐标（桥梁工程坐标系）	Y坐标（桥梁工程坐标系）
钢管复合桩	SZ3	2461772.500	38464456.975	149300.00	229380.47
钢管复合桩	SZ4	2461766.704	38464458.527	149293.98	229382.25

经与港珠澳大桥管理局、设计方、咨询方、监理方的会商,确定SZ3、SZ4试桩桩顶高程均为+4.15m,SZ3桩底高程为-65.9m,SZ4桩底高程为-68.1m。钢管复合桩试桩总体布置如图6-1-1所示,钢管复合桩试桩构造详图如图6-1-2所示。

SZ3、SZ4试桩施工和荷载试验由广东省长大公路工程有限公司联合体实施,其中联合体主办方广东省长大公路工程有限公司负责试桩施工,联合体成员单位交通运输部公路科学研究所负责荷载试验;中铁武汉大桥工程咨询监理有限公司联合体对试桩施工和荷载试验工作负责监理工作;中交公路规划设计院有限公司联合体、中铁大桥勘测设计院有限公司联合体负责SZ3、SZ4试桩的优化设计审查等工作;上海市政工程设计研究总院联合体负责SZ3、SZ4试桩工作的咨询工作。

6.1.2　地质条件

钢管复合桩试桩施工前,在钢管复合桩试桩桩位进行了两个补充地质钻孔。补充地质钻孔揭示的试桩桩位地质简况见表6-1-2、表6-1-3。

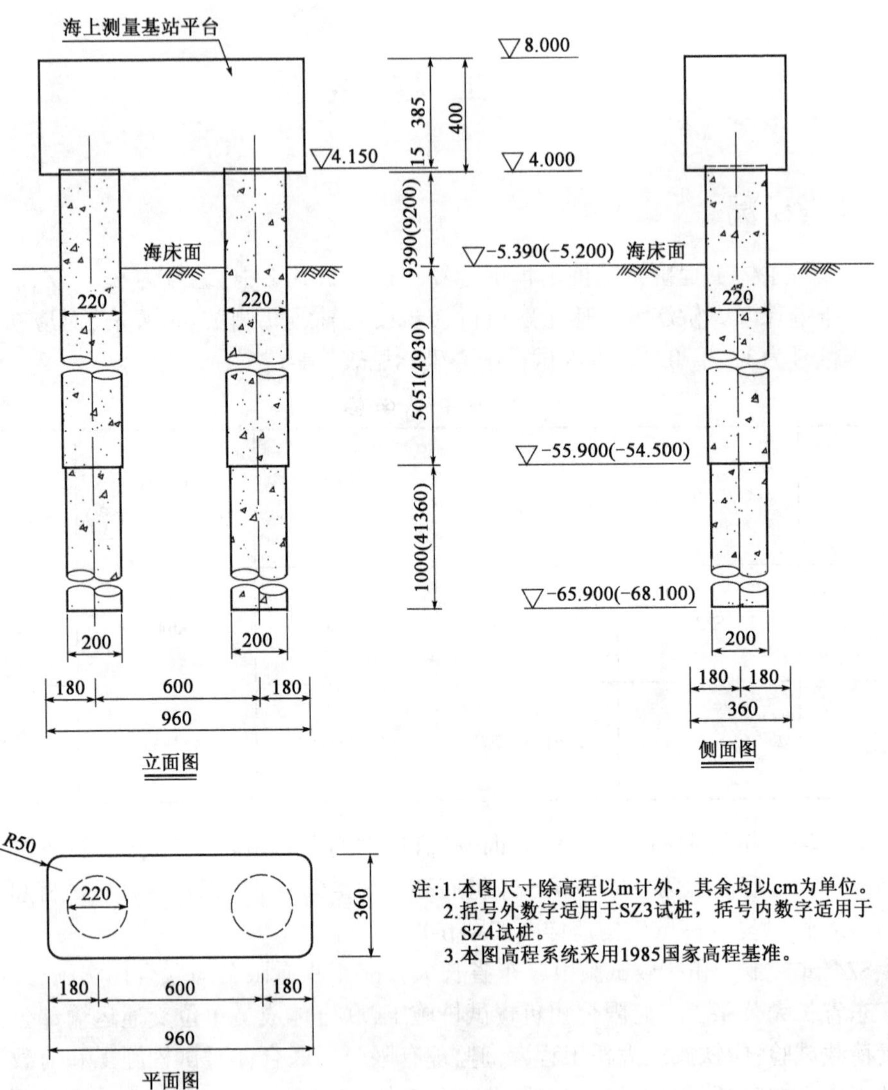

图 6-1-1　钢管复合桩试桩总体布置（试验时海上测量基站平台未施工）

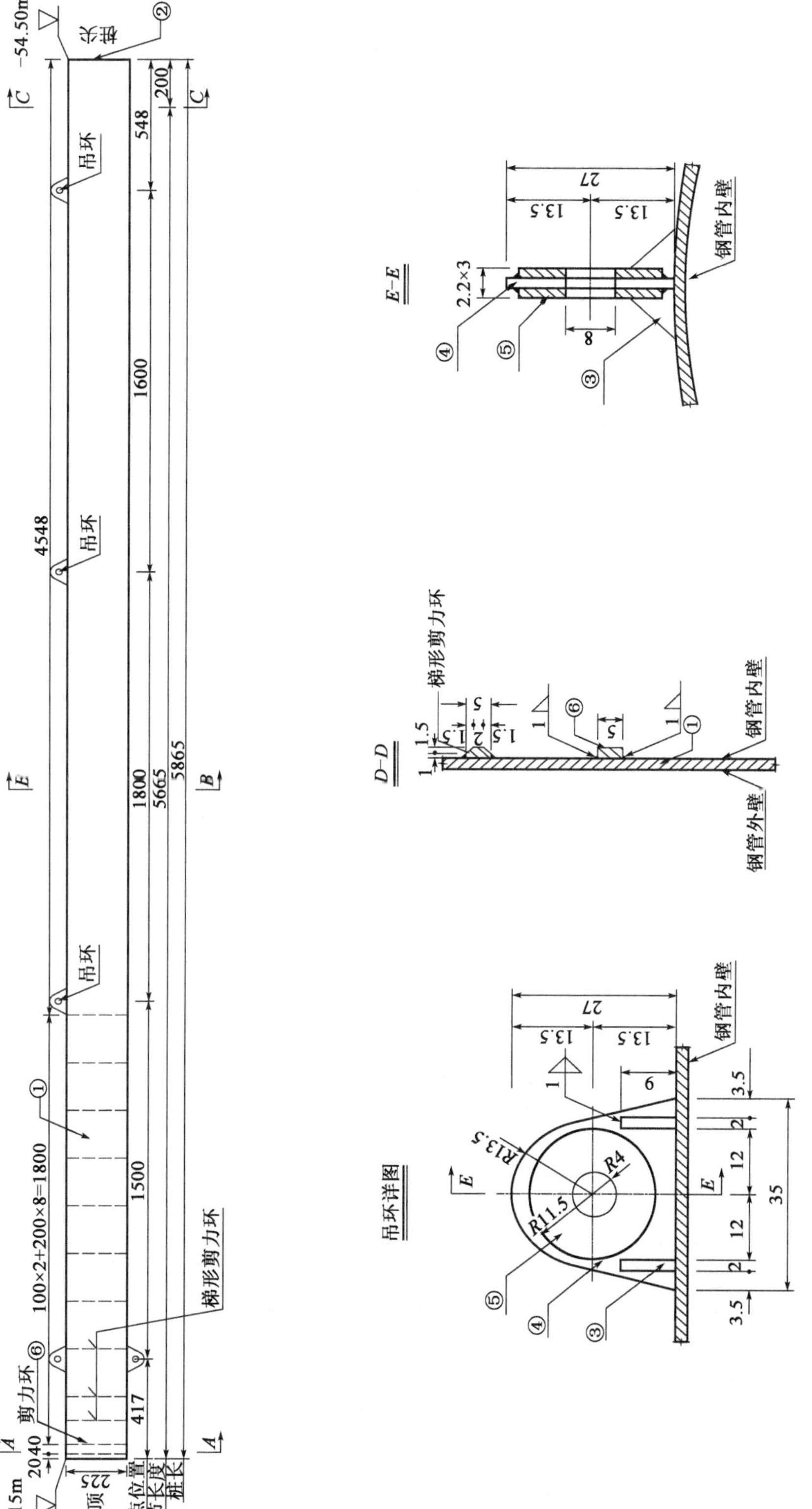

图6-1-2　钢管复合桩试桩构造详图(尺寸单位:cm)

SZ3 试桩桩位地质简况 表 6-1-2

地 层 编 号	层底高程(m)	土 层 类 型
海床面	-5.39	
①$_1$	-15.99	淤泥
①$_3$	-23.09	淤泥质黏土
①$_5$	-28.89	黏土
①$_5$	-34.99	黏土
②$_4$	-41.39	中砂
③$_1$	-49.09	黏土
③$_3$	-52.79	粉质黏土
④$_5$	-54.39	粗砂
④$_5$	-56.99	粗砂
④$_5$	-58.19	砾砂
⑥$_2$	-60.59	强风化花岗岩
⑥$_3$	-70.59(钻探终孔高程)	中风化花岗岩

SZ4 试桩桩位地质简况 表 6-1-3

地 层 编 号	层底高程(m)	土 层 类 型
海床面	-5.20	
①$_1$	-10.80	淤泥
①$_1$	-15.80	淤泥
①$_3$	-27.80	淤泥质黏土
①$_5$	-33.30	黏土

续上表

地 层 编 号	层底高程(m)	土 层 类 型
①$_5$	-35.00	黏土
②$_4$	-41.00	中砂
③$_1$	-49.30	黏土
③$_3$	-52.30	粉质黏土
④$_5$	-54.10	粗砂
④$_5$	-55.00	粗砂
④$_5$	-55.70	砾砂
⑥$_2$	-56.20	强风化花岗岩
⑥$_2$	-63.10	强风化花岗岩
⑥$_3$	-64.60	中风化花岗岩
⑥$_4$	-72.40(钻探终孔高程)	微风化花岗岩

6.2　试验方法与测试设备

6.2.1　试验方法

根据《港珠澳大桥主体工程桥梁试桩工程施工及试验研究招标文件》,钢管复合桩试桩按嵌岩桩设计,荷载试验采用自平衡法进行。本次钢管复合桩试验以测试桩周岩土性质为主。

1)加载量及荷载箱位置计算

根据自平衡法的测试原理,荷载箱埋设位置(图 6-2-1)应基本保证上段桩周摩阻力达到极限时,下段桩周摩阻力及桩底反力同时达到极限,这样才能保证顺利加载,否则可能会发生一段桩身位移过大而另一段桩身摩阻力还未达极限摩阻力的情形。据此,可求得平衡点位置计算式,根据此式求得的 x 值即为荷载箱应埋设位置。

$$Q_u^+ + G_p^+ = Q_u^- + R_d \tag{6-2-1}$$

式中:G_p^+——上半段桩自重;计算上半段桩自重 G_p^+ 时,考虑水浮力作用,桩身重度 γ 取 15kN/m^3;

Q_u^+——上桩段桩侧摩阻力;

Q_u^-——下桩段桩侧摩阻力;

R_d——桩底反力。

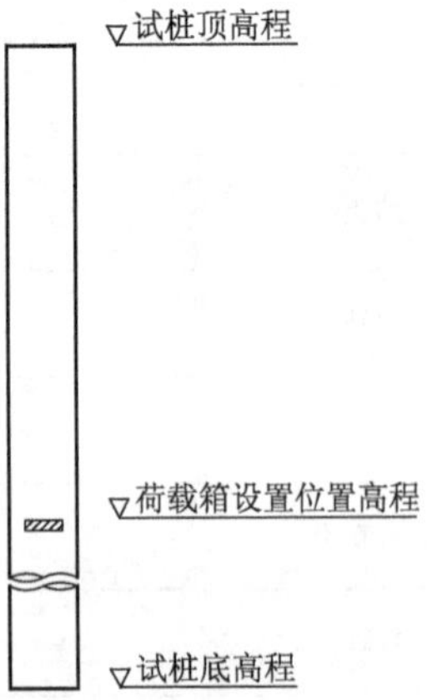

试桩顶高程

荷载箱设置位置高程

试桩底高程

图 6-2-1 荷载箱位置图

上桩段(按上拔桩考虑)桩侧摩阻力 Q_u^+ 按式(6-2-2)计算:

$$Q_u^+ = \frac{1}{2}a_1\sum u_i q_{ik} l_i + a_2\lambda \sum c_{2i}u_i h_i f_{rki} \tag{6-2-2}$$

式中:q_{ik}——各土层与桩侧的摩阻力标准值,kPa;

u_i——各桩段桩身周长,m;

l_i——上桩段各土层厚度,m;

a_1、a_2——试验要求的试验系数,按 3.0 取值;

λ——上桩段抗拔系数,黏性土、粉土取 $\lambda=0.8$,砂土取 $\lambda=0.7$,岩石取 $\lambda=1.0$;

h_i——上桩段岩层厚度,m;

f_{rki}——桩端岩石饱和单轴抗压强度标准值,kPa;

c_{2i}——岩层侧阻发挥系数。

下桩段桩侧摩阻力 Q_u^- 按式(6-2-3)计算:

$$Q_u^- = \frac{1}{2}a_1\zeta_s \sum u_i q_{ik} l_i + a_2 \sum c_{2i}u_i h_i f_{rki} \tag{6-2-3}$$

式中:ζ_s——土的侧阻力发挥系数;

其余符号含义同式(6-2-2)。

桩底反力 R_d 按式(6-2-4)计算:

$$R_d = a_2 c_1 A_p f_{rk} \tag{6-2-4}$$

式中:c_1——岩层端阻发挥系数;

A_p——桩端截面面积;

其余符号含义同式(6-2-1)。

平衡系数 K 为

$$K = \frac{Q_u^+ + G_p^+}{R_d + Q_u^-} \tag{6-2-5}$$

2)加载方式

试验采用慢速维持荷载法,即逐级加载,每级荷载达到某一规定的相对稳定标准后方可进行下一级加载,直至达到最大加载要求量或试桩破坏,停止加载,然后分级卸载至零。

(1)加载位移观测及稳定标准。

①加载位移观测:每级加载施加后第 1h 内,在第 5min、10min、15min、30min、45min、60min 测读位移,以后每隔 30min 测读一次。当桩顶沉降速率达到相对稳定标准时,再施加下一级荷载。

②稳定标准:每级加载的最后 30min,向上、向下位移量均不大于 0.1mm。

(2)当出现下列情况之一时,终止加载:

①总位移量大于或等于 40mm,且本级荷载的位移量大于或等于前一级荷载的位移量的 5 倍时,加载即可终止。

②总位移量大于或等于 40mm,且本级荷载加载 24h 后未达稳定,加载即可终止。

卸载位移观测:每级荷载维持 1h,按第 15min、30min、60min 测读桩顶沉降量后,即可卸下一级荷载。卸载至零后,测读桩顶残余沉降量,维持时间为 2h,测读时间为第 15min、30min,以后每隔30min测读一次。

3)桩身轴力及桩周岩土阻力计算

将同一断面有效测点的应变取平均值,并按式(6-2-6)计算该断面处桩身轴力:

$$Q_i = \bar{\varepsilon}_i E_i A_i \tag{6-2-6}$$

式中:Q_i——桩身第i断面处轴力,kN;

$\bar{\varepsilon}_i$——第i断面处应变平均值;

E_i——第i断面处桩身材料弹性模量,kPa;

A_i——第i断面处桩身截面面积。

按每级试验荷载下桩身不同断面处的轴力值制成表格,并绘制轴力分布图。再由荷载箱最大或极限荷载下对应的各断面轴力值计算桩侧土的分层摩阻力和端阻力。

$$q_{si} = \frac{Q_{i+1} - Q_i}{ul_i} \quad (\text{荷载箱以上桩段}) \tag{6-2-7}$$

$$q_{si} = \frac{Q_i - Q_{i+1}}{ul_i} \quad (\text{荷载箱以下桩段}) \tag{6-2-8}$$

$$Q_p = Q_n \tag{6-2-9}$$

式中:q_{si}——桩第i断面与第$i+1$断面间侧摩阻力,kPa;

Q_p——桩的端阻力,kN;

i——桩检测断面顺序号,自桩顶往下从小到大排列;

u——桩身周长,m;

l_i——桩第i断面与第$i+1$断面之间的桩长,m;

Q_n——桩端的轴力,kN。

4)桩土相对位移拟合分析

为了分析桩侧岩土体的摩阻力是否充分发挥,对桩土相对位移进行拟合分析。通过对大量桩土位移室外现场原位试验及室内模型试验数据进行分析,表明双曲线函数能够较好地拟合侧摩阻力与桩土位移之间的关系,且拟合方法简单,拟合精度较高。本次拟合采用双曲线拟合函数模型:

$$\tau = \frac{s}{a + bs} \tag{6-2-10}$$

5)钢管复合桩承载力计算

钢管复合桩按照嵌岩桩设计。单桩承载力根据《公路桥涵地基与基础设计规范》(JTG D63—2007)第5.3.4条进行计算,计算公式为

$$[R_a] = c_1 A_p f_{rk} + u\sum_{i=1}^{m} c_{2i} h_i f_{rki} + \frac{1}{2}\zeta_s u \sum_{i=1}^{n} l_i q_{ik}$$

当桩端岩石为中风化花岗岩时,较破碎,查表6-2-1可知:端阻发挥系数$c_1 = 0.5 \times 0.8 \times 0.75 = 0.3$,岩层侧阻发挥系数$c_2 = 0.04 \times 0.8 \times 0.75 = 0.024$。当桩端岩石为微风化花岗岩时,较完整,查表6-2-1可知:端阻发挥系数$c_1 = 0.5 \times 0.8 = 0.4$,岩层侧阻发挥系数$c_2 = 0.04 \times 0.8 = 0.032$。

系数 c_1、c_2 值 表 6-2-1

岩石层情况	c_1	c_2
完整、较完整	0.6	0.05
较破碎	0.5	0.04
破碎、极破碎	0.4	0.03

注:1. 当入岩深度小于或等于 0.5m 时,c_1 乘以 0.75 的折减系数,c_2 =0。

2. 对于钻孔桩,系数 c_1、c_2 值应降低 20% 采用。

3. 对于中风化层作为持力层的情况,c_1、c_2 应分别乘以 0.75 的折减系数。

桩端岩石饱和单轴抗压强度标准值 f_{rk} 取 20MPa 进行计算,由此得覆盖层土的侧阻力发挥系数 ζ_s =0.5。

(1)按照初勘钻孔 CKQ41 进行计算,CKQ41 钻孔资料如图 6-2-2 所示。

层底高程	土层厚度	承载能力[f_{a0}]	摩阻力 q_k	极限强度 f_{rk}
-12.48	7.4	45	11	0
-22.28	9.8	50	13	0
-41.08	18.8	70	17	0
-52.18	11.1	100	30	0
-59.18	7	410	90	0
-60.88	1.7	170	45	0
-66.88	6	460	95	0
-70.28	3.4	350	85	0
-94.28	24	400	100	0
-102.44	8.16	1200	120	20000

图 6-2-2 CKQ41 钻孔资料

孔口高程 -5.08m,桩基长度 103.3m,桩底高程 -99.3m,桩基计算参数如图 6-2-3 所示。计算结果如图 6-2-4 所示。

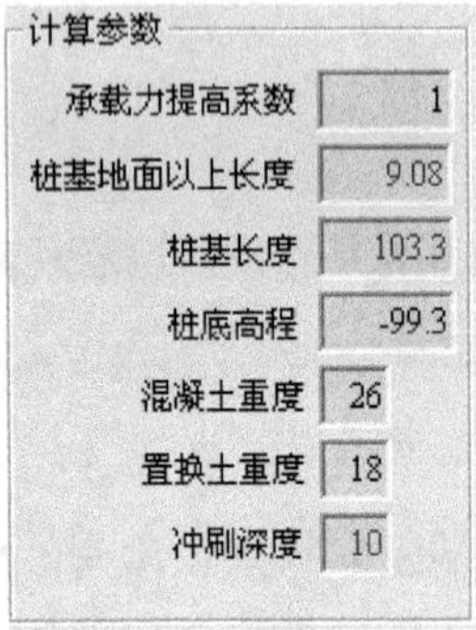

计算参数

参数	值
承载力提高系数	1
桩基地面以上长度	9.08
桩基长度	103.3
桩底高程	-99.3
混凝土重度	26
置换土重度	18
冲刷深度	10

图 6-2-3 桩基计算参数

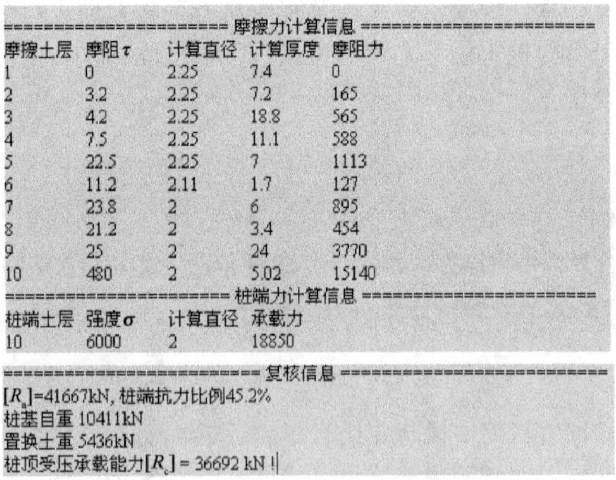

==================== 摩擦力计算信息 ====================

摩擦土层	摩阻 τ	计算直径	计算厚度	摩阻力
1	0	2.25	7.4	0
2	3.2	2.25	7.2	165
3	4.2	2.25	18.8	565
4	7.5	2.25	11.1	588
5	22.5	2.25	7	1113
6	11.2	2.11	1.7	127
7	23.8	2	6	895
8	21.2	2	3.4	454
9	25	2	24	3770
10	480	2	5.02	15140

==================== 桩端力计算信息 ====================

桩端土层	强度 σ	计算直径	承载力
10	6000	2	18850

==================== 复核信息 ====================

[R_a]=41667kN, 桩端抗力比例45.2%

桩基自重 10411kN

置换土重 5436kN

桩顶受压承载能力[R_c] = 36692 kN !

图 6-2-4 桩基计算结果

所以桩顶的受压承载力容许值为 36692kN,此时桩端进入中风化层 5m。

(2)按照试桩钻孔 SZ3 进行计算,由于试桩单位还没有提供各个土层的力学参数,以下计算中所用的土层力学参数是根据工程经验,同时参考规范来选取的,如图 6-2-5 所示。

孔口高程 -5.39m,桩基长度 70.8m,桩底高程 -66.8m,桩基计算参数如图 6-2-6 所示。

层底高程	土层厚度	承载能力[f_{a0}]	摩阻力q_k	极限强度f_{rk}
-15.99	10.6	45	10	
-23.09	7.1	70	13	
-28.89	5.8	100	40	
-34.99	6.1	100	40	
-41.39	6.4	350	40	
-49.09	7.7	120	40	
-52.79	3.7	140	40	
-54.39	1.6	410	90	
-56.99	2.6	410	90	
-58.19	1.2	410	90	
-60.59	2.4	450	100	
-70.59	10	1500	150	20000

图 6-2-5　SZ3 钻孔资料

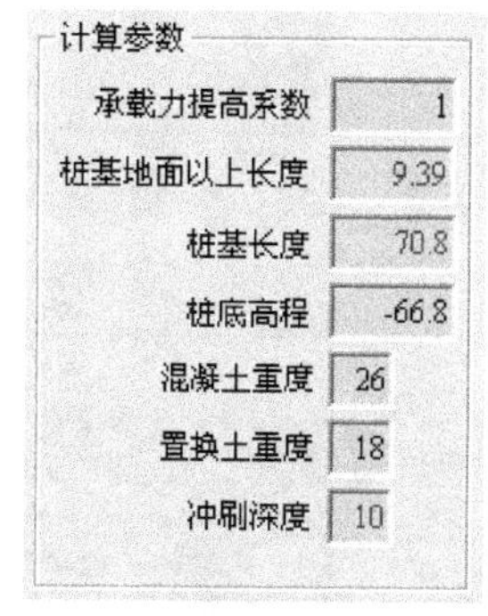

图 6-2-6　桩基计算参数

计算结果如图 6-2-7 所示。

所以桩顶的受压承载力容许值为 36931kN,此时桩端进入中风化层 6.21m。

岩石单轴抗压强度按照 30MPa 取值,计算结果如下:

孔口高程 -5.39m,桩基长度 67m,桩底高程 -63m,桩基计算参数如图 6-2-8 所示。计算结果如图 6-2-9 所示。

所以桩顶的受压承载力容许值为 36560kN,此时桩端进入中风化层 2.41m。

====================== 摩擦力计算信息 ======================

摩擦土层	摩阻τ	计算直径	计算厚度	摩阻力
1	2.5	2.25	.6	11
2	3.2	2.25	7.1	163
3	10	2.25	5.8	410
4	10	2.25	6.1	431
5	10	2.25	6.4	452
6	10	2.25	7.7	544
7	10	2.25	3.7	262
8	22.5	2.25	1.6	254
9	22.5	2.155	2.6	396
10	22.5	2	1.2	170
11	25	2	2.4	377
12	480	2	6.21	18729

====================== 桩端力计算信息 ======================

桩端土层	强度σ	计算直径	承载力
12	6000	2	18850

======================== 复核信息 ========================

[R_a]=41049kN, 桩端抗力比例45.9%

桩基自重 7635kN

置换土重 3517kN

桩顶受压承载能力[R_c] = 36931 kN !

图 6-2-7　桩基计算结果

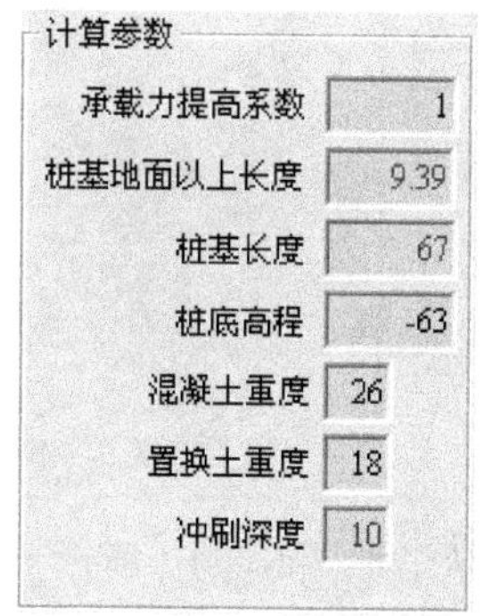

图 6-2-8　桩基计算参数

====================== 摩擦力计算信息 ======================

摩擦土层	摩阻τ	计算直径	计算厚度	摩阻力
1	1	2.25	.6	4
2	1.3	2.25	7.1	65
3	4	2.25	5.8	164
4	4	2.25	6.1	172
5	4	2.25	6.4	181
6	4	2.25	7.7	218
7	4	2.25	3.7	105
8	9	2.189	1.6	99
9	9	2	2.6	147
10	9	2	1.2	68
11	10	2	2.4	151
12	720	2	2.41	10903

====================== 桩端力计算信息 ======================

桩端土层	强度σ	计算直径	承载力
12	9000	2	28274

======================== 复核信息 ========================

$[R_a]$=40551kN，桩端抗力比例69.7%

桩基自重 7263kN

置换土重 3272kN

桩顶受压承载能力$[R_c]$ = 36560 kN！

图 6-2-9　桩基计算结果

(3)按照试桩钻孔 SZ4 进行计算(图 6-2-10)，由于试桩单位还没有提供各个土层的力学参数，以下计算中所用的土层力学参数是根据工程经验，同时参考规范来选取的。

孔口高程 -5.2m，桩基长度 70.2m，桩底高程 -66.2m，桩基计算参数如图 6-2-11 所示。

层底高程	土层厚度	承载能力$[f_{a0}]$	摩阻力q_k	极限强度f_{rk}
-10.8	5.6	45	10	
-15.8	5	45	13	
-27.8	12	70	13	
-33.3	5.5	100	40	
-35	1.7	100	40	
-41	6	350	40	
-49.3	8.3	120	40	
-52.3	3	140	40	
-54.1	1.8	410	90	
-55	0.9	410	90	
-55.7	0.7	410	90	
-56.2	0.5	450	100	
-63.1	6.9	450	100	
-64.6	1.5	1500	150	
-72.4	7.8	1800	180	20000

图 6-2-10　SZ4 钻孔资料

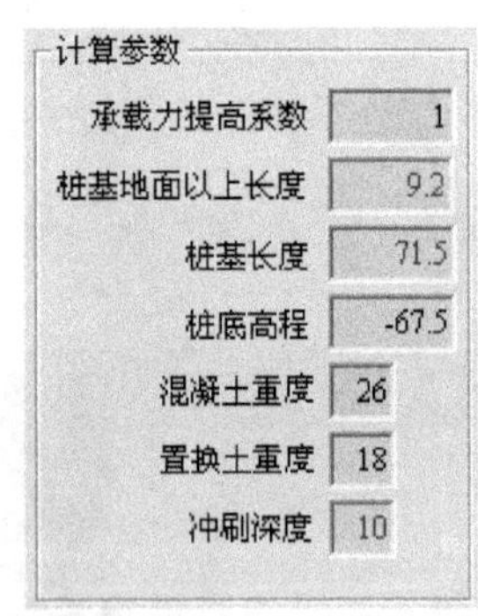

图 6-2-11　桩基计算参数

计算结果如图 6-2-12 所示。

所以桩顶的受压承载力容许值为 36756kN，此时桩端进入微风化层 2.9m。

岩石单轴抗压强度按照 30MPa 取值，计算结果如下：

孔口高程 -5.2m，桩基长度 69.2m，桩底高程 -65.2m，桩基计算参数如图 6-2-13 所示。

======================= 摩擦力计算信息 =======================

摩擦土层	摩阻τ	计算直径	计算厚度	摩阻力
1	0	2.25	5.6	0
2	3.2	2.25	.6	14
3	3.2	2.25	12	276
4	10	2.25	5.5	389
5	10	2.25	1.7	120
6	10	2.25	6	424
7	10	2.25	8.3	587
8	10	2.25	3	212
9	22.5	2.25	1.8	286
10	22.5	2.25	.9	143
11	22.5	2.25	.7	111
12	25	2.15	.5	84
13	25	2	6.9	1084
14	37.5	2	1.5	353
15	640	2	2.9	11662

======================= 桩端力计算信息 =======================

桩端土层	强度σ	计算直径	承载力
15	8000	2	25133

========================= 复核信息 =========================

$[R_a]$=40878kN，桩端抗力比例61.5%

桩基自重 7692kN

置换土重 3570kN

桩顶受压承载能力$[R_c]$= 36756 kN！

图 6-2-12　桩基计算结果

计算参数

参数	值
承载力提高系数	1
桩基地面以上长度	9.2
桩基长度	69.2
桩底高程	-65.2
混凝土重度	26
置换土重度	18
冲刷深度	10

图 6-2-13　桩基计算参数

计算结果如图 6-2-14 所示。

所以桩顶的受压承载力容许值为 38905kN，此时桩端进入微风化层 0.6m。

======================= 摩擦力计算信息 =======================

摩擦土层	摩阻τ	计算直径	计算厚度	摩阻力
1	0	2.25	5.6	0
2	1.3	2.25	.6	6
3	1.3	2.25	12	110
4	4	2.25	5.5	156
5	4	2.25	1.7	48
6	4	2.25	6	170
7	4	2.25	8.3	235
8	4	2.25	3	85
9	9	2.236	1.8	114
10	9	2	.9	51
11	9	2	.7	40
12	10	2	.5	31
13	10	2	6.9	434
14	15	2	1.5	141
15	960	2	.6	3619

======================= 桩端力计算信息 =======================

桩端土层	强度σ	计算直径	承载力
15	12000	2	37699

========================= 复核信息 =========================

$[R_a]$=42937kN，桩端抗力比例87.8%

桩基自重 7443kN

置换土重 3410kN

桩顶受压承载能力$[R_c]$ = 38905 kN！

图 6-2-14　桩基计算结果

6.2.2 测试设备

1)荷载箱

本次试验荷载箱采用 Tomer 荷载箱,最大加载量为 70000kN。SZ3 试桩荷载箱中心位置设置于 -62.90m 处,距桩底 3.0m。SZ4 试桩荷载箱中心位置设置于 -65.10m 处,距桩底 3.0m。荷载箱与钢筋笼连接示意图及照片如图 6-2-15 所示。

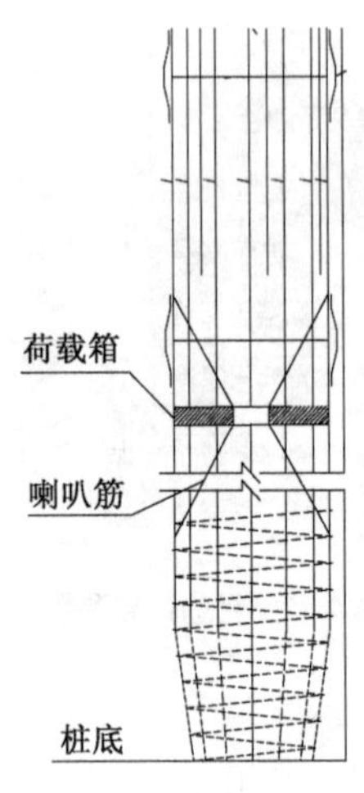

图 6-2-15 荷载箱与钢筋笼连接示意图及照片

2)位移测试

荷载箱上、下位移测试各采用两组对称分布的位移杆进行测量。

用在桩底、中风化花岗岩岩层顶面对应的桩身截面(图 6-2-16)对称设置两组位移丝(图 6-2-17)的方式测量桩身截面位移。

图 6-2-16 中风化花岗岩岩层顶面对应的桩身截面位移丝照片

图 6-2-17 桩底截面位移丝照片

位移杆和位移丝顶端高出桩顶，并采用电子位移计测量位移杆和位移丝的位移来测定荷载箱上、下位移及桩身位移。

电子位移计基座置于基准梁上，位移探头设置于位移杆及位移丝顶端。固定和支承位移计的基准梁采用一端固定、一端自由安装于基准桩上的方式。

基准梁以两根平行的工字钢组成。本次试桩基准桩打入海床面以下至少35m。为保证基准桩的稳定性，基准桩外设置钢护筒，钢护筒筒底打入海床下约10m。

基准桩和基准梁布置示意图如图6-2-18所示，基准梁、桩顶电子位移计位移照片如图6-2-19所示。

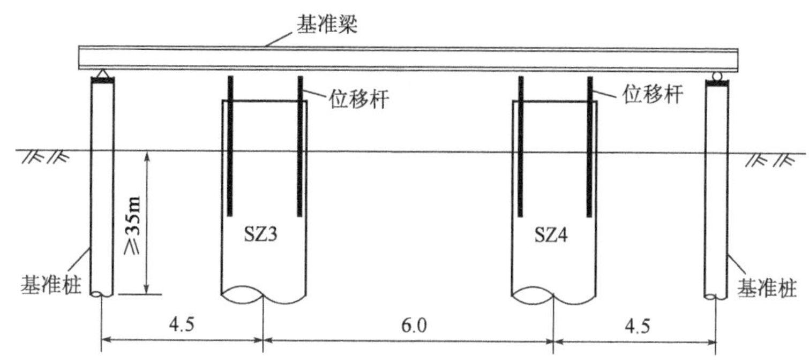

图6-2-18　基准桩和基准梁布置示意图(尺寸单位：m)

图6-2-19　基准梁、桩顶电子位移计位移照片

3)桩身轴力测试

桩身轴力采用弦式钢筋计等进行测试。弦式钢筋计等设置在土层的界面处，每个测试断面设置4个，交叉对称布置。在设置钢筋计位置处将主筋截断，将钢筋计两端与主筋焊接。桩身轴力测试元件安装照片如图6-2-20所示，桩身轴力测试元件安装布设位置与各土层分布关系见表6-2-2、表6-2-3。

SZ3 钢管复合桩桩身轴力测试元件安装布设位置 表 6-2-2

土层分界面高程(m)	土层主要类型	断 面 编 号
+4.15	桩顶高程	
-5.390	海床面高程	
-15.99	淤泥	
-23.09	淤泥质黏土	1
-28.89	黏土	2
-34.99	黏土	3
-41.39	中砂	4
-49.09	黏土	5
-52.79	粉质黏土	6
-54.39	粗砂	7
-56.99	粗砂	8
-58.19	砾砂	9
-60.59	强风化花岗岩	10
-62.90	荷载箱位置	11
-64.5		12
-65.9	中风化花岗岩(桩底高程)	

SZ4 钢管复合桩桩身轴力测试元件安装布设位置 表 6-2-3

土层分界面高程(m)	土层主要类型	断 面 编 号
+4.15	桩顶高程	
-5.20	海床面高程	
-10.80	淤泥	
-15.80	淤泥	
-27.80	淤泥质黏土	1
-33.30	黏土	2
-35.00	黏土	3
-41.00	中砂	4
-49.30	黏土	5
-52.30	粉质黏土	6
-54.10	粗砂	7

续上表

土层分界面高程(m)	土层主要类型	断 面 编 号
-55.00	粗砂	8
-55.70	砾砂	9
-56.20	强风化花岗岩	10
-63.10	强风化花岗岩	11
-65.00	微风化花岗岩(荷载箱位置)	12
-66.80	微风化花岗岩	13
-68.00	微风化花岗岩(桩底高程)	

4)桩端反力测试

桩端反力采取在桩端对称埋设两只压力传感器的方式测量。压力传感器的连接板与钢筋笼底端焊接,随钢筋笼一起下放,如图6-2-21所示。

图6-2-20　桩身轴力测试元件安装照片

图6-2-21　桩端压力传感器安装照片

6.3　钢管复合桩成桩情况

SZ3试桩成桩桩底高程为-65.90m,成桩长度为70.05m。SZ3试桩岩层内桩身成桩直径平均为2.00m。

SZ4试桩成桩桩底高程为-68.10m,成桩长度为72.25m。SZ4试桩岩层内桩身成桩直径平均为2.00m。

SZ3、SZ4试桩桩身完整性经超声波法检测符合Ⅰ类桩判定要求。

6.4 钢管复合桩试桩试验结果

6.4.1 SZ3 钢管复合桩试桩试验结果

SZ3 试桩每级试验荷载下荷载、位移测试结果如图 6-4-1 及表 6-4-1 所示。

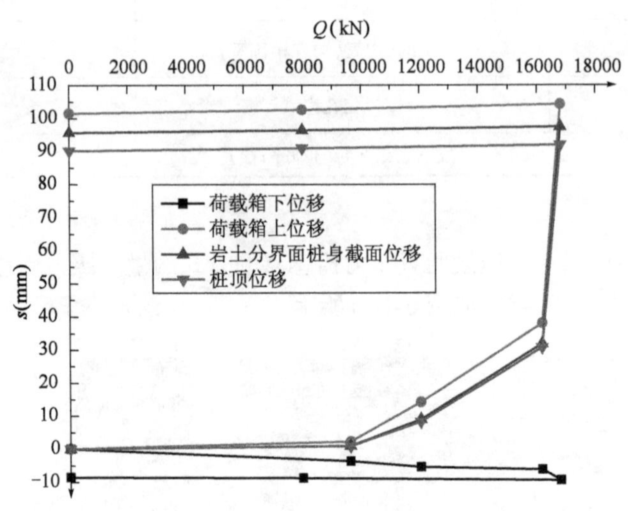

图 6-4-1 SZ3 荷载试验荷载-位移(Q-s)曲线

SZ3 桩位移测试结果 表 6-4-1

加载级号	荷载 Q (kN)	荷载箱下位移量 (mm)		荷载箱上位移量 (mm)		岩土分界面桩身截面位移量 (mm)		桩顶位移量 (mm)	
		本级	累计	本级	累计	本级	累计	本级	累计
	0	0.00	0.00	0.00	0.00	0.00	0.00	0.00	0.00
1	2×9625	-3.76	-3.76	2.17	2.17	0.84	0.84	0.76	0.76
2	2×12045	-1.70	-5.46	11.94	14.11	8.00	8.84	7.42	8.18
3	2×16170	-0.86	-6.32	23.87	37.98	22.93	31.77	22.49	30.67
4		-3.16	-9.48	66.26	104.24	65.55	97.32	61.16	91.83
卸 1	2×8000	0.67	-8.81	-1.69	102.55	-1.02	96.30	-0.94	90.89
卸 2	0	0.30	-8.51	-1.03	101.52	-0.77	95.53	-0.68	90.21

注:1. 本表中,第 4 级并非真正的加载级别,仅代表第 3 级加载结束后的升压阶段。SZ3 试桩试验中,在施加稍大于 2×16170kN的荷载时,荷载不稳定,位移变化明显。在荷载箱上位移、岩土分界面桩身截面位移、桩顶位移接近 100mm 时,停止施压,并记录荷载箱下位移、荷载箱上位移、岩土分界面桩身截面位移、桩顶位移作为加载过程最终位移记录。本表中"第 4 级"各项位移即为加载过程最终位移数据。

2. 负号表示向下的位移。

SZ3 试桩各级荷载作用下桩身轴力沿深度分布情况如图 6-4-2 及表 6-4-2 ~ 表 6-4-4 所示。

SZ3 试桩各级荷载作用下桩身摩阻力沿深度分布情况如图 6-4-3 及表 6-4-2 ~ 表 6-4-4 所示。

SZ3 试桩各级荷载作用下桩身不同断面轴力变化情况如图 6-4-4 及表 6-4-2 ~ 表 6-4-4 所示。

SZ3 试桩实测τ-s 曲线与双曲线拟合τ-s 曲线如图 6-4-5 ~ 图 6-4-13 所示，SZ3 桩双曲线拟合 a、b 值计算表见表 6-4-5。

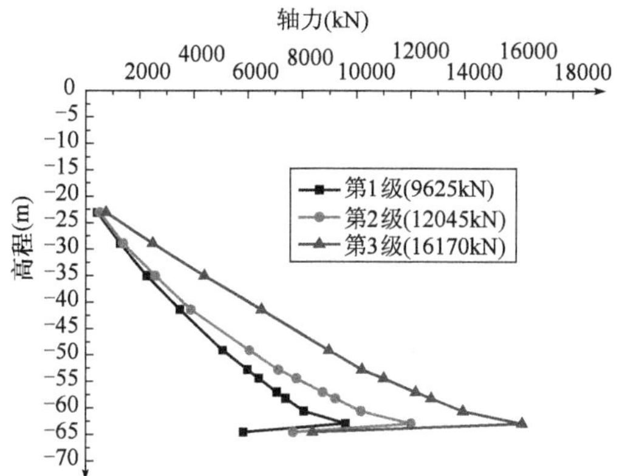

图 6-4-2 不同荷载级别下桩身轴力分布

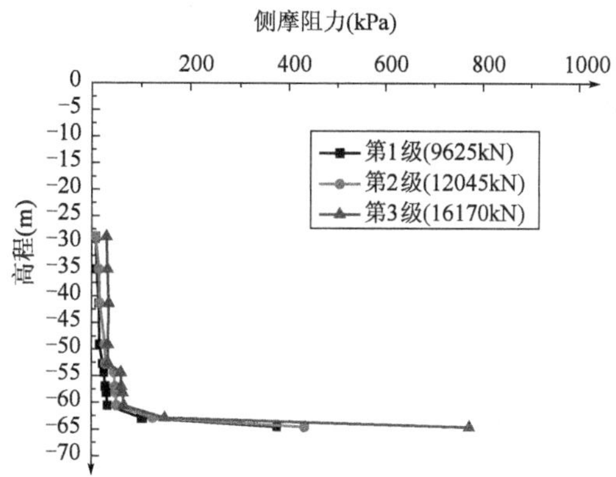

图 6-4-3 不同荷载级别下桩身各断面间摩阻力分布情况（根据实测值绘制）

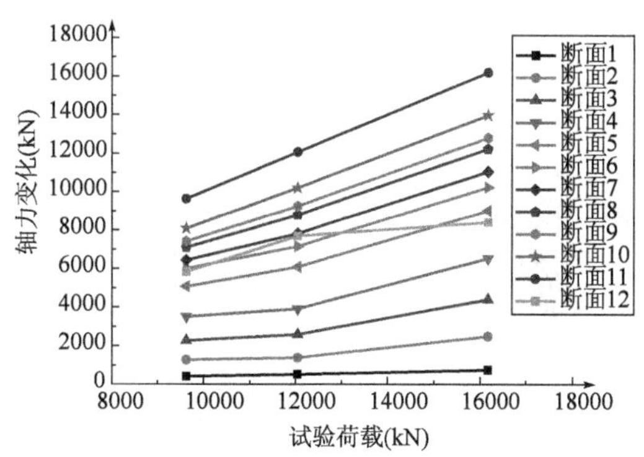

图 6-4-4 不同荷载级别下桩身各断面轴力变化情况

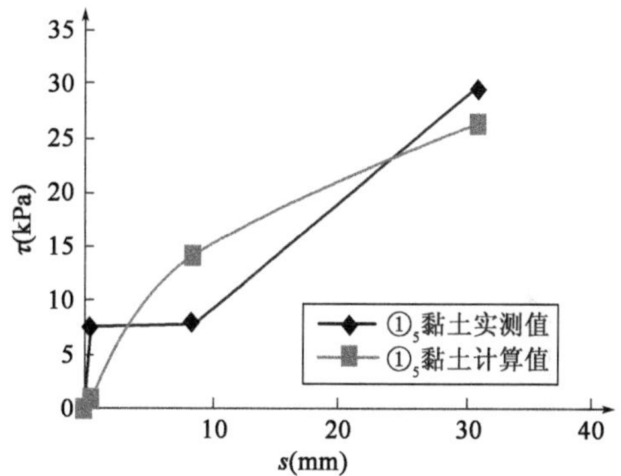

图 6-4-5 ①$_5$ 黏土（层底高程 -28.89m）实测τ-s 曲线与双曲线拟合τ-s 曲线

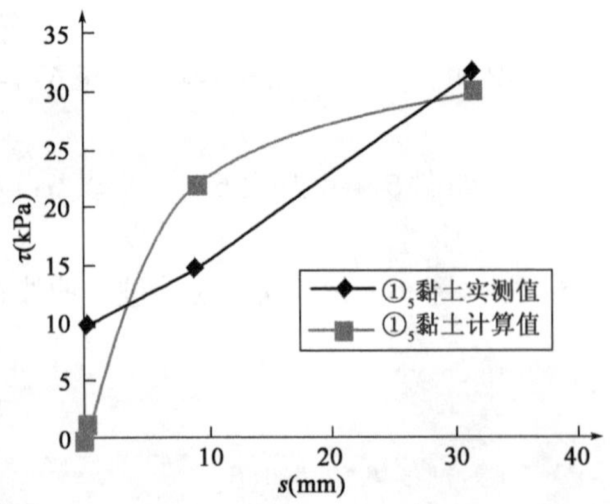

图 6-4-6　①$_5$黏土(层底高程 -34.99m)实测τ-s 曲线与双曲线拟合τ-s 曲线

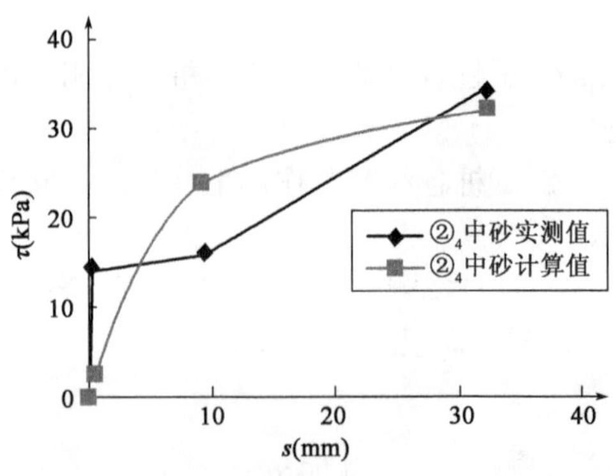

图 6-4-7　②$_4$中砂(层底高程 -41.39m)实测τ-s 曲线与双曲线拟合τ-s 曲线

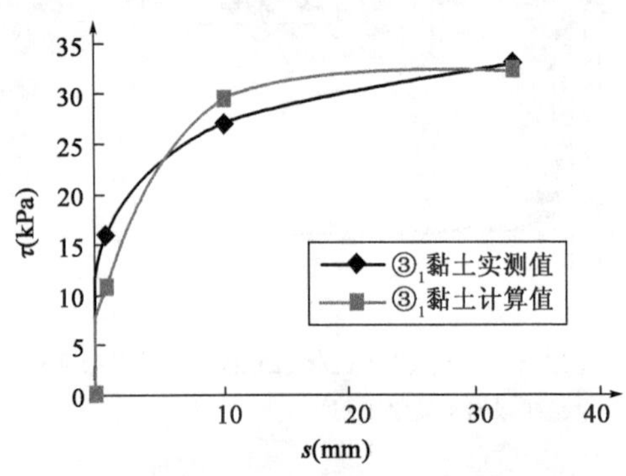

图 6-4-8　③$_1$黏土(层底高程 -49.09m)实测τ-s 曲线与双曲线拟合τ-s 曲线

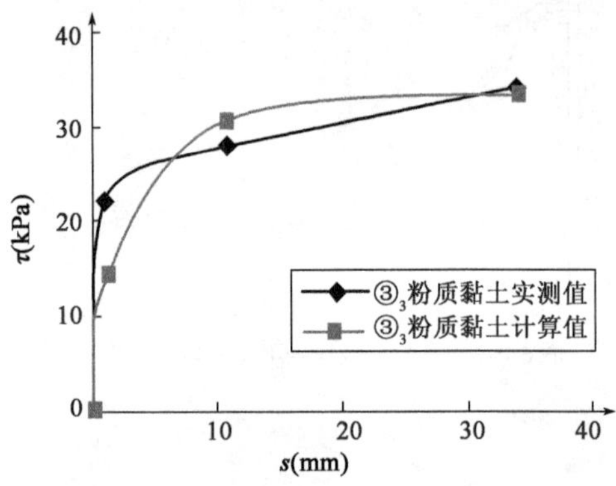

图 6-4-9　③$_3$粉质黏土(层底高程 -52.79m)实测τ-s 曲线与双曲线拟合τ-s 曲线

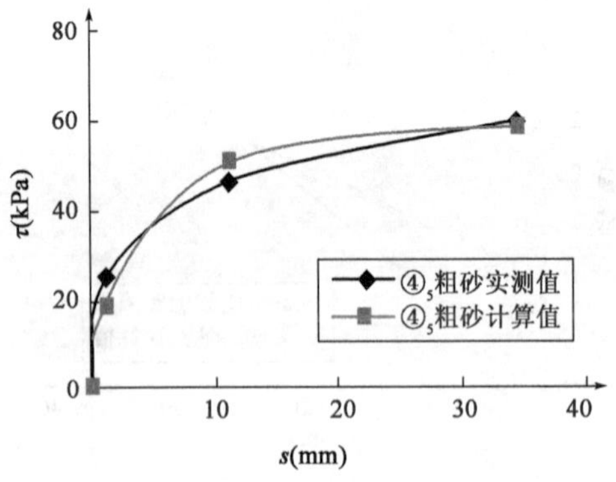

图 6-4-10　④$_5$粗砂(层底高程 -54.39m)实测τ-s 曲线与双曲线拟合τ-s 曲线

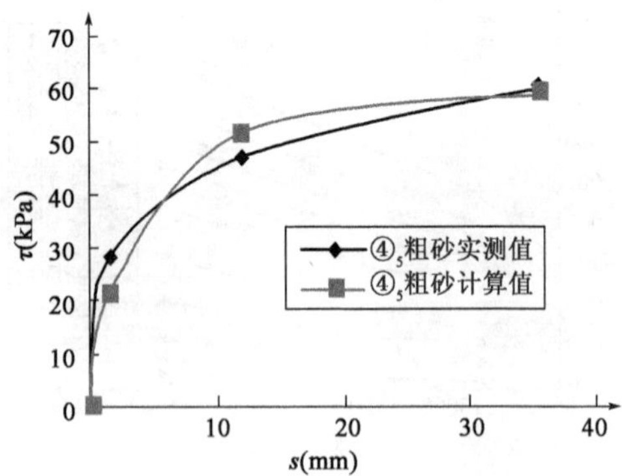

图 6-4-11　④$_5$粗砂(层底高程 -56.99m)实测τ-s 曲线与双曲线拟合τ-s 曲线

SZ3 桩身轴力值与桩侧、桩端阻力计算结果(1)

表 6-4-2

荷载级别	荷载箱荷载(kN)	断面号	第 i 断面高程(m)	土层性质	桩径 d(m)	桩身节段长度 l_i(m)	桩身周长 u(m)	第 i 断面轴力 p(kN)	第 i 断面轴力本级增量(kN)	桩第 i 断面与第 $i+1$ 断面间侧摩阻力(kPa)		补充地质勘察报告提供的桩侧摩阻力标准值(kPa)	$F=(p_{i+1}-p_i)/(l_i \times u \times f_{rk})$	$c_2=F/2$
										实测值	计算值			
1	2×9625	1	-23.09	淤泥质黏土	2.20		6.91	413.75	413.75					
		2	-28.89	黏土	2.20	5.80	6.91	1268.85	1268.85	7.59	9.49	32		
		3	-34.99	黏土	2.20	6.10	6.91	2261.86	2261.86	9.82	12.27	32		
		4	-41.39	中砂	2.20	6.40	6.91	3503.12	3503.12	14.33	20.47	37		
		5	-49.09	黏土	2.20	7.70	6.91	5075.39	5075.39	15.81	19.76	34		
		6	-52.79	粉质黏土	2.20	3.70	6.91	5999.44	5999.44	22.40	28.00	55		
		7	-54.39	粗砂	2.20	1.60	6.91	6426.99	6426.99	24.93	35.62	76		
		8	-56.99	粗砂	2.00	2.60	6.91	7089.68	7089.68	28.09	40.12	76		
		9	-58.19	砾砂	2.00	1.20	6.28	7408.83	7408.83	29.85	42.64	76		
		10	-60.59	强风化花岗岩	2.00	2.40	6.28	8081.32	8081.32	32.12	45.88	115		
		11	-62.90	荷载箱位置	2.00	2.31	6.28	9525.00	9625.00	103.16			0.00355	0.00177
		12	-64.50		2.00	1.60	6.28	5335.88	5835.88	377.10			0.01257	0.00629
			-65.90	中风化花岗岩(桩底高程)	2.00	1.40	6.28							

注:1. 对于中风化岩层,荷载箱加载量和设置位置计算时取值为:$c_1=0.5\times0.8\times0.75=0.3$,$c_2=0.04\times0.8\times0.75=0.024$。中风化岩层 f_{rk} 均取 30000kPa。

2. 侧摩阻力换算值 = 侧摩阻力实测值/抗拔系数 λ,黏性土、粉土取 $\lambda=0.8$,砂土 $\lambda=0.7$,岩石 $\lambda=1.0$。

SZ3 桩身轴力值与桩侧、桩端阻力计算结果(2)

表 6-4-3

荷载级别	荷载箱荷载(kN)	断面号	第 i 断面高程(m)	土 层 性 质	桩径 d(m)	桩身节段长度 l_i(m)	桩身周长 u(m)	第 i 断面轴力 p(kN)	第 i 断面轴力本级增量(kN)	桩第 i 断面与第 $i+1$ 断面间侧摩阻力(kPa)		补充地质勘察报告提供的桩侧摩阻力标准值(kPa)	$F=(p_{i+1}-p_i)/(l_i\times u\times f_{rk})$	$c_2=F/2$
										实测值	计算值			
2	2×12045	1	−23.09	淤泥质黏土	2.20		6.91	510.30	96.54					
		2	−28.89	黏土	2.20	5.80	6.91	1379.18	110.33	7.94	9.92	32		
		3	−34.99	黏土	2.20	6.10	6.91	2579.07	317.21	14.72	18.41	32		
		4	−41.39	中砂	2.20	6.40	6.91	3905.71	402.59	16.26	23.22	37		
		5	−49.09	黏土	2.20	7.70	6.91	6078.06	1002.67	27.09	33.86	34		
		6	−52.79	粉质黏土	2.20	3.70	6.91	7144.16	1144.72	27.96	34.95	55		
		7	−54.39	粗砂	2.20	1.60	6.91	7806.17	1379.18	46.15	65.92	76		
		8	−56.99	粗砂	2.00	2.60	6.91	8779.87	1690.19	47.13	67.33	76		
		9	−58.19	砾砂	2.00	1.20	6.28	9243.94	1835.11	49.08	70.11	76		
		10	−60.59	强风化花岗岩	2.00	2.40	6.28	10189.99	2108.67	50.27	71.81	115		
		11	−62.90	荷载箱位置	2.00	2.31	6.28	12045.00	2420.00	124.62			0.00426	0.00213
		12	−64.50		2.00	1.60	6.28	7682.39	1846.51	434.18			0.01447	0.00724
			−65.90	中风化花岗岩(桩底高程)	2.00	1.40	6.28							

注:1. 对于中风化岩层,荷载箱加载量和设置位置计算时取值为:$c_1=0.5\times0.8\times0.75=0.3$,$c_2=0.04\times0.8\times0.75=0.024$。中风化岩层 f_{rk} 均取 30000kPa。

2. 侧摩阻力换算值 = 侧摩阻力实测值/抗拔系数 λ,黏性土、粉土取 $\lambda=0.8$,砂土 $\lambda=0.7$,岩石 $\lambda=1.0$。

SZ3 桩身轴力值与桩侧、桩端阻力计算结果(3)

表 6-4-4

荷载级别	荷载箱荷载(kN)	断面号	第 i 断面高程(m)	土层性质	桩径 d(m)	桩身节段长度 l_i(m)	桩身周长 u(m)	第 i 断面轴力 p(kN)	第 i 断面轴力本级增量(kN)	桩第 i 断面与第 $i+1$ 断面间侧摩阻力(kPa)		补充地质勘察报告提供的桩侧摩阻力标准值(kPa)	$F=(p_{i+1}-p_i)/(l_i\times u\times f_{rk})$	$c_2=F/2$
										实测值	计算值			
3	2×16170	1	-23.09	淤泥质黏土	2.20		6.91	744.76	234.46					
		2	-28.89	黏土	2.20	5.80	6.91	2482.53	1103.35	29.62	37.03	32		
		3	-34.99	黏土	2.20	6.10	6.91	4399.59	1820.52	31.74	39.68	32		
		4	-41.39	中砂	2.20	6.40	6.91	6522.15	2616.44	34.26	48.94	37		
		5	-49.09	黏土	2.20	7.70	6.91	9006.06	2928.00	32.95	41.18	34		
		6	-52.79	粉质黏土	2.20	3.70	6.91	10224.98	3080.82	33.94	42.42	55		
		7	-54.39	粗砂	2.20	1.60	6.91	11033.46	3227.29	59.40	84.85	76		
		8	-56.99	粗砂	2.00	2.60	6.91	12218.87	3439.00	60.10	85.86	76		
		9	-58.19	砾砂	2.00	1.20	6.28	12788.78	3544.84	63.13	90.18	76		
		10	-60.59	强风化花岗岩	2.00	2.40	6.28	13962.80	3772.80	65.39	93.42	115		
		11	-62.90	荷载箱位置	2.00	2.31	6.28	16170.00	4125.00	148.90			0.00507	0.00254
		12	-64.50		2.00	1.60	6.28	3400.47	718.09	773.24			0.02577	0.01289
			-65.90	中风化花岗岩(桩底高程)	2.00	1.40	6.28							

注:1. 对于中风化岩层,荷载箱加载量和设置位置计算时取值为:$c_1=0.5\times0.8\times0.75=0.3$,$c_2=0.04\times0.8\times0.75=0.024$。中风化岩层 f_{rk} 均取 30000kPa。

2. 侧摩阻力换算值 = 侧摩阻力实测值/抗拔系数 λ,黏性土、粉土取 $\lambda=0.8$,砂土 $\lambda=0.7$,岩石 $\lambda=1.0$。

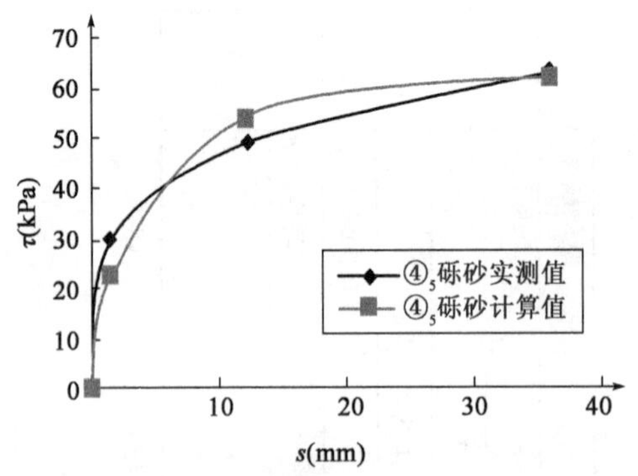

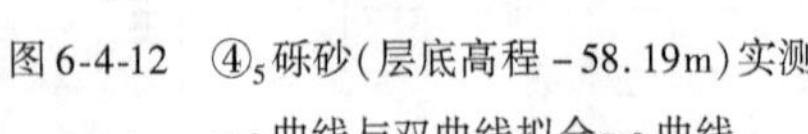
图 6-4-12 $④_5$砾砂(层底高程 -58.19m)实测 τ-s 曲线与双曲线拟合 τ-s 曲线

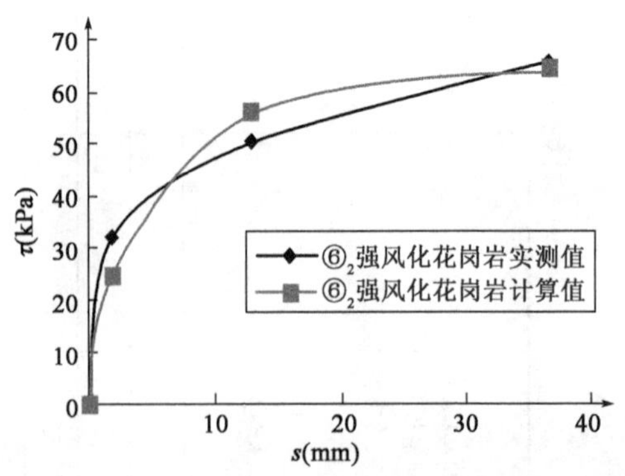

6-4-13 $⑥_2$强风化花岗岩(层底高程 -60.59m)实测 τ-s 曲线与双曲线拟合 τ-s 曲线

SZ3 桩双曲线拟合 *a*、*b* 值计算表 表 6-4-5

地层编号	层底高程(m)	土层名称	b	a	$1/b$	$1/a$
$①_5$	-28.89	黏土	2.56×10^{-2}	3.75×10^{-1}	39.12	2.67
$①_5$	-34.99	黏土	2.84×10^{-2}	1.52×10^{-1}	35.22	6.59
$②_4$	-41.39	中砂	2.62×10^{-2}	1.47×10^{-1}	38.13	6.82
$③_1$	-49.09	黏土	2.92×10^{-2}	4.81×10^{-2}	34.28	20.80
$③_3$	-52.79	粉质黏土	2.85×10^{-2}	4.21×10^{-2}	35.04	23.74
$④_5$	-54.39	粗砂	1.57×10^{-2}	4.46×10^{-2}	63.53	22.44
$④_5$	-56.99	粗砂	1.56×10^{-2}	4.45×10^{-2}	64.21	22.45
$④_5$	-58.19	砾砂	1.48×10^{-2}	4.56×10^{-2}	67.69	21.93
$⑥_2$	-60.59	强风化花岗岩	1.42×10^{-2}	4.86×10^{-2}	70.49	20.57

6.4.2 SZ4 钢管复合桩试桩试验结果

SZ4 试桩每级试验荷载下荷载位移测试结果如图 6-4-14 及表 6-4-6 所示。

SZ4 试桩各级荷载作用下桩身轴力沿深度分布情况如图 6-4-15 及表 6-4-7 ~ 表 6-4-9 所示。

SZ4 试桩各级荷载作用下桩身摩阻力沿深度分布情况如图 6-4-16 及表 6-4-7 ~ 表 6-4-9 所示。

SZ4 试桩各级荷载作用下桩身不同断面轴力变化情况如图 6-4-17 及表 6-4-7 ~ 表 6-4-9 所示。

SZ4 试桩实测 τ-s 曲线与双曲线拟合 τ-s 曲线如图 6-4-18 ~ 图 6-4-27 所示，SZ4 桩双曲线拟合 *a*、*b* 值计算表见表 6-4-10。

SZ4 桩位移测试结果　　表 6-4-6

加载级号	荷载 Q (kN)	荷载箱下位移量 (mm)		荷载箱上位移量 (mm)		岩土分界面桩身截面位移量(mm)		桩顶位移量 (mm)	
		本级	累计	本级	累计	本级	累计	本级	累计
	0	0.00	0.00	0.00	0.00	0.00	0.00	0.00	0.00
1	2×9625	-0.83	-0.83	2.04	2.04	1.77	1.77	0.77	0.77
2	2×12045	-0.37	-1.20	2.16	4.20	1.66	3.43	1.06	1.83
3	2×14960	-0.27	-1.47	2.69	6.89	2.41	5.84	1.40	3.23
4		-2.85	-4.32	92.11	99.00	90.37	96.21	89.41	92.64
卸 1	2×8000	0.44	-3.88	-0.71	98.29	-0.49	95.72	-0.39	92.25
卸 2	0	0.43	-3.45	-0.87	97.42	-0.70	95.02	-0.56	91.69

注:1. 本表中,第 4 级并非真正的加载级别,仅代表第 3 级加载结束后的升压阶段。SZ4 试桩试验中,在施加稍大于 2×14960kN的荷载时,荷载不能稳定,位移变化明显。在荷载箱上位移、岩土分界面桩身截面位移、桩顶位移接近 100mm 时,停止施压,并记录荷载箱下位移、荷载箱上位移、岩土分界面桩身截面位移、桩顶位移作为加载过程最终位移记录。本表中"第 4 级"各项位移即为加载过程最终位移数据。
2. 负号表示向下的位移。

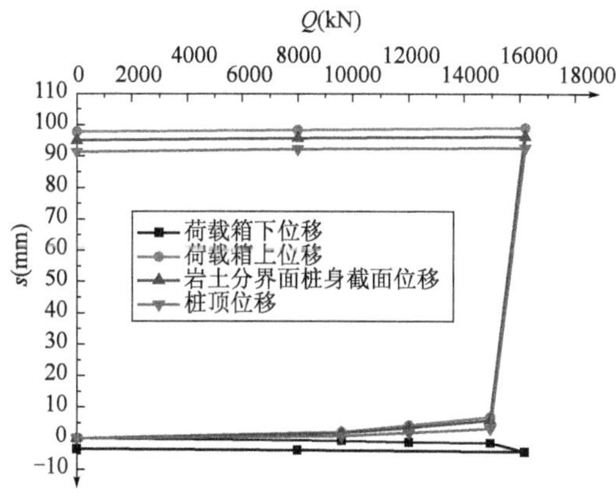

图 6-4-14　SZ4 荷载试验 Q-s 曲线

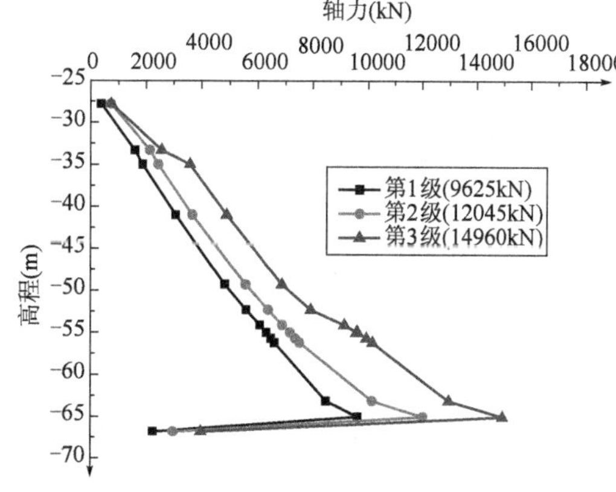

图 6-4-15　不同荷载级别下桩身轴力分布

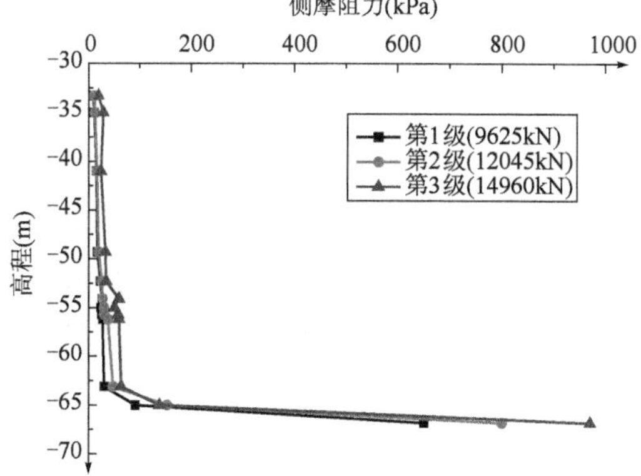

图 6-4-16　不同荷载级别下桩身各断面间摩阻力分布情况（根据实测值绘制）

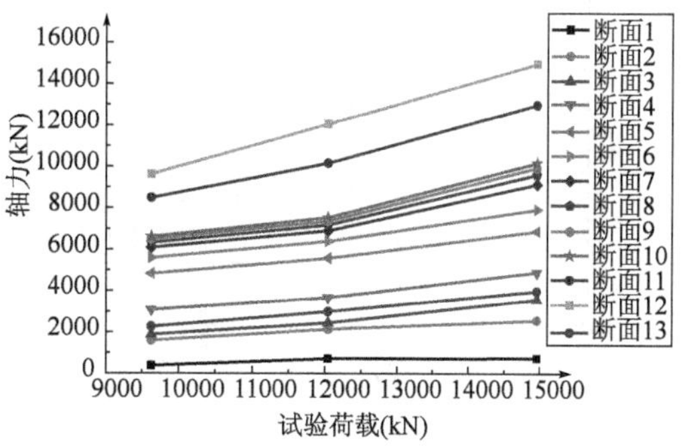

图 6-4-17　不同荷载级别下桩身各断面轴力变化情况

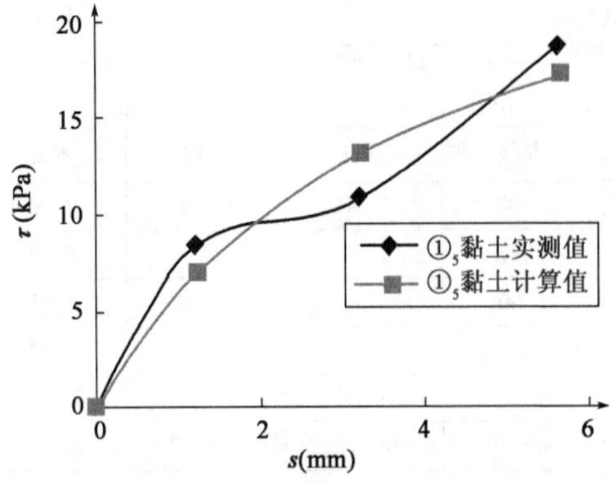

图 6-4-18 ①$_5$黏土(层底高程 -33.30m)实测τ-s 曲线与双曲线拟合τ-s 曲线

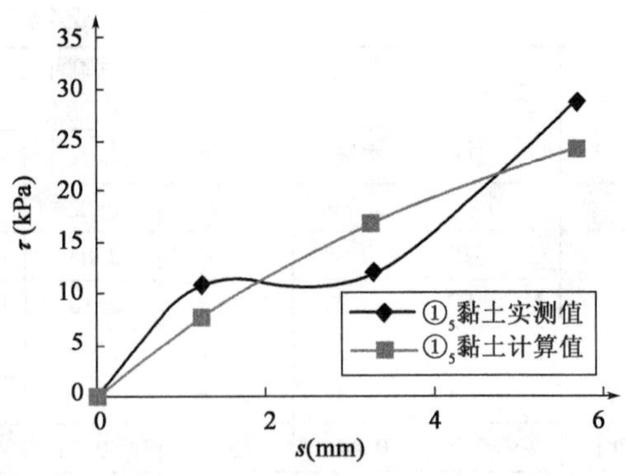

图 6-4-19 ①$_5$黏土(层底高程 -35.00m)实测τ-s 曲线与双曲线拟合τ-s 曲线

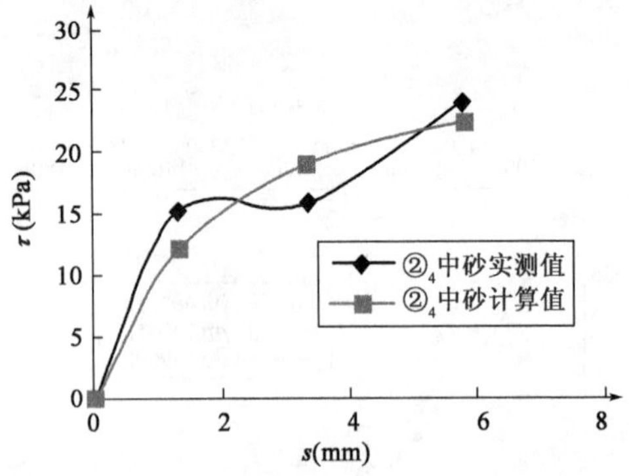

图 6-4-20 ②$_4$中砂(层底高程 -41.00m)实测τ-s 曲线与双曲线拟合τ-s 曲线

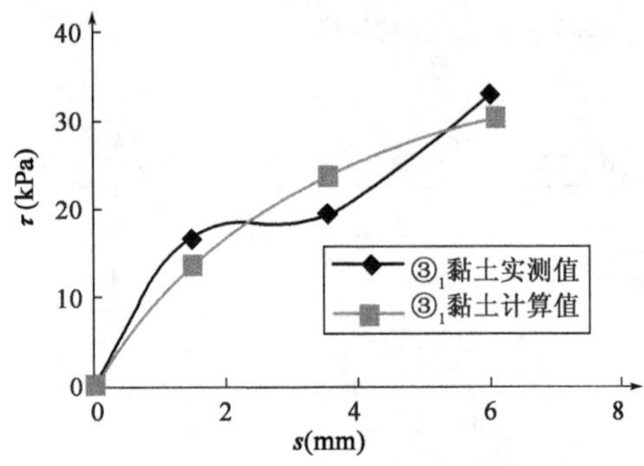

图 6-4-21 ③$_1$黏土(层底高程 -49.30m)实测τ-s 曲线与双曲线拟合τ-s 曲线

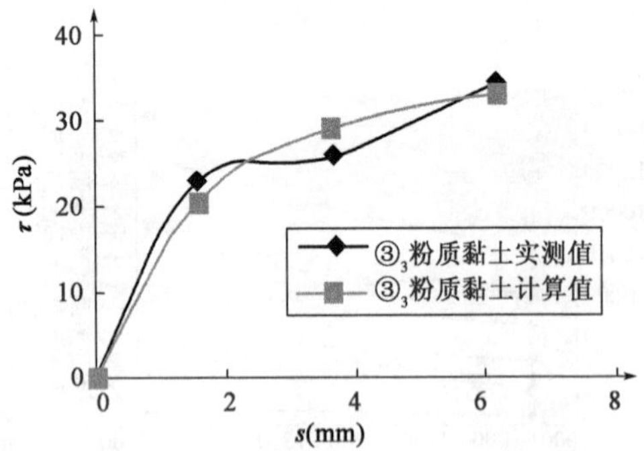

图 6-4-22 ③$_3$粉质黏土(层底高程 -52.30m)实测τ-s 曲线与双曲线拟合τ-s 曲线

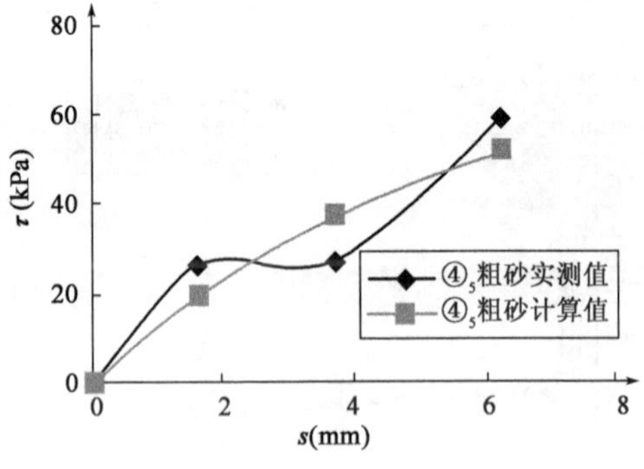

图 6-4-23 ④$_5$粗砂(层底高程 -54.10m)实测τ-s 曲线与双曲线拟合τ-s 曲线

SZ4 桩身轴力值与桩侧、桩端阻力计算结果(1)　　表 6-4-7

荷载级别	荷载箱荷载(kN)	断面号	第 i 断面高程(m)	土层性质	桩径 d(m)	桩身节段长度 l_i(m)	桩身周长 u(m)	第 i 断面轴力 p(kN)	第 i 断面轴力本级增量(kN)	桩第 i 断面与第 $i+1$ 断面间侧摩阻力(kPa)		补充地质勘察报告提供的桩侧摩阻力标准值(kPa)	$F=(p_{i+1}-p_i)/(l_i \times u \times f_{rk})$	$c_2=F/2$
										实测值	计算值			
1	2×9625	1	-27.80	淤泥质黏土			6.91	372.38						
		2	-33.30	黏土	2.20	5.50	6.91	1586.06	1586.06	8.34	10.42	32		
		3	-35.00	黏土	2.20	1.70	6.91	1875.69	1875.69	10.91	13.64	32		
		4	-41.00	中砂	2.20	6.00	6.91	3075.58	3075.58	15.20	21.71	37		
		5	-49.30	黏土	2.20	8.30	6.91	4827.14	4827.14	16.80	21.00	34		
		6	-52.30	粉质黏土	2.20	3.00	6.91	5587.07	5587.07	22.92	28.65	55		
		7	-54.10	粗砂	2.20	1.80	6.91	6082.19	6082.19	26.07	37.24	80		
		8	-55.00	粗砂	2.20	0.90	6.91	6316.65	6316.65	23.96	34.23	76		
		9	-55.70	砾砂	2.20	0.70	6.28	6485.58	6485.58	25.93	37.04	76		
		10	-56.20	强风化花岗岩	2.00	0.50	6.28	6610.96	6610.96	27.43	39.19	115		
		11	-63.10	强风化花岗岩	2.00	6.90	6.28	8480.26	8480.26	30.64	43.77	115		
		12	-65.00	微风化花岗岩(荷载箱位置)	2.00	1.90	6.28	9625.00	9625.00	91.33			0.00320	0.00160
		13	-66.80		2.00	1.80	6.28	2256.84	2256.84	651.82			0.02173	0.01086
			-68.00	微风化花岗岩(桩底高程)										

注:1. 对于中风化岩层,荷载箱加载量和设置位置计算时取值为:$c_1=0.5\times0.8\times0.75=0.3$,$c_2=0.04\times0.8\times0.75=0.024$。对于微风化岩层,$c_1=0.6\times0.8=0.48$,$c_2=0.05\times0.8=0.04$。中风化岩层 f_{rk} 均取 30000kPa。

2. 侧摩阻力换算值 = 侧摩阻力实测值/抗拔系数 λ,黏性土、粉土取 $\lambda=0.8$,砂土 $\lambda=0.7$,岩石 $\lambda=1.0$。

表 6-4-8

SZ4 桩身轴力值与桩侧、桩端阻力计算结果(2)

荷载级别	荷载箱荷载(kN)	断面号	第 i 断面高程(m)	土层性质	桩径 d(m)	桩身节段长度 l_i(m)	桩身周长 u(m)	第 i 断面轴力 p(kN)	第 i 断面轴力本级增量(kN)	桩第 i 断面与第 $i+1$ 断面间侧摩阻力(kPa)		补充地质勘察报告提供的桩侧摩阻力标准值(kPa)	$F=(p_{i+1}-p_i)/(l_i \times u \times f_{rk})$	$c_2=F/2$
										实测值	计算值			
2	2×12045	1	-27.80	淤泥质黏土			6.91	717.17						
		2	-33.30	黏土	2.20	5.50	6.91	2137.73	551.67	10.83	13.54	32		
		3	-35.00	黏土	2.20	1.70	6.91	2441.15	565.46	12.09	15.11	32		
		4	-41.00	中砂	2.20	6.00	6.91	3668.62	593.05	15.86	22.66	37		
		5	-49.30	黏土	2.20	8.30	6.91	5570.52	743.38	19.42	24.28	34		
		6	-52.30	粉质黏土	2.20	3.00	6.91	6385.61	798.55	25.58	31.98	55		
		7	-54.10	粗砂	2.20	1.80	6.91	6895.91	813.72	27.29	38.98	80		
		8	-55.00	粗砂	2.20	0.90	6.91	7171.75	855.09	30.62	43.74	76		
		9	-55.70	砾砂	2.20	0.70	6.28	7363.24	877.66	31.06	44.37	76		
		10	-56.20	强风化花岗岩	2.00	0.50	6.28	7522.81	911.86	38.32	54.74	115		
		11	-63.10	强风化花岗岩	2.00	6.90	6.28	10155.80	1675.54	48.26	68.95	115		
		12	-65.00	微风化花岗岩(荷载箱位置)	2.00	1.90	6.28	12045.00	2420.00	153.73			0.00528	0.00264
		13	-66.80		2.00	1.80	6.28	2986.33	729.48	801.37			0.02671	0.01336
			-68.00	微风化花岗岩(桩底高程)										

注:1. 对于中风化岩层,荷载箱加载量和设置位置计算时取值为:$c_1=0.5\times0.8\times0.75=0.3$,$c_2=0.04\times0.8\times0.75=0.024$。对于微风化岩层,$c_1=0.6\times0.8=0.48$,$c_2=0.05\times0.8=0.04$。中风化岩层 f_{rk} 均取 30000kPa。

2. 侧摩阻力换算值 = 侧摩阻力实测值/抗拔系数 λ,黏性土、粉土取 $\lambda=0.8$,砂土 $\lambda=0.7$,岩石 $\lambda=1.0$。

SZ4 桩身轴力值与桩侧、桩端阻力计算结果(3)

表 6-4-9

荷载级别	荷载箱荷载(kN)	断面号	第 i 断面高程(m)	土层性质	桩径 d(m)	桩身节段长度 l_i(m)	桩身周长 u(m)	第 i 断面轴力 F(kN)	第 i 断面轴力本级增量(kN)	桩第 i 断面与第 $i+1$ 断面间侧摩阻力(kPa)		补充地质勘察报告提供的桩侧摩阻力标准值(kPa)	$F=(p_{i+1}-p_i)/(l_i \times u \times f_{rk})$	$c_2=F/2$
										实测值	计算值			
3	2×14960	1	−27.80	淤泥质黏土			6.91	730.97						
		2	−33.30	黏土	2.20	5.50	6.91	2565.28	427.55	18.69	23.36	32		
		3	−35.00	黏土	2.20	1.70	6.91	3585.87	1144.72	28.67	35.84	32		
		4	−41.00	中砂	2.20	6.00	6.91	4396.10	1227.47	24.05	34.36	37		
		5	−49.30	黏土	2.20	8.30	6.91	6377.69	1307.18	32.87	41.09	34		
		6	−52.30	粉质黏土	2.20	3.00	6.91	7930.30	1544.68	34.29	42.86	55		
		7	−54.10	粗砂	2.20	1.80	6.91	9143.38	2247.47	59.52	85.02	80		
		8	−55.00	粗砂	2.20	0.90	6.91	9603.11	2431.36	51.09	72.98	76		
		9	−55.70	砾砂	2.20	0.70	6.28	9943.17	2579.94	58.07	82.96	76		
		10	−56.20	强风化花岗岩	2.00	0.50	6.28	10172.89	2650.08	59.66	85.23	115		
		11	−63.10	强风化花岗岩	2.00	6.90	6.28	12982.55	2826.75	64.08	91.54	115		
		12	−65.00	微风化花岗岩(荷载箱位置)	2.00	1.90	6.28	14960.00	2915.00	138.49			0.00552	0.00276
		13	−66.80		2.00	1.80	6.28	3977.97	991.64	971.52			0.03238	0.01619
			−68.00	微风化花岗岩(桩底高程)										

注:1. 对于中风化岩层,荷载箱加载量和设置位置计算时取值为:$c_1=0.5\times0.8\times0.75=0.3$,$c_2=0.04\times0.8\times0.75=0.024$。对于微风化岩层,$c_1=0.6\times0.8=0.48$,$c_2=0.05\times0.8=0.04$。中风化岩层 f_{rk} 均取 30000kPa。

2. 侧摩阻力换算值 = 侧摩阻力实测值/抗拔系数 λ,黏性土、粉土取 $\lambda=0.8$,砂土 $\lambda=0.7$,岩石 $\lambda=1.0$。

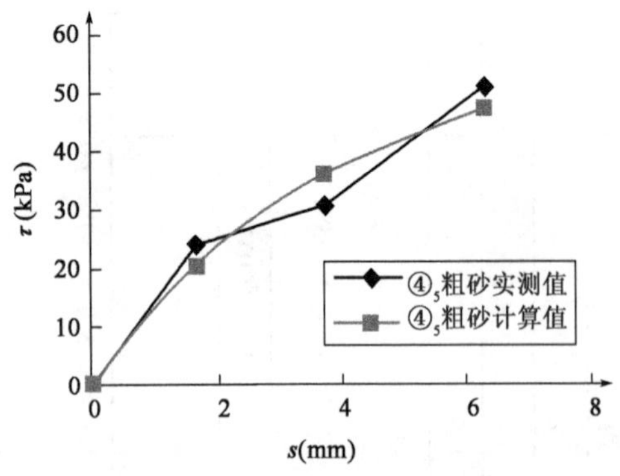

图 6-4-24 ④$_5$粗砂(层底高程 -55.00m)实测τ-s曲线与双曲线拟合τ-s曲线

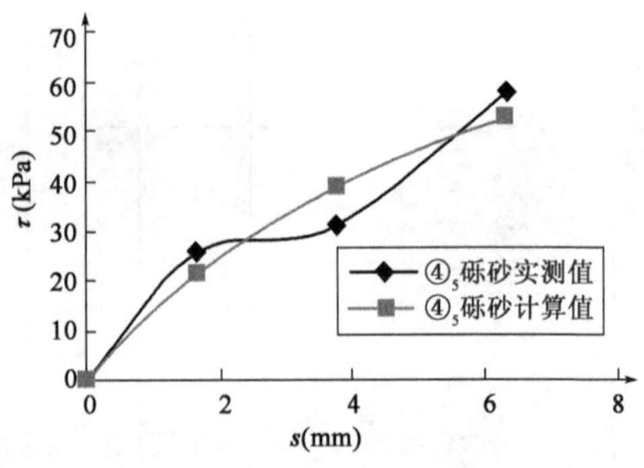

图 6-4-25 ④$_5$砾砂(层底高程 -55.70m)实测τ-s曲线与双曲线拟合τ-s曲线

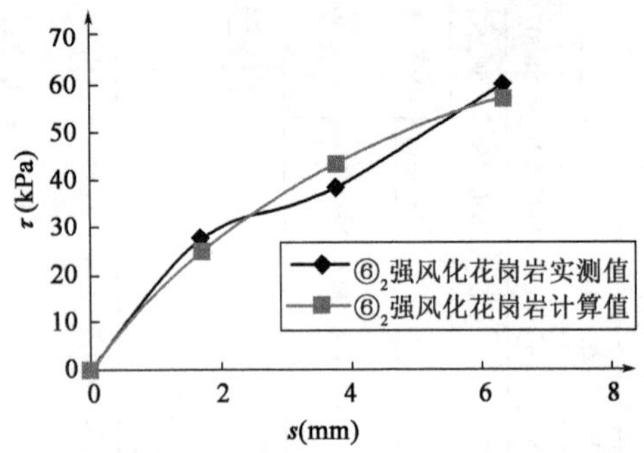

图 6-4-26 ⑥$_2$强风化花岗岩(层底高程 -56.20m)实测τ-s曲线与双曲线拟合τ-s曲线

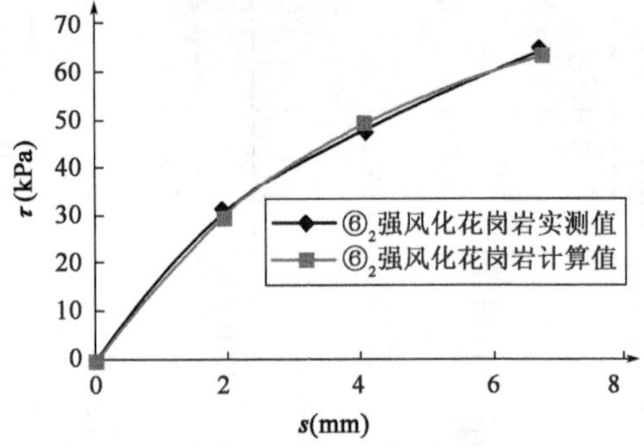

图 6-4-27 ⑥$_2$强风化花岗岩(层底高程 -63.10m)实测τ-s曲线与双曲线拟合τ-s曲线

SZ4 桩双曲线拟合 a、b 值计算表 表 6-4-10

地层编号	层底高程(m)	土层名称	b	a	$1/b$	$1/a$
①$_5$	-33.30	黏土	3.40×10^{-2}	1.35×10^{-1}	29.41	7.43
①$_5$	-35.00	黏土	1.74×10^{-2}	1.35×10^{-1}	57.37	7.43
②$_4$	-41.00	中砂	3.37×10^{-2}	6.20×10^{-2}	29.64	16.14
③$_1$	-49.30	黏土	2.02×10^{-2}	7.69×10^{-2}	49.38	13.00
③$_3$	-52.30	粉质黏土	2.39×10^{-2}	$3.96\times\times10^{-2}$	41.87	25.27
④$_5$	-54.10	粗砂	8.50×10^{-2}	6.81×10^{-2}	117.66	14.69
④$_5$	-55.00	粗砂	1.13×10^{-2}	6.07×10^{-2}	88.56	16.48
④$_5$	-55.70	砾砂	9.02×10^{-2}	6.28×10^{-2}	110.83	15.93
⑥$_2$	-56.20	强风化花岗岩	9.36×10^{-2}	5.20×10^{-2}	106.88	19.22
⑥$_2$	-63.10	强风化花岗岩	8.62×10^{-2}	4.79×10^{-2}	116.05	20.88

6.5　钢管复合桩试桩试验结果分析

1)钢管复合桩试桩荷载箱以上桩段桩侧极限摩阻力分析

根据《基桩静载试验　自平衡法》(JT/T 738—2009),自平衡法试桩的极限承载力按式(6-5-1)计算:

$$P_{ui} = \frac{Q_{uui} - W_i}{\gamma_i} + Q_{lui} \tag{6-5-1}$$

式中:P_{ui}——试桩 i 的单桩极限承载力,kN;

Q_{uui}——试桩 i 上段桩的加载极限值,kN;

Q_{lui}——试桩 i 下段桩的加载极限值,kN;

W_i——试桩 i 荷载箱上部桩自重,kN;若荷载箱处于透水层,取浮自重;

γ_i——试桩 i 的修正系数,根据荷载箱上部土的类型确定:黏性土、粉土 $\gamma_i = 0.8$,砂土 $\gamma_i = 0.7$,岩石 $\gamma_i = 1.0$;若上部有不同类型的土层,γ_i 取加权平均值。

根据 6.3.1 节计算,本次钢管复合桩试验以测试桩周岩土性质为主。因此,仅对钢管复合桩试桩荷载箱以上桩段桩侧极限摩阻力进行分析,故可取 $Q_{lui} = 0$。

(1)SZ3 试桩荷载箱以上桩段桩侧极限摩阻力分析

SZ3 试桩试验荷载达到 2 ×16170kN 后,荷载箱以上桩段的桩顶位移、岩土分界面桩身截面位移、荷载箱上位移的 Q-s 曲线均出现陡降,因此可以认为 SZ3 试桩荷载箱以上桩段的加载极限值 Q_{uu3} 为 16170kN。

荷载箱处于中风化岩层,为透水层。则荷载箱上部桩自重 W_3 取浮自重,为 3763kN。γ_3 加权平均值为 0.75,则根据式(6-5-1),SZ3 试桩荷载箱以上桩段桩侧极限摩阻力 $P_{u3} = (Q_{uu3} - W_3)/\gamma_3 = 16543(\text{kN})$。

(2)SZ4 试桩荷载箱以上桩段桩侧极限摩阻力分析

SZ4 试桩试验荷载达到 2 ×14960kN 后,荷载箱以上桩段的桩顶位移、岩土分界面桩身截面位移、荷载箱上位移的 Q-s 曲线均出现陡降,因此可以认为 SZ4 试桩荷载箱以上桩段加载极限值 Q_{uu4} 为 14960kN。

荷载箱处于中风化岩层,为透水层。则荷载箱上部桩自重 W_4 取浮自重,为 3838kN。γ_4 的加权平均值为 0.76,则根据式(6-5-1),SZ4 试桩荷载箱以上桩段桩侧极限摩阻力 $P_{u4} = (Q_{uu4} - W_4)/\gamma_4 = 14634(\text{kN})$。

2)桩侧岩土层摩阻力测试结果与勘察报告(规范)取值的对比分析

通过对桩侧各土层试验过程中各类数据的分析,认为桩侧各土层实测 τ-s 曲线与拟合 τ-s 曲线在加载后期均趋缓,说明桩侧摩阻力基本达到极限。

荷载箱加载量和设置位置计算时,中风化岩层计算参数 c_2 取值按《公路桥涵地基与基础设计规范》(JTG D63—2007)中的规定取值,即 $c_2 = 0.04 \times 0.8 \times 0.75 = 0.024$。微风化岩层计算参数 c_2 取值按《公路桥涵地基与基础设计规范》(JTG D63—2007)中的规定取值,即 $c_2 = 0.05 \times 0.8 = 0.04$。但从 SZ3、SZ4 的试验结果可见,SZ3、SZ4 试验过程中实测 c_2 值均小于0.024。

3)试桩试验荷载与设计单位提供的承载力要求的对比分析

根据6.3.1节的计算,本次钢管复合桩试验以测试桩周岩土性质为主。因此,仅对试桩试验荷载与设计单位提供的承载力要求进行对比分析。

招标文件中提供的钢管复合桩试桩单桩竖向容许承载力为35047kN。此承载力值为有效单桩轴向受压承载力容许值,桩体自重等视为外荷载考虑。根据6.3.1的计算,招标文件中提供的钢管复合桩试桩单桩竖向容许承载力是根据港珠澳大桥初步设计阶段勘察钻孔CKQ41的地质资料计算得到的。

设计单位还根据SZ3、SZ4试桩的补充钻孔资料进行了SZ3、SZ4试桩容许承载力计算。

从"钢管复合桩试桩承载力计算书"的计算结果可见,考虑桩体自重后,当假设SZ3的桩底位于荷载箱位置时,SZ3的单桩竖向容许承载力为40551kN,桩端抗力比例为69.7%,相应的桩侧抗力比例为30.3%。则桩侧土的容许承载力为40551×0.303=12287(kN)。

SZ3试桩荷载箱以上桩段桩侧极限摩阻力 $P_{u3}=(Q_{uu3}-W_3)/\gamma_3=16543(\text{kN})$,为荷载箱以上桩段桩侧土的容许承载力12287kN的1.35倍。

从6.4.1的计算结果可见,考虑桩体自重后,当假设SZ4的桩底位于荷载箱位置时,SZ4的单桩竖向容许承载力为42937kN,桩端抗力比例为87.8%,相应的桩侧抗力比例为12.2%。则桩侧土的容许承载力为42937×0.122=5238(kN)。

SZ4试桩荷载箱以上桩段桩侧极限摩阻力 $P_{u4}=(Q_{uu4}-W_4)/\gamma_4=14634(\text{kN})$,为荷载箱以上桩段桩侧土的容许承载力5238kN的2.8倍。

但对比"钢管复合桩试桩承载力计算书"中SZ3试桩和SZ4试桩的计算参数可见,"钢管复合桩试桩承载力计算书"中SZ3试桩计算参数和SZ4试桩计算参数取值有差异。经向设计单位咨询,设计单位认为当中风化岩层下有微风化作为持力层时,中风化岩层可按土体计算侧摩阻力。在进行SZ4试桩计算时,设计单位提供的计算书中中风化岩层侧摩阻力按土体取值计算。如果在进行SZ4试桩的承载力计算时,中风化岩层的摩阻力按岩体取值计算(720kPa),可得桩侧土的容许承载力为11879kN。则SZ4试桩荷载箱以上桩段桩侧极限摩阻力 P_{u4} 为中风化岩层的摩阻按720kPa取值计算时得到的桩侧土容许承载力11879kN的1.23倍。

4)试验加载量与原预计加载量的差异分析

SZ5试桩、SZ6试桩最大加载量小于"钢管复合桩试桩荷载箱设置位置计算书"中的预估值。

对比《钢管复合桩试桩荷载箱设置位置计算书》和"钢管复合桩试桩承载力计算书"可见,均参考式(6-5-2)进行桩侧摩阻力计算。

$$Q_u^- = \frac{1}{2}a_1\beta\sum u_i q_{ik} l_i + a_2\sum c_{2i} u_i h_i f_{rki} \tag{6-5-2}$$

式中:q_{ik}——各土层与桩侧的摩阻力标准值,kPa;

u_i——各桩段桩身周长,m;

l_i——上桩段各土层厚度,m;

a_1、a_2——系数,当进行单桩轴向容许承载力计算时取1.0;进行试验要求的单桩轴向极限承载力计算时,按3.0取值;

SZ3 桩侧摩阻力极限值与勘察报告提供值对比表

表6-5-1

地层编号	第 i 断面高程（m）	土层类型	桩侧摩阻力实测值（kPa）	桩侧摩阻力实测值换算值（kPa）	补充地质勘察报告提供的桩侧摩阻力标准值（kPa）	根据港珠澳大桥初步设计阶段勘察报告钻孔CKQC9地质资料桩侧岩土层摩阻力标准值取值（kPa）	本次试验建议的桩侧摩阻力标准值（kPa）	c_2 实测值	c_2 按规范取值	本次试验建议的 c_2
①$_3$	-23.09	淤泥质黏土								
①$_5$	-28.89	黏土	29.62	37.03	32	50	32			
①$_5$	-34.99	黏土	31.74	39.68	32	50	32			
②$_4$	-41.39	中砂	34.26	48.94	37	50	37			
③$_1$	-49.09	黏土	32.95	41.18	34	50	34			
③$_3$	-52.79	粉质黏土	33.94	42.42	55	50	42			
④$_5$	-54.39	粗砂	59.40	84.85	76	90	76			
④$_5$	-56.99	粗砂	60.10	85.86	76	90	76			
④$_5$	-58.19	砾砂	63.13	90.18	76	90	76			
⑥$_2$	-60.59	强风化花岗岩	65.39	93.42	115	100	90			
⑥$_3$	-62.90	中风化花岗岩						0.00254	0.024	0.00254
⑥$_3$	-70.59	中风化花岗岩						0.01289	0.024	0.00254

表 6-5-2

SZ4 桩侧摩阻力极限值与勘察报告提供值对比表

地层编号	第 i 断面高程（m）	土层类型	桩侧摩阻力实测值（kPa）	桩侧摩阻力实测值换算值（kPa）	补充地质勘察报告提供的桩侧摩阻力标准值（kPa）	根据港珠澳大桥初步设计阶段勘察报告钻孔CKQ09地质资料桩侧岩土层摩阻力标准值取值（kPa）	本次试验建议的桩侧摩阻力标准值（kPa）	c_2 实测值	c_2 按规范取值	本次试验建议的 c_2
①$_3$	-27.80	淤泥质黏土								
①$_5$	-33.30	黏土	18.69	23.36	32	50	23			
①$_5$	-35.00	黏土	28.67	35.84	32	50	32			
②$_4$	-41.00	中砂	24.05	34.36	37	50	34			
③$_1$	-49.30	黏土	32.87	41.09	34	50	34			
③$_3$	-52.30	粉质黏土	34.29	42.86	55	50	42			
④$_5$	-54.10	粗砂	59.52	85.02	80	90	80			
④$_5$	-55.00	粗砂	51.09	72.98	76	90	72			
④$_5$	-55.70	砾砂	58.07	82.96	76	90	76			
⑥$_2$	-56.20	强风化花岗岩	59.66	85.23	115	100	85			
⑥$_2$	-63.10	强风化花岗岩	64.08	91.54	115	100	90			
⑥$_3$	-64.60	中风化花岗岩						0.00276	0.024	0.00276
⑥$_4$	-72.40	微风化花岗岩						0.01619	0.04	0.00276

h_i——上桩段岩层厚度,m;

f_{rki}——桩端岩石饱和单轴抗压强度标准值,kPa;

c_{2i}——岩层侧阻发挥系数;

β——系数,当计算点位于荷载箱上方时,采用上段桩抗拔系数 λ 代替;当计算点位于荷载箱下方或进行嵌岩桩单桩轴向承载力计算时,采用土的侧阻力发挥系数 ζ_s 代替。

在6.4.1节中,钢管复合桩试桩荷载箱设置位置和试桩承载力的中风化岩层侧阻发挥系数 c_2 均按0.024取值,f_{rk} 均按30000kPa取值。但荷载箱设置位置计算中微风化岩层侧阻发挥系数 c_2 按0.04取值,试桩承载力计算中微风化岩层侧阻发挥系数 c_2 按0.032取值。

港珠澳大桥初步设计阶段勘察报告钻孔CKQ09地质资料提供的桩侧岩土层摩阻力标准值与补充地质勘察报告提供的桩侧岩土层摩阻力标准值差异较小;从试验结果来看,中风化花岗岩层以上各土层摩阻力实测值与勘察报告提供值总体相差不大。因此,可以认为导致试验加载量与原预计加载量存在差异的原因在于,岩石实际发挥侧摩阻性能低于按30000kPa取值计算得到的侧摩阻性能。

SZ3试桩试验时的加载极限值为2×16170kN。对于SZ3试桩,施加2×16170kN的试验荷载时得到的桩侧摩阻力极限值与补充地质勘察报告提供的桩侧摩阻力标准值的对比见表6-5-1。对于SZ3试桩桩位补充地质勘察揭示的地质条件,根据试验情况和勘察文件,SZ3试桩桩侧土极限摩阻力建议取值见表6-5-1。

SZ4试桩试验时的加载极限值为2×14960kN。对于SZ4试桩,施加2×14960kN的试验荷载时得到的桩侧摩阻力极限值与补充地质勘察报告提供的桩侧摩阻力标准值的对比见表6-5-2。对于SZ4试桩桩位补充地质勘察揭示的地质条件,根据试验情况和勘察文件,SZ4试桩桩侧土极限摩阻力建议取值见表6-5-2。

建议在进行工程桩的设计时,应根据工程地质勘察结果、本次试桩结果和本工程所在地相邻工程的经验等,综合选取各项设计参数值。

6.6　钢管复合桩钢管内壁泥皮清除试验

6.6.1　概述

由于钢管复合桩的外部钢管需与内部钢筋混凝土桩基础协同承受上部结构传递下来的荷载,因而必须保证钢管与混凝土之间的黏结咬合作用。同时,为提高钢管与混凝土之间的黏结咬合作用,在进行复合桩钢管结构设计时,其顶部内壁18.6m范围设置了多道2.5cm厚的剪力环,具体布置如图6-6-1所示。

钢管复合桩采用回旋钻机成孔。根据泥皮的形成机理,虽然钢管桩壁内外侧存在水头压力,但由于钢管桩壁不透水,泥浆无法往外渗透失水,从而无法在钢管桩内壁上形成泥皮;但是在桩基的成孔过程中,由于钻头带动泥浆转动,泥浆及钻渣与钢管桩内壁会形成一层泥皮覆盖层。同时剪力环上、下存在暗格部分,该部分在成孔过程中可能存在土层的残留物。

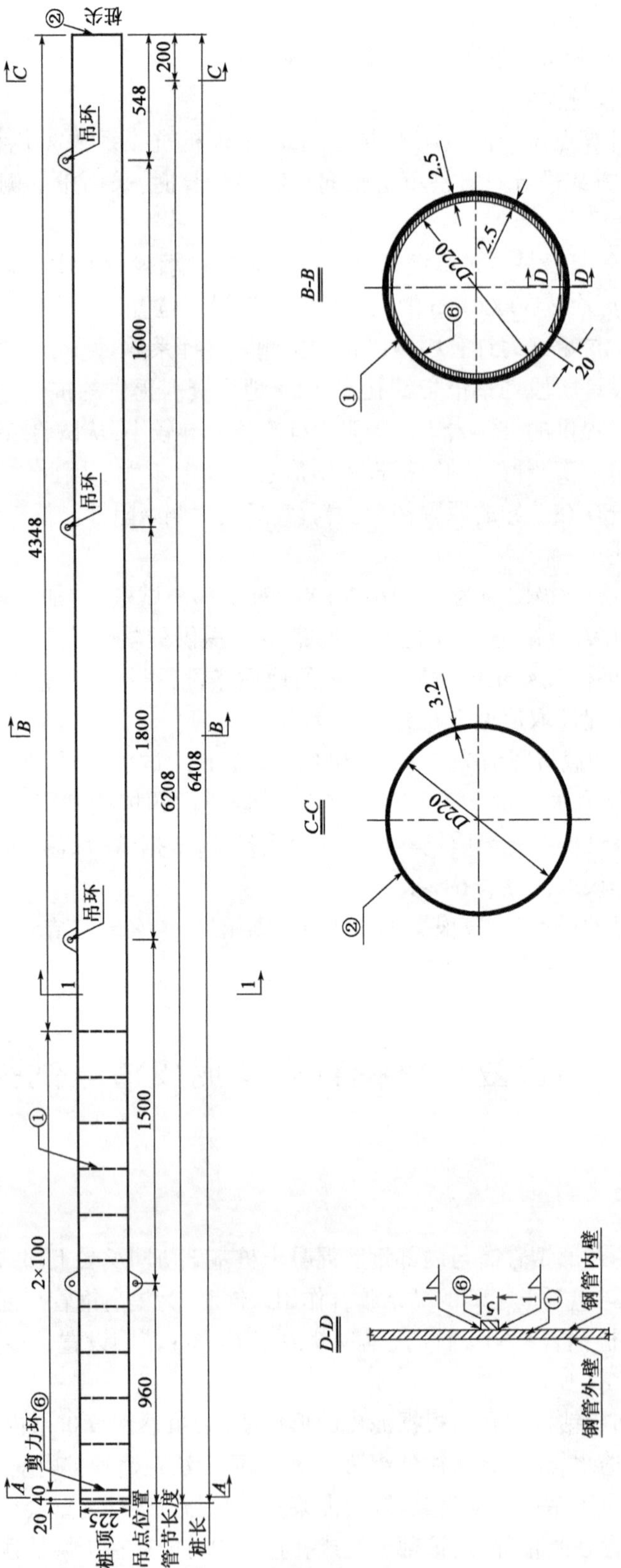

图6-6-1 钢管复合桩剪力环布置(尺寸单位：cm)

这些都是影响混凝土与钢管及内壁剪力环黏结咬合作用的因素,需采取一定措施清除钢管内壁的覆盖层和剪力环上、下面残留物。

6.6.2　试验目的

(1)在桩基成孔过程中,需要验证钢管内壁覆盖层和剪力环上、下面残留物的存在情况,分析其对钢管和混凝土的黏结咬合作用。

(2)采取一定措施对钢管内壁的覆盖层及剪力环上、下面残留物进行清除,验证清除措施的效果。

6.6.3　试验方法

本次试验在K27+033钢管复合桩桩基成孔过程中进行。

(1)钻机在钢管段成孔后,通过抽掉部分泥浆来检测泥皮附着情况以及剪力环上、下面残留物残存情况。

(2)通过加工清孔钻头对钢管内壁进行清扫。

(3)直接用水对管壁进行冲洗。

6.6.4　主要设备

除成孔用的KP3500回旋钻机、泥浆循环系统以及普通水泵外,为清除钢管内壁泥皮和残留物,特设计并制作了清孔钻头。该钻头直径为2.0m,为方便毛刷固定,沿箱体外侧均匀布置8道毛刷槽,毛刷槽高5cm。上、下共设置两道硬塑毛刷,毛刷高25cm,刷毛长6cm,上下两层错开布置。泥皮清除钻头及毛刷细部如图6-6-2所示。

图6-6-2　泥皮清除钻头及毛刷细部

6.6.5 试验过程

1)查看钢管内壁及剪力环残留物滞留情况

为检测钻孔过程中钢管桩内壁的泥皮滞留情况以及剪力环上、下暗格处残留物的滞留情况,等钻孔到离钢管脚2m附近时停止钻进,将护筒内泥浆面抽到高程 –16m 处(海床面以下约10m处),然后观察钢管内壁。通过观察可知,钢管内壁表面存在一层较薄的泥皮,厚0 ~1mm;剪力环上下除附着的泥皮外,未发现土层残留物,说明钻孔过程不会在剪力环上下留有土层残积物,如图6-6-3、图6-6-4所示。

图6-6-3　抽取泥浆后钢管内壁泥皮情况

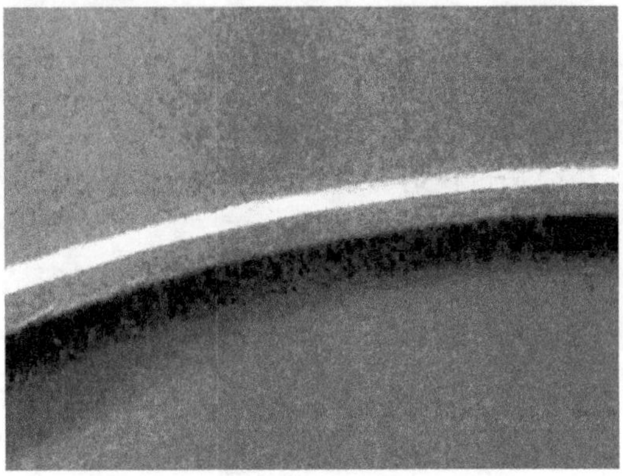

图6-6-4　覆盖层范围内矩形剪力环泥皮情况

2)清除钢管内壁及剪力环上面泥皮

(1)用清孔钻头对钢管内壁(包括剪力环)进行清理

在SZ3桩基终孔后,用清孔钻头对钢管内壁(包括剪力环)的泥皮进行清理。清理前,先将泥浆指标调整至《公路桥涵施工技术规范》(JTG/T F50—2011)要求的数值,即相对密度为1.03 ~1.10,黏度17 ~20s,含砂率小于2%,胶体率大于98%。拆除钻杆及原钻孔钻头,改换清孔钻头,接长钻杆,进行钢管内壁泥皮的清除。

根据清孔钻头毛刷的布置情况,为达到全面清除泥皮,需根据钻机的转速控制好钻头下放的速度。钻机转速为6 ~9r/min,毛刷高度为25cm,则钻头下放速度需控制在0.5 ~0.75m/min,保证每个断面用毛刷清理2 ~3遍。泥皮清除从桩顶向桩尖方向进行,整个钢管范围内泥皮清除完毕后,沉淀数小时,利用钻机进行反循环清孔,清除沉淀到孔底的泥皮。

泥皮清除工作完成后,在钢管内抽除泥浆,泥浆面至海床面下10m。然后检查管壁及剪力环附近土体和泥皮滞留情况,如图6-6-5所示。

由图6-6-5可见,相对图6-6-3来说,钢管的防腐涂层已经露出来,钢管内壁(包括剪力环)的泥皮基本已清除掉。

(2)用普通水泵清除泥皮

考虑到钢管内壁及剪力环表面覆盖的泥皮主要是钻孔过程中泥浆的残滞物,因此尝试用水泵对钢管内壁的泥皮进行冲洗,冲洗效果如图6-6-6所示。可见,泥皮和护筒壁之间的附着力很小,用普通水泵即可容易地清洗干净。

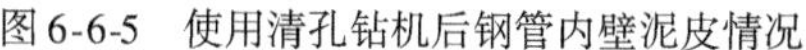

图 6-6-5　使用清孔钻机后钢管内壁泥皮情况

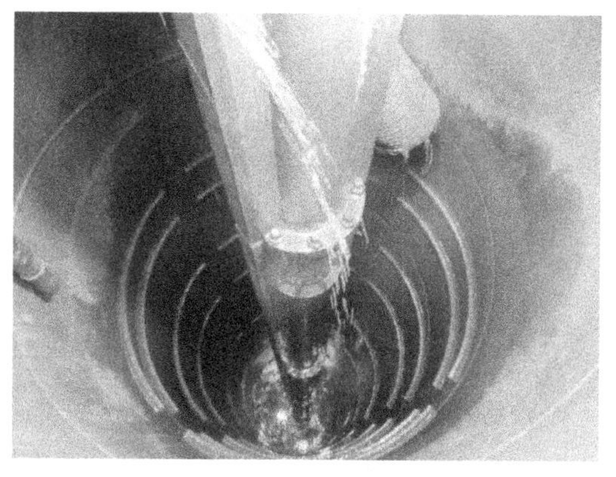

图 6-6-6　用普通水泵对钢管内壁进行清洗的效果

6.6.6　试验总结

(1)覆盖层主要为淤泥和黏土层,在钻孔过程中,钢管内壁会形成一层薄薄的泥皮,但从上述冲水试验可以看出其与钢管内壁的附着力很小,很容易清除掉;而剪力环上下暗格基本没有土层残积物滞留,究其原因主要是钻进过程是采用气举式反循环成孔,在钻头转动过程中,钻头底下会形成强大的泵吸力,将钻渣从钻杆里面吸出来,因而剪力环上下不会残留土块。

(2)从图 6-6-5、图 6-6-6 可以看出,用清孔钻头清理泥皮与用普通水泵冲洗效果基本相差不大,但用清孔钻头增加了一道工序,较为费时、费力。

(3)考虑到薄层泥皮与钢管之间的附着力很小,而钢管内桩基混凝土浇筑是从下往上返浆,混凝土与钢管间会产生较大的摩擦力,桩头部分混凝土在浇筑过程中会把泥皮刮到桩顶上,因而不影响钢管与混凝土之间的黏合作用,故建议今后对钢管内壁的泥皮不作特别处理。

第7章　钻孔灌注桩轴向静荷载试验

静荷载试验是指按桩的使用功能，分别在桩顶逐级施加轴向压力、轴向上拔力或在桩基承台底面高程一致处施加水平力，观测桩的相应检测点随时间产生的沉降、上拔位移或水平位移，根据荷载与位移的关系（*Q-s* 曲线）判定相应的单桩竖向抗压承载力、单桩竖向抗拔承载力或单桩水平承载力的试验方法。在建筑工程中，静荷载试验是确定桩基和地基承载力的最直接、最可靠的测试方法。因此，我国的许多有关现行规范中都将其作为工程设计和施工验收的重要依据。

7.1　工 程 概 述

7.1.1　工程概况

港珠澳大桥主体工程桥梁试桩工程钻孔灌注桩试桩共2根，编号为SZ5、SZ6。钻孔灌注桩试桩均位于港珠澳大桥九洲航道桥初步设计轴线北侧150m左右，对应初步设计桥梁轴线里程桩号为K33+317。本次试桩中心坐标见表7-1-1。

试桩中心坐标表　　表7-1-1

桩基类型	试桩编号	*X*坐标（北京54坐标）	*Y*坐标（北京54坐标）	*X*坐标（桥梁工程坐标系）	*Y*坐标（桥梁工程坐标系）
钻孔灌注桩	SZ5	2458890.440	38458885.502	146417.69	223809.10
	SZ6	2458885.475	38458888.871	146412.79	223812.58

经与港珠澳大桥管理局、设计方、咨询方、监理方的会商，确定SZ5、SZ6试桩桩底高程均为-38.0m，桩顶高程均为+4.15m，桩长均为42.15m。钻孔灌注桩试桩总体布置图如图7-1-1所示。

SZ5、SZ6试桩施工和荷载试验由广东省长大公路工程有限公司联合体实施，其中联合体主办方广东省长大公路工程有限公司负责试桩施工，联合体成员单位交通运输部公路科学研究所负责荷载试验；中铁武汉大桥工程咨询监理有限公司联合体对试桩施工和荷载试验工作负责监理工作；中交公路规划设计院有限公司联合体、中铁大桥勘测设计院有限公司联合体负责SZ5、SZ6试桩的优化设计审查等工作；上海市政工程设计研究总院联合体负责SZ5、SZ6试桩工作的咨询工作。

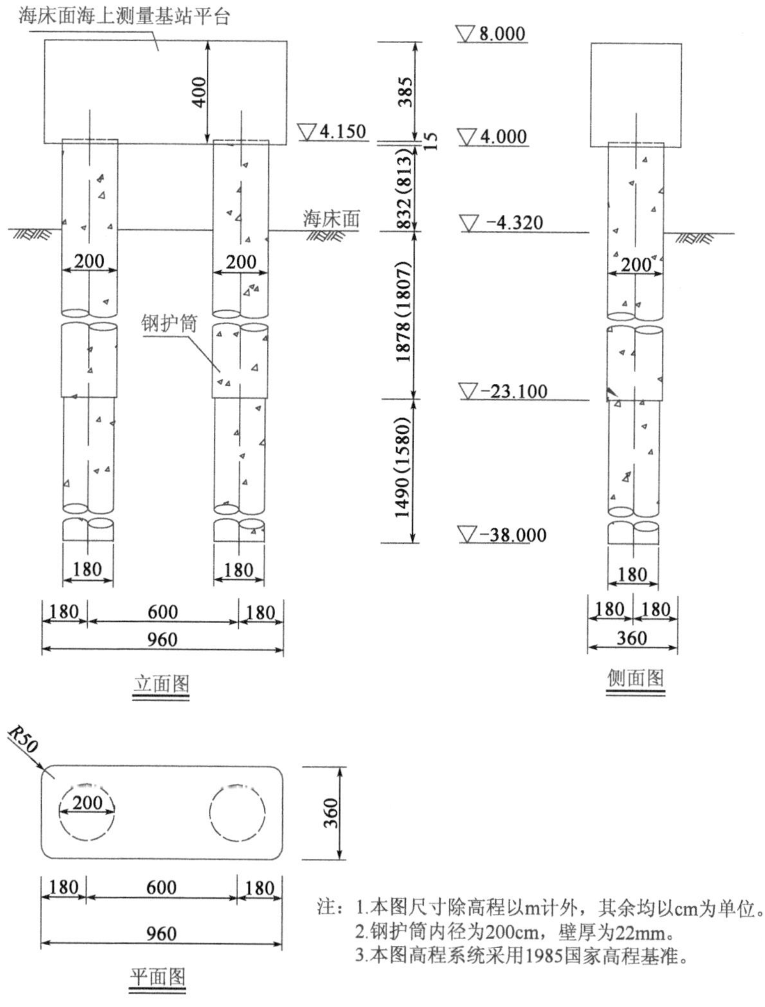

图 7-1-1　钻孔灌注桩一般构造图

7.1.2　地质条件

钻孔灌注桩试桩施工前，在钻孔灌注桩试桩桩位进行了两个补充地质钻孔。补充地质钻孔揭示的试桩桩位地质简况见表 7-1-2、表 7-1-3。

SZ5 试桩桩位地质简况　　表 7-1-2

地 层 编 号	层底高程(m)	土 层 类 型
—	-4.32	海床面高程
①$_1$	-10.52	淤泥
①$_2$	-14.52	淤泥
②$_1$	-18.12	黏土

续上表

地层编号	层底高程(m)	土层类型
②$_1$	-23.22	黏土
②$_1$	-24.12	黏土
②$_5$	-25.82	粗砾砂混黏性土
③$_4$	-29.02	粉质黏土
④$_4$	-29.52	粗砂
⑤	-32.82	残积土
⑥$_3$	-48.02	中风化花岗岩

SZ6 试桩桩位地质简况　表 7-1-3

地层编号	层底高程(m)	土层类型
—	-4.13	海床面高程
①$_1$	-9.03	淤泥
①$_6$	-9.83	砾砂混淤泥
①$_1$	-11.78	淤泥
①$_2$	-14.23	淤泥
②$_1$	-15.83	黏土
②$_1$	-19.13	黏土
②$_1$	-23.13	黏土
②$_1$	-23.93	黏土
②$_5$	-24.93	粗砾砂混黏性土
③$_4$	-27.03	粉质黏土
⑤	-32.53	残积土
⑥$_2$	-32.93	强风化花岗岩
⑥$_3$	-39.63	中风化花岗岩
⑥$_4$	-42.73	微风化花岗岩
⑥$_3$	-48.13	中风化花岗岩

7.2　试验方法与测试设备

7.2.1　试验方法

根据港珠澳大桥主体工程桥梁试桩工程施工及试验研究招标文件,钻孔灌注桩试桩按嵌岩桩设计,荷载试验采用自平衡法进行,本次钻孔灌注桩试验以测试桩周岩土性质为主。

1)自平衡法基本原理

自平衡法检测原理是将一种特制的加载装置(荷载箱)在混凝土浇筑之前和钢筋笼一起埋入桩内相应的位置,将加载箱的加压管以及所需的其他测试装置从桩体引到地面,然后灌注成桩。有加压泵在地面向荷载箱加压加载,使得桩体内部产生加载力,通过对加载力与这些参数之间的关系的计算和分析,不仅可以获得桩基承载力,而且可以获得每层土层的侧阻系数、桩的侧阻力、桩端承力等一系列数据,为设计提供数据依据,也可用于工程桩承载力的检验。

荷载箱是自平衡法检测的产物,通过预先在荷载箱内灌注混凝土,当混凝土的强度达到一定的要求时,将荷载箱和焊接好的钢筋笼一起埋入桩内,在地面平台通过加压泵对桩内的荷载箱进行加压加载,荷载箱本身的打开面打开后通过位移丝的走位数据以及各土层的检测数据进一步测定桩的承载力。

自平衡法与传统的堆载法和锚桩法不同,该技术是将千斤顶放置在桩的底部或下部,连接施压油管及位移测量装置于桩顶部,待混凝土养护到标准龄期后,通过顶部高压油泵给底部或下部荷载箱施压向上顶桩身的同时,向下压桩底,使桩的摩阻力和端阻力互为反力,分别得到荷载-位移曲线,叠加后得到桩顶的承载力和位移管线的 *Q-s* 曲线。该检测技术具有不占用施工场地、不影响施工进度、工地安全易保障、检测单桩承载力大、检测成本易控制的明显优点。

(1)大吨位试验的可靠性。国内自平衡法,在大吨位情况下,均需要用高油压(40 ~ 65MPa)来产生,可靠性不高,通莫测桩法采用专用特制荷载箱,只需要很小的油压(一般不超过20MPa)就能产生所需要的大加载力,大大增加了试验的可靠性,如杭州湾跨海大桥7000t加载力,仅需20MPa左右。

(2)桩底沉渣对试验的影响。国内自平衡法,在进行混凝土灌注时,沉渣易滞留在荷载箱下部,造成两方面问题:荷载箱下部行程是虚的,不代表桩身的实际位移;国内的荷载箱箱体内部是开放式的,沉渣在混凝土灌注过程中,会滞留在荷载箱箱体内部,影响试桩用于工程桩的质量,造成隐患。通莫测桩法采用锥形导流结构和封闭式荷载箱方案,解决了这个问题。

(3)位移测量的准确性。国内自平衡法采用连接在荷载箱上下表面的位移棒来测量桩体位移,在某些情况下并不准确,通莫测桩法采用位移丝绑定的方式,可以优化测量点,并且在每个测量截面上多点测量,能准确反映出桩体在加载力作用下的位移。

(4)试验桩用于工程桩的保障。国内自平衡试验,在荷载箱打开后,会在荷载箱箱体内部产生不可预见的断层,而且由于不可预见性,无法获知试验后补浆的效果,可能造成质量隐患,通莫荷载箱能保证产生有规则的连续断面,并通过荷载箱截面的优化设计,确保荷载箱截面在试验后得到有效而可靠的注浆效果,保证试验桩用于工程桩的质量。

(5)荷载箱自重轻。

(6)试验费用省。

2)试验方案

自平衡法是一种基于在桩基内部寻求加载反力的静荷载试验方法。本次轴向静荷载试验具体方案如下：

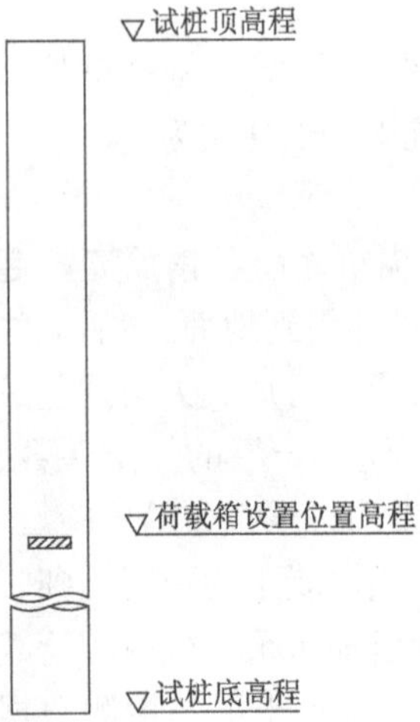

(1)加载量及荷载箱位置计算

本试桩工程在钻孔灌注桩试桩桩位进行了 SZ5、SZ6 两个补充地质钻孔。根据钻孔揭示的岩土层分布情况并结合补充地质钻孔提供的岩土力学参数，进行钻孔灌注桩试桩荷载箱设置位置初步计算。

根据自平衡法的测试原理，荷载箱埋设位置(图 7-2-1)应基本保证上段桩周摩阻力达到极限时，下段桩周摩阻力及桩底反力同时达到极限，这样才能保证顺利加载，否则可能会发生一段桩身位移过大而另一段桩身摩阻力还未达极限摩阻力的情形。据此，可求得平衡点位置计算式，根据此式求得的 x 值即为荷载箱应埋设位置。

▽试桩顶高程

▽荷载箱设置位置高程

▽试桩底高程

图 7-2-1　荷载箱位置

$$Q_u^+ + G_p^+ = Q_u^- + R_d \tag{7-2-1}$$

式中：G_p^+——上半段桩自重；计算上半段桩自重 Q_p^+ 时，考虑水浮力作用，桩身重度 γ 取 15kN/m^3；

Q_u^+——上桩段桩侧摩阻力；

Q_u^-——下桩段桩侧摩阻力；

R_d——桩底反力。

上桩段(按上拔桩考虑)桩侧摩阻力 Q_u^+ 按式(7-2-2)计算：

$$Q_u^+ = \frac{1}{2}a_1\lambda \sum u_i q_{ik} l_i + a_2 \sum c_{2i} u_i h_i f_{rki} \tag{7-2-2}$$

式中：q_{ik}——各土层与桩侧的摩阻力标准值，kPa；

u_i——各桩段桩身周长，m；

l_i——上桩段各土层厚度，m；

a_1、a_2——试验要求的试验系数，按 3.0 取值；

λ——上桩段抗拔系数，黏性土、粉土取 $\lambda = 0.8$，砂土 $\lambda = 0.7$，岩石 $\lambda = 1.0$；

h_i——上桩段岩层厚度，m；

f_{rki}——桩端岩石饱和单轴抗压强度标准值，kPa；

c_{2i}——岩层侧阻发挥系数。

下桩段桩侧摩阻力 Q_u^- 按下式计算：

$$Q_u^- = \frac{1}{2}a_1\zeta_s \sum u_i q_{ik} l_i + a_2 \sum c_{2i} u_i h_i f_{rki} \tag{7-2-3}$$

式中：ζ_s——土的侧阻力发挥系数；

其余符号含义同式(7-2-2)。

桩底反力 R_d 按下式计算：

$$R_d = a_2 c_1 A_p f_{rk} \tag{7-2-4}$$

式中：c_1——岩层端阻发挥系数；

A_p——桩端截面面积；

其余符号含义同式(7-2-1)。

平衡系数 K 为

$$K = \frac{Q_u^+ + G_p^+}{R_d + Q_u^-} \tag{7-2-5}$$

根据要求的钻孔灌注桩试验加载量为 28372 × 3 = 85116(kN)。通过试算，本次钻孔灌注桩试验以测试桩周岩土性质为主，试验时可不强制要求桩端岩层达到极限承载状态。荷载箱设置位置由荷载箱最大加载能力控制。

本次试桩选用的荷载箱最大有效加载量为单向 55000kN，总有效加载量为 2 × 55000 = 110000(kN)。

①SZ5 钻孔灌注桩试桩荷载箱设置位置。

对于 SZ5 钻孔灌注桩试桩，当荷载箱中心设置于 -34.32m 时，上桩段自重 G_p^+ 为

$$G_p^+ = 1468\text{kN}$$

上桩段(按上拔桩考虑)桩侧摩阻力 G_u^+ 为

$$Q_u^+ = 50734\text{kN}$$

$Q_u^+ + G_p^+ = 52202\text{kN}$，满足荷载箱最大有效加载量的使用条件。

考虑到荷载箱的安装等因素，SZ5 钻孔灌注桩试桩荷载箱中心建议设置于 -34.50m 处。

②SZ6 钻孔灌注桩试桩荷载箱设置位置。

对于 SZ6 钻孔灌注桩试桩，当荷载箱中心设置于 -34.20m 时，上桩段自重 G_p^+ 为

$$G_p^+ = 1463\text{kN}$$

上桩段(按上拔桩考虑)桩侧摩阻力 Q_u^+ 为

$$Q_u^+ = 49177\text{kN}$$

$Q_u^+ + G_p^+ = 50640\text{kN}$，满足荷载箱最大有效加载量的使用条件。

考虑到荷载箱的安装等因素，SZ6 钻孔灌注桩试桩荷载箱中心设置于 -34.50m。

(2)加载方式

试验采用慢速维持荷载法，即逐级加载，每级荷载达到某一规定的相对稳定标准后方可进行下一级加载，直至达到最大加载要求量或试桩破坏，停止加载，然后分级卸载至零。

加载位移观测及稳定标准：

①加载位移观测：每级加载施加后第 1h 内在第 5min、10min、15min、30min、45min、60min 测读位移，以后每隔 30min 测读一次，当桩顶沉降速率达到相对稳定标准时，再施加下一级荷载。

②稳定标准：每级加载的最后 30min 向上、向下位移量均不大于 0.1mm。

当出现下列情况之一时，终止加载。

①总位移量大于或等于 40mm，且本级荷载的位移量大于或等于前一级荷载的位移量的 5 倍时，加载即可终止。

②总位移量大于或等于 40mm，且本级荷载加上 24h 后未达稳定，加载即可终止。

卸载位移观测:每级荷载维持1h,按第15min、30min、60min测读桩顶沉降量后,即可卸下一级荷载。卸载至零后,测读桩顶残余沉降量,维持时间为2h,测读时间为第15min、30min,以后每隔30min测读一次。

(3)桩身轴力及桩周岩土阻力计算

将同一断面有效测点的应变取平均值,并按式(7-2-6)计算该断面处桩身轴力:

$$Q_i = \bar{\varepsilon}_i E_i A_i \tag{7-2-6}$$

式中:Q_i——桩身第i断面处轴力,kN;

$\bar{\varepsilon}_i$——第i断面处应变平均值;

E_i——第i断面处桩身材料弹性模量,kPa;

A_i——第i断面处桩身截面面积。

将每级试验荷载下桩身不同断面处的轴力值制成表格,并绘制轴力分布图。再由荷载箱最大或极限荷载下对应的各断面轴力值计算桩侧土的分层摩阻力和端阻力。

$$q_{si} = \frac{Q_{i+1} - Q_i}{u l_i} \quad (荷载箱以上桩段) \tag{7-2-7}$$

$$q_{si} = \frac{Q_i - Q_{i+1}}{u l_i} \quad (荷载箱以下桩段) \tag{7-2-8}$$

$$Q_p = Q_n \tag{7-2-9}$$

式中:q_{si}——桩第i断面与第$i+1$断面间的侧摩阻力,kPa;

Q_p——桩的端阻力,kN;

i——桩检测断面顺序号,自桩顶向下从小到大排列;

u——桩身周长,m;

l_i——桩第i断面与第$i+1$断面之间的桩长,m;

Q_n——桩端的轴力,kN。

(4)桩土相对位移拟合分析

为了分析桩侧岩土体的摩阻力是否充分发挥,对桩土相对位移进行了拟合分析。通过对大量桩土位移室外现场原位试验及室内模型试验数据进行分析,表明双曲线函数能够较好地拟合侧摩阻力与桩土位移之间的关系,且拟合方法简单,拟合精度较高。本次拟合采用双曲线拟合函数模型,双曲线拟合函数模型为

$$\tau = \frac{s}{a + bs} \tag{7-2-10}$$

(5)钻孔灌注桩试桩承载力计算

钻孔灌注桩按照嵌岩桩设计。单桩承载力根据《公路桥涵地基与基础设计规范》(JTG D63—2007)第5.3.4条进行计算,计算公式为

$$[R_a] = c_1 A_p f_{rk} + u \sum_{i=1}^{m} c_{2i} h_i f_{rki} + \frac{1}{2} \zeta_s u \sum_{i=1}^{n} l_i q_{ik}$$

当桩端岩石为中风化花岗岩时,较破碎,查表7-2-1可知:端阻发挥系数$c_1 = 0.5 \times 0.8 \times 0.75 = 0.3$,岩层侧阻发挥系数$c_2 = 0.04 \times 0.8 \times 0.75 = 0.024$。

当桩端岩石为微风化花岗岩时,较完整,查表7-2-1可知:端阻发挥系数$c_1 = 0.5 \times$

0.8 = 0.4，岩层侧阻发挥系数 $c_2 = 0.04 \times 0.8 = 0.032$。

系数 c_1、c_2 的值　　　表 7-2-1

岩石层情况	c_1	c_2
完整、较完整	0.6	0.05
较破碎	0.5	0.04
破碎、极破碎	0.4	0.03

注：1. 当入岩深度小于或等于 0.5m 时，c_1 乘以 0.75 的折减系数，$c_2 = 0$。
2. 对于钻孔桩，c_1、c_2 系数值应降低 20% 采用。
3. 对于中风化层作为持力层的情况，c_1、c_2 应分别乘以 0.75 的折减系数。

桩端岩石饱和单轴抗压强度标准值 f_{rk} 取 20MPa 进行计算，由此得覆盖层土的侧阻力发挥系数 $\zeta_s = 0.5$。

①按照初勘钻孔 JDQ09 进行计算，JDQ09 钻孔资料如图 7-2-2 所示。

孔口高程 −4.3m，桩基长度 42.1m，桩底高程 −38.1m，桩基计算参数如图 7-2-3 所示。

层底高程	土层厚度	承载能力[f_{a0}]	摩阻力q_k	极限强度 f_{rk}
-10.7	6.4	40	10	0
-17.8	7.1	55	13	0
-21.9	4.1	170	50	0
-25.2	3.3	90	25	0
-26.95	1.75	180	55	0
-30.5	3.55	350	85	0
-33.1	2.6	400	100	0
-39.2	6.1	2000	200	20000

图 7-2-2　JDQ09 钻孔资料

计算参数

参数	值
承载力提高系数	1
桩基地面以上长度	8.3
桩基长度	42.1
桩底高程	-38.1
混凝土重度	26
置换土重度	18
冲刷深度	10

图 7-2-3　桩基计算参数

计算结果如图 7-2-4 所示。

```
====================== 摩擦力计算信息 ======================
摩擦土层 摩阻τ    计算直径 计算厚度 摩阻力
1        0        2        6.4      0
2        3.2      2        3.5      71
3        12.5     2        4.1      322
4        6.2      2        3.3      130
5        13.8     2        1.75     151
6        21.2     2        3.55     474
7        25       2        2.6      408
8        480      1.8      5        13572
====================== 桩端力计算信息 ======================
桩端土层 强度σ    计算直径 承载力
8        6000     1.8      15268
```

```
======================== 复核信息 ========================
[Ra]=30396kN, 桩端抗力比例50.2%
桩基自重 3361kN
置换土重 1292kN
桩顶受压承载能力[Ra] = 28327 kN !
```

图 7-2-4　计算结果

所以桩顶的受压承载力容许值为28327kN,此时桩端进入中风化层5m。

②按照试桩钻孔SZ5进行计算。

由于试桩单位未提供各个土层的力学参数,以下计算中所用的土层力学参数是根据工程经验,同时参考规范来选取的。SZ5钻孔资料如图7-2-5所示。

孔口高程为-4.32m,桩基长度为42m,桩底高程为-38m,SZ5桩基计算参数如图7-2-6所示。

层底高程	土层厚度	承载能力[f_{a0}]	摩阻力q_k	极限强度f_{rk}
-10.52	6.2	45	10	
-14.52	4	70	13	
-18.12	3.6	100	40	
-23.22	5.1	100	40	
-24.12	0.9	120	40	
-25.82	1.7	120	40	
-29.02	3.2	140	40	
-29.52	0.5	410	90	
-32.82	3.3	410	100	
-48.02	15.2	1500	150	20000

图7-2-5　SZ5钻孔资料

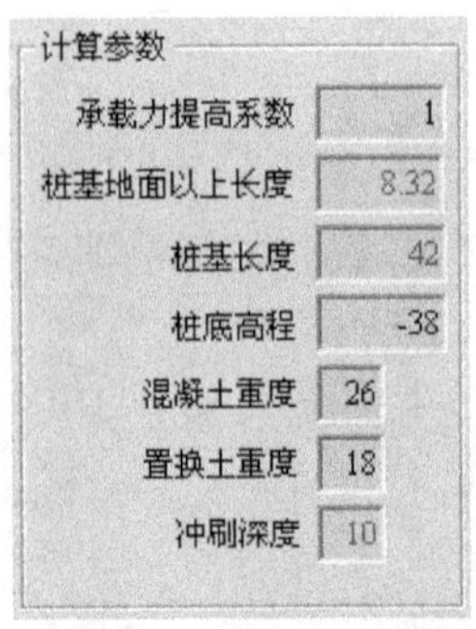

7-2-6　SZ5桩基计算参数

计算结果如图7-2-7所示。

====================== 摩擦力计算信息 ======================

摩擦土层	摩阻τ	计算直径	计算厚度	摩阻力
1	0	2	6.2	0
2	3.2	2	.2	4
3	10	2	3.6	226
4	10	2	5.1	320
5	10	2	.9	57
6	10	2	1.7	107
7	10	2	3.2	201
8	22.5	2	.5	71
9	25	2	3.3	518
10	480	1.8	5.18	14060

====================== 桩端力计算信息 ======================

桩端土层	强度σ	计算直径	承载力
10	6000	1.8	15268

====================== 复核信息 ======================

[R_a]=30833kN, 桩端抗力比例49.5%

桩基自重 3350kN

置换土重 1283kN

桩顶受压承载能力[R_c] = 28766 kN !

图7-2-7　计算结果

所以桩顶的受压承载力容许值为28766kN,此时桩端进入中风化层5.18m。

③按照试桩钻孔SZ6进行计算。

由于试桩单位还没有提供各个土层的力学参数,以下计算中所用的土层力学参数是根据工程经验,同时参考规范来选取的。SZ6钻孔资料如图7-2-8所示。

孔口高程为-4.13m,桩基长度为42m,桩底高程为-38m,桩基计算参数如图7-2-9所示。

计算结果如图7-2-10所示。

所以桩顶的受压承载力容许值为28950kN,此时桩端进入中风化层5.07m。

层底高程	土层厚度	承载能力[f_{a0}]	摩阻力q_k	极限强度 f_{rk}
-9.03	4.9	45	10	
-9.83	.8	70	13	
-14.23	4.4	100	13	
-15.83	1.6	100	40	
-19.13	3.3	120	40	
-23.13	4	120	40	
-23.93	.8	140	40	
-27.03	3.1	410	90	
-32.53	5.5	410	100	
-32.93	.4	450	100	
-39.63	6.7	1500	150	20000
-42.73	3.1	1800	180	
-48.13	5.4	1800	180	

图 7-2-8　SZ6 钻孔资料

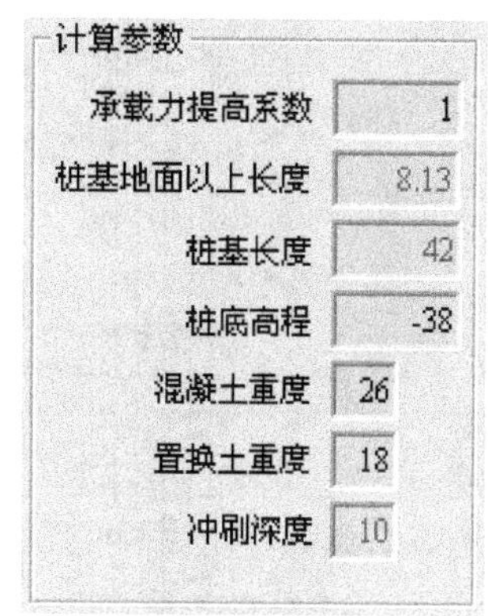

图 7-2-9　桩基计算参数

==================== 摩擦力计算信息 ====================

摩擦土层	摩阻τ	计算直径	计算厚度	摩阻力
1	0	2	4.9	0
2	0	2	.8	0
3	3.2	2	.1	2
4	10	2	1.6	101
5	10	2	3.3	207
6	10	2	4	251
7	10	2	.8	50
8	22.5	2	3.1	438
9	25	2	5.5	864
10	25	2	.4	63
11	480	1.8	5.07	13762

-------------------- 桩端力计算信息 --------------------

桩端土层	强度σ	计算直径	承载力
11	6000	1.8	15268

==================== 复核信息 ====================

[R_a]=31006kN, 桩端抗力比例49.2%

桩基自重 3352kN

置换土重 1295kN

桩顶受压承载能力[R_c] = 28950 kN !

图 7-2-10　计算结果

7.2.2　测试设备

(1)荷载箱

本次试验荷载箱采用 Tomer 荷载箱,最大加载量为 55000kN。荷载箱中心位置均设置于 -34.5m处,距桩底 3.5m。荷载箱与钢筋笼连接示意图及照片如图 7-2-11 所示。

(2)位移测试

荷载箱上、下位移测试各采用两组对称分布的位移杆进行测量。

通过在桩底、中风化花岗岩岩层顶面对应的桩身截面对称设置两组位移丝的方式测量桩身截面位移(图 7-2-12、图 7-2-13)。

位移杆和位移丝顶端应高出桩顶,并采用电子位移计测量位移杆和位移丝的位移来测定荷载箱上、下位移及桩身位移。

电子位移计基座置于基准梁上,位移探头设置于位移杆及位移丝顶端。固定和支承位移计的基准梁采用一端固定一端自由安装于基准桩上的方式。

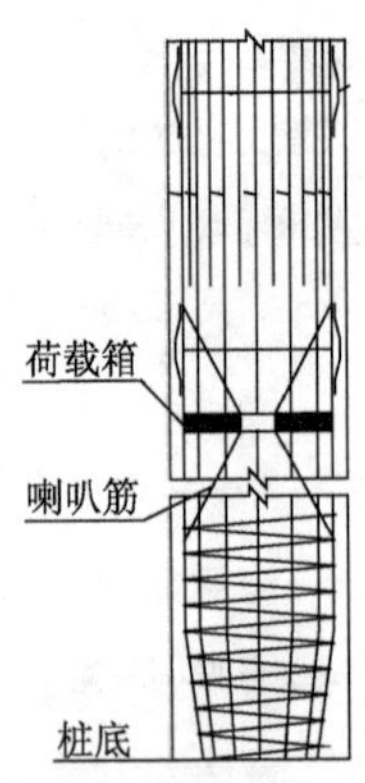

图 7-2-11　荷载箱与钢筋笼连接示意图及照片

图 7-2-12　中风化花岗岩岩层顶面对应的桩身截面位移丝照片

图 7-2-13　桩底截面位移丝照片

基准梁以两根平行的工字钢组成。本次试桩基准桩打入海床面以下至少 35m。为保证基准桩的稳定性,基准桩外设置钢护筒,钢护筒筒底打入海床下约 10m。

基准桩和基准梁布置示意图如图 7-2-14 所示,基准梁、桩顶电子位移计位移照片如图 7-2-15所示。

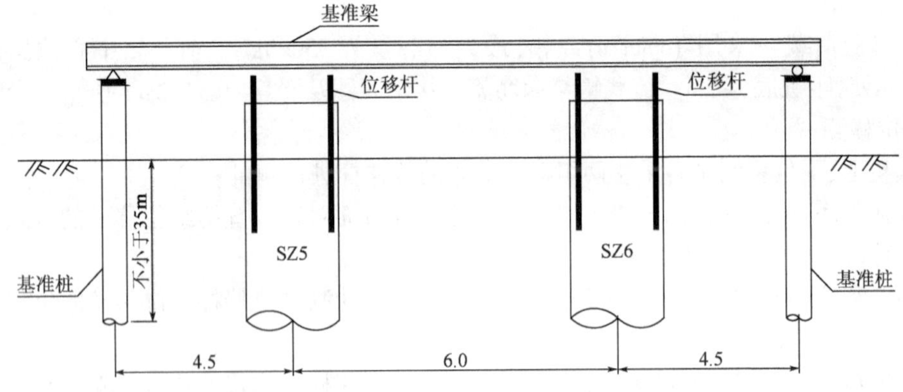

图 7-2-14　基准桩和基准梁布置示意图(尺寸单位:m)

图 7-2-15　基准梁、桩顶电子位移计位移照片

(3)桩身轴力测试

桩身轴力采用弦式钢筋计等进行测试。弦式钢筋计等设置在土层的界面处,每个测试断面设置 4 个,交叉对称布置。在设置钢筋计位置处将主筋截断,将钢筋计两端与主筋焊接。桩身轴力测试元件安装布设位置与各土层分布关系见表 7-2-2、表 7-2-3。

SZ5 钻孔桩桩身轴力测试元件安装布设位置与各土层分布关系　　表 7-2-2

土层分界面高程(m)	土层主要类型	断 面 编 号
+4.15	桩顶高程	—
-4.320	海床面高程	1(未布置)
-10.52	淤泥	2
-14.52	淤泥	3
-18.12	黏土	4
-23.22	黏土	5
-24.12	黏土	6
-25.82	粗砾砂混黏性土	7
-29.02	粉质黏土	8
-29.52	粗砂	9
-32.82	残积土	10
-33.80	—	11
-34.50	中风化花岗岩(荷载箱位置)	12
-36.80	—	13
-38.00	中风化花岗岩(桩底高程)	—

SZ6 钻孔桩桩身轴力测试元件安装布设位置与各土层分布关系　　表 7-2-3

土层分界面高程(m)	土层主要类型	断面编号
+4.15	桩顶高程	—
-4.13	海床面高程	1(未布置)
-9.03	淤泥	2
-9.83	砾砂混淤泥	3
-14.23	淤泥	4
-15.83	黏土	5

续上表

土层分界面高程(m)	土层主要类型	断面编号
-19.13	黏土	6
-23.13	黏土	7
-23.93	黏土	8
-27.03	粉质黏土	9
-32.53	残积土	10
-32.93	强风化花岗岩	11
-33.80	—	12
-34.50	中风化花岗岩(荷载箱位置)	13
-36.80	—	14
-38.00	中风化花岗岩(桩底高程)	—

(4)桩端反力测试

桩端反力采取在桩端对称埋设两只压力传感器的方式测量。压力传感器的连接板与钢筋笼底端焊接,随钢筋笼一起下放。

7.3 钻孔灌注桩试桩试验结果

7.3.1 SZ5 钻孔灌注桩试桩试验结果

本次 SZ5 钻孔灌注桩试桩试验采用断面编号见表 7-3-1。SZ5 桩每级试验荷载下荷载-位移测试结果如图 7-3-1 及表 7-3-2 所示。SZ5 桩各级荷载作用下桩身轴力沿深度分布情况如图 7-3-2及表 7-3-3 ~ 表 7-3-5 所示。SZ5 桩各级荷载作用下桩身摩阻力沿深度分布情况如图 7-3-3及表 7-3-3 ~ 表 7-3-5 所示。SZ5 桩各级荷载作用下桩身不同断面轴力变化情况如图 7-3-4及表 7-3-3 ~ 表 7-3-5 所示。SZ5 桩双曲线拟合 a、b 值计算表见表 7-3-6。

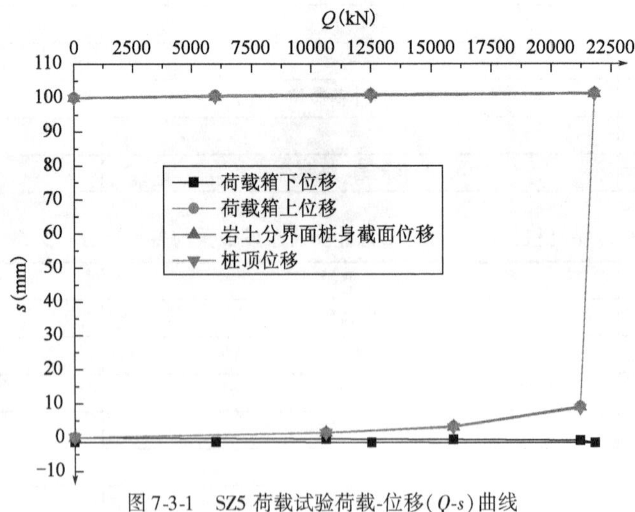

图 7-3-1　SZ5 荷载试验荷载-位移(Q-s)曲线

SZ5 桩身断面编号

表 7-3-1

断面号	第 i 断面高程(m)	土 层 性 质	桩径 d(m)	桩身节段长度 l_i(m)	桩身周长 u(m)
1	-4.32	海床面	2.00	—	—
2	-10.52	淤泥	2.00	6.20	6.28
3	-14.52	淤泥	2.00	4.00	6.28
4	-18.12	黏土	2.00	3.60	6.28
5	-23.22	黏土	2.00	5.10	6.28
6	-24.12	黏土	1.80	0.90	5.65
7	-25.82	粗砾砂混黏性土	1.80	1.70	5.65
8	-29.02	粉质黏土	1.80	3.20	5.65
9	-29.52	粗砂	1.80	0.50	5.65
10	-32.82	残积土	1.80	3.30	5.65
11	-34.50	(荷载箱中心位置)	1.80	1.68	5.65
12	-36.80	中风化花岗岩	1.80	2.30	5.65
13	-38.00	中风化花岗岩(桩底高程)	1.80	1.20	5.65

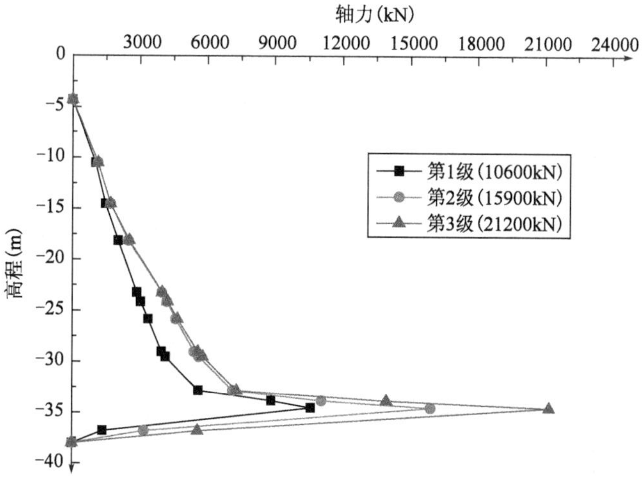

图 7-3-2　不同荷载级别下桩身轴力分布

SZ5 桩位移测试结果 表 7-3-2

加载级号	荷载 Q(kN)	荷载箱下位移量(mm)		荷载箱上位移量(mm)		岩土分界面桩身截面位移量(mm)		桩顶位移量(mm)	
		本级	累计	本级	累计	本级	累计	本级	累计
—	0	0.00	0.00	0.00	0.00	0.00	0.00	0.00	0.00
1	2×10600	-0.38	-0.38	1.46	1.46	1.44	1.44	1.33	1.33
2	2×15900	-0.25	-0.63	1.83	3.29	1.73	3.17	1.59	2.92
3	2×21200	-0.22	-0.85	5.88	9.17	5.84	9.01	5.66	8.58
4	—	-0.75	-1.60	92.47	101.64	92.29	101.30	92.19	100.77
卸 1	2×12500	0.19	-1.41	-0.49	101.15	-0.31	100.99	-0.31	100.46
卸 2	2×6000	0.08	-1.33	-0.56	100.59	-0.34	100.65	-0.32	100.14
卸 3	0	0.06	-1.27	-0.70	99.89	-0.43	100.22	-0.26	99.88

注:1. 表中第 4 级并非真正的加载级别,仅代表第 3 级加载结束后的升压阶段。SZ5 试桩试验中,在施加稍大于2×21200kN 的荷载时,荷载不能稳定,位移变化明显。在荷载箱上位移、岩土分界面桩身截面位移、桩顶位移均大于100mm 后,停止施压,并记录荷载箱下位移、荷载箱上位移、岩土分界面桩身截面位移、桩顶位移作为加载过程最终位移记录。表中"第 4 级"各项位移即为加载过程最终位移数据。

2. 负号表示向下的位移。

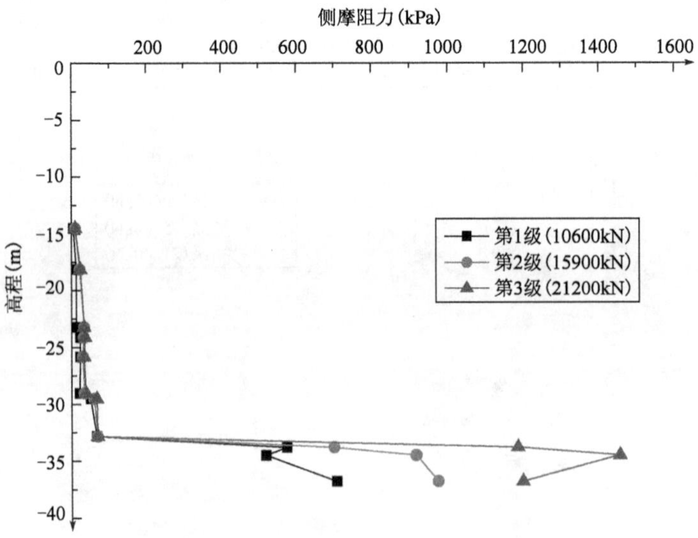

图 7-3-3　不同荷载级别下桩身各断面间摩阻力分布情况(根据实测值绘制)

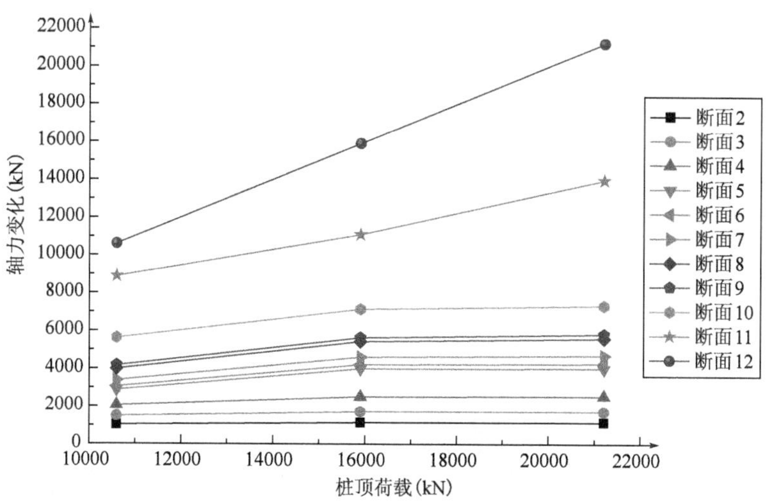

图 7-3-4　不同荷载级别下桩身各断面轴力变化情况

SZ5 桩身轴力值与桩侧、桩端阻力计算结果(1)　　表 7-3-3

荷载级别	荷载箱荷载(kN)	断面号	第 i 断面轴力 p(kN)	第 i 断面轴力本级增量(kN)	桩第 i 断面与第 $i+1$ 断面间侧摩阻力(kPa)		补充地质勘察报告提供的桩侧摩阻力标准值(kPa)	$F=\frac{p_{i+1}-p_i}{l_i \times u \times f_{rk}}$	$c_2=F/2$
					实测值	计算值			
1	2×10600	1	—	—	—	—	—	—	—
		2	1025.84	1025.84	—	—	—	—	—
		3	1481.77	1481.77	5.65	8.07	10	—	—
		4	2051.68	2051.68	12.71	15.89	60	—	—
		5	2872.35	2872.35	13.12	16.40	60	—	—
		6	3046.74	3046.74	23.03	28.79	60	—	—
		7	3379.11	3379.11	23.34	33.35	50	—	—
		8	3979.23	3979.23	21.93	27.41	55	—	—
		9	4154.64	4154.64	50.82	72.60	65	—	—
		10	5613.39	5613.39	66.96	95.66	60	—	—
		11	10600.00	10600.00	520.48	—	—	0.00740	0.00370
		12	1375.65	1375.65	709.59	—	—	0.00999	0.00500
		13	—	—	—	—	—	—	—

注:1. 对于中风化岩层,荷载箱加载量和设置位置计算时取值为:$c_1=0.5\times0.8\times0.75=0.3$,$c_2=0.04\times0.8\times0.75=0.024$。中风化岩层 f_{rk} 均取 71000kPa。

2. 侧摩阻力换算值 = 侧摩阻力实测值/抗拔系数 λ,黏性土、粉土取 $\lambda=0.8$,砂土 $\lambda=0.7$,岩石 $\lambda=1.0$。

SZ5 桩身轴力值与桩侧、桩端阻力计算结果(2) 表 7-3-4

荷载级别	荷载箱荷载(kN)	断面号	第 i 断面轴力 p(kN)	第 i 断面轴力本级增量(kN)	桩第 i 断面与第 $i+1$ 断面间侧摩阻力(kPa)		补充地质勘察报告提供的桩侧摩阻力标准值(kPa)	$F=\frac{p_{i+1}-p_i}{l_i\times u\times f_{rk}}$	$c_2=F/2$
					实测值	计算值			
1	2×15900	1	—	—	—	—	—	—	—
		2	1139.82	113.98	—	—	—	—	—
		3	1709.73	227.96	10.19	14.55	10	—	—
		4	2507.60	455.93	22.79	28.49	60	—	—
		5	3989.37	1117.02	33.76	42.21	60	—	—
		6	4210.04	1163.30	32.13	40.16	60	—	—
		7	4607.04	1227.93	30.07	42.95	50	—	—
		8	5428.73	1449.51	34.18	42.73	55	—	—
		9	5631.85	1477.21	60.62	86.61	65	—	—
		10	7136.75	1523.37	69.44	99.19	60	—	—
		11	15900.00	5300.00	918.21	—	—	0.01300	0.00650
		12	3203.69	1828.04	976.67	—	—	0.01376	0.00688
		13	0.00	—	—	—	—	—	—

注:1. 对于中风化岩层,荷载箱加载量和设置位置计算时取值为:$c_1=0.5\times0.8\times0.75=0.3$,$c_2=0.04\times0.8\times0.75=0.024$。中风化岩层 f_{rk} 均取 71000kPa。

2. 侧摩阻力换算值 = 侧摩阻力实测值/抗拔系数 λ,黏性土、粉土取 $\lambda=0.8$,砂土 $\lambda=0.7$,岩石 $\lambda=1.0$。

SZ5 桩身轴力值与桩侧、桩端阻力计算结果(3) 表 7-3-5

荷载级别	荷载箱荷载(kN)	断面号	第 i 断面轴力 p(kN)	第 i 断面轴力本级增量(kN)	桩第 i 断面与第 $i+1$ 断面间侧摩阻力(kPa)		补充地质勘察报告提供的桩侧摩阻力标准值(kPa)	$F=\frac{p_{i+1}-p_i}{l_i\times u\times f_{rk}}$	$c_2=F/2$
					实测值	计算值			
3	2×21200	1	—	—	—	—	—	—	—
		2	1162.62	5.70	—	—	—	—	—
		3	1715.43	5.70	10.19	14.55	10	—	—
		4	2541.80	34.19	24.05	30.07	60	—	—
		5	4012.17	22.80	33.41	41.76	60	—	—
		6	4256.20	46.16	36.72	45.91	60	—	—
		7	4690.13	83.09	33.91	48.44	50	—	—
		8	5594.92	166.19	38.78	48.47	55	—	—

续上表

荷载级别	荷载箱荷载（kN）	断面号	第 i 断面轴力 p（kN）	第 i 断面轴力本级增量（kN）	桩第 i 断面与第 $i+1$ 断面间侧摩阻力(kPa)		补充地质勘察报告提供的桩侧摩阻力标准值（kPa）	$F=\frac{p_{i+1}-p_i}{l_i \times u \times f_{rk}}$	$c_2=F/2$
					实测值	计算值			
3	2×21200	9	5816.50	184.65	67.16	95.94	65	—	—
		10	7321.41	184.65	69.43	99.19	60	—	—
		11	21200.00	5300	1456.93	—	—	0.02059	0.01029
		12	5585.69	2382.00	1201.14	—	—	0.01692	0.00846
		13	—	—	—	—	—	—	—

注：1. 对于中风化岩层，荷载箱加载量和设置位置计算时取值为：$c_1=0.5\times0.8\times0.75=0.3$，$c_2=0.04\times0.8\times0.75=0.024$。中风化岩层 f_{rk} 均取 71000kPa。

2. 侧摩阻力换算值 = 侧摩阻力实测值/抗拔系数 λ，黏性土、粉土取 $\lambda=0.8$，砂土 $\lambda=0.7$，岩石 $\lambda=1.0$。

SZ5 桩双曲线拟合 a、b 值计算表 表 7-3-6

地层编号	层底高程(m)	岩土名称	b	a	$1/b$	$1/a$
①$_2$	-14.52	淤泥	8.99×10^{-2}	6.17×10^{-2}	11.12	16.21
②$_1$	-18.12	黏土	3.73×10^{-2}	3.32×10^{-2}	26.82	30.08
②$_1$	-23.22	黏土	2.47×10^{-2}	3.94×10^{-2}	40.47	25.37
②$_1$	-24.12	黏土	2.49×10^{-2}	1.99×10^{-2}	40.20	50.24
②$_5$	-25.82	粗砾砂混黏性土	2.74×10^{-2}	1.77×10^{-2}	36.45	56.57
③$_4$	-29.02	粉质黏土	2.29×10^{-2}	2.43×10^{-2}	43.69	41.07
④$_4$	-29.52	粗砂	1.41×10^{-2}	7.14×10^{-3}	71.00	139.99
⑤	-32.82	残积土	1.43×10^{-2}	5.62×10^{-4}	69.78	1780.08

7.3.2 SZ6 钻孔灌注桩试桩试验结果

本次 SZ6 钻孔灌注桩试桩试验采用断面编号见表 7-3-7。

SZ6 试桩每级试验荷载下荷载-位移测试结果如图 7-3-5 及表 7-3-8 所示。

SZ6 试桩各级荷载作用下桩身轴力沿深度分布情况如图 7-3-6 及表 7-3-9 ~ 表 7-3-12 所示。

SZ6 试桩各级荷载作用下桩身摩阻力沿深度分布情况如图 7-3-7 及表 7-3-9 ~ 表 7-3-12 所示。

SZ6 试桩各级荷载作用下桩身不同断面轴力变化情况如图 7-3-8 及表 7-3-9 ~ 表 7-3-12 所示。

SZ6 桩双曲线拟合 a、b 值计算表见表 7-3-13。

SZ6 桩身断面编号 表 7-3-7

断面编号	第 i 断面高程(m)	土 层 性 质	桩径 d(m)	桩身节段长度 l_i(m)	桩身周长 u(m)
1	-4.13	海床面	—	—	—
2	-9.03	淤泥	2.00	4.90	6.28
3	-9.83	砾砂混淤泥	2.00	0.80	6.28
4	-14.23	淤泥	2.00	4.40	6.28
5	-15.83	黏土	2.00	1.60	6.28
6	-19.13	黏土	2.00	3.30	6.28
7	-23.13	黏土	2.00	4.00	6.28
8	-23.93	黏土	1.80	0.80	5.65
9	-27.03	粉质黏土	1.80	3.10	5.65
10	-32.53	残积土	1.80	5.50	5.65
11	-32.93	强风化花岗岩	1.80	0.40	5.65
12	-34.50	中风化花岗岩(荷载箱位置)	2.10	1.57	6.59
13	-36.80	中风化花岗岩	2.10	2.30	6.59
14	-38.00	中风化花岗岩(桩底高程)	2.10	1.20	6.59

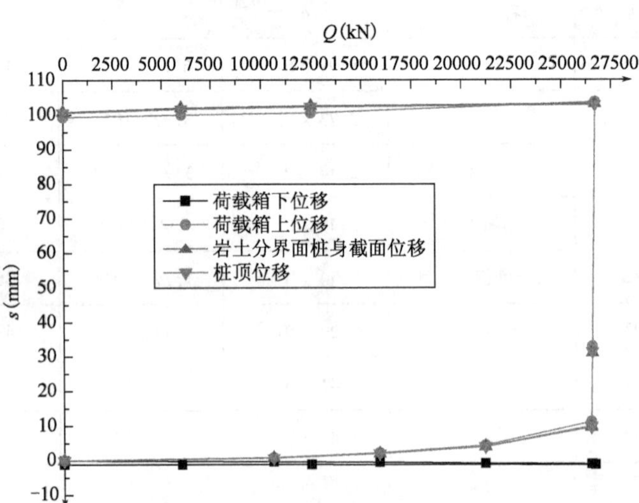

图 7-3-5 SZ6 荷载试验 Q-s 曲线

SZ6 桩位移测试结果 表 7-3-8

加载级号	荷载 Q (kN)	荷载箱下位移量(mm)		荷载箱上位移量(mm)		岩土分界面桩身截面位移量(mm)		桩顶位移量(mm)	
		本级	累计	本级	累计	本级	累计	本级	累计
1	2×10600	-0.35	-0.35	0.84	0.84	0.80	0.80	0.75	0.75
2	2×15900	-0.20	-0.55	1.33	2.17	1.19	1.99	1.16	1.91
3	2×21200	-0.30	-0.85	2.20	4.37	2.04	4.03	1.95	3.86
4	2×26500	-0.22	-1.07	6.74	11.11	5.81	9.84	5.58	9.44

续上表

加载级号	荷载 Q(kN)	荷载箱下位移量(mm)		荷载箱上位移量(mm)		岩土分界面桩身截面位移量(mm)		桩顶位移量(mm)	
		本级	累计	本级	累计	本级	累计	本级	累计
5	—	-0.20	-1.27	93.38	104.49	93.29	103.13	92.49	101.93
卸 1	2×12500	0.08	-1.19	-3.05	101.44	-0.60	102.53	-0.55	101.38
卸 2	2×6000	0.04	-1.15	-0.60	100.84	-0.55	101.98	-0.55	100.83
卸 3	0	0.05	-1.10	-1.20	99.64	-1.05	100.93	-0.65	100.18

注：1. 表中第 5 级并非真正的加载级别，仅代表第 4 级加载结束后的升压阶段。SZ6 试桩试验中，在施加稍大于 2×26500kN的荷载时，荷载不能稳定，位移变化明显。在荷载箱上位移、岩土分界面桩身截面位移、桩顶位移均大于 100mm 后，停止施压，并记录荷载箱下位移、荷载箱上位移、岩土分界面桩身截面位移、桩顶位移作为加载过程最终位移记录。表中"第 5 级"各项位移即为加载过程最终位移数据。

2. 负号表示向下的位移。

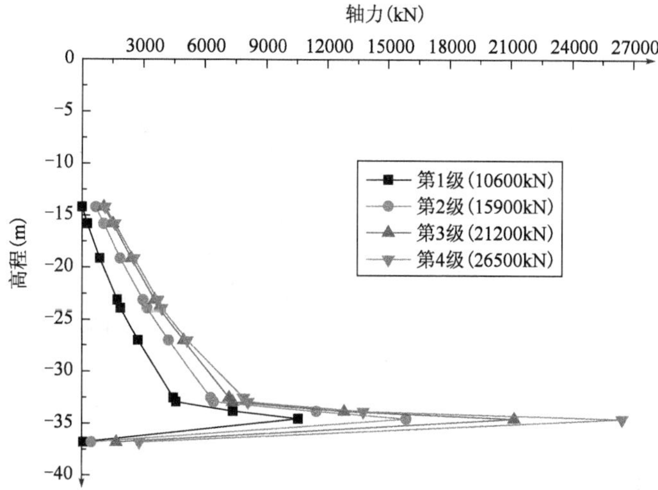

图 7-3-6　不同荷载级别下桩身轴力分布

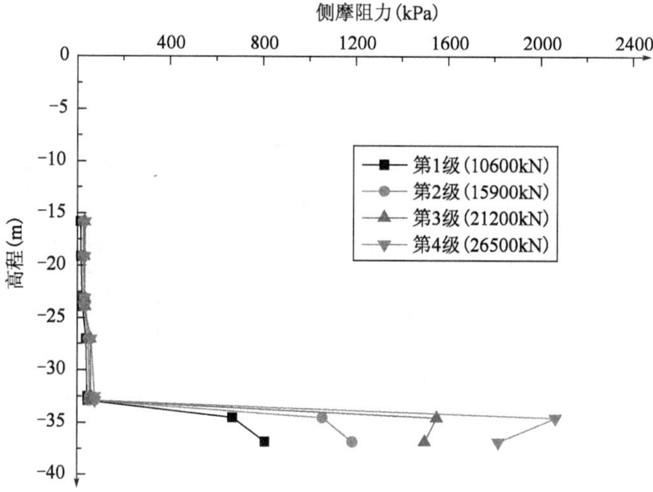

图 7-3-7　不同荷载级别下桩身各断面间摩阻力分布情况(根据实测值绘制)

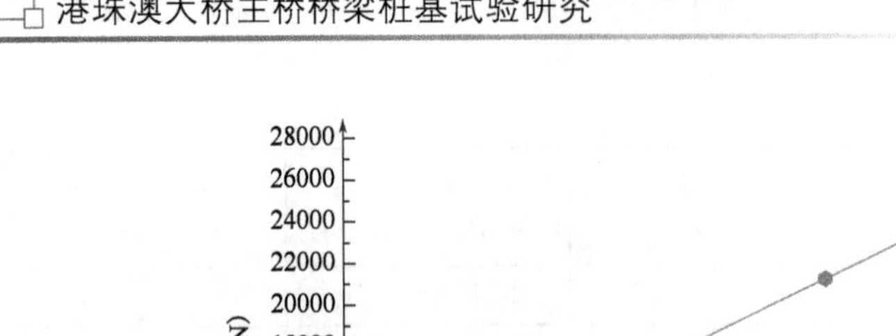

图 7-3-8　不同荷载级别下桩身各断面轴力变化情况

SZ6 桩身轴力值与桩侧、桩端阻力计算结果(1)　　表 7-3-9

荷载级别	荷载箱荷载(kN)	断面号	第 i 断面轴力 p (kN)	第 i 断面轴力本级增量(kN)	桩第 i 断面与第 $i+1$ 断面间侧摩阻力(kPa)		补充地质勘察报告提供的桩侧摩阻力标准值(kPa)	$F=\frac{p_{i+1}-p_i}{l_i \times u \times f_{rk}}$	$c_2=F/2$
					实测值	计算值			
1	2×10600	1	—	—	—	—	—	—	—
		2	—	—	—	—	—	—	—
		3	—	—	—	—	—	—	—
		4	0.00	0.00	—	—	—	—	—
		5	273.56	273.56	14.73	18.41	60	—	—
		6	877.66	877.66	16.65	20.81	60	—	—
		7	1743.92	1743.92	21.99	27.48	60	—	—
		8	1901.90	1901.90	23.69	29.61	55	—	—
		9	2760.53	2760.53	37.76	47.19	60	—	—
		10	4487.02	4487.02	44.29	63.27	60	—	—
		11	4616.27	4616.27	45.92	65.60	115	—	—
		12	10600.00	10600.00	572.14	—	—	0.00722	0.00361
		13	113.10	113.10	691.47	—	—	0.00864	0.00432
		14	—	—	—	—	—	—	—

注:1. 对于中风化岩层,荷载箱加载量和设置位置计算时取值为:$c_1=0.5\times0.8\times0.75=0.3$,$c_2=0.04\times0.8\times0.75=0.024$。中风化岩层 f_{rk} 均取 80000kPa。

2. 侧摩阻力换算值=侧摩阻力实测值/抗拔系数 λ,黏性土、粉土取 $\lambda=0.8$,砂土 $\lambda=0.7$,岩石 $\lambda=1.0$。

SZ6 桩身轴力值与桩侧、桩端阻力计算结果(2) 表 7-3-10

荷载级别	荷载箱荷载(kN)	断面号	第 i 断面轴力 p(kN)	第 i 断面轴力本级增量(kN)	桩第 i 断面与第 $i+1$ 断面间侧摩阻力(kPa)		补充地质勘察报告提供的桩侧摩阻力标准值(kPa)	$F=\frac{p_{i+1}-p_i}{l_i \times u \times f_{rk}}$	$c_2=F/2$
					实测值	计算值			
2	2×15900	1	—	—	—	—	—	—	—
		2	—	—	—	—	—	—	—
		3	—	—	—	—	—	—	—
		4	683.89	683.89	—	—	—	—	—
		5	1082.83	809.27	27.20	34.00	60	—	—
		6	1880.70	1003.04	26.00	32.50	60	—	—
		7	2997.73	1253.80	31.97	39.96	60	—	—
		8	3194.46	1292.56	32.26	40.32	55	—	—
		9	4246.97	1486.44	48.82	61.03	60	—	—
		10	6315.06	1828.04	55.28	78.97	60	—	—
		11	6462.78	1846.51	54.09	77.27	115	—	—
		12	15900.00	5300.00	905.73	—	—	0.01139	0.00570
		13	640.89	527.79	1006.13	—	—	0.01258	0.00629
		14	—	—	—	—	—	—	—

注:1. 对于中风化岩层,荷载箱加载量和设置位置计算时取值为:$c_1=0.5\times0.8\times0.75=0.3$,$c_2=0.04\times0.8\times0.75=0.024$。中风化岩层 f_{rk} 均取 80000kPa。

2. 侧摩阻力换算值 = 侧摩阻力实测值/抗拔系数 λ,黏性土、粉土取 $\lambda=0.8$,砂土 $\lambda=0.7$,岩石 $\lambda=1.0$。

SZ6 桩身轴力值与桩侧、桩端阻力计算结果(3) 表 7-3-11

荷载级别	荷载箱荷载(kN)	断面号	第 i 断面轴力 p(kN)	第 i 断面轴力本级增量(kN)	桩第 i 断面与第 $i+1$ 断面间侧摩阻力(kPa)		补充地质勘察报告提供的桩侧摩阻力标准值(kPa)	$F=\frac{p_{i+1}-p_i}{l_i \times u \times f_{rk}}$	$c_2=F/2$
					实测值	计算值			
3	2×21200	1	—	—	—	—	—	—	—
		2	—	—	—	—	—	—	—
		3	—	—	—	—	—	—	—
		4	1082.83	398.94	—	—	—	—	—
		5	1527.36	444.53	31.74	39.68	60	—	—
		6	2427.82	547.11	30.95	38.69	60	—	—
		7	3567.64	569.91	32.88	41.09	60	—	—
		8	3776.11	581.65	34.86	43.57	55	—	—

续上表

荷载级别	荷载箱荷载(kN)	断面号	第 i 断面轴力 p (kN)	第 i 断面轴力本级增量(kN)	桩第 i 断面与第 $i+1$ 断面间侧摩阻力(kPa)		补充地质勘察报告提供的桩侧摩阻力标准值(kPa)	$F=\frac{p_{i+1}-p_i}{l_i \times u \times f_{rk}}$	$c_2=F/2$
					实测值	计算值			
3	2×21200	9	4985.57	738.60	57.78	72.22	60	—	—
		10	7210.62	895.56	60.33	86.18	60	—	—
		11	7386.03	923.25	66.34	94.77	115	—	—
		12	21200.00	5300.00	1328.50	—	—	0.01668	0.00834
		13	2312.24	1671.35	1245.39	—	—	0.01557	0.00778
		14	—	—	—	—	—	—	—

注:1. 对于中风化岩层,荷载箱加载量和设置位置计算时取值为:$c_1=0.5\times0.8\times0.75=0.3$,$c_2=0.04\times0.8\times0.75=0.024$。中风化岩层 f_{rk} 均取 80000kPa。

2. 侧摩阻力换算值 = 侧摩阻力实测值/抗拔系数 λ,黏性土、粉土取 $\lambda=0.8$,砂土 $\lambda=0.7$,岩石 $\lambda=1.0$。

SZ6 桩身轴力值与桩侧、桩端阻力计算结果(4) 表 7-3-12

荷载级别	荷载箱荷载(kN)	断面号	第 i 断面轴力 p (kN)	第 i 断面轴力本级增量(kN)	桩第 i 断面与第 $i+1$ 断面间侧摩阻力(kPa)		补充地质勘察报告提供的桩侧摩阻力标准值(kPa)	$F=\frac{p_{i+1}-p_i}{l_i \times u \times f_{rk}}$	$c_2=F/2$
					实测值	计算值			
4	2×26500	1	—	—	—	—	—	—	—
		2	—	—	—	—	—	—	—
		3	—	—	—	—	—	—	—
		4	1139.82	56.99	—	—	—	—	—
		5	1618.54	91.19	35.14	43.93	60	—	—
		6	2564.60	136.78	33.15	41.44	60	—	—
		7	3715.81	148.18	33.33	41.66	60	—	—
		8	3914.60	138.49	32.71	40.89	55	—	—
		9	5170.22	184.65	60.41	75.52	60	—	—
		10	7921.52	710.91	77.26	110.37	60	—	—
		11	8124.64	738.60	78.59	112.28	115	—	—
		12	26500.00	5300.00	1769.10	—	—	0.02219	0.01109
		13	3857.92	1545.68	1492.93	—	—	0.01866	0.00933
		14	—	—	—	—	—	—	—

注:1. 对于中风化岩层,荷载箱加载量和设置位置计算时取值为:$c_1=0.5\times0.8\times0.75=0.3$,$c_2=0.04\times0.8\times0.75=0.024$。中风化岩层 f_{rk} 均取 80000kPa。

2. 侧摩阻力换算值 = 侧摩阻力实测值/抗拔系数 λ,黏性土、粉土取 $\lambda=0.8$,砂土 $\lambda=0.7$,岩石 $\gamma=1.0$。

SZ6 桩双曲线拟合 *a*、*b* 值计算表　　表 7-3-13

地层编号	层底高程(m)	土 层 名 称	b	a	$1/b$	$1/a$
②$_1$	-15.83	黏土	2.57×10^{-2}	2.57×10^{-2}	38.96	38.85
②$_1$	-19.13	黏土	2.79×10^{-2}	2.11×10^{-2}	35.84	47.51
②$_1$	-23.13	黏土	2.91×10^{-2}	7.68×10^{-3}	34.35	130.13
②$_1$	-23.93	黏土	3.00×10^{-2}	2.99×10^{-3}	33.36	334.38
③$_4$	-27.03	粉质黏土	1.57×10^{-2}	8.19×10^{-3}	63.60	122.13
⑤	-32.53	残积土	1.20×10^{-2}	1.27×10^{-2}	83.28	78.80
⑥$_2$	-32.93	强风化花岗岩	1.18×10^{-2}	1.16×10^{-2}	84.83	86.36

7.3.3　钻孔灌注桩试桩试验结果分析

(1)钻孔灌注桩试桩荷载箱以上桩段桩侧极限摩阻力分析

根据《基桩静载试验　自平衡法》(JT/T 738—2009),自平衡法试桩的极限承载力按式(7-3-1)计算:

$$P_{ui}=\frac{Q_{uui}-W_i}{\gamma_i}+Q_{lui}\tag{7-3-1}$$

式中:P_{ui}——试桩 i 的单桩极限承载力,kN;

Q_{uui}——试桩 i 上段桩的加载极限值,kN;

Q_{lui}——试桩 i 下段桩的加载极限值,kN;

W_i——试桩 i 荷载箱上部桩自重,kN;若荷载箱处于透水层,取浮自重;

γ_i——试桩 i 的修正系数,根据荷载箱上部土的类型确定:黏性土、粉土 $\gamma_i=0.8$,砂土 $\gamma_i=0.7$,岩石 $\gamma_i=1.0$;若上部有不同类型的土层,γ_i 取加权平均值。

根据钻孔灌注桩试桩荷载箱设置位置相关计算可知,本次钻孔灌注桩试验以测试桩周岩土性质为主。因此,仅对钻孔灌注桩试桩荷载箱以上桩段桩侧极限摩阻力进行分析,故可取 $Q_{lui}=0$。

①SZ5 试桩荷载箱以上桩段桩侧极限摩阻力分析。

SZ5 试桩试验荷载达到 2×21200kN 后,荷载箱以上桩段的桩顶位移、岩土分界面桩身截面位移、荷载箱上位移的 Q-s 曲线均出现陡降,因此可以认为 SZ5 试桩荷载箱以上桩段的加载极限值 Q_{uu5} 为 21200kN。

荷载箱处于中风化岩层,为透水层。则荷载箱上部桩自重 W_5 取浮自重,为 1468kN。γ_5 加权平均值为 0.757,则根据式(7-3-1),SZ5 试桩荷载箱以上桩段桩侧极限摩阻力 $P_{u5}=(Q_{uu5}-W_5)/\gamma_5=26066$(kN)。

②SZ6 试桩荷载箱以上桩段桩侧极限摩阻力分析。

SZ6 试桩试验荷载达到 2×26500kN 后,荷载箱以上桩段的桩顶位移、岩土分界面桩身截面位移、荷载箱上位移的 Q-s 曲线均出现陡降,因此可以认为 SZ6 试桩荷载箱以上桩段的加载极限值 Q_{uu6} 为 26500kN。

荷载箱处于中风化岩层,为透水层,则荷载箱上部桩自重 W_6 取浮自重,为 1463kN。

γ_6 加权平均值为0.755，则根据式(7-3-1)，SZ6 试桩荷载箱以上桩段桩侧极限摩阻力 $P_{u6}=(Q_{uu6}-W_6)/\gamma_6=33161(\text{kN})$。

(2)桩侧岩土层摩阻力测试结果与勘察报告(规范)取值的对比分析

通过对桩侧各土层试验过程中各类数据的分析，认为桩侧各土层实测 τ-s 曲线与拟合 τ-s 曲线在加载后期均趋缓，说明桩侧摩阻力基本达到极限。

荷载箱加载量和设置位置计算时，中风化岩层计算参数 c_2 取值按《公路桥涵地基与基础设计规范》(JTG D63—2007) 中的规定取值，即 $c_2=0.04\times0.8\times0.75=0.024$。但从 SZ5、SZ6 的试验结果可见，SZ5、SZ6 试验过程中实测 c_2 值均小于 0.024。

(3)试验加载量与原预计加载量的差异分析

SZ5 试桩、SZ6 试桩最大加载量小于荷载箱设置位置计算的预估值，参考式(7-3-2)进行桩侧摩阻力计算。

$$Q_u^- = \frac{1}{2}a_1\beta\sum u_i q_{ik} l_i + a_2\sum c_{2i}u_i h_i f_{rki} \tag{7-3-2}$$

式中：q_{ik}——各土层与桩侧的摩阻力标准值，kPa；

u_i——各桩段桩身周长，m；

l_i——上桩段各土层厚度，m；

a_1、a_2——系数，当进行单桩轴向容许承载力计算时取 1.0；进行试验要求的单桩轴向极限承载力计算时，按 3.0 取值；

h_i——上桩段岩层厚度，m；

f_{rki}——桩端岩石饱和单轴抗压强度标准值，kPa；

c_{2i}——岩层侧阻发挥系数；

β——系数，当计算点位于荷载箱上方时，采用上段桩抗拔系数 λ 代替；当计算点位于荷载箱下方或进行嵌岩桩单桩轴向承载力计算时，采用土的侧阻力发挥系数 ζ_s 代替。

港珠澳大桥初步设计阶段勘察报告钻孔 JDQ09 地质资料提供的桩侧岩土层摩阻力标准值与补充地质勘察报告提供的桩侧岩土层摩阻力标准值差异较小；从试验结果来看，中风化花岗岩层以上各土层摩阻力实测值与勘察报告提供值总体相差不大。因此，可以认为导致试验加载量与原预计加载量存在差异的原因在于岩石实际发挥的侧摩阻性能低于按 71000kPa 和 80000kPa 取值计算得到的侧摩阻性能。

K33+317 两根钻孔灌注桩 SZ5、SZ6 进行了荷载箱自平衡试验。该处初步设计阶段勘察报告 JDQ09 钻孔地质资料提供的桩侧岩土层摩阻力标准值与补充地质勘察报告提供的桩侧岩土层摩阻力标准值差异较小；从试验结果来看，中风化花岗岩层以上各土层摩阻力实测值与勘察报告提供值总体相差不大。

SZ5 试桩试验荷载达到 2×21200kN 后，荷载箱以上桩段的桩顶位移、岩土分界面桩身截面位移、荷载箱上位移的 Q-s 曲线均出现陡降，因此可以认为 SZ5 试桩荷载箱以上桩段的加载极限值为 21200kN。SZ5 试桩荷载箱以上桩段桩侧极限摩阻力为 26066kN，是荷载箱以上桩段桩侧土的容许承载力 6070kN(设计单位提供)的 4.3 倍。

SZ6 试桩试验荷载达到 2×26500kN 后，荷载箱以上桩段的桩顶位移、岩土分界面桩身截面位移、荷载箱上位移的 Q-s 曲线均出现陡降,因此可以认为 SZ6 试桩荷载箱以上桩段的加载极限值为 26500kN。SZ6 试桩荷载箱以上桩段桩侧极限摩阻力为 33161kN,为荷载箱以上桩段桩侧土的容许承载力(设计单位提供)6251kN 的 5.3 倍。

三种桩基类型的施工较有代表性,涵盖了大直径钢管桩的制作和运输工艺、大型打桩船沉桩工艺、吊打工艺、海上平台搭设、钻孔灌注桩成孔工艺、环保泥浆配制与应用工艺、钢筋笼制作与安装工艺以及混凝土灌注工艺等。应该说三种类型桩基在海上的施工得到了较好演练,为今后主体工程的施工积累了经验。其中大直径钢管桩长桩的施工证明了利用打桩船工艺和吊打工艺是可行的,特别是大吨位液压打桩锤的应用确保了长桩桩底的打入高程,但其精度受海况影响较大,满足不了原设计提出的平面控制 5cm 和垂直度控制在 1/400 的精度要求,需要有针对性地进一步摸索或完善打桩工艺,以满足设计要求;同时,钢管复合桩的设计在技术工艺上进行了创新,施工结合打桩船工艺和钻孔灌注桩工艺,在工艺上做了调整和改进,进一步提出了钢管垂直度精度控制问题,可为今后钢管复合桩的应用提供参考和借鉴。

本次试桩工程通过三种类型桩基的施工和相关的一系列针对性较强的试验,在不同类型的桩基施工工艺、各土层参数测试、环保泥浆、剪力环设置、相应生态环保措施、质量控制等方面做了有意义的尝试和摸索,基本达到了试桩的目的,为港珠澳大桥桥梁主体工程的设计与施工提供了有价值的参考和依据。

第 3 篇

施工篇

第 8 章　钢管桩沉桩施工工艺

8.1　工 程 概 述

8.1.1　工程概况

港珠澳大桥主体工程桥梁试桩工程 K19 + 003 大直径钢管桩及其荷载试验锚桩、K27 + 033 钢管复合桩的钢管以及这两个试桩点的施工平台支撑钢管桩均采用大型打桩船进行沉桩施工。钢管桩钢管内径为 1.7m，桩长 85m，从桩顶往下的 65m 段壁厚 25mm，其余 20m 段壁厚 22mm，单根钢管质量为 88.3t。锚桩内径为 1.7m，桩长 77.2m，壁厚 20mm，单根钢管质量约为 67t，其构造图如图 8-1-1 所示。

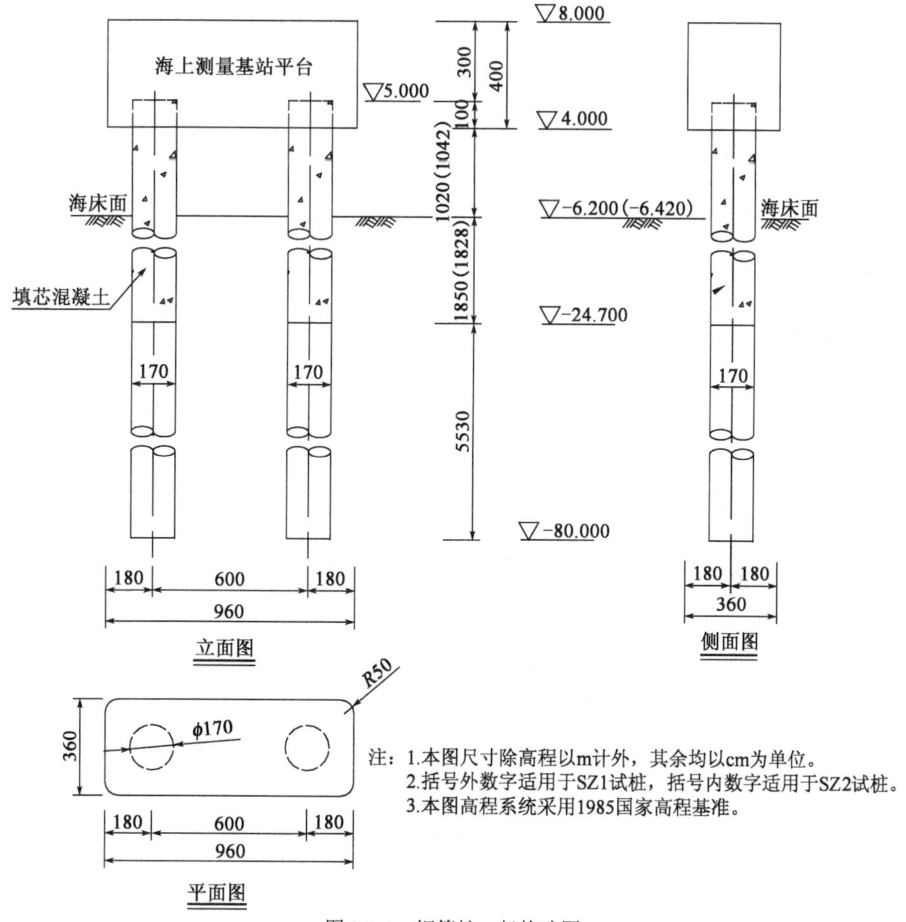

图 8-1-1　钢管桩一般构造图

钢管复合桩钢管内径2.2m,桩长分别为62.08m及60.2m,除桩尖2m段壁厚32mm外,其余部分壁厚25mm,单根钢管质量约88t,构造图如图8-1-2所示。

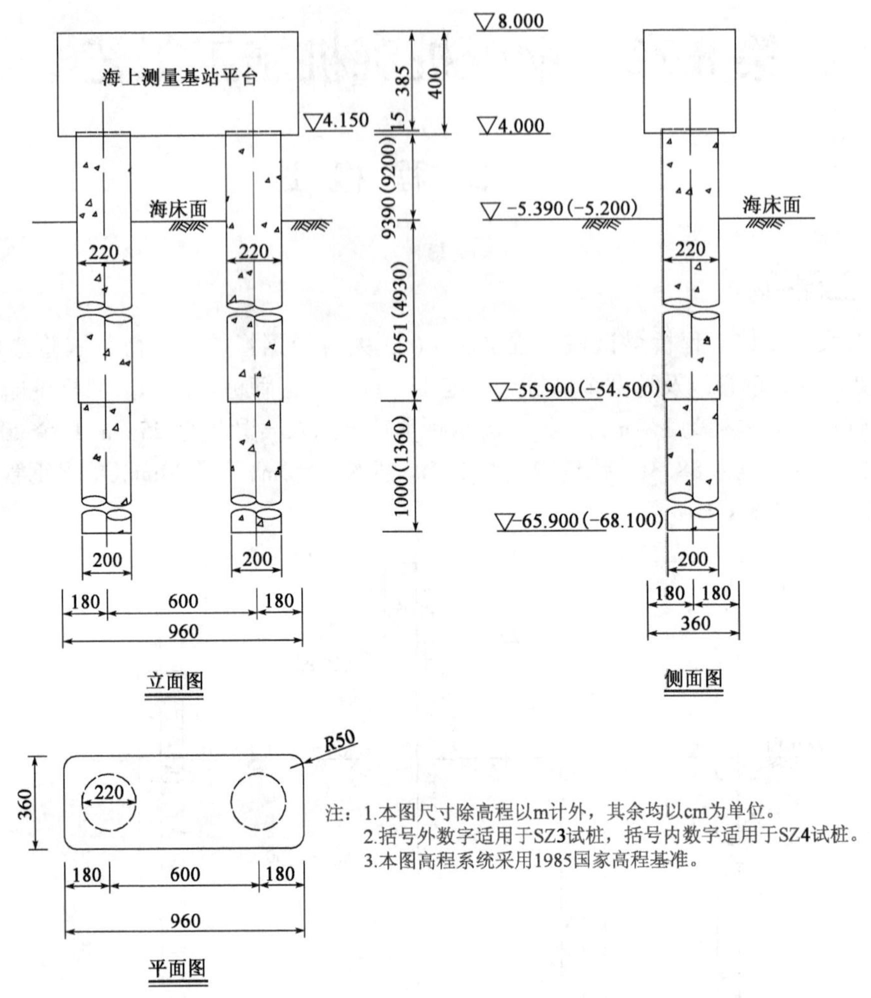

图8-1-2 钢管复合桩一般构造图

平台支承钢管规格为:内径1.0m,壁厚10mm。其中复合桩平台支承钢管单根长49m,质量约12.3t;钢管桩平台支承钢管单根长36m,质量约9.0t。

本次打桩共搭设钢管桩试桩钢管2根,钢管桩锚桩6根,复合桩试桩钢管2根,平台支承钢管22根,合计32根桩,见表8-1-1。

沉桩钢管类型及数量一览表

表8-1-1

试桩桩号	名称	编号	规格	数量	桩顶设计高程(m)
K19+003	平台支承桩	—	ϕ102cm×δ10mm×36m	7	+3.5
	试桩	SZ1~SZ2	ϕ170cm×δ25mm×85m	2	+5.0
	锚桩	MZ1~MZ6	ϕ170cm×δ22mm×77.7m	6	+3.1

续上表

试桩桩号	名称	编号	规格	数量	桩顶设计高程(m)
K27+033	平台支承桩	—	ϕ 102cm×δ10mm×49m	15	+3.5
	试桩	SZ3	ϕ 220cm×δ25mm×62.08m	1	+5.5
	试桩	SZ4	ϕ 220cm×δ25mm×60.3m	1	+5.5

8.1.2 试桩目的

通过大直径钢管桩沉桩的工艺试验研究,进行钢管桩制桩、沉桩设备及施工工艺的试验验证,探索并积累钢管桩沉桩施工经验;研究钢管桩沉桩的施工组织、关键施工设备和关键施工控制参数等;确定钢管桩极限承载力,为施工图设计提供了参考依据。

8.1.3 地质条件

K19+003施工点海床面平均高程-6.55m,试桩施工前在桩位进行了两个补充地质钻孔。揭示的试桩桩位地质简况见表8-1-2、表8-1-3。

SZ2地质分层情况 表8-1-2

分层序号	地层编号	层底高程(m)	土层类型
0	—	-6.42	海床面
1	①$_1$	-10.92	淤泥
2	①$_3$	-11.92	淤泥质土
3	①$_3$	-22.07	淤泥质土
4	①$_4$	-23.92	粉质黏土混砂
5	①$_4$	-27.32	粉质黏土混砂
6	③$_1$	-28.52	黏土混砂
7	③$_1$	-34.92	黏土
8	③$_2$	-40.72	粉质黏土夹细砂
9	③$_5$	-42.72	细砂
10	③$_5$	-45.82	细砂夹黏土
11	④$_1$	-56.12	粉细砂
12	④$_8$	-57.42	黏土
13	④$_3$	-68.12	中砂
14	④$_6$	-70.62	圆砾
15	④$_8$	-71.12	粉质黏土
16	④$_8$	-72.02	粉质黏土
17	④$_5$	-74.42	砾砂
18	④$_5$	-76.42	粗砂
19	④$_5$	-78.92	砾砂
20	⑧$_2$	-86.02	强风化混合花岗岩

SZ1 地质分层情况 表 8-1-3

分层序号	地层编号	层底高程(m)	土层类型
0	—	-6.20	海床面
1	①$_1$	-8.20	淤泥
2	①$_3$	-12.25	淤泥质土
3	①$_3$	-22.50	淤泥质土
4	①$_4$	-23.80	粉质黏土混砂
5	①$_4$	-27.20	粉质黏土混砂
6	③$_1$	-28.50	黏土混砂
7	③$_1$	-35.90	黏土
8	③$_5$	-48.90	粉细砂
9	④$_1$	-55.00	粉细砂
10	④$_8$	-56.00	粉质黏土
11	④$_3$	-68.90	中砂
12	④$_6$	-72.60	圆砾
13	④$_5$	-75.90	粗砂
14	④$_5$	-79.10	粗砂
15	⑧$_2$	-86.00	强风化混合花岗岩

K27 +033 施工点海床面平均高程 -5.3m,试桩施工前在桩位进行了两个补充地质钻孔。揭示的试桩桩位地质简况见表 8-1-4、表 8-1-5。

SZ3 地质分层情况 表 8-1-4

分层序号	地层编号	层底高程(m)	土层类型
0	—	-5.39	海床面
1	①$_1$	-15.99	淤泥
2	①$_3$	-23.09	淤泥质黏土
3	①$_5$	-28.89	黏土
4	①$_5$	-34.99	黏土
5	②$_4$	-41.39	中砂
6	③$_1$	-49.09	黏土
7	③$_3$	-52.79	粉质黏土
8	④$_5$	-54.39	粗砂
9	④$_5$	-56.99	粗砂
10	④$_5$	-58.19	砾砂
11	⑥$_2$	-60.59	强风化花岗岩
12	⑥$_3$	-70.59	中风化花岗岩

SZ4 地质分层情况　　表8-1-5

分层序号	地层编号	层底高程(m)	土层类型
0	—	-5.20	海床面
1	$①_1$	-10.80	淤泥
2	$①_1$	-15.80	淤泥
3	$①_3$	-27.80	淤泥质黏土
4	$①_5$	-33.30	黏土
5	$①_5$	-35.00	黏土
6	$②_4$	-41.00	中砂
7	$③_1$	-49.30	黏土
8	$③_3$	-52.30	粉质黏土
9	$④_5$	-54.10	粗砂
10	$④_5$	-55.00	粗砂
11	$④_5$	-55.70	砾砂
12	$⑥_2$	-56.20	强风化花岗岩
13	$⑥_2$	-63.10	强风化花岗岩
14	$⑥_3$	-64.60	中风化花岗岩
15	$⑥_4$	-72.40	微风化花岗岩

8.1.4　气象水文条件

施工期间盛行东风和东南偏东风，最大风力达8级，基本在4~6级。常规潮流流速为1m/s，正常高潮水位+1.4m，低潮水位-1.1m，平时浪高0.5m。4月17日下午，发生一次短时强对流灾害性天气，风力8级，浪高1.5~2.0m，伴随大雨和雷电。施工点范围内6月份开始暴雨增多，海面风浪明显增多、增大。6月21日和7月29日受台风影响，人员、船舶均撤离，施工受天气影响明显增大。

8.2　钢管桩加工制作工艺

8.2.1　钢管桩总体构造及特点

港珠澳大桥主体工程桥梁试桩工程大直径钢管分为钢管桩、复合钢管桩和锚桩3种类型。其中，钢管桩桩长85m，由25mm和22mm两种壁厚组成，桩尖段20m壁厚为22mm，其余厚度为25mm，每条桩靠桩顶处设置9道剪力环，全管设置5个吊耳。钢管桩大样图如图8-2-1所示。

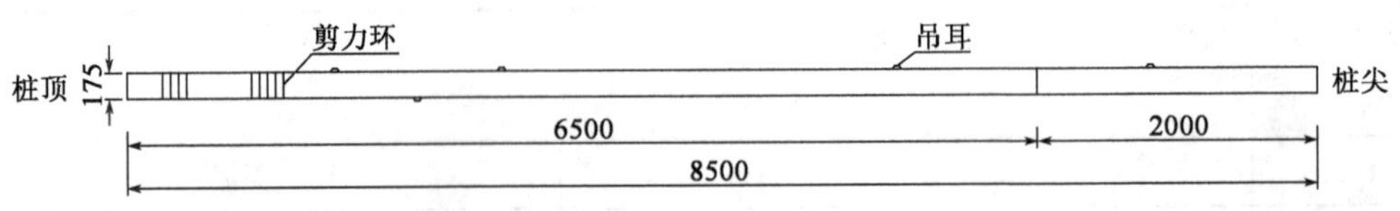

图 8-2-1 钢管桩大样图(尺寸单位:cm)

复合钢管桩设计桩长 64.08m,根据地质补钻结果,桩长变更为 SZ3 长 62.08m,SZ4 长 60.3m,复合钢管桩由 32mm 和 25mm 两种壁厚组成,桩尖处 2m 壁厚为 32mm,其余厚度为 25mm,每条桩靠桩顶处内设 12 道剪力环,全管设置 5 个吊耳。复合钢管桩大样图如图 8-2-2 所示。

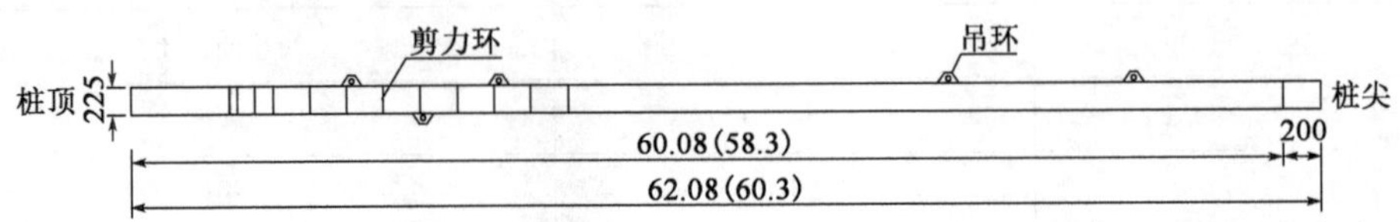

图 8-2-2 复合钢管桩大样图(尺寸单位:m)

钢管桩和复合钢管桩内外均须防腐,外表面采用普通双层环氧粉末涂料,内表面喷涂无溶剂液体环氧涂料,内外涂层喷涂厚度大于 800μm。

8.2.2 钢管桩制作工艺流程

钢管桩的整个制作过程均安排在工厂内进行。针对本试桩项目钢管桩设计的结构特点,在已有钢管桩自动生产线制造技术的基础上,将钢管桩的制作过程分为以下几个工艺阶段:

(1)不同壁厚的钢管分别在生产线上单独制作。

(2)不同壁厚的钢管对接焊成整体。

(3)钢管桩内壁焊接剪力环。

(4)钢管桩内外防腐。

(5)钢管桩上附属结构制作。

钢管桩制作工艺流程如图 8-2-3 所示。

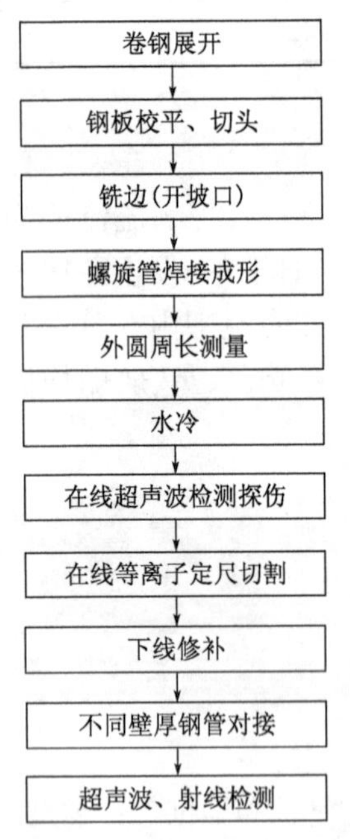

图 8-2-3 钢管桩制作工艺流程

8.2.3 钢管桩制作前期工作

1)材料采购及复验

钢管桩制作材料采用 Q345C 钢材,所有钢卷在生产厂家检验合格后,运输到钢管桩生产工厂,钢卷进场材料清单见表 8-2-1。

钢材的复验在原材料上取样,经过现场监理见证,并在样品上标明钢材卷号、炉号、材质、规格、见证人和日期后,送往检测单位进行检测,钢板复验取样情况见表 8-2-2。

钢卷进场材料清单　　表8-2-1

序　号	炉　号	钢材卷号	规格(mm)	件　数	质量(t)
1	C130741	12021293	25×1500	1	28.52
2	C130740	12021295	25×1500	1	24.04
3	C130740	12021296	25×1500	1	21.63
4	C131000	12026260	25×1500	1	28.96
5	C131000	12026261	25×1500	1	29.48
6	C131000	12026264	25×1500	1	28.84
7	C130740	12023140	25×1500	1	29.17
8	C130740	12023141	25×1500	1	28.68
9	C130740	12023142	25×1500	1	29.09
10	C130740	12023143	25×1500	1	28.85
11	C130741	12023144	25×1500	1	28.6
12	C130741	12023145	25×1500	1	29.08
13	C130741	12023146	25×1500	1	29.16
14	C130741	12023147	25×1500	1	28.74
15	B110910A	1014033A	32×2000×7200	1	3.617
16	B110910A	1014034A	32×2000×7200	1	3.617

钢板复验取样情况表　　表8-2-2

序　号	炉　号	钢材卷号	规格(mm)	试验尺寸(mm)	试验数量
1	C130740	12023140	1500×25×C	25×29.5	1拉、1弯、3冲
2	C130741	12023144	1500×25×C	25×29.5	1拉、1弯、3冲
3	C131000	12026264	1500×25×C	25×29.5	1拉、1弯、3冲
4	C131000	12026260	1500×22×C	25×29.5	1拉、1弯、3冲
5	B110910A	1014033A	1500×32×7200	32×25.5	1拉、1弯、3冲

原材料复验检测标准采用《低合金高强度结构钢》(GB/T 1591—2018)。检测完成后，检测单位出具相应的检测报告，所有进场钢材检验结果均符合标准要求。

2)生产线调试

钢管桩自动生产线上可生产钢管的管径范围为ϕ400～ϕ3050mm，可加工的钢板壁厚为5～25.4mm，单根钢管桩生产长度最长为100m，最大质量为100t。在每个不同规格的钢管桩制作前，针对钢管桩的不同管径、不同板厚均需对生产线进行调试，调试主要包括传动线滚轮架的调整，螺旋焊缝埋弧焊焊接设备位置和焊接速度、电流、电压等参数的调整，冷却设备、超声波连探设备位置的调整，以便生产出符合要求的钢管。整个生产线调试过程需1d时间。

3)焊接工艺评定

(1)钢管及附件焊接方法

试件母材采用材质为Q345C，厚度为25mm。根据《钢制压力容器焊接工艺评定》

(JB 4708—2000),以此试件制作的焊接工艺评定可覆盖焊件母材厚度的有效范围为5~50mm。因此,以此试件制定的焊接工艺评定能够满足港珠澳大桥试桩中钢管桩和复合钢管桩的所有焊接工艺。钢管制作过程中涉及的焊接方法如下:

①对接焊缝(三丝埋弧自动焊,板厚25mm与25mm对接)。

②钢卷对接焊缝(单丝埋弧自动焊+焊条手工电弧焊,板厚25mm与25mm对接)。

③手工电弧焊返修(板厚25mm与25mm对接)。

④管对接焊缝(埋弧自动焊板厚25mm与25mm对接)。

⑤CO_2气体保护构件半自动角焊。

(2)坡口及焊缝形式简图

根据以上焊接方法,具体焊接工艺评定简要如下:

①对接焊缝(三丝埋弧自动焊)(GZA-WPS-001)

母材:Q345C

试板规格:600mm×400mm×25mm

剖口类型:双Y形坡口(图8-2-4)

两端引弧板:150mm×100mm

焊丝:H10Mn2,ϕ4.0mm

焊剂:SJ101

$\alpha=60°;b=0\sim2mm;p=9mm\pm2mm;\delta=25mm$

②钢卷对接焊缝(单丝埋弧焊+焊条电弧焊)(GZA-WPS-002)

母材:Q345C

试板规格:600mm×400mm×25mm

剖口类型:Y形坡口(图8-2-5)

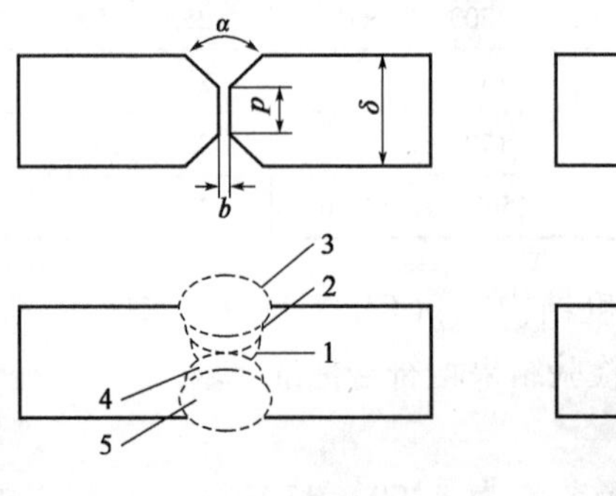

图8-2-4 双Y形坡口

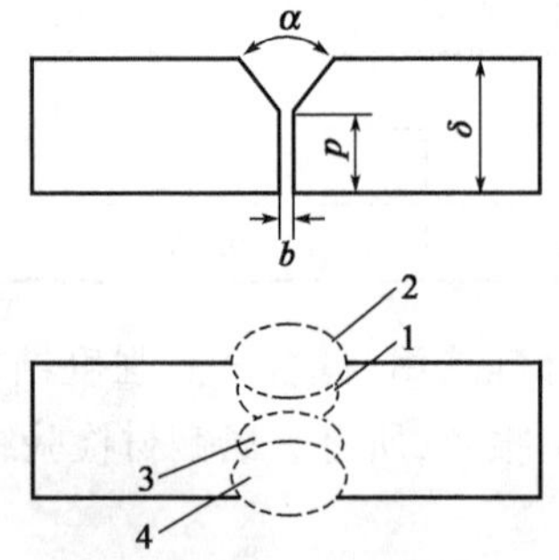

图8-2-5 Y形坡口

两端引弧板:150mm×100mm

焊丝:H10Mn2,ϕ4.0mm

焊剂:SJ101

$\alpha=60°;b=1\sim2mm;p=15\pm2mm;\delta=25mm$

③焊条手工电弧焊缝(GZA-WPS-003)

母材:Q345C

试板规格:600mm × 400mm × 25mm

剖口类型:U 形坡口(图 8-2-6)

焊条:E5015,ϕ4.0mm

$b = 0 \sim 2$mm;$c = (15 \pm 2)$mm;$p = (7 \pm 2)$mm;$\delta = 25$mm

④管对接焊缝(埋弧自动焊)(GZA-WPS-004)

母材:Q345C

试板规格:600mm × 400mm × 25mm

剖口类型:Y 形坡口(图 8-2-5)

两端引弧板:150mm × 100mm

焊丝:H10Mn2,ϕ4.0mm

焊剂:SJ101

$\alpha = 45°$;$b = 0 \sim 2$mm;$p = (7 \pm 2)$mm;$\delta = 25$mm

⑤CO_2气体保护半自动焊(GZA-WPS-005)

母材:Q345C

试板规格:350mm × 120mm × 25mm,350mm × 60mm × 25mm

焊缝类型:角焊缝(图 8-2-7)

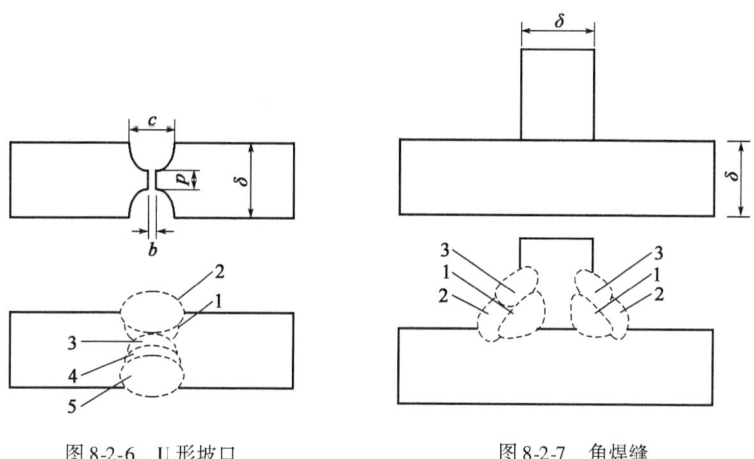

图 8-2-6　U 形坡口　　　　图 8-2-7　角焊缝

焊丝:ER50-6,ϕ1.2mm

保护气体: CO_2

$\delta = 25$mm

注:埋弧自动焊使用的焊剂 SJ101 和焊条 E5015 必须经过 300 ~ 350℃ 烘干 1 ~ 2h,经 100℃保温后再使用;所有施焊者必须持有相关施焊证书。

(3)焊接接头力学性能检测

本次焊接试验的母材厚度为 $\delta = 25$mm,根据《承压设备焊接工艺评定》(NB/T 47014—2011),板厚为 25mm 时,其拉伸试验和弯曲试验的取样方法为:拉伸试样 2 块、侧弯试样 4 块(2块背弯、2 块面弯)、冲击试样 6 块、角焊缝取样做宏观分析。焊接工艺评定取样的具体种类和数量见表 8-2-3。

焊接工艺评定取样的具体种类和数量　表 8-2-3

<table>
<tr><td rowspan="3">试件编号</td><td colspan="5">试样的类别和数量(个)</td></tr>
<tr><td>拉伸试验</td><td colspan="2">弯曲试验</td><td colspan="2">冲击试验</td></tr>
<tr><td>拉伸试样</td><td>背弯试样</td><td>面弯试样</td><td>焊缝区</td><td>热影响区</td></tr>
<tr><td>GZA-WPS-001</td><td>2</td><td>2</td><td>2</td><td>3</td><td>3</td></tr>
<tr><td>GZA-WPS-02</td><td>2</td><td>2</td><td>2</td><td>3</td><td>3</td></tr>
<tr><td>GZA-WPS-03</td><td>2</td><td>2</td><td>2</td><td>3</td><td>3</td></tr>
<tr><td>GZA-WPS-04</td><td>2</td><td>2</td><td>2</td><td>3</td><td>3</td></tr>
<tr><td colspan="6">角焊缝</td></tr>
<tr><td rowspan="2">GZA-WPS-05</td><td colspan="5">宏观分析</td></tr>
<tr><td colspan="5">5</td></tr>
</table>

焊接试板制作和取样均有现场监理站,每种试板上标明所使用的焊接工艺、试验操作人、试验日期和见证人信息。试板取样完成后,进行标志送检,进行焊接接头的拉伸与弯曲试验检测、焊接接头的冲击试验检测。检测完成后,出具每种焊接接头的力学性能检测报告,显示所有检验结果符合设计要求,可用于指导后续钢管桩的生产。

8.2.4 钢管桩制作流程

钢管桩制作流程主要为:钢卷展开 → 钢板校平、开剖口 → 桩头制作与切割 → 内外螺旋焊缝焊接 → 超声波和 X 射线检测 → 在线切割 → 下线修补 → 钢管的场内转运和吊装。

1)钢卷展开

钢管制作前,车间内用 50t 龙门吊将钢卷从原材料存放区转运吊装上主机,钢卷通过主机两侧的驱动轮进行展开,如图 8-2-8 所示。

2)钢板校平、开剖口

钢卷展开后,通过碾压滚轮进行校平,再调整铣边机。根据工艺要求,两边同时开制焊缝剖口,如图 8-2-9 所示。

图 8-2-8　钢卷从主机上展开

图 8-2-9　钢板校平、铣焊接剖口

3)桩头制作与切割

每种规格钢管桩制作前,都需制作桩头,用于导引后面钢管在生产线上的正常生产。桩头制作时,通过调整生产线制作参数,把桩头的外观尺寸和加工精度调试到满足设计和规范要求。桩头在钢管桩下线后需切除,即将钢管桩放置于滚轮架上,在桩头割除部位固定一切割机,通过滚轮的转动带动钢管桩转动,进行桩头切割,如图8-2-10所示。

4)内外螺旋焊缝焊接

螺旋焊缝在生产线上通过内外三丝埋弧焊进行焊接(图8-2-11),其焊接工艺参数如焊接电流、电压、速度通过焊接工艺评定合格后的焊接工艺确定。在生产线上进行螺旋管焊接时,现场有详细的生产记录,记录每条钢管桩的生产时间、生产线上各个工位的操作人员姓名、生产线的生产参数,确保每条钢管生产过程的可追溯性。

图8-2-10　钢管桩桩头切割

图8-2-11　钢管桩螺旋焊缝焊接

5)超声波和X射线检测

钢管桩制作过程中,生产线上有超声波连探仪器对螺旋焊缝进行100%在线检测,如图8-2-12所示。连探仪器跟在冷却水后面,采用水作为耦合剂,检测结果在控制室显示,遇到报警信号,工作人员对该部位做出标记,以便钢管在生产线上制作完成后下线进行返修。3种钢管桩在线连探结果见表8-2-4。

3种钢管桩在线连探结果　　表8-2-4

钢管类型	钢管桩	复合钢管桩	锚桩
螺旋焊缝长度(m)	238×2	302×2	281×6
缺陷数量(处)	6+2	3+4	4+3+2+0+4+3
缺陷长度(m)	2.79+2.3	1.03+1.52	1.34+0.75+0.62+0+1.37+0.99
缺陷率(%)	1	0.42	0.3

图 8-2-12　在线超声波检测

钢管桩下线修补完成后,检测人员对返修部位进行超声波复查,如图 8-2-13 所示。超声波检测合格后,对整条钢管桩按照要求进行 X 射线探伤检测。为减少 X 射线拍片时对周边人员的影响,射线检测一般安排在场外的晚上进行。

为确保钢管桩的焊缝质量,项目部组织了中国船级社作为第三方对所有的钢管桩进行抽检,抽检频率为原超声波检测和 X 射线检测数量的 30%,超声波检测按照《焊缝无损检测　超声检测技术、检测等级和评定》(GB/T 11345—2013)、X 射线检测按照《焊缝无损检测　射线检测　第 1 部分:X 和伽玛射线的胶片技术》(GB/T 3323.1—2019)进行。抽检结果显示所有钢管桩未发现超标缺陷,评定为合格。

6)在线切割

根据钢管桩的设计长度,在生产线滚轮架上采用等离子进行在线切割,如图 8-2-14 所示。切割完成后,将前端制作好的钢管桩采用 2 台 50t 龙门吊转运出生产线,后端继续进行同种规格钢管桩的制作。

图 8-2-13　钢管桩下线修补完成后超声波检测

图 8-2-14　钢管桩在线切割

7)下线修补

钢管桩下线后,将其放置在滚轮架上,用手工焊对在线探伤做出标记的缺陷部位进行修补,对外观质量不合格的部位进行打磨、补焊修顺,如图 8-2-15 所示。

8)钢管的场内转运和吊装

钢管桩在车间内制作完并经检查合格后,采用 2 台 50t 龙门吊抬吊转运出制作车间,进入防腐涂装车间,如图 8-2-16 所示。对钢管桩进行转运时,由专人统一指挥,保证 2 台龙门吊行走同步,防止出现偏载的情况。

图 8-2-15　钢管桩在滚轮架上修补

图 8-2-16　钢管桩场内转运

8.2.5　钢管桩防腐涂装

1)总体方案

(1)制作检验合格后,将钢管桩吊运至环氧粉末防腐生产车间进行外防腐涂装。外防腐完成后直接进行内防腐涂装,涂装前用牛皮纸保护预留吊耳和试验线槽的安装位置。

(2)防腐涂装后,去除牛皮纸,用砂轮机磨出吊耳和试验线槽安装位置。

(3)吊耳、试验线槽和盖板焊接完成后,对需要补涂的部位打磨清除铁锈,再进行液体环氧防腐涂装。

2)前期准备工作

钢管桩防腐的前期工作包括防腐涂料的取样复验、生产线和设备调试、涂装工艺试验。

(1)防腐涂料取样复验

钢管桩外防腐采用 SEBF-6-1G 和 SEBF-6-3G 环氧粉末涂料,内防腐采用 SLF-2G 无溶剂环氧涂料。防腐涂料进场使用前,现场进行取样检测,每种涂料取样 1kg 送检,防腐原材料经试验检测合格后方可投入使用,如图 8-2-17 所示。

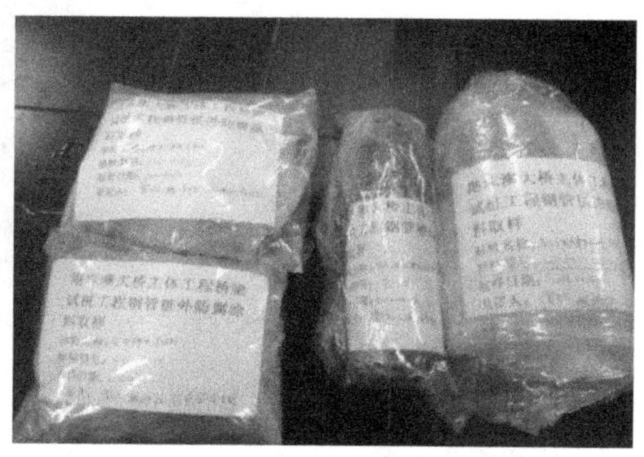

图 8-2-17　防腐涂料送检样品

涂料的检测项目中,耐久性试验需要 40d 左右才能出检验结果,而出具正规的检测报告则需要更长的时间。因此,涂料的复验工作需提前 2 个月进行。

(2)生产线和设备调试

钢管桩外防腐生产线长260m,主要由传送系统、除锈系统、中频加热系统、喷涂防腐系统、冷却系统组成。生产线可防腐钢管桩的管径为ϕ400～3050mm,单根最大长度为120m。钢管桩进入外防腐车间前,现场人员对整条生产线进行调试。调试的主要内容包括传送系统轮子的角度、变频器的数值、抛丸机密封口的大小、中频加热线圈的大小、中频功率的大小及粉末喷枪与钢管的距离。

(3)涂装工艺试验

在钢管桩防腐正式施工前,制作防腐试验段,涂层的工艺试验在试验段上进行取样,封存送检,如图8-2-18所示。检测结果显示每项技术指标均满足设计要求。

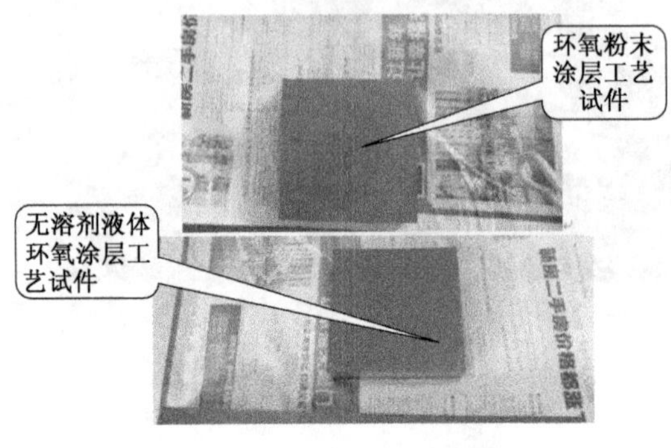

图8-2-18　涂料涂层工艺送检试件

3)防腐涂装

(1)进管

钢管桩制作经检验合格后,采用2台50t龙门吊将钢管桩吊装放置到防腐车间的滚轮架上,钢管桩通过滚轮架送管进入防腐车间。钢管桩的进管速度为0.29m/min,复合钢管桩的进管速度为0.33m/min。

(2)钢管桩外壁抛丸除锈

钢管桩外壁采用抛丸机进行除锈。在生产线上布置了一套下置式抛丸机,磨料采用钢丸。抛丸机除锈能力为500～800m^2/h,动力输入功率为50kW,除锈传动线采用变频控制,控制精度高,调整方便,如图8-2-19所示。

图8-2-19　钢管桩外防腐抛丸除锈

(3)中间平台

抛丸除锈后的钢管桩经传动线进入中间平台,逐根检查钢管桩表面质量、表面清洁度、锚纹深度等,除锈等级达到Sa2.5级、锚纹深度达40～100μm后进入涂敷生产线,如图8-2-20所示。

(4)中频加热

外防腐生产线上配有一套KGPS-200/0.4-1中频电源和配套的加热线圈,快速均匀地将钢管桩即将进入喷涂的部位加热到232℃左右,如图8-2-21所示。该装置配有温度监测系统,确保施工过程加热温度的稳定。

图 8-2-20　钢管桩中间输送

图 8-2-21　钢管桩涂装前加热

(5)粉末喷涂

粉末喷涂处有 26 把内置式静电喷枪，分两组，喷涂双层环氧粉末涂层时，第一组 13 把喷枪喷涂内层粉末(控制厚度≥400μm)，第二组 13 把喷枪喷涂外层粉末(控制厚度≥400μm)，将外防腐涂层总厚度有效控制在 800μm 以上。外涂层涂敷在内层胶化完成前进行，且应保证外层环氧粉末所要求的固化温度，如图 8-2-22 所示。

(6)水冷系统

防腐生产线粉末喷涂系统后面，布置有两套大流量的水冷系统，冷却水量为 300m³/h，水冷段长 15m，保证钢管桩外防腐完成后出桩温度不高于 60℃，可直接进行吊装下生产线，进行下一条钢管桩的防腐作业，如图 8-2-23 所示。

图 8-2-22　钢管桩外防腐喷涂

图 8-2-23　钢管桩冷却

(7)涂层质量检测

防腐桩的表面涂敷质量由成品桩监控区监控，包括检测防腐桩的外观、厚度、针孔检漏、留端长度等。为全面检查防腐层漏点状况，在作业线上安装有在线针孔检漏仪。在钢管桩运动状态下可测出漏点，并标上相对针孔位置的标记，以便钢管桩下线到检测平台后人工检测修补，检漏电压为 5V/μm，如图 8-2-24 所示。

图 8-2-24　涂层质量在线检测

(8)外防腐涂装小结

外防腐涂装采用生产线全自动化作业,在钢管桩防腐制作过程中作业稳定,生产效率高,质量满足要求。复合钢管桩的试验线槽布置在钢管桩外壁,外防腐作业前,需对试验线槽和吊耳部位进行保护,因防腐涂装前存在高温,现场用牛皮纸将需要防护的部位贴起来,但牛皮纸粘在钢管桩上面不容易去除,比较费时。

对钢管桩进行超声波检测时,耦合剂不能太多、太稠,因为它对钢板有腐蚀作用。钢管桩喷砂完成后,有些部位留有耦合剂,如果直接喷涂,会对涂料的附着性能产生影响,因此需要对这些部位进行清理。现场用中频加热器将钢管桩含有耦合剂的部位加热到200℃,再在生产线上用水冲洗,冲洗完后,等钢管桩表面氧化,再重新进行喷砂除锈以及加热喷涂。

4)内防腐涂装

(1)内壁高压无气喷涂工艺流程图

钢管桩内壁采用高压无气喷涂工艺,其工作流程如图 8-2-25 所示。

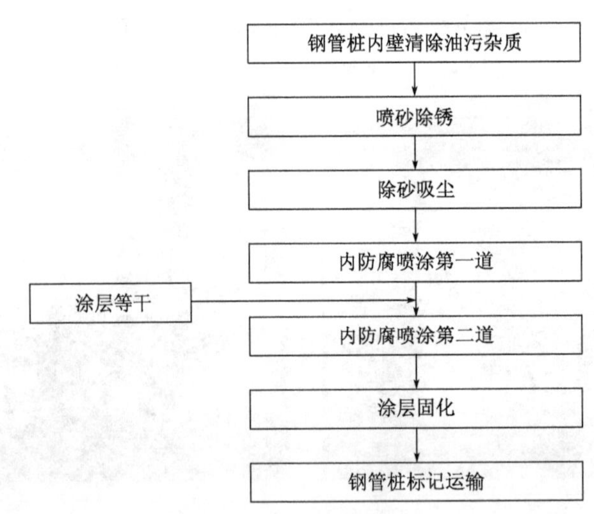

图 8-2-25　钢管桩内壁防腐工艺流程

(2)喷砂除锈

钢管桩内防腐前采用空气压缩机高压喷砂进行除锈,受工作面和喷砂作业环境影响,钢管桩内最多可同时容纳 2 人进行喷砂作业,每名作业人员的喷砂效率为 $20m^2/h$。钢管桩内防腐喷砂除锈如图 8-2-26 所示。

喷砂磨料采用铜矿砂,整个钢管桩内壁喷砂除锈完成后,通过吸砂机及人工清铲配合收砂。为保证经铜矿砂处理的表面具有符合要求的粗糙度和清洁度，工人在使用过程中应定期对磨料进行检查，对回收后的矿砂进行筛选及粉尘分离，清除废砂并及时补充新砂。

采用1台$10m^3$空气压缩机和移动式喷砂机进行喷砂作业，其压缩空气经过滤、冷却、油水分离达到清洁、干燥的要求，喷枪出口空气压力为0.55～0.7MPa，喷砂效果满足施工规范要求。

(3)内防腐喷涂

钢管桩内防腐采用高压无气喷涂工艺，分两道喷涂，每道喷涂400μm。钢管内可同时容纳2人操作2把喷枪同时作业，每名工作人员的喷涂效率为$55m^2/h$，如图8-2-27所示。

图8-2-26　钢管桩内防腐喷砂除锈

图8-2-27　钢管桩内防腐涂层

喷涂过程中应注意：

①钢管涂敷前，应按涂料生产商推荐的方法准备涂料。应按照涂料生产商提供的产品说明书给出的配比、工艺要求、施工条件和环境温度要求配制涂料。

②喷涂过程中，喷枪应匀速行走，涂料送给应保证雾化良好，确保涂层平整、无流挂、无划痕。

③第二道内防腐喷涂前，对第一道底漆进行检查，确定涂层表干后再进行作业。

5)防腐涂层修补

钢管桩在运输过程中的破坏部位以及吊耳、试验线槽部位需要进行防腐涂层修补，具体要求按照《钢质管道熔结环氧粉末外涂层技术规范》(SY/T 0315—2013)和《埋地钢质管道双层熔结环氧粉末外涂层技术规范》(Q/CNPC 38—2002)标准进行，修补用材料为双组分无溶剂液体环氧涂料，如图8-2-28所示。

对钢管表面的补涂区域，在补涂之前必须进行除锈，其表面质量应达到St3级，处理后表面不得有油污及灰尘。

6)各防腐工序时间

钢管桩防腐工序汇总见表8-2-5。

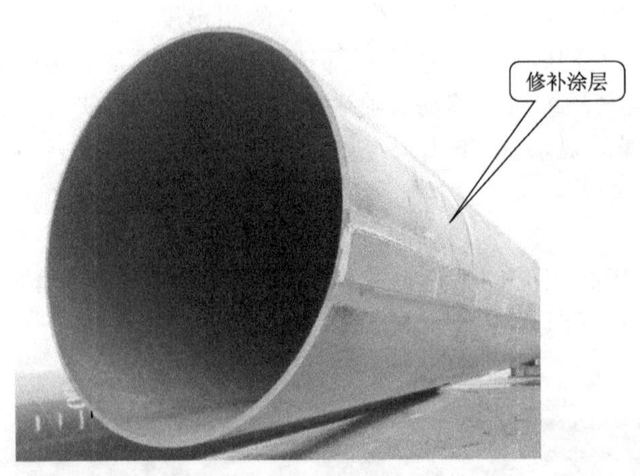

图 8-2-28 钢管桩涂层修补

钢管桩防腐工序工期汇总

表 8-2-5

工 序 名 称	时间(h)
外防腐	9
内表面喷砂 + 内防腐第一道	36
涂层等干	24
第二道内防腐	12

8.2.6 钢管桩附属结构制作

钢管桩的附属结构主要包括剪力环、试验元件和吊耳。

1)剪力环制作与安装

进行复合钢管桩剪力环设计时,从原来的桩顶到桩尖 58 道剪力环优化为桩顶的 12 道剪力环,每道剪力环的构造需要考虑到现场的制作和安装工艺。为便于剪力环和护筒内壁紧贴,将每道剪力环分成 4 段制造,相邻段间距为 20cm,如图 8-2-29、图 8-2-30 所示。

图 8-2-29 剪力环制作

图 8-2-30 剪力环安装焊接

为对比复合钢管桩钻孔施工时不同剪力环截面对泥浆滞留情况的影响,将复合钢管桩上第三、四、五道剪力环设计为一半矩形截面、一半梯形截面,如图8-2-31所示。

图8-2-31　剪力环截面对比

2)试验元件的安装

(1)试验元件介绍

钢管桩和复合钢管桩试验元件主要包括线槽与盖板安装焊接、试验元件的安装固定和防护等。两种钢管桩试验元件的截面如图8-2-32、图8-2-33所示。

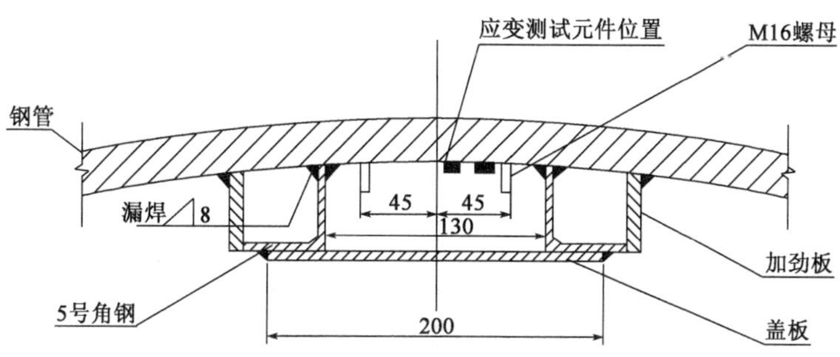

图8-2-32　钢管桩试验元件截面(尺寸单位:cm)

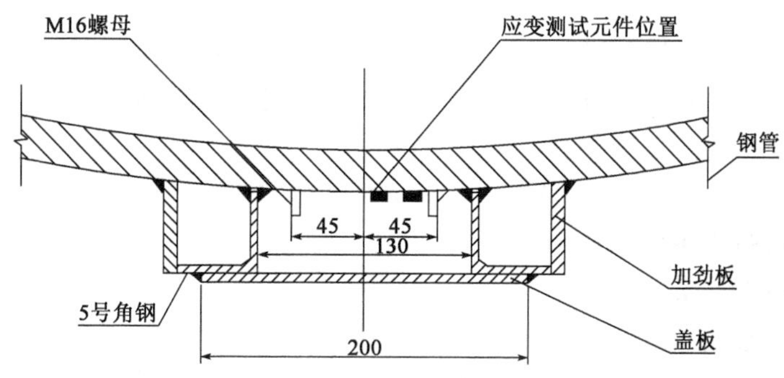

图8-2-33　复合钢管桩试验元件截面(尺寸单位:cm)

在防腐完成后，开始制作、安装试验元件，其工作流程如图 8-2-34 所示。

(2)试验线槽安装焊接

试验线槽采用 50mm×50mm 角钢制作，在桩底 15m 范围内进行加劲，桩尖位置设计成密封尖形，减少钢管桩振入过程中基础对试验线槽的阻力。试验线槽采用地面预制、分段安装的方式进行，如图 8-2-35 所示。

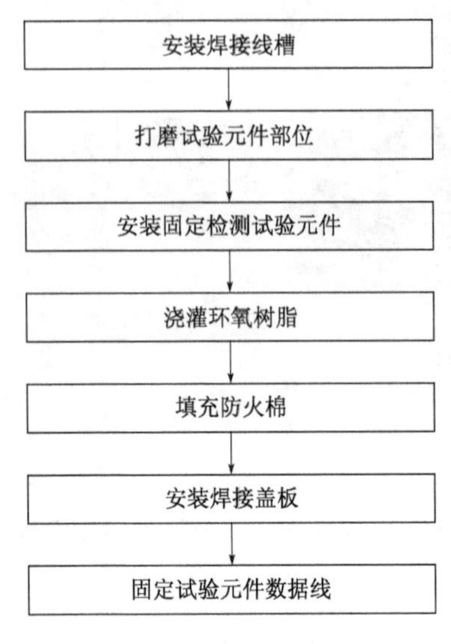

图 8-2-34 试验元件制作、安装工作流程

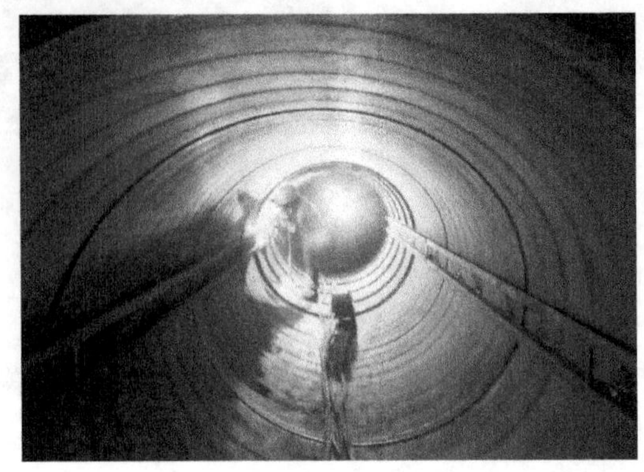

图 8-2-35 试验线槽安装焊接

(3)试验元件安装固定检测

将钢管桩放置在滚轮架上，通过滚轮带动钢管桩旋转，将试验线槽旋转至水平位置，以便于工作人员作业。

作业人员首先根据试验元件安装的设计图纸在钢管桩上放样出其安装的位置并进行打磨，然后用双组分环氧树脂 AB 胶将试验元件固定在钢管桩上，同时整理试验元件的数据线并拉伸至钢管桩外。用计算机对试验元件逐个进行检测，确定所有试验元件完好后，将所有试验元件的数据线捆在一起，固定在线槽内的 M16 螺母上，如图 8-2-36 所示。

(4)试验元件防护

试验元件安装固定好以后，把线槽内部的垃圾、灰尘清理干净，将试验元件和数据线全部用环氧树脂进行覆盖保护。环氧树脂固化后，在其上面覆盖防火棉，铺上盖板，将整个安装有试验元件的线槽进行密封保护，如图 8-2-37 所示。

试验元件安装防护完成后，将预留在线槽以外的数据线进行整理并包扎固定，防止在钢管桩运输、吊装、打桩过程中脱落、破损，如图 8-2-38 所示。

3)吊耳的制作与安装

吊耳采用提前预制、整体安装的方法进行。吊耳安装在钢管桩防腐完成后进行，在进行吊耳设计时，需要根据钢管桩吊装、运输和打桩工艺确定好吊耳的形状尺寸和吊点的位置。根据施工现场实际情况，钢管桩和复合钢管桩的吊点位置变更如图 8-2-39、图 8-2-40 所示。

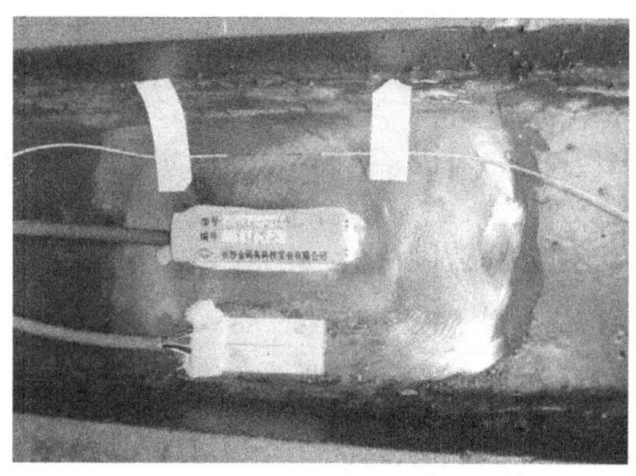

图 8-2-36　试验元件安装固定

图 8-2-37　试验元件防护

图 8-2-38　试验数据线固定

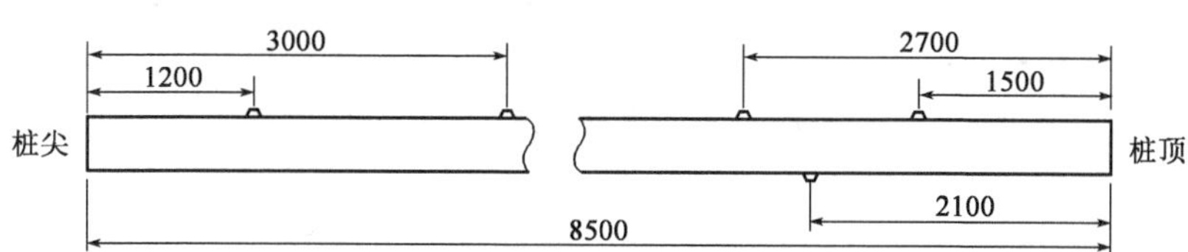

图 8-2-39　钢管桩吊点位置变更(尺寸单位:mm)

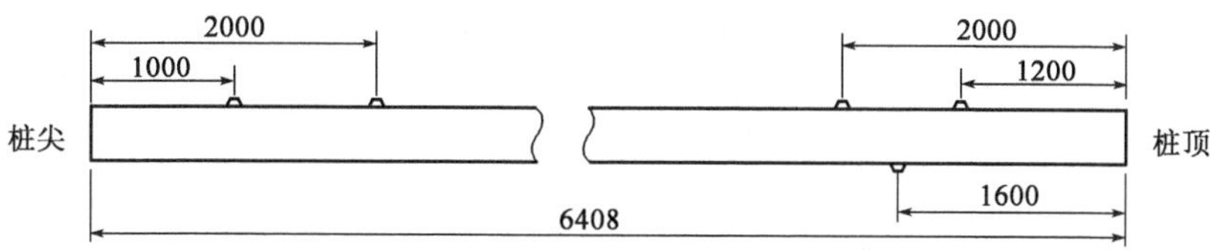

图 8-2-40　复合钢管桩吊点位置变更(尺寸单位:mm)

图 8-2-41　钢管桩刻度标线

焊接吊耳时，在吊耳周围用湿棉布加以防护，以降低焊接高温对周边涂层的影响。

4)钢管桩刻度标线

为便于钢管桩插打施工时测量观察其下沉情况，需在钢管桩上标注刻度标线。刻度标线对称布置在钢管桩的两侧，与两组吊耳面垂直，标线刻度颜色需与钢管桩的外表面颜色对比鲜明，以便于观测读数。根据打桩要求，钢管桩的上端 20m 按 0.1m 间距标注刻度，20m 以下按 1m 间距标注刻度，如图 8-2-41 所示。

8.3　钢管桩装船运输

8.3.1　运输总体方案

(1)将钢管厂制作好的钢管桩运输到打桩现场，分三步进行。

第一步：钢管桩场内运输到装船码头。

第二步：钢管桩下水装船。

第三步：钢管桩通过运输船水上运输到打桩现场。

(2)钢管桩装船运输具体流程如下：

钢管桩运至码头→试吊→船停靠码头→钢管桩下水装船→钢管桩船上固定→运桩船海上运输航行→运输船在打桩船旁抛锚定位→打桩船取桩→运桩船返航，进行下轮运输。

8.3.2　运输工具选择和装船方案

钢管桩运输可采用大型平驳船或货船进行。选型时，需根据所运输钢管桩的外形尺寸和船体构造确定装船方案。现场钢管桩运输船舶主要参数见表 8-3-1。

现场钢管桩运输船舶主要参数(m)　　表 8-3-1

序　号	船舶参数	参数值
1	船长×船宽	82.8×17
2	满载水线长	78.34
3	空载吃水	1.023
4	满载吃水	2.5
5	型深	4
6	货仓尺寸	长×宽×深：62.5×14×2

根据钢管桩的数量、长度、直径参数、打桩顺序和运输船参数,将钢管桩分两船运输,第一次运输 2 根钢管桩和 3 根锚桩,第二次运输 3 根锚桩和 2 根复合钢管桩,如图 8-3-1、图 8-3-2 所示。

图 8-3-1　钢管桩装船

图 8-3-2　钢管桩运输

8.3.3　横向加固措施和竖向支撑

钢管桩由船运输时,将其刚性固定在船舱内,同时需尽量避免钢管桩与其余物体发生刚性接触,以防桩头变形和涂层磨损。现场钢管桩在运输过程中的加固支撑措施如下:

(1)钢管桩下方采用 25cm × 25cm × 100cm 方木进行支垫。

(2)钢管桩在船上的头尾处各设置 3 道钢斜撑。

(3)钢管桩和船舱底部高差大于 1m 时,采用方木进行支撑,方木与钢管桩接触两侧用梯形木横向卡住钢管桩,方木之间用马钉进行连接,加强支撑的整体性。

(4)钢管桩与钢管桩之间插入方木进行分隔。

钢管桩船上加固和支撑措施如图 8-3-3 所示。

图 8-3-3　钢管桩船上加固和支撑措施

8.3.4　钢管桩装船运输

钢管桩可由平板拖车运至现场,用吊车卸于桩机一侧,按打桩先后顺序及桩的配套要求堆放,并注意方向。当场地较宽时,宜单层排列。

(1)进行运输设备选型时,所选船舶需满足钢管桩平卧在船体甲板上,允许钢管桩部分露出船体以外。

(2)装船时,钢管桩在船上的高度不能超过驾驶员的视线。

(3)钢管桩竖向支撑高度需大于吊耳高度,防止吊耳受压变形。

(4)钢管桩与钢管桩之间用方木隔开,防止涂层受损。

(5)钢管桩装船时要按照与打桩船打桩相反的顺序进行,提前规划好打桩船和运桩船的摆放位置,并根据取桩工艺确定钢管桩在船上的摆放方向。

(6)钢管桩由船运输时,必须将桩两端进行刚性固定,防止钢管桩在船舱内滚动造成船体失稳。

(7)船舶航行过程中,应时刻关注海上天气信息,风浪大于6级、浪高超过2m时,船舶应进行回避。

(8)船舶夜间航行时,需打开航标灯,关闭驾驶室照明灯,同时关注周边船只的出没情况,防止发生安全事故。

(9)钢管桩运输时,需有专门技术人员跟踪,检查钢管桩在船上的稳定情况。

8.4 钢管桩沉桩

8.4.1 钢管桩施工工艺概述

为减小噪声污染及激波对海洋生物的影响,钢管采用液压打桩锤打入。

按试验要求,K19+003钢管桩需进行一次沉桩和二次沉桩。一次沉桩采用三航桩19号打桩船自带BSPHH30液压打桩锤,在该锤无法将钢管(包括锚桩)打设至设计高程的情况下,将钢管打至贯入度小于3mm为止;之后再使用IHCS600液压打桩锤进行二次沉桩,将钢管打到设计高程。

K27+033复合钢管桩的钢管利用三航桩19号打桩船直接打到设计高程。

8.4.2 钢管桩施工工艺流程

钢管桩施工工艺流程如图8-4-1所示。

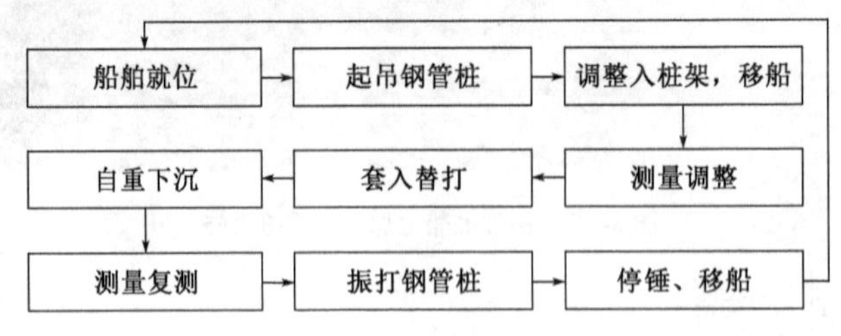

图8-4-1 钢管桩施工工艺流程

8.4.3　沉桩顺序

施工准备包括:平整和清理场地;测量定位放线;标出桩心位置,并用石灰撒圈,标出桩径的大小和位置;标出打桩顺序和桩机开行路线,并在桩机开行部位铺垫碎石。

确定施工顺序前应对工程性质、地质资料、桩的特点、规格、布局情况、密度、工程量、地貌环境、设计要求、工程期限以及拟采用的施工机械等予以切实掌握,综合分析,然后规划打桩施工。

钢管桩施工,有先挖土后打桩和先打桩后挖土两种方法。在软土地区,一般表层土承载力尚可,深部地基承载力则往往很差,且地下水位较高,较难以排干。为避免基坑较长时间大面积暴露被扰动和便于施工作业,一般采取先打桩后挖土的施工方法。它的施工顺序是:现场三通一平→打桩→切桩→安混凝土圆盖→堵住桩头→填沙将坑口填平→设井点降低地下水位→进行基坑机械化挖土施工→清理基坑,修整边坡→焊桩盖,浇筑垫层混凝土→绑扎钢筋、支模板,浇筑混凝土基础承台。

大量桩体逐渐打入土中后,地基压缩,土密度增高,桩周围的土向侧向及垂直方向位移,形成打桩场地的沉陷或者隆起,而且波及范围较广。钢桩的截面面积较小,钢管桩下端开口,与其他打入式实心桩体相比,挤土量较其他类型实心桩小,但仍存在一定的挤土量,这些挤土影响,也会造成已打好桩的位移和对周围地下管线及建筑物的危害。因此,合理安排钢桩施工顺序,将有利于保证桩的施工质量与打桩进度。这对桩数多、桩距密的群桩基础尤为重要。因此,选择施工顺序的基本原则如下。

对桩数少的基础或条形基础:先长桩后短桩;先实心桩后空心桩;先小直径桩后大直径桩;对桩数多、桩距密的群桩,除遵照上述原则外,尚需注意:先打中间桩,逐渐向外围扩展;往后退打;处于桩机回转半径范围内的桩可安排在同一流水范围内;桩机运行路线较短,移动次数少;桩机下铺设的厚钢板要布置得当,尽可能做到多留出些样桩数,减少倒运钢板作业。

对于沉桩顺序,根据打桩船的船型特征(船长、船宽及型深等)及钢管桩的间距进行模拟定位,在确定船体平转及沉桩顺序可实施性的前提下,尽量做到一次抛锚驻位就施打完1个施工点。因此,基本按照桩径种类逐排打,以节省中间更换替打时间。K19+003施工点需打设两种直径的钢管桩:直径为1.7m的钢管桩和锚桩,以及直径为1.0m的平台支承桩。由于该处替打可以兼容这两种直径的钢管桩,因而可以按照一次抛锚驻位施打完所有钢管桩。实际施工时,由于锚桩MZ3未能打至设计高程,导致无法在打桩船不重新抛锚移位的情况下打设靠南侧靠船桩,故将K19+003施工点钢管平面布置及打桩顺序调整为如图8-4-2所示顺序。

K27+033施工点需打设两种不同直径钢管桩:内径为2.2m的复合钢管桩钢管及内径为1m的平台支承桩,其替打不能兼容,因此打设过程中需更换替打;如按原有设计图纸打设(图8-4-3),须更换两次替打,而每次更换需要至少1d时间。因而在不影响后期施工的前提下,为减少替打更换次数,从而节省钢管桩打设工期,故将复合钢管桩平台支撑钢管布置及打设顺序进行调整,如图8-4-4所示,即更换一次替打并重新抛锚定位。

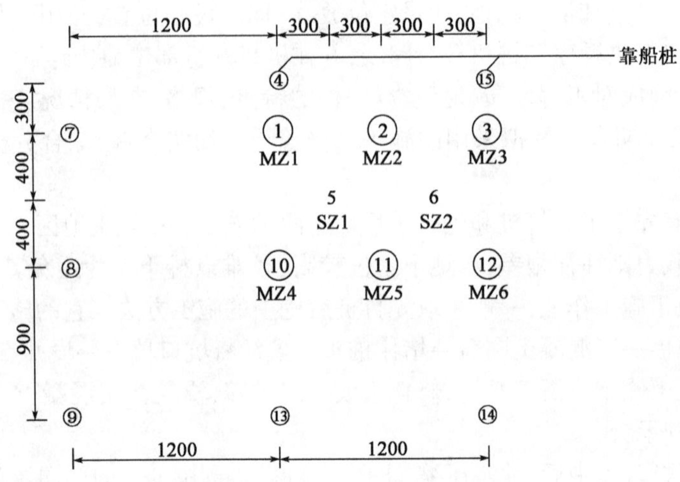

图 8-4-2　K19 +003 施工点钢管平面布置及打桩顺序(尺寸单位:cm)

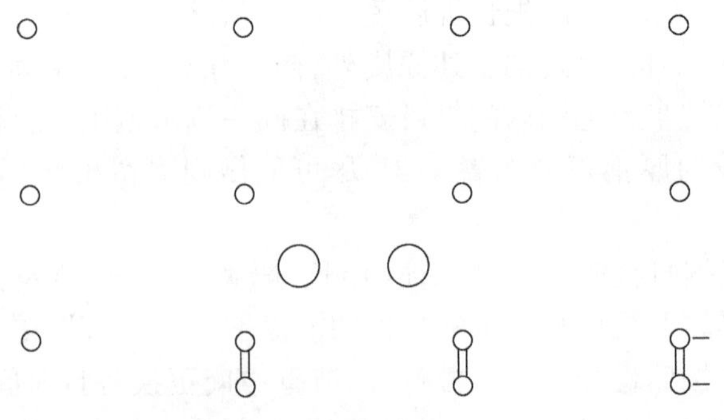

图 8-4-3　K27 +033 原设计钢管位置

8.4.4　沉桩设备及人员组织

1)主要施工设备

(1)打桩船

本工程所有试桩中,大直径钢管桩桩长最长(约 85m),复合钢管桩钢管最重(约 88t);K19 试桩位置泥面高程约 -6.5m,K27 试桩位置泥面高程约 -5.5m,海区最低潮位约 -0.5m;三航桩 19 号打桩船(图 8-4-5)架高 95m,吊重 120t ×2,故能满足本工程沉桩高度和吊重要求。其性能参数见表 8-4-1。

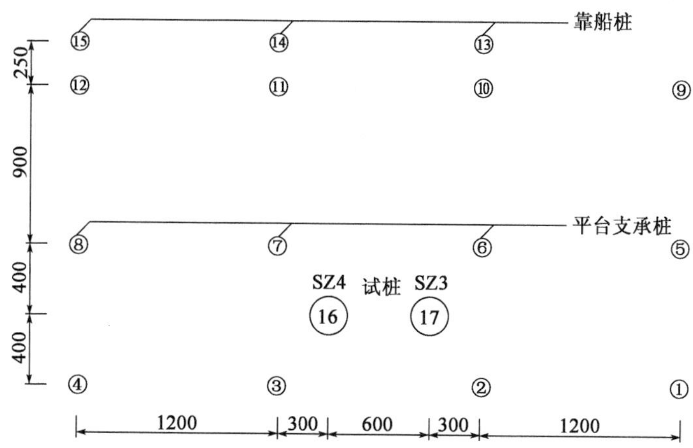

图 8-4-4 K27 +033 钢管位置及打桩顺序(尺寸单位:cm)

图 8-4-5 三航桩 19 号打桩船

三航桩 19 号打桩船性能参数 表 8-4-1

船舶参数		桩架参数	
船长(m)	71.73	倒架后的最高点(m)	44.75
船宽(m)	27.00	最高点距水面(m)	95.00
型深(m)	5.20	吊桩点距水面(m)	80.00
满载吃水(m)	2.65	最大植桩长度(m)	82 + 水深
桩架起重性能		抱桩器距水面(m)	14.7
大钩质量(t)	2 × 120	甲板机械参数	
小钩质量(t)	1 × 80	锚车(t)	10 ×30
锤吊质量(t)	100	锚缆(m)	500(最大)
可打最大桩径(m)	3	海军锚(t)	8 × 10
可打最大桩质量(t)	120	—	—

(2)吊打起重浮吊

对于大直径钢管桩二次沉桩,其中试桩SZ2桩顶高程最高为+17.50mm,离水面最大高差为18m;而IHCS600液压打桩锤重67t,高度为12.62m,其替打高度约3.5m;因而采用浮吊吊打的方式进行二次沉桩,其起吊高度须大于40m。最后选用广州打捞局“南天鹏”浮吊(图8-4-6),其起吊能力为500t,总吨位为3466t,净吨位为1039t,吊高达50m以上,满足本工程起吊高度和吊重要求。

图8-4-6 “南天鹏”浮吊

(3)打桩锤

打桩机械的选择要根据工程地貌、地质、配套锤的型号、外形尺寸、重量、桩的材质、规格及埋入深度、工程量大小、工期长短等而定。打桩机的形式很多,有桅杆式(履带行走)、柱脚式、塔式、龙门式等,其中以三点支撑桅杆式(履带行走)柴油打桩机使用较为普遍。打桩机具有桩架移动机动灵活,可做全向转动,导杆垂直度可全方位调节,锤、导杆可自由上下移动,可做各种角度微调,打桩精度较高,整体稳定性好,操作方便安全,工效较高等特点;但其对场地要求较高,要铺填10~30cm碎石并碾压密实。其主要型号有日KH100、KH180、IPD80、IPD90、D308、D408型等;柴油桩锤型号主要有日MH72B、K25、K35、H45、K60及IDH35、IDH45型等。

在开始沉桩时,选用三航桩19号打桩船自带BSPHH30型液压锤,其具体参数见表8-4-2。

BSPHH30型液压锤技术参数 表8-4-2

技术参数		单位	数量
主要参数	最大额定能量	t·m	36.00
	最大净冲击能	t·m	34.20
	最大行程	m	1.20
	最小自动行程	m	0.20
	1.2m行程时锤击速度	锤/min	27.00

续上表

技术参数		单位	数量
质量及尺寸	包括从动件在内的钩头总质量	t	56.00
	锤心质量	t	30.00
	总长度(桩帽和起重滑车除外)	m	6.02
	桩帽长度	m	2.00
	锤长度	m	1.96
	锤宽度	m	2.55
	锤中心至导柱正面距离	m	0.90

二次沉桩选用IHCS600液压锤,经计算能满足沉桩要求。IHCS600液压锤及其相关参数如图8-4-7所示。

图8-4-7　IHCS600液压打桩锤及其相关参数

2)主要设备与人员组织

主要投入设备有打桩船1艘,负责插打钢管桩;货船2艘,负责钢管桩运输;浮吊1艘,负责吊打作业;600液压打桩锤1台,负责钢管桩二次沉桩;牢锚船1艘,负责运输船锚固。主要设备见表8-4-3,进场作业人员见表8-4-4。

钢管桩施工主要设备　表 8-4-3

序号	设备名称	型号	数量	人员	作业内容
1	打桩船	三航桩 19	1	船员 15	打桩
2	液压锤	IHCS600	1	操作人员 2	打桩
3	浮吊	南天鹏	1	船员 15	吊打起重
4	货船	万祥 128	1	船员 5	运输钢管桩
5		大通 1	1	船员 5	运输钢管桩
6	牢锚船	长大 39	1	船员 5	当牢锚船
7	拖轮	顺兴拖 38	1	船员 5	移船
8	抛锚艇	长大 28	1	船员 4	抛锚
9	交通船	阳平机 23	1	船员 2	人员往来
10	测量仪器	R6 RTK GPS 接收机	1 套	—	—
		徕卡 NA2 光学水准仪	1 套	—	—

钢管桩施工作业人员　表 8-4-4

序号	班组	数量	作业内容
1	桥工班	6	配合三航桩 19 打桩船打设钢管桩
2	电工	1	保障生活施工用电
3	机修工	1	发电机等设备保养维修
4	船员	25	船只作业
5	测量	2	钢管桩定位,观察贯入度
6	管理人员	3	负责现场
7	专职安全环保员	1	安全管理

8.4.5 船机平面布置

所打钢管桩均为直桩,桩位对船位的影响不大,打桩船的布置主要考虑打桩顺序及水流变化的影响。根据桥位水流以南北向为主、落潮流速比涨潮流速稍大,且现有设备牢锚船长大 39 锚吨位较小等因素,打桩船沿东西向平行于桥线方向,垂直于流向停泊,牢锚船及运输船沿南北向平行于潮流方向。打桩船抛全方位锚,牢锚船抛八字锚,布置在打桩船的右侧并垂直于打桩船,如图 8-4-8 所示。

该布置方案具有以下主要优点:

(1)节省工期:用该方案打设,打桩船只需抛锚定位一次,不用多次重新抛锚移位,便可打设完所有钢管桩,抛锚移船时间大约 5h。

(2)降低风险:牢锚船"长大 39"配备 4×1.5t 斯贝克锚,锚吨位较小。该施工季节海上风速较大,又拖带钢管运输船,顺流向泊位,可减少走锚危险以及船体摆动,便于钢管桩起吊。

该布置方案的主要缺点是:该点风向为东北偏北,风力达 5~7 级;打桩船垂直潮流方向布置，在风力及潮流共同作用下，流速最快可达 3～4m/s，浪高最大可达 2m，打桩船沿南北向摆动及晃动较大，平面位置浮动最小，为 ±20cm，不利于钢管桩定位且成桩倾斜度稍差。

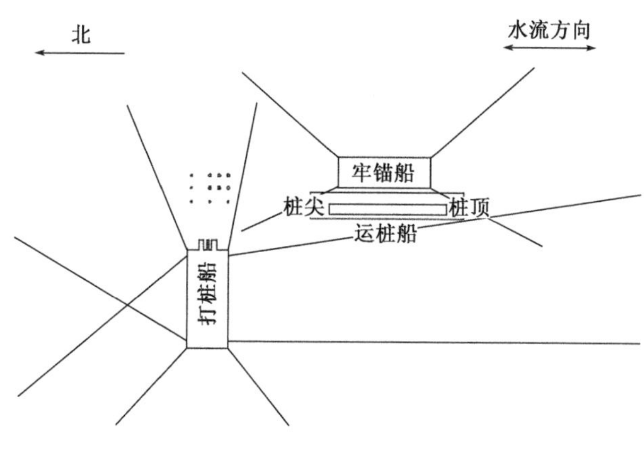

图 8-4-8　打桩船布置

8.4.6　钢管桩精确定位

采用带有 GPS 定位系统的三航桩 19 打桩船进行定位。“海工工程远距离 GPS 打桩定位系统”由 3 台固定在打桩船上的 GPS 流动站以实时动态即 RTK 模式实时控制船体的位置、方向和姿态，同时配合固定在船上的免棱镜测距仪等算出桩身在设计高程上的实际位置，并显示在系统计算机屏幕上（图 8-4-9、图 8-4-10）。打桩前，首先将打桩船 GPS 定位系统与港珠澳大桥 GNSS 连续运行参考站系统（HZMB-CORS）进行连接，然后将钢管桩参数输入 GPS 定位系统，直接显示所有要沉入的钢管桩图形（图 8-4-11）。根据沉桩方案选定要沉的钢管桩编号，同时根据 GPS 定位系统显示的数据，移动打桩船，使其到达指定位置，直至桩位满足规范要求后，下桩开打。

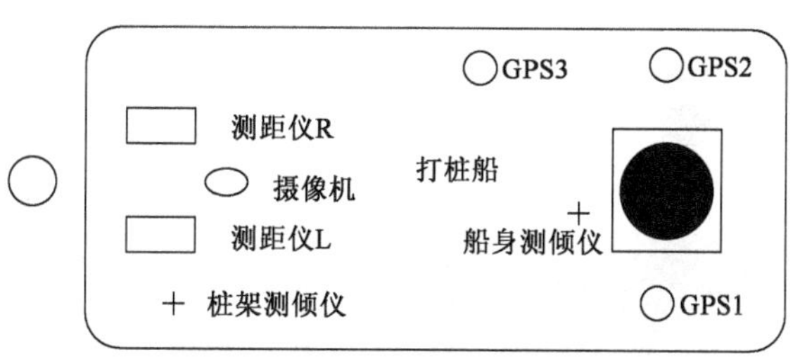

图 8-4-9　GPS 接收机及船体测倾仪安装设计图

为检验校核海上沉桩测量定位系统的正确性，确保钢管桩定位精度满足要求，保证打桩船沉桩位置的正确性，在开始打设前，需制订相关检验校核方案，对测量定位系统进行校核；如测量结果不能满足要求，要求定位系统研制人员对定位系统的参数做调整，直到精度满足要求为止。

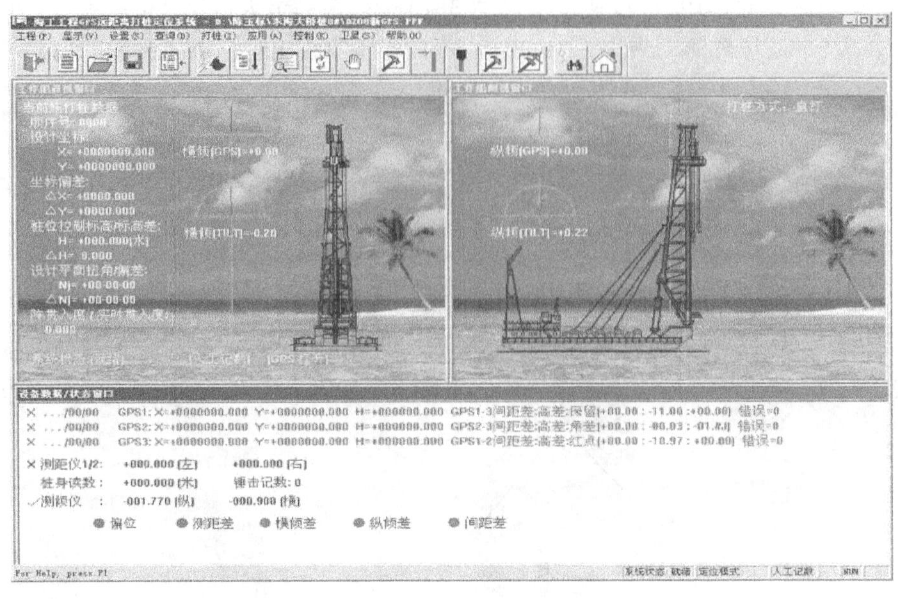

图 8-4-10　海工远距离 GPS 打桩定位屏幕显示

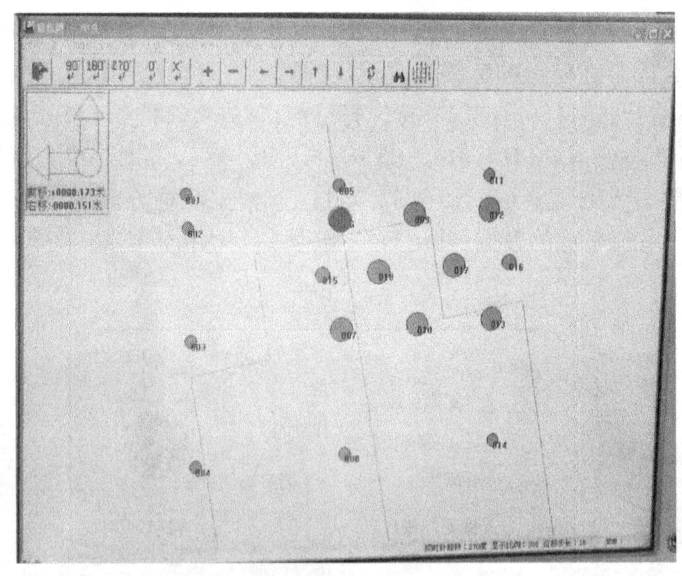

图 8-4-11　GPS 定位系统显示 K19 +003 要沉入的所有钢管桩平面位置

8.4.7　沉桩标准

根据施工技术规范及招标文件要求，钢管桩沉桩应符合表 8-4-5 所示的要求以及设计要求。

钢管桩沉桩停锤标准 表8-4-5

桩顶超高 Δh(m)	最后10cm平均贯入度 e(mm)	处理方法
达到高程	≤10	可停锤
	>10	暂停后续沉桩,进行高应变动力测桩
$0<\Delta h\leq1.5$	≤3	可停锤
$\Delta h>1.5$	≤3	暂停后续沉桩,与设计人员联系

对于本试桩项目而言,由于地质资料明确,IHCS600液压打桩锤锤击能量大,钢管桩沉桩以高程控制为主,贯入度作为校核。

8.4.8 钢管桩打设

打桩时,先用两台经纬仪,架设在桩架的正面和侧面,校正桩架导向杆及桩的垂直度,并保持锤、桩帽与桩在同一纵轴线上,然后空打12m,再次校正垂直度后正式打桩。当沉至某一深度并经复核沉桩质量良好时,再进行连续打击,至桩顶高出地面60~80cm时,停止锤击,进行接桩,再以同样步骤打至设计深度为止。若开始阶段发现桩位不正或倾斜,应调整或将钢管桩拔出重新插打。

1)起桩

紧松锚缆,将打桩船移至运桩驳船一侧,令两船的中心线保持互相垂直状态,龙门梃前倾,下放吊钩。钢管桩上设有5个吊点,左右主吊钩吊挂靠近桩顶的前两个吊点及另一侧吊点,副吊钩吊其余2个吊点,主副吊钩同步上升,使钢管桩脱离运桩驳船,仍然通过紧松锚缆,让打桩船回至地桩位附近,准备立桩,如图8-4-12所示。

2)立桩

主吊钩上升,副吊钩下降,使钢管桩由水平状态逐渐转成竖直姿态;龙门梃后倾,使钢管桩靠近龙门梃滑道;调节龙门梃倾斜度及主吊钩,将替打套入钢管桩顶部;钢管桩入龙门梃卡背板,抱桩器启动,合拢抱桩并锁定;调节龙门梃至垂直状态。如图8-4-13所示。

图8-4-12 钢管桩起桩

图8-4-13 钢管桩立桩

3)插桩

松紧锚缆,微调船位,使桩到达指定的位置;检查船身倾斜度等无异常后,慢慢下放吊钩,使钢管桩连同替打在重力作用下自动插桩,逐步解除副钩吊点;该过程中须监控桩位,如误差过大,须马上停止下沉,将起吊桩重新定位;下沉完毕后,打开抱桩器,如图8-4-14所示。

图8-4-14 钢管桩插桩及锤击

4)锤击沉桩

解除上吊点,桩锤沿龙门梃下滑,压锤稳桩,打开离合器,开始锤击沉桩。在沉桩的开始阶段要重锤轻打,以防溜桩,待贯入度正常后再逐步加大冲击能量。沉桩过程中,注意观察船体平面位置及倾斜度变化情况,如有移位或船体发生倾斜,须停锤并对船只做出适当调整,以保证沉桩质量。

钢管桩振打前,由中华白海豚观察员对施工船舶周围半径500m范围内的海域进行观测,如连续5min内没有发现中华白海豚,方可进行打桩作业。打桩过程中一旦发现中华白海豚出没,立即停止施工。

5)二次沉桩(吊打)

2根试桩钢管桩由三航桩19打桩船打设至贯入度小于3mm,桩顶高程为+17.5m,经过20d的二次沉桩准备工作,用浮吊配合IHCS600液压打桩锤对钢管桩进行吊打,打至设计高程,如图8-4-15所示。在最后10cm,SZ1及SZ2平均贯入度分别为4mm/击和5mm/击。

6)贯入深度控制

钢管桩一般都不设桩靴,可直接开口打入。沉管时,土体由桩口涌入桩管内,至一定高度(一般为1/3~1/2的桩体贯入深度)后,即闭塞封死,其效用与闭口桩相似。

贯入深度一般按以下标准控制:

(1)当持力层较薄时,打到持力层厚度的1/3~1/2;当持力层厚时,以最后10次锤击每击的贯入量$s \leqslant 2mm$为限;当持力层坚固时,打入1~2倍桩径的深度;当持力层不太坚固时,打入桩径5~10倍的深度。

(2)锤击桩顶时,对桩产生的锤击应力应不超过钢管桩材料的允许应力(一般按80%考虑),一般限制最后10m的锤击数在1500击以下(总锤击数不超过3000击)。

(3)以桩锤的容许负荷为限,避免桩锤的活塞受到过量冲击而损坏,一般控制每次冲击的最小贯入量不大于0.5~1mm。

以上停打标准以贯入深度为主,并结合打桩时的贯入量最后1m锤击数和每根桩的总锤击数等综合判定。

打桩时要做好原始记录,记录桩号、打桩日期、桩锤型号、桩规格、打入深度、焊接质量、锤击次数、落锤高度、最后贯入度、回弹量、平面位移以及打桩过程中出现的问题及处理措施等。

图8-4-15　IHCS600液压打桩锤吊打

8.5　施工安全、环保管理

8.5.1　安全管理

(1)水上作业人员及船上临边作业人员必须戴好安全帽、穿好救生衣,做好个人安全防护。

(2)钢管桩吊装过程中,严禁采用破损的钢丝绳及吊具,吊装过程中应有专人指挥,无关人员严禁在钢管桩下逗留。

(3)严格检查钢管桩吊耳的焊缝质量,保证在吊装过程中吊耳不出现安全事故。

(4)钢管桩打设完成后,及时悬挂专用航标灯警示,防止夜间航行船舶撞击钢管桩。

(5)装吊扣时,作业人员在钢管桩上行走,须穿防滑鞋。

(6)船舶需配备适合施工海域地质水文情况的锚,以防走锚,并配备锚标。

(7)所有船舶配置有效通信、消防、救生和应急医疗器材,制订各项安全技术措施和应急预案,并定期组织演练。

8.5.2　环保管理

本工程邻近珠江河口中华白海豚保护区,沉桩过程中要派专人观测白海豚在施工点四周的活动情况,确定500m范围内无白海豚活动后方可进行沉桩作业。

施工船舶严禁将生活垃圾、粪便等倾入海水中,船舶修理、日常维修所产生的废机油、废弃物等应有专门的收集箱,定期处理。

8.6 施工总结

(1)通过实际施工证明,本次试装工程中的钢管桩打设所选用的打桩船(三航桩 19 打桩船)和液压打桩锤(三航桩 19 打桩船自带的 BSPHH30 型液压锤和 IHCS600 液压打桩锤)是满足本工程施工需要的,也进一步论证了大直径钢管桩先用打桩船自带锤施打,然后再用 IHCS600液压锤吊打的方案是可行的。

(2)通过比较 BSPHH30 型液压锤和 IHCS600 液压打桩锤的使用情况可知:贯入度作为停锤标准之一,其主要与锤型及其击打能量有关。一般情况下,锤的能量越大,贯入度越大。考虑到目前国内打桩锤能量越来越大,如打桩锤完全可以满足打入要求,建议贯入度作为停锤参考,最终以高程控制。

(3)由沉桩记录可知,4 根试验桩的平面偏差东西方向较大,最大为 17cm(SZ1),南北方向偏小,最大为 6cm(SZ2);倾斜度除 SZ4 东西向为 1/117 外,其他均在 1/200 以上。经过分析,影响沉桩精度的主要原因为:

①打设期间,海上风浪大,风力基本都在 5 ~ 6 级,最高达 8 级,浪高最大达 1 ~ 2m,最大流速 2 ~ 3m/s,并且打设时间都处于涨落潮期间,流速快、涌浪大,这种状况对打桩精度影响较大;而且 K19 处比 K27 处风浪更大,这是 SZ1、SZ2 打桩精度比 SZ3、SZ4 差的原因。

②潮流方向大致为南北方向,打桩船为横流向。打桩船由于水流波浪的冲击,产生较大幅度的摇摆,打桩船测量系统定位显示桩基平面位置浮动范围 ±30cm,插桩后浮动范围 ±15cm,这也是平面偏差东西向偏大的原因。

③施工点均靠近主要航道(青州航道和江海直达轮航道),经常有过往高速客轮经过,引起高达 2m 的涌浪,这对打桩是较为不利的。

(4)打设时应尽可能选择平潮期进行,并尽量避开高速船,减少水流波浪对钢管桩打设的影响;针对港珠澳大桥海域情况,建议进一步完善沉桩工艺,优化施工组织,进一步提高打桩精度。

第 9 章　钢管复合桩施工工艺

9.1　工 程 概 述

9.1.1　工程概况

钢管复合桩试桩位于主线里程桩号 K27 + 033 以北 150m，共两根桩，编号为 SZ3 和 SZ4，直径为 220 ~ 200cm，其护筒底高程均进入黏土层，分别为 − 55.5m 和 − 54.8m；桩底高程分别为 − 65.9m 和 − 68.1m，分别进入中风化花岗岩层和微风化花岗岩层。施工采用大型打桩船插打 ϕ2250mm × δ25mm 钢管桩和 ϕ1020mm × δ10mm 平台支承钢管桩，搭设海上施工平台。利用 KP3500 型转盘式回旋钻机进行成孔。钢管复合桩一般构造图如图 9-1-1 所示。

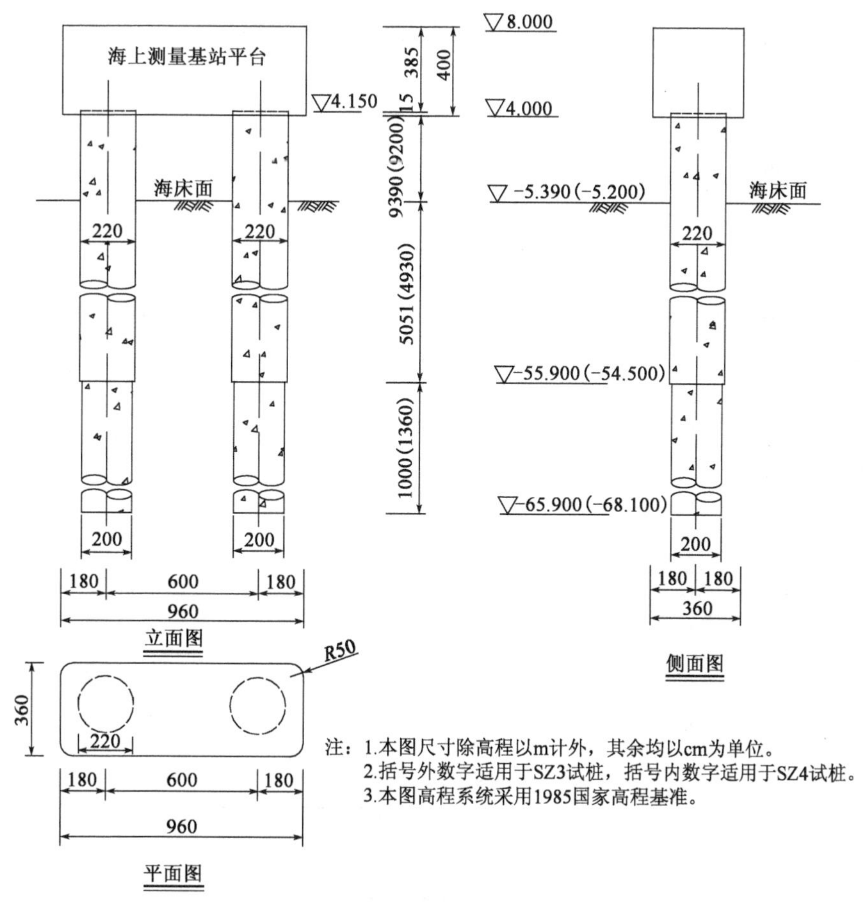

图 9-1-1　钢管复合桩一般构造图

9.1.2 试桩目的

通过两根桩的成孔、成桩施工,形成钢管复合桩海上成套施工工艺,为主体工程钢管复合桩的施工积累经验。同时研究钢管桩内壁剪力环对施工造成的影响,以及是否需要制订措施清理钢管桩内壁泥皮;通过自平衡荷载试验法获取桩位各土层的相关参数,测定桩基础的沉降和变形,为设计方提供各项设计参数,完善大桥的基础设计。

9.1.3 气象水文条件

施工期间盛行东风和东南偏东风,最大风力达 8 级,基本在 4 ~ 6 级风。常规潮流流速 1m/s,正常高潮水位 +1.4m,低潮水位 -1.1m,平时浪高 0.5m。4 月 17 日下午,发生一次短时强对流灾害性天气,风力 8 级,浪高 1.5 ~ 2.0m,伴随大雨雷电。施工点范围内 6 月份开始大风暴雨增多,海面风浪明显增多、增大。6 月 21 日和 7 月 29 日受台风影响,人员、船舶均撤离,施工受天气影响明显增大。

9.1.4 地质条件

钢管复合桩试桩施工前,在试桩桩位进行了两个补充地质钻孔,揭示的地质简况见表 9-1-1、表 9-1-2。

SZ3 桩位地质简况 表 9-1-1

序号	地 层 编 号	层底高程(m)	土 层 类 型
0	—	-5.39	海床面
1	$①_1$	-15.99	淤泥
2	$①_3$	-23.09	淤泥质黏土
3	$①_5$	-28.89	黏土
4	$①_5$	-34.99	黏土
5	$②_4$	-41.39	中砂
6	$③_1$	-49.09	黏土
7	$③_3$	-52.79	粉质黏土
8	$④_5$	-54.39	粗砂
9	$④_5$	-56.99	粗砂
10	$④_5$	-58.19	砾砂
11	$⑥_2$	-60.59	强风化花岗岩
12	$⑥_3$	-70.59(钻探终孔高程)	中风化花岗岩

SZ4 桩位地质简况 表 9-1-2

序号	地 层 编 号	层底高程(m)	土 层 类 型
0	—	-5.20	海床面
1	$①_1$	-10.80	淤泥

续上表

序号	地 层 编 号	层底高程(m)	土 层 类 型
2	①$_1$	-15.80	淤泥
3	①$_3$	-27.80	淤泥质黏土
4	①$_5$	-33.30	黏土
5	①$_5$	-35.00	黏土
6	②$_4$	-41.00	中砂
7	③$_1$	-49.30	黏土
8	③$_3$	-52.30	粉质黏土
9	④$_5$	-54.10	粗砂
10	④$_5$	-55.00	粗砂
11	④$_5$	-55.70	砾砂
12	⑥$_2$	-56.20	强风化花岗岩
13	⑥$_2$	-63.10	强风化花岗岩
14	⑥$_3$	-64.60	中风化花岗岩
15	⑥$_4$	-72.40(钻探终孔高程)	微风化花岗岩

9.2　钢管复合桩设计优化

9.2.1　桩基及钢管桩长度优化

招标文件提供的地质资料与地质补钻的结果差异较大,依据补钻地质资料,在不影响试验结果的前提下,对原设计桩长进行优化,缩短了桩长和钢管桩的长度。优化结果见表 9-2-1。

桩基长度优化前后主要参数(m)　　表 9-2-1

项　目	SZ3		SZ4	
	优化前	优化后	优化前	优化后
桩长	108.45	70.05	108.45	72.25
桩顶高程	4.15	4.15	4.15	4.15
桩底高程	-104.3	-65.9	-104.3	-68.1
钢管桩长度	64.08	61.08	64.08	58.65
钢管桩底高程	-59.93	-56.0	-59.93	-54.5
钢管桩内径	2.2	2.2	2.2	2.2

9.2.2 剪力环优化

钢管复合桩钢管需与钢管内部钢筋混凝土共同受力，为加强钢管与混凝土之间的黏合作用，在钢管复合桩钢管内壁通常设置矩形剪力环结构，共计58道，经优化后，减少到12道，均布置在桩顶18.6m范围内，如图9-2-1所示。考虑到原设计剪力环为矩形截面，在水下混凝土灌注过程中部分泥浆可能滞留在剪力环下方区域内，从而影响剪力环与混凝土的咬合作用。为验证该推断，对剪力环的截面形式进行了优化，从桩顶往下第三道到第五道剪力环，一半设成矩形截面、一半设成梯形截面，混凝土浇注完后在剪力环位置钻取芯样检查两种截面形式的剪力环附近泥浆滞留情况。剪力环截面形式优化示意图如图9-2-2所示，剪力环加工实样如图9-2-3所示。

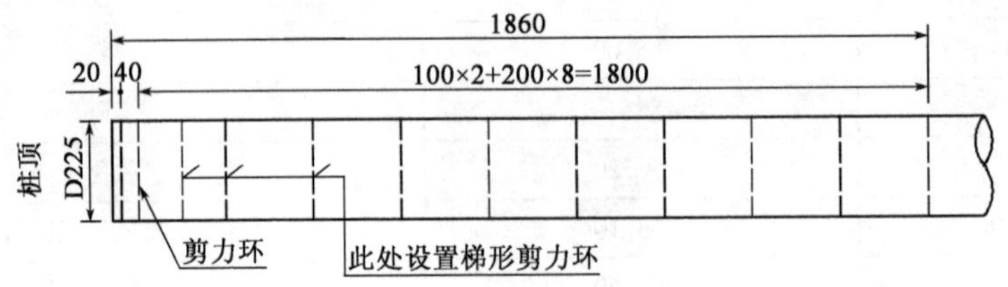

图9-2-1 剪力环布置间距优化示意图

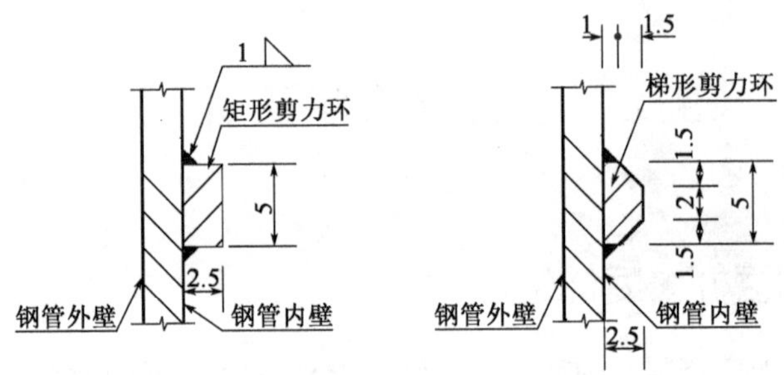

图9-2-2 剪力环截面形式优化示意图(尺寸单位:cm)

图9-2-3 剪力环加工实样

由于剪力环在钢管内壁突出了 2.5cm,其可能会给复合桩混凝土灌注质量带来一定的影响,因而必须对桩基混凝土浇筑后剪力环与混凝土之间的结合情况作调查,也就是调查剪力环附近泥浆滞留情况。

1)试验目的

钢管复合桩桩基混凝土灌注完毕后,通过在剪力环位置取样查看剪力环附近泥浆滞留情况,判断是否对钢管与桩基混凝土的黏合情况有影响,从而为钢管复合桩剪力环构造的优化设计提供参考依据。

2)试验方法

现场抽芯取样。

3)现场取样情况

(1)取样方法

①在同一钢管桩同一高程处,在不同截面的剪力环附近进行取样,观察不同剪力环截面附近泥浆的滞留情况。

②为查看剪力环与混凝土之间的整体结合情况,在桩头处进行侧面整体取样,以观察剪力环附近的整体泥浆滞留情况。

(2)现场取样结果

①抽芯取样结果。

待桩基混凝土灌注完成,达到 28d 强度后,从钢管复合桩第三道剪力环处(高程 +3.11m)用钻孔机在矩形剪力环、梯形剪力环位置各钻 1 个直径 15cm 的圆孔(深 20cm 左右)。将剪力环处钢板及混凝土整体取出来,查看剪力环处泥浆的滞留情况。取样结果如图 9-2-4 ~ 图 9-2-6 所示。

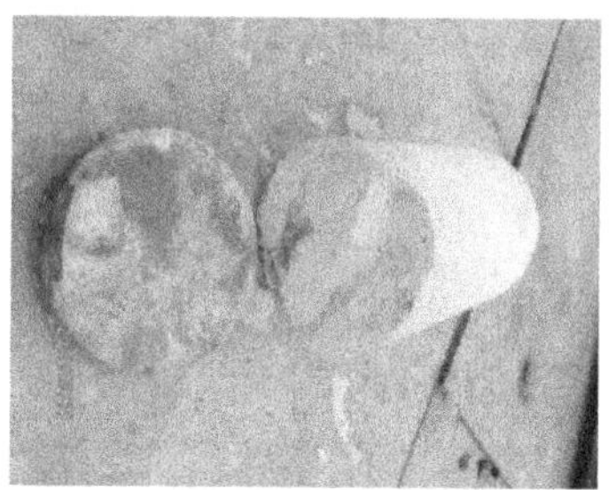
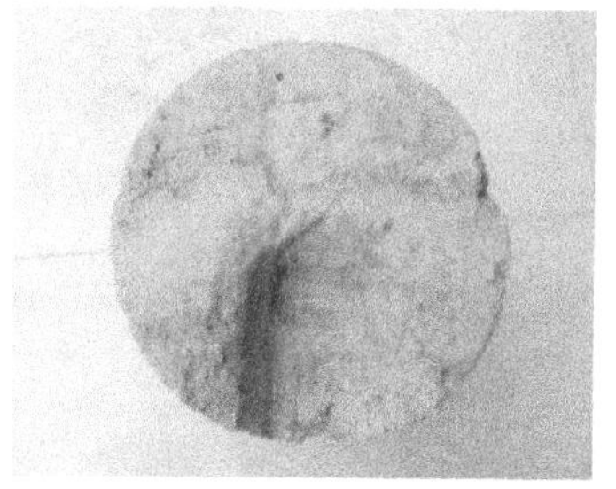

图 9-2-4　矩形剪力环处抽芯实样

图 9-2-5　梯形剪力环处抽芯实样

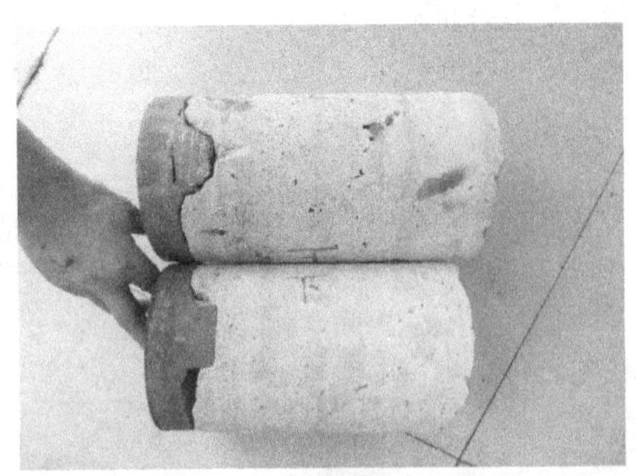

图 9-2-6　矩形剪力环与梯形剪力环对比情况

②取芯后侧面观测剪力环与混凝土之间的咬合情况。

由于经过钻孔机机械搅动,钢管壁容易与混凝土脱落。因而为了更好地观测混凝土与剪力环之间的结合情况,对取芯侧边进行了观测,结果如图 9-2-7、图 9-2-8 所示。

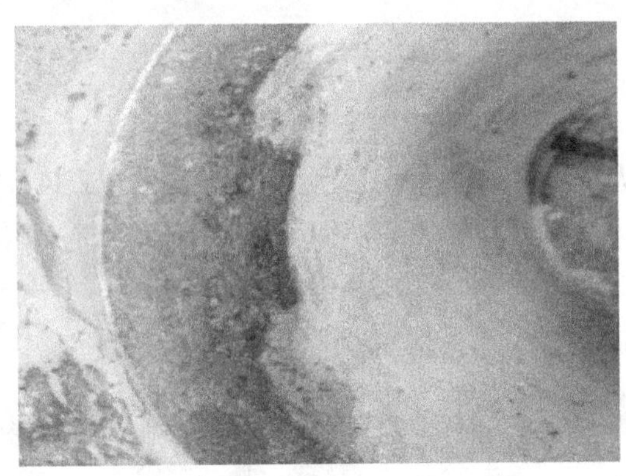

图 9-2-7　矩形截面结合情况

图 9-2-8　梯形截面结合情况

图 9-2-9　钢管割除后第一道剪力环处混凝土表面情况

③桩头处侧面整体取样结果。

将桩顶高出设计高程部分的钢管割除,查看该部分剪力环与混凝土结合情况,结果如图 9-2-9 所示。

4)结果分析

(1)从图 9-2-6 的取样结果看,两种截面的剪力环与混凝土之间的结合总体上较好,混凝土在剪力环四周较为饱满,说明混凝土灌注质量较好。

(2)从钢板芯样与混凝土芯样脱离可以看出,矩形截面的剪力环与混凝土之间没有发现泥皮滞留情况,接触面较为干净;而梯形截面的剪力环与混凝土之间有局部泥皮滞留情况,混凝土表面掺和了一层薄泥皮,同时发现混凝土芯样靠近钢管部分表面泛黄，有泥浆混合现象，说明有泥浆渗进混凝土中了，估计是在混凝土初凝前清理桩头时人为扰动所致（均属桩头部分）。

（3）从矩形截面和梯形截面看，矩形截面比梯形截面更容易造成泥浆（泥皮）滞留，这也是设置两种截面进行对比的目的，但矩形截面结果较好，说明混凝土灌注时泥浆沉淀或泥皮随着混凝土面上升而返上桩顶，这点从图9-2-9所示钢管整块割除后的混凝土面基本没有泥浆滞留可以证明，从而可以判断剪力环的设置形式基本不会对混凝土浇筑产生较大的影响。

5）结论

（1）从上述分析可知，混凝土浇筑后剪力环附近基本没有泥浆滞留现象，剪力环与混凝土结合较好，两种剪力环截面没有较大区别。

（2）根据桩基混凝土浇筑工艺，混凝土灌注完成后泥浆和泥皮均积累在桩头上，为保证桩头部分混凝土的质量，建议桩头混凝土超打部分不小于80cm，清理桩头时（混凝土初凝前）要注意避免扰动桩身混凝土。

（3）考虑桩身承受上部结构所传递的荷载情况，建议剪力环设计从桩顶往下由密到疏布置，这样布置的目的，一是可以充分发挥剪力环的作用；二是混凝土浇筑后，如发现桩顶部分剪力环与混凝土结合不好，可以在桩头清理时清除掉，以充分保证桩顶部分剪力环与混凝土的结合良好。

9.3　施工平台

施工平台长39m、宽21.5m，整体布局分为桩基施工配套设备区、材料存放区、维修加工区、废料收集区、生活区。平台功能平面布置如图9-3-1所示。

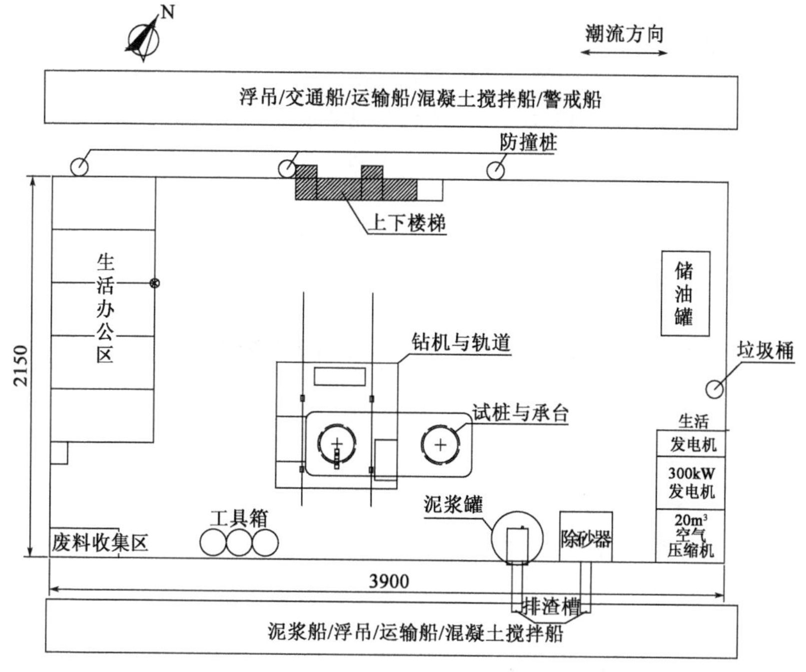

图9-3-1　钢管复合桩施工平台布置（尺寸单位：cm）

施工平台管桩基础为 12 根 ϕ1020mm × δ10mm 螺旋钢管支承桩，桩长 49m，桩底高程 -45.5m，进入黏土层。钢管支承桩在厂内统一加工成 52m 长，海运至施工现场，采用三航桩 19 打桩船整根打入，统一按 +3.5m 高程抄平。根据潮流情况，在平台西北侧设置 3 根 ϕ1020mm × δ10mm 螺旋钢管桩作为船舶停靠桩，桩长 49m。

施工期间，平台所受荷载有竖向荷载和水平荷载，竖向荷载主要包括平台结构自重、各施工设备、材料自重和平台生活设施自重，水平荷载主要包含潮流力、波浪力和船舶撞击力，利用有限元软件建立结构计算模型，加上各种荷载组合，计算得施工平台钻机位置处在最不利荷载组合作用下：三拼 45a 工字钢最大弯矩为 731.6kN·m < 922.4kN·m，最大剪力为 453.2kN < 1664.6kN，三拼贝雷梁最大弯矩为 1656.2kN·m < 2246.4kN·m，最大剪力为 403.88kN < 696.9kN，钢管支撑桩最大应力为 66.12MPa < 215MPa，最大位移 4.5mm，结构受力合理安全。

根据桩基自平衡法荷载试验要求，沿两根试桩桩心连接延长线外侧，在距桩中心 4.5m 处布置 2 根 36m 长 ϕ630mm × δ6mm 的螺旋钢管基准桩，基准桩外侧套打 24m 长 ϕ820mm × δ8mm 钢管桩，对基准桩起保护作用。

钢管复合桩施工平台除支承钢管桩长度有变化外，其他结构形式布置及尺寸与钻孔灌注桩施工平台相同，故具体搭设工艺可参见第 10 章钻孔灌注桩施工工艺中平台搭设部分的相关内容。图 9-3-2 所示为搭设完成的钢管复合桩施工平台，其施工平台结构如图 9-3-3 所示。

图 9-3-2　搭设完成的钢管复合桩施工平台

9.4　钢管复合桩钢管打设

9.4.1　打桩流程

钢管复合桩打桩流程如图 9-4-1 所示。

9.4.2　打桩工艺

复合桩钢管采用三航桩 19 打桩船插打，以高程控制为主，贯入度校核。

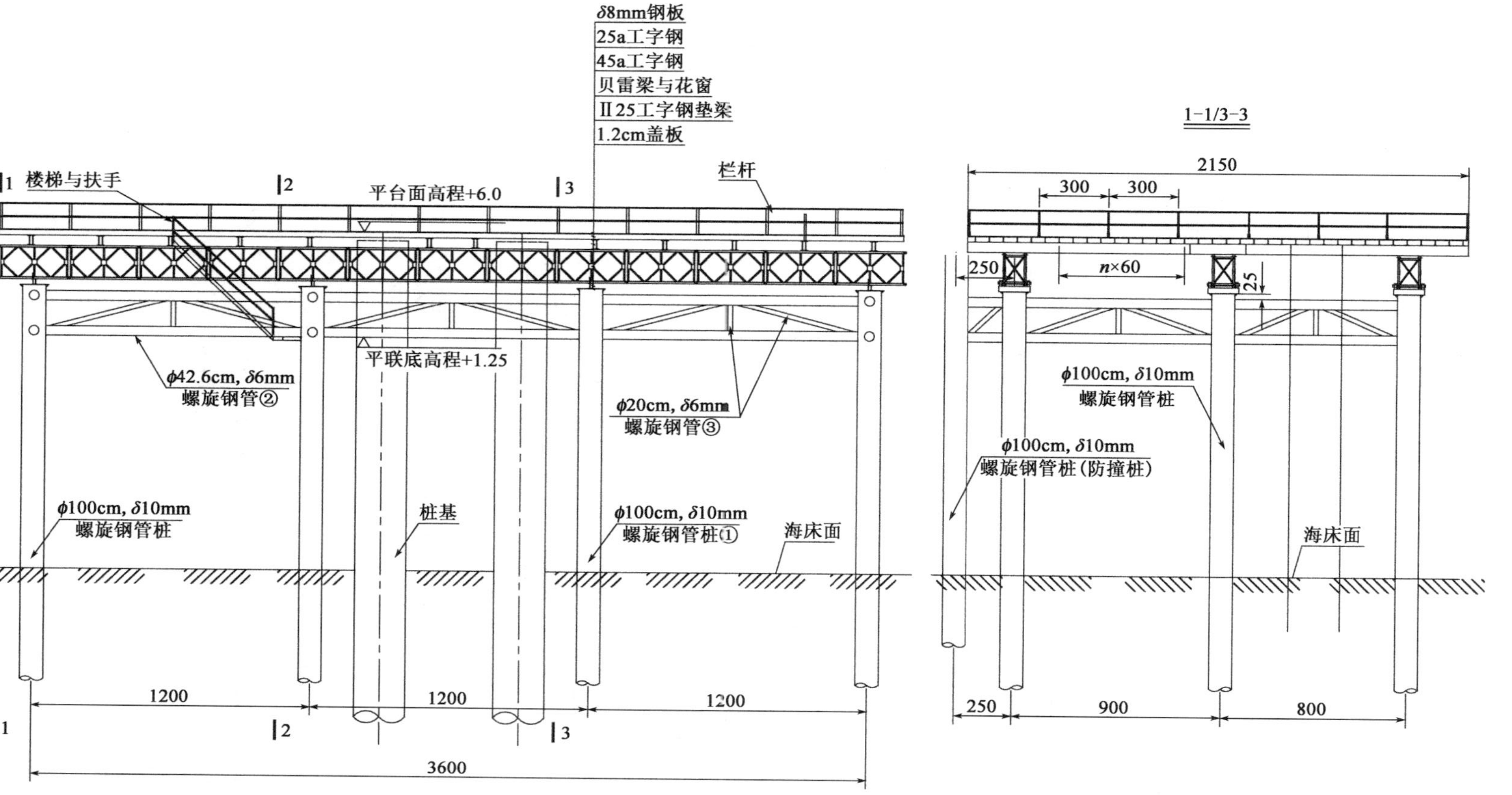

图 9-3-3　钢管复合桩平台立面结构(尺寸单位：cm)

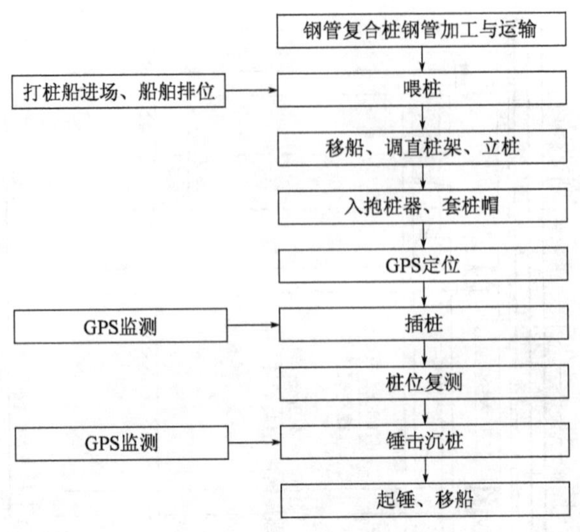

图9-4-1　钢管复合桩打桩流程

该施工点有钢管复合桩2根,4月5日至6日完成下沉作业。其中SZ3桩钢管长度为62.08m,桩底高程-55.50m,高于设计桩底高程0.50m;SZ4桩钢管长度为60.2m,桩底高程-54.8m,低于设计高程0.30m。复合桩钢管打设情况见表9-4-1。

复合桩钢管打设情况　　表9-4-1

桩号	桩长(m)	东西向垂直度	南北向垂直度	东西向偏位(mm)	南北向偏位(mm)	达到设计高程贯入度(mm/击)
SZ3	62.08	偏西1/220	偏南1/230	偏西130	偏北40	7.1
SZ4	60.20	偏西1/117	偏南1/400	偏东100	偏南20	14.7

9.5　钢管复合桩成孔、成桩工艺

9.5.1　钢管复合桩成孔、成桩概述

平台搭设完,经验收合格即可投入使用,安装KP3500转盘式钻机,布设泥浆循环系统,开始桩基成孔。终孔后,经验孔合格即下放钢筋笼,然后进行二次清孔,开始水下混凝土浇筑、等强、桩基完整性检测,最后进行自平衡法荷载试验。

9.5.2　钢管复合桩施工组织

根据本工程实际情况进行设备选型,主要设备、进场作业人员、主要测量和试验仪器见表9-5-1~表9-5-4。

钢管复合桩施工主要设备 表9-5-1

序号	设备类型	设备名称/规格	数量	人员	作业内容	备注
1	浮吊	长大39	1	6	起重作业	50t
2	搅拌船	长大16	1	12	生产输送混凝土	$100m^3/h$
3	拖轮	顺兴拖38	1	6	船舶移位	—
4	抛锚艇	长大28	1	4	抛锚	—
5	泥浆船	粤韶关货0860	1	4	排渣、泥浆	$250m^3$
6	交通船	阳平机23	1	2	人员往来	—
7	货船	8582	1	3	转运材料	—
8	转盘式钻机	KP3500	1	6	成孔	—
9	空气压缩机	$20m^3$	1	1	气举循环	—
10	泥浆净化器	ZX-250	1	—	泥浆除砂	$250m^3/h$
11	泥浆泵	7.5kW	1	—	泥浆循环	—
12	泥浆泵	30kW	1	—	泥浆循环	—
13	发电机	300kW	1	1	电力供应	—
14	发电机	75kW	1		电力供应	备用

试验仪器一览表 表9-5-2

编号	名称	型号	单位	数量	备注
1	混凝土自落式搅拌机	TZJ 60	台	1	—
2	振动台	ZT-1×1	台	1	—
3	胶砂搅拌机	JJ-5	—	1	—
4	ISO胶砂振实台	ZT96	台	1	—
5	砂浆试模	—	组	12	—
6	混凝土抗压试模	150mm×150mm×150mm	组	24	—
7	混凝土抗折试模	150mm×150mm×550mm	组	12	—
8	养护室智能化自动控制仪	BYS-Ⅲ	台	1	—
9	砂石筛	9.75~0.075mm	套	1	新标准
10	石子筛	90~2.36mm	套	1	新标准
11	针、片状规准仪	—	台	1	新标准
12	石子压碎值测定仪	—	台	1	—
13	数字式压力试验机	DYE-2000	台	1	—
14	万能材料试验机	WAW-2000B	台	1	—
15	压力试验机	NYL-3000	台	1	—
16	电热鼓风机干燥箱	101-2	台	1	—
17	恒温恒湿养护箱	HBY-40B	台	1	—
18	沸煮箱	FZ-31	台	1	—

续上表

编号	名　称	型　号	单　位	数　量	备　注
19	混凝土贯入度阻力测定仪	HG-80S	台	1	—
20	全自动比表面积测定仪	FBT-5	台	1	—
21	砂浆流动度测定仪	NLD-3	台	1	—
22	混凝土氯离子扩散系数测定仪	RCM-6V	台	1	—
23	坍落度仪	—	个	2	—
24	泥浆指标测试仪器	—	套	1	—
25	磅秤	—	台	1	—
26	天平	—	台	2	—

平台施工作业人员　　表 9-5-3

序号	班　组	数　量	作 业 内 容
1	基础队	6	成孔
2	钢筋班	6	钢筋笼下放
3	电工	1	保障生活施工用电
4	机修工	1	发电机等设备保养维修
5	船员	若干	船只作业
6	测量	3	测量放样
7	试验	4	试验
8	专职安全环保员	1	安全环保
9	管理人员	3	现场负责

测量仪器一览表　　表 9-5-4

编号	名　称	型　号	单　位	数　量
1	全站仪	徕卡 TS30	台	2
2	水准仪	NA2	台	1
3	钢尺	50m	把	2
4	水准尺	5m	把	1
5	GPS 接收机	R6GNSS	台	1

9.5.3　施工工艺流程

桩基施工工艺流程如图 9-5-1 所示。

9.5.4　成孔工艺

1)泥浆循环系统布设

KP3500 回旋式转盘钻机(图 9-5-2)在现场组拼安装。泥浆循环系统和空气压缩机、发电机等其他配套设施在现场按设计布局布置。

复合桩钻孔施工采用四翼刮刀钻头和楔齿滚刀钻头,如图 9-5-3、图 9-5-4 所示。SZ3 桩在覆盖层内使用刮刀钻头，入岩后换为滚刀钻头；为与 SZ3 钻孔效率进行对比，SZ4 桩直接采用滚刀钻头成孔，两种钻头的主要参数见表 9-5-5。

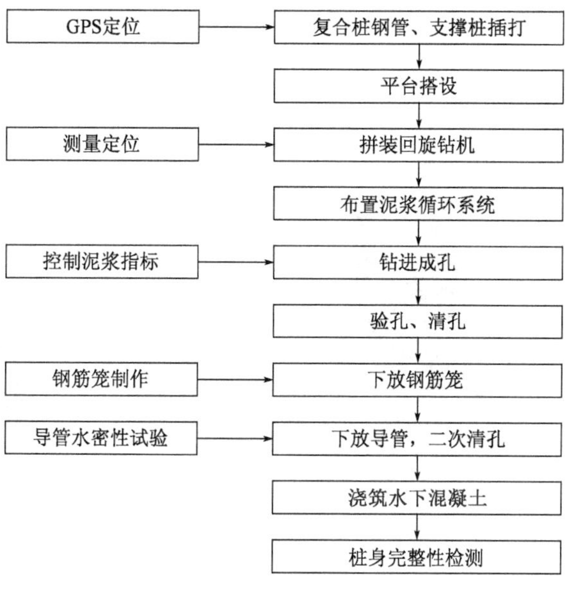

图 9-5-1　桩基施工工艺流程

图 9-5-2　KP3500 转盘式回旋钻机

图 9-5-3　四翼刮刀钻头

两种钻头的主要参数（cm）　　表 9-5-5

钻头参数	刮刀钻头	滚刀钻头
直径	200	200
高	165	145
反浆孔径	33	33
刀高	115	45
腰带高	50	80

由于桩长较长，特设置导向结构，以防止扩孔斜孔等事故的发生，如图 9-5-5 所示。导向结构安装在钻杆上，采用 ϕ2044mm × δ22mm 钢护筒制作，高 1.20m，导向结构位于钻头上第三条钻杆上，确保终孔时，导向结构位于护筒内。

图 9-5-4　楔齿滚刀钻头

图 9-5-5　导向结构

2）成孔

（1）成孔施工

采用 KP3500 型转盘式钻机成孔。钻机在不同的地层中应采用不同的钻进参数，见表 9-5-6和表 9-5-7。

SZ3 桩不同地层钻进记录　　表 9-5-6

编号	地　层	钻头形式（m）	钻压（kN）	钻进方式	转速（r/min）	进尺（m）	纯钻时间（h）	进尺速度（m/h）
1	淤泥、淤泥质土层	刮刀 ϕ2.0	50 ~ 80	加压钻进	6 ~ 12	17.7	5	3.54
2	黏土层	刮刀 ϕ2.0	80 ~ 100	减压钻进	6 ~ 12	11.9	4	2.98
3	中砂层	刮刀 ϕ2.0	100 ~ 115	减压钻进	6 ~ 12	6.4	2	3.20
4	黏土层	刮刀 ϕ2.0	115 ~ 135	减压钻进	6 ~ 12	11.0	7	1.57
5	粗砂、砾砂层	刮刀 ϕ2.0	135 ~ 150	减压钻进	6 ~ 12	5.4	28	0.19
6	强风化花岗岩	楔齿滚刀 ϕ2.0	245 ~ 255	减压钻进	6 ~ 12	2.4	44	0.05
7	中风化花岗岩	楔齿滚刀 ϕ2.0	270	减压钻进	6	5.75	58	0.10

SZ4 桩不同地层钻进记录 表9-5-7

编号	地　层	钻头形式（m）	钻压（kN）	钻进方式	转速（r/min）	进尺（m）	纯钻时间（h）	进尺速度（m/h）
1	淤泥、淤泥质土层	楔齿滚刀 ϕ2.0	150～195	减压钻进	6～12	22.6	12	1.88
2	黏土层	楔齿滚刀 ϕ2.0	195～210	减压钻进	6～12	7.2	4.5	1.60
3	中砂层	楔齿滚刀 ϕ2.0	210～225	减压钻进	6～12	6	7.5	0.80
4	黏土层	楔齿滚刀 ϕ2.0	225～247	减压钻进	6～12	11.3	7.5	1.51
5	粗砂、砾砂层	楔齿滚刀 ϕ2.0	247～255	减压钻进	6～12	2.7	4	0.68
6	强风化花岗岩	楔齿滚刀 ϕ2.0	255～270	减压钻进	6～12	7.4	50	0.15
7	中风化花岗岩	楔齿滚刀 ϕ2.0	270	减压钻进	6～9	1.5	14	0.11
8	微风化花岗岩	楔齿滚刀 ϕ2.0	270～285	减压钻进	6～9	7.8	60	0.13

施工准备工作完成后，测量人员对桩基和钻机的中心位置进行复核，同时对钻机轨道的水平度进行测量，经监理工程师同意后开钻。钻进过程中，随时校核平台及钻机水平度及垂直度。

采用反循环回转钻机钻孔，开钻时宜低挡慢速钻进，泥浆循环后在钢管桩范围内可加快钻进速度。由于钢管桩底在粗砂层内，钻至钢管桩底部时，提高泥浆相对密度和黏度，出钢管桩底时需降低钻进速度，以便在砂层内形成良好的护壁泥皮；出粗砂层后，再以正常速度钻进；入岩时，为防止出现台阶孔和斜孔等成孔事故，必须降低钻进速度，减压钻进，反复修孔，钻进60～80cm后方可适当提高钻压（仍为减压钻进），正常钻进。

钻孔应分班连续进行，如实填写钻孔施工记录。在钻进过程中要经常注意地层变化，在地层变化处取渣样保存并做标记，根据地层变化情况，相应地调整泥浆性能。将钻孔钻渣及废弃泥浆排入指定的泥浆船中，严禁将其排到海洋中。

终孔后，进行一次清孔，清孔后泥浆的相对密度为1.15，黏度为20s，含砂率为1.5%，胶体率为98%。清除孔底沉渣后提钻，进行成孔检测。检测可采用超声波检孔仪和探笼两种方法（图9-5-6、图9-5-7），其中探笼直径1.90m（比钢筋笼直径略大5cm）、长9m，两头制作成缩径状的导向结构。经检测确认满足要求后，下放钢筋笼。

经检测，SZ3 桩孔垂直度为偏南0.5%（南北方向），偏西0.5%（东西方向），护筒段孔径2.20m，护筒脚到孔底段孔径2.05m，灌前孔底沉淀厚度为30mm。SZ4 桩孔垂直度为偏南0.8%（南北方向），偏西0.03%（东西方向），护筒段孔径2.20m，护筒脚到孔底段孔径2.05m，灌前孔底沉淀厚度为10mm。

图9-5-6　超声波检孔仪

图9-5-7　探笼检孔

(2)泥浆管理

参考SZ5和SZ6试桩施工经验,SZ3和SZ4试桩采用原状土造浆,成孔阶段泥浆性能指标见表9-5-8。

成孔阶段泥浆性能指标　　表9-5-8

编号	土层类型	黏度(s)	相对密度	含砂率(%)	胶体率(%)	pH值
1	淤泥、淤泥质土	16~20	1.10~1.15	1~2	>93	6~7
2	黏土	20~40	1.15~1.30	1.5~6	>95	6~7
3	中砂	30~40	1.20~1.30	4~6	>95	6~7
4	黏土	30~40	1.20~1.30	2~6	>95	6~7
5	粗砂、砾砂	25~35	1.20~1.35	4~8	>95	6~7
6	强、中、微风化花岗岩	20~25	1.15~1.26	2~6	>95	6~7
7	清孔后	17.2	1.08	1.5	99	7

(3)清孔及清理钢管桩内壁泥皮

采用空气压缩机气举式反循环清孔。由于复合桩钢筋笼下放时间较长,孔内泥浆静置时间过长,导致沉淀较多。因而为缩短二次清孔时间,采用往孔底鼓气的方法以吹起孔底的沉渣,使其浮于泥浆内,再用气举式反循环清孔,如此反复多次,最后用测锤法检测孔底沉渣情况,达到要求后停止清孔。

为检测钻孔过程中泥浆在钢管桩内壁的滞留情况以及内壁剪力环上下表面泥浆的滞留情况,现场钻孔到离护筒脚2m附近时停钻,将护筒内泥浆抽到高程-16m处,并用水泵进行冲洗。在此过程中,观察、记录冲洗前后护筒内壁的泥浆滞留情况。实际情况表明,钢管桩内壁上大面积存在一层泥皮,厚度为0~1mm,但泥皮和护筒壁之间的结合力很小,用普通水泵即可容易地清洗干净。

图9-5-8、图9-5-9分别为护筒内壁冲洗前、后的照片。

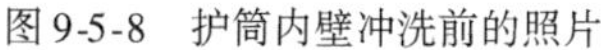
图9-5-8　护筒内壁冲洗前的照片

图9-5-9　护筒内壁普通水泵冲洗后的照片

分析可知，虽钢管桩壁内外侧存在水头压力，但由于钢管桩壁不透水，泥浆无法往里渗透失水，从而无法在钢管桩壁上形成泥皮；而且对钢管桩内壁进行了油漆防护，泥皮附着困难。泥皮的主要成因一是下沉复合桩钢管时，土层与钢管挤压，粘附在钢管桩壁上；二是成孔时，由于钻头带动泥浆转动，泥浆内钻渣与钢管桩内壁摩擦后滞留下来所致。

(4)SZ4 桩钢管桩倾斜处理

受钢管复合桩垂直度影响(其中 SZ4 钢管桩西南方向倾斜度为 1/117)，钻头钻至钢管底时，钻杆上的导向装置离钢管桩底约 10m 处，此时卡钻较为严重，钻机振动激烈，发动机功率明显增大，进尺困难，排渣中有钻头与钢管桩脚处刮擦出的铁线圈，强行钻进可能引起钻杆法兰螺栓剪力过大而松动甚至断裂，进而引起钻杆在法兰盘位置漏气，导致泥浆循环效率降低甚至无法循环。另外，由于钻头腰带上的边刀长期与钢管桩摩擦，使边刀过早磨损，成孔时可能使得孔径变小。

经分析可知，正常情况下，钻机转盘、导向和钻头在钻杆上呈直线布置，即在同一垂直线上。而此时，钻杆在导向处形成拐点，呈弧线形态，导致钻头和钻杆在旋转钻进时扭矩急剧增大。为解决此问题，计算出钢管底的理论偏移情况，将钻机在轨道上往偏移方平移，然后将钻头下放至孔底，加压，使钻头顶住土层，将其固定，然后进行试钻以观测是否顺畅，经过多次反复平移试钻直至其卡钻现象逐步减弱，最后消除后再低速(6r/min)往下钻进。根据高程位置计算，钻头过护筒脚后，在不同高程处将其往复提升下降数次，观察是否存在钻头升降困难的现象，钻头升降正常后，再往下钻进。

9.5.5　钢筋笼加工与安装

SZ3 复合桩钢筋笼长 71.15m，由 6 个节段对接而成；SZ4 复合桩钢筋笼长 73.35m，由 7 个节段对接而成；节与节之间采用螺纹套筒连接。具体工艺详见第 10 章钻孔灌注桩施工工艺，此处不再赘述。

除螺纹套筒连接外，试验用管线连接也较多，钢筋笼单个接头耗费时间较长。SZ3 桩身钢筋笼下放从 2018 年 5 月 20 日到 5 月 27 日，因风浪等恶劣天气的影响，具备作业条件的时间少，累计作业 38h，其中导向架安装 8h；每节钢筋笼下放 1h；数据采集线和高压油管整理归类 1.5h，6 节共 15h；单个钢筋笼接头对接 3h，5 个接头共计 15h。SZ4 钢筋笼下放时间从 6 月 18 日到 6 月 20 日，累计作业 43.5h，其中导向架安装 8h；每节钢筋笼下放 1h，数据采集线和高压油管整理归类 1.5h,7 节共 17.5h;单个钢筋笼接头对接 3h,6 个接头共计 18h。

9.5.6 水下混凝土灌注

1)混凝土配合比设计

根据 SZ5 和 SZ6 施工经验,决定在原配比的基础上不掺矿粉,对配合比进行重新设计,其各项性能指标见表 9-5-9。

混凝土配合比设计各项性能 表 9-5-9

<table>
<tr><td>项目</td><td colspan="2">水泥</td><td>粉煤灰</td><td>砂</td><td>碎石</td><td>水</td><td>外加剂</td></tr>
<tr><td>产地</td><td colspan="2">东莞华润水泥
P·Ⅱ42.5</td><td>东莞沙角
电厂Ⅰ级</td><td>广东西江</td><td>惠州博罗
金业</td><td>饮用水</td><td>江苏博特聚
羧酸减水剂</td></tr>
<tr><td>主要
性能</td><td colspan="2">28d 强度 47.1MPa</td><td>—</td><td>细度模数
2.54</td><td>5 ~25mm
连续级配</td><td>—</td><td>减水率
26.5%</td></tr>
<tr><td>每立方米
所需材料</td><td colspan="2">260kg</td><td>200kg</td><td>777kg</td><td>1010kg</td><td>143kg</td><td>5.06kg</td></tr>
<tr><td>试配项目</td><td>水灰比</td><td>坍落度</td><td>28 抗氯离子
渗透系数</td><td>7d 强度</td><td>平均强度</td><td>28d 强度</td><td>平均强度</td></tr>
<tr><td rowspan="3">试配</td><td>0.31</td><td>215mm</td><td rowspan="3">2.2×10^{-12}
m^2/s</td><td>36.5MPa</td><td rowspan="3">39.7MPa</td><td>54.9MPa</td><td rowspan="3">55.0MPa</td></tr>
<tr><td>氯离子
总含量</td><td>初凝时间</td><td>41.6MPa</td><td>55.2MPa</td></tr>
<tr><td>0.004%</td><td>12h50min</td><td>40.9MPa</td><td>54.8MPa</td></tr>
</table>

2)混凝土浇筑

复合桩首批混凝土方量不小于 $3.14\times22\div4\times(0.4+2)+3.14\times0.2552\div4\times(74.5-2.4)\times12\div24=9.4(m^3)$,故现场配置的 $10m^3$ 储料斗满足施工需要。

SZ3 混凝土浇筑时间从 2018 年 5 月 28 日 14:10 到 29 日 1:20 共计 11h10min,浇筑混凝土方量 264 m^3,每次拆管间隔时间为 15min,平均浇筑速度约 $24m^3/h$;SZ4 桩浇筑时间从 2018 年 6 月 21 日 12:30 到 23:00,共计 10h30min,浇筑混凝土方量 $271m^3$,每次拆管间隔时间为 15min,平均浇筑速度约 $25.8m^3/h$。

3)桩身完整性检测

桩身混凝土完整性采用超声波透射法检测。经检测,两根桩桩身混凝土完整,均为Ⅰ类桩。桩身混凝土强度符合设计要求。其中 SZ3 经检测,该桩 -62.55 ~ -63.25m(桩顶向下 66.70 ~67.4m)为荷载箱桩段。而荷载箱为金属空腔,对超声波信号有不可避免的影响。因而荷载箱桩段附近信号如出现异常属正常现象。本桩共用超声波法进行了 6 个剖面的桩基完整性检测,从超声波法检测结果来看,本桩荷载箱桩段仅有 3 个剖面的超声波波幅或声速稍低于临界值,说明本桩荷载箱桩段混凝土浇筑质量较好。

SZ4 桩经检测,该桩 -64.75 ~ -65.45m(桩顶向下 68.90 ~69.60m)为荷载箱桩段,同样从超声波法检测结果可以判断本桩荷载箱段混凝土灌注质量较好。

9.6 施工总结

钢管桩制作质量推荐检验标准见表9-6-1。

钢管桩制作质量推荐检验标准　　表9-6-1

项　　目	允许偏差
外周长	5S/1000
管端椭圆度	5D/1000
管端平整度	2
桩顶倾斜度	5D/1000且不大于4
桩长	+300,-0
桩纵轴线弯曲矢高	L/1000且不大于30
桩尖对纵轴线偏斜	10
管节对接错牙	δ/10且不大于3
焊缝尺寸与外观	满足相关标准要求
焊缝探伤	满足相关标准要求
涂装防腐	满足相关标准要求

钢管桩采用打桩船沉桩施工技术，在该施工水域，钢管桩本身桩长，风浪较大，又存在高速客轮引起的波浪影响，沉桩精度难以达到设计文件提出的平面控制5cm和垂直度控制1/400的精度要求。因此，建议常规作业条件下利用打桩船工艺的沉桩精度控制在倾斜度1/200、平面偏位在150mm以内。若需要提高精度，应有针对性地进一步摸索或完善打桩工艺，以满足设计要求，其余部分内容参考钻孔灌注桩质量验收标准。

通过试桩，可以认为钢管复合桩试桩的施工组织设计、主要技术参数、主要施工设备选型、混凝土配合比设计、安全环保措施及总体施工工艺是可行的，为大桥钢管复合桩的施工积累了宝贵经验。

长护筒对桩基施工过程中防止塌孔是有利的，但是打设的垂直度精度要求更高。如SZ4钢管桩打设精度为偏西1/117，按桩长60.2m计算，钢管桩顶和管底中心偏移达50cm，因而钻孔过程需采用一定措施保证成孔质量。

对钢管复合桩来说，钢管段的垂直度影响到整根桩基的垂直度，因而要尽可能保证钢管打设的垂直度精度，避免钻斜度大的桩。

SZ4桩不换钻头，始终用加配重的滚刀钻头成孔，而SZ3桩在覆盖层内用刮刀钻头，入岩后用加配重的滚动钻头成孔。对比两种钻头在覆盖层内的成孔效率可知，在淤泥层和黏土层内，即使在钻压较小的情况下，刮刀进尺速度明显快于滚刀，但始终采用滚刀成孔，则可以节约更换钻头的时间，在覆盖层较浅的情况下，始终采用滚刀钻头成孔是经济、合理的。

由于复合桩桩身较长，钢管段的垂直度精度会影响到钻机的成孔质量。要避免钻头与钢管过多地碰撞和摩擦，避免钻杆受扭过大，因而要在钻进过程设多个导向装置，该导向装置安装在钻杆上,具体位置和个数以钻杆在钻进过程中不因钻杆倾斜受扭为准。

对钢管复合桩来说,有两处过渡段需高度重视,一是钢管底处过渡段,二是进岩处过渡段,这两段均容易出现孔位偏移现象,其中钢管底过渡段处还容易出现卡钻现象。因此,为避免在过渡段处出现孔位偏移和卡钻现象,在钻进钢管底过渡段时,钻机中心要与管底中心基本一致;同时两个过渡段在进尺1m范围内控制钻进速度,减压慢速钻进,反复提钻,避免出现碰钻、卡钻以及钻机剧烈振动现象。如出现碰钻、卡钻以及钻机剧烈振动现象,应停止钻进,分析原因,采取正确措施后方能继续钻进。

9.7 常见问题分析及防治措施探讨

9.7.1 钢管桩底部卷边

原因:地质因素和沉桩锤击能量过大。多出现于西2.2m的桩,也可能是桩底壁厚不够(ϕ2.0m、ϕ2.2m的桩底壁厚均为32mm,ϕ2.5m的桩底壁厚为36mm)。

防治措施:出现含砾多的砂层、碎块状强风化层、球状风化、海底残留物或障碍物时,钢管桩底部卷边概率大,在沉桩过程中应控制好沉桩锤击能量和贯入度。如出现钢管桩底部卷边,在水深允许的情况下可采取潜水员水下切割的措施,但安全风险较大;主要是利用片石和冲锤扩孔,并采用冲击锤成孔的措施(138-3号、143-6号桩已使用冲锤)。

9.7.2 桩底沉渣量过多

原因:因船运供应淡水不足,清孔泥浆中混有海水,泥浆性能指标差或由于海水造浆而加速沉渣沉淀;提起钻头前清孔不干净,提起钻头时间过长;安装钢筋笼时,须安装多根检测管和取芯管,因工人操作不熟练,安装时间较长;导管的安装也因受到施工平台和施工设备的限制而需花费较多时间。待安装好导管准备二次清孔时,孔底的沉渣已沉积很多且较密实,使得二次清孔比较困难。

防治措施:加强淡水供应,杜绝使用海水造浆,泥浆性能必须满足规定要求;成孔后,一清要到位,加快提钻和安装钢筋笼速度,缩短一清到二清之间的停顿时间,减少沉渣沉积。利用导管进行二次清孔时,采用导管管口多点触底清孔,直到孔底沉渣厚度满足规定要求。灌注混凝土时,再利用剪球的混凝土巨大冲击力溅除孔底少量沉渣,以达到清除孔底沉渣的目的。

9.7.3 塌孔

原因:泥浆稠度小,护壁效果差,出现漏水;泥浆水头高度不够,对孔壁压力减小;泥浆相对密度过小,使水头对孔壁的压力较小;在松软砂层中钻孔时,进尺过快,泥浆护壁形成较慢,并且孔壁渗水;钻进时未连续作业,中途停钻时间较长而未进行泥浆循环;操作不当,提升钻头或吊放钢筋笼时碰撞孔壁;钻孔附近有大型船机设备作业时产生振动;清孔后未及时浇筑混凝土,使混凝土放置时间过长。

防治措施:钻孔附近禁止大型船机设备作业;钢护筒打设时,根据地质资料,将护筒穿过淤泥及透水层,护筒之间接头要密封好,防止漏水;根据地质情况,选用适宜的泥浆相对密度、泥浆黏度、不同的钻进速度。如在砂层中钻孔时,应加大泥浆稠度,选用较好的造浆材料,提高泥浆的黏度以加强护壁,并适当降低进尺速度;当汛期或水位变化较大时,应采取升高护筒,增加水头或用虹吸管等措施,保证水头压力相对稳定;钻孔时要连续作业,无特殊情况中途不得停钻;提升钻头、下放钢筋笼时应保持垂直,尽量不要碰撞孔壁;若浇筑准备工作不充分,暂时不要进行清孔并保持泥浆循环,清孔合格后及时浇筑混凝土。

9.7.4 断桩

原因:混凝土浇筑过程中断,不能一次浇筑完成;搅拌船设备、供电设备出现故障使浇筑不连续;导管漏水;导管提漏而进行二次下球;浇筑时出现串孔而不得不中断混凝土浇筑;混凝土生产能力不足,浇筑时间过长,孔内的混凝土面层已接近初凝,形成硬壳,造成混凝土继续浇筑极为困难,以致堵管或导管难以提拔上来,引发断桩事故。

防治措施:在混凝土浇筑前,认真做好搅拌船等设备维修保养工作,认真检查安装浇筑导管的水密性,确保混凝土浇筑的连贯性;在混凝土浇筑时,尽量提高混凝土的浇筑速度,并经常测量浇筑导管的埋深,提升导管要准确,保证导管埋深在4~10m。在混凝土灌注过程中,如果出现堵管或其他原因而不得不中断浇筑,可以利用导管及时清除已浇筑的混凝土,清孔干净后再重新开盘浇筑,以避免断桩的发生;如果中断混凝土灌筑的位置在钢护筒内,过后能保证把钢护筒内的泥浆水抽干,可以对发生的断桩进行干接桩施工处理。

9.7.5 钻孔倾斜

原因:海上施工平台重心高、刚性小、稳定性差,施工平台常常受到风浪、船舶靠泊、船舶碰撞的影响,安装就位在平台上的钻机稳定性较差,钻机作业时不稳;钻孔地质中夹有大的孤石或遗留钻杆或其他硬物或岩面倾斜等情形。

防治措施:加强施工平台的整体刚性,提高稳定性,在施工平台外侧打设独立的靠船桩,避免施工船舶直接靠碰平台;安装钻机时,转盘中心与钻架上起吊滑轮在同一轴线,钻杆位置偏差不大于15cm。采用自重大、钻杆刚度大的钻机,并安装导正装置。地质中夹有大的孤石或遗留钻杆或其他硬物或岩面倾斜等情形钻进时,采用慢挡钻速。出现钻孔倾斜时,可提起钻头到倾斜处修孔,如修孔效果不大且孔斜位置在岩层处,应在孔中浇筑水泥砂浆至斜孔以上,待水泥砂浆达到一定强度后再重新钻进;或者回填块石后采用冲击锤冲孔。

9.7.6 钻杆折断、掉钻头

原因:钻杆老旧,维修保养不到位;岩层坚硬,难以钻进;钻孔偏斜,出现卡钻。

防治措施:加强钻机等设备的维修和检查,保证在钻进时设备状态良好;控制好岩层的钻进速度;出现钻孔偏斜时,及时进行纠偏,并放慢钻进速度,避免卡钻情况出现。

第10章　钻孔灌注桩施工工艺

灌注桩是指在工程现场通过机械钻孔、钢管挤土或人力挖掘等手段在地基土中形成桩孔，并在其内放置钢筋笼、灌注混凝土而做成的桩。根据成孔方法不同，灌注桩又可分为沉管灌注桩、钻孔灌注桩和挖孔灌注桩等几类。钻孔灌注桩施工技术是路桥施工阶段运用最多的技术手段，大中型路桥工程对该技术的应用频率更高。伴随社会经济的持续发展与路桥行业规模的持续扩张，路桥工程建设单位在迎来较好发展契机的同时也需应对较多挑战，其要获取可持续性发展就应以较好的施工质量为支撑，从而在激烈的市场竞争中脱颖而出。而钻孔灌注桩施工技术具有施工操作便捷、安全性高、承受力强等优势特征，将其应用在路桥施工中可确保施工安全性与工程质量，获得较好的经济和社会效益。

10.1　工程概述

10.1.1　工程概况

钻孔灌注桩试桩位于港珠澳大桥主线里程桩号K33+317以北约150m处，共两根桩，编号为SZ5和SZ6，桩径为180cm，桩顶高程4.15m，桩底高程-38.00m，进入中风化花岗岩层5.2m，桩长42.15m，按端承桩设计。桩基钢护筒为30m长ϕ2044mm×δ22mm螺旋钢管。搭设海上独立施工平台，利用KP3500型转盘式回旋钻机成孔的方法进行桩基成孔施工。钻孔灌注桩试桩一般构造图如图7-1-2所示。钻孔灌注桩试桩施工前，在其试桩桩位处进行了两个补充地质钻孔，揭示的地质简况见表7-1-2～表7-1-3。

10.1.2　试桩目的

通过两根桩的成孔、成桩施工，总结钻孔灌注桩基础海上施工工艺，为主体工程钻孔灌注桩的施工积累相关经验。通过自平衡法荷载试验，确定桩的极限承载力，获取桩位各土层及桩端持力层的有关参数，测定桩基础的沉降和变形，为设计方提供各项设计参数，完善大桥基础设计。

10.1.3　气象水文条件

施工期间盛行东风和东南偏东风，最大风力达8级，基本在4～6级。常规潮流流速1m/s，正常高潮水位+1.4m，低潮水位-1.1m，平时浪高0.5m。4月17日下午，发生了一次短时强对流灾害性天气，风力达8级，浪高1.5～2.0m，伴随大雨雷电。施工点范围内6月份开始大风暴雨增多，海面风浪明显增多、增大。6月21日和7月29日受台风影响，人员、船舶均撤离，施工受天气影响明显增大。

10.2 施工流程

钻孔灌注桩的施工,按其所选护壁形成的不同,有泥浆护壁施工法和全套管施工法两种。

1)泥浆护壁施工法

冲击钻孔、冲抓钻孔和回转钻削成孔等均可采用泥浆护壁施工法。该施工法的过程是:

平整场地→泥浆制备→埋设护筒→铺设工作平台→安装钻机并定位→钻进成孔→清孔并检查成孔质量→下放钢筋笼→灌注水下混凝土→拔出护筒→检查质量。

施工顺序:

(1)施工准备

施工准备包括选择钻机、钻具、场地布置等。

钻机是钻孔灌注桩施工的主要设备,可根据地质情况和各种钻孔机的应用条件来选择。

(2)钻孔机的安装与定位

安装钻孔机的基础如果不稳定,施工中易产生钻孔机倾斜、桩倾斜和桩偏心等不良影响,因此要求安装地基稳固。对地层较软和有坡度的地基,可用推土机推平,再垫上钢板或枕木加固。

为防止桩位不准,施工中很重要的是定好中心位置和正确地安装钻孔机,对有钻塔的钻孔机,先利用钻机的动力与附近的地笼配合,移动钻杆大致定位,再用千斤顶将机架顶起,准确定位,使起重滑轮、钻头或固定钻杆的卡孔与护筒中心在一垂线上,以保证钻机的垂直度。钻机位置的偏差不大于2cm。对准桩位后,用枕木垫平钻机横梁,并在塔顶对称于钻机轴线上拉上缆风绳。

(3)埋设护筒

钻孔成功的关键是防止孔壁坍塌。当钻孔较深时,地下水位以下的孔壁土在静水压力下会向孔内坍塌,甚至发生流沙现象。钻孔内若能保持比地下水位高的水头,增加孔内静水压力,平衡孔外地下水压力或者加大孔内向水力、防止坍孔。护筒除起到该作用外,还有隔离地表水、保护孔口地面、固定桩孔位置和钻头导向等作用。

制作护筒的材料有木、钢、钢筋混凝土三种。护筒要求坚固耐用,不漏水,其内径应比钻孔直径大(比旋转钻约大20cm,比潜水钻、冲击或冲抓锥约大40cm),每节长度为2~3m。一般采用钢护筒。

(4)泥浆制备

钻孔泥浆由水、黏土(膨润土)和添加剂制成。泥浆具有浮悬钻渣、冷却钻头、润滑钻具、增大静水压力的作用,在孔壁形成泥皮,隔断孔内外渗流,防止坍孔。调制的钻孔泥浆及经过循环净化的泥浆,应根据钻孔方法和地层情况来确定泥浆稠度。泥浆太稀,则排渣能力小、护壁效果差;泥浆太稠,则会削弱钻头冲击功能,降低钻进速度。

(5)钻孔

钻孔是一道关键工序,在施工中必须严格按照操作要求进行,才能保证成孔质量,首先要注意开孔质量,为此必须对好中线及垂直度,并压好护筒。施工中要注意不断添加泥浆和抽渣

(冲击式钻机用),还要随时检查成孔是否有偏斜现象。采用冲击式或冲抓式钻机施工时,附近土层因受到振动而影响邻孔的稳固。所以,钻好的孔应及时清孔,下放钢筋笼和灌注水下混凝土。钻孔的顺序也应事先规划好,既要保证下一个桩孔的施工不影响上一个桩孔,又要使钻机的移动距离不要过远和相互干扰。

(6)清孔

钻孔的深度、直径、位置和孔形直接关系到成桩质量与桩身曲直。为此,除了钻孔过程中要密切观测监督外,在钻孔达到设计要求深度后,应对孔深、孔位、孔形、孔径等进行检查。在终孔检查完全符合设计要求时,应立即进行孔底清理,避免间隔时间过长以致泥浆沉淀,引起钻孔坍塌。对于摩擦桩,当孔壁容易坍塌时,要求在灌注水下混凝土前沉渣厚度不大于30cm;当孔壁不易坍塌时,要求不大于20cm。对于柱桩,要求在射水或射风前,沉渣厚度不大于5cm。清孔方法应根据钻机不同而灵活选用。通常可采用正循环旋转钻机、反循环旋转机、真空吸泥机以及抽渣筒等清孔,其中,用吸泥机清孔,所需设备不多,操作方便,清孔也较彻底,但在不稳定土层中应慎重使用。其原理就是用压缩机产生的高压空气吹入吸泥机管道内将泥渣吹出。

(7)灌注水下混凝土

清完孔之后,就可将预制的钢筋笼垂直吊放到孔内,定位后要加以固定,然后用导管灌注混凝土,灌注时混凝土不得中断,否则易出现断桩现象。

2)全套管施工法

利用液压全套管钻机施工的灌注桩,国外习惯上称为贝诺特(Benote)桩,这种成桩工艺是目前国际上最为流行的钻孔灌注桩施工技术,也是目前世界上钻孔灌注桩主要施工法中最为先进的一种。这种技术的施工速度是同条件下其他施工方法的8~10倍,成桩质量高于国家现行施工验收规范标准,已显示出了其卓越的科学性和先进性,应用前景十分广阔。随着我国高层、超高层建筑以及大型桥梁等复杂构筑物的大规模出现,对地基处理的技术质量要求也将越来越高,可以预料,贝诺特施工方法将成为我国今后大直径钻孔灌注桩施工技术的发展方向。全套管钻孔灌注桩在我国的规模化推广应用已是指日可待的全套管施工法的施工顺序。其一般的施工过程是:平场地、铺设工作平台、安装钻机、压套管、钻进成孔、安放钢筋笼、放导管、浇筑混凝土、拉拔套管、检查成桩质量。

全套管施工法的主要施工步骤除不需泥浆及清孔外,其他的与泥浆护壁法都类同。压入套管的垂直度,取决于挖掘开始阶段的5~6m深时的垂直度。因此,应随时用水准仪及铅锤校核其垂直度。该施工法在我国还是一项相对较新的技术,事实上,采用贝诺特技术成孔的灌注桩比过去常用的泥浆护壁技术成孔的灌注桩的单桩承载力要高。这一现象可以从下述三个方面来认识:

(1)由于贝诺特钻机施工时所采用的是沿孔深通长的特制的套管成孔,不使用泥浆护壁,所以成孔后避开了泥浆护壁成桩工艺所固有的那种在桩身混凝土与主体之间必然会形成一层残存泥浆隔离膜(俗称“泥皮”)的弊病,因而桩身混凝土与土体之间的黏结会更加牢固。

(2)由于在挖掘过程中套管几乎不会对孔壁土体的原有结构产生任何不良影响,因而桩周围土体更能充分地发挥其最大侧摩阻力作用。

(3)贝诺特施工法清孔彻底,孔底残渣少。根据实测结果来看,孔底钻渣可清至2~4cm,有利于提高桩端承载力,这是泥浆护壁施工法所难以达到的。贝诺特施工技术在我国的应用时间不长,工程实践经验有限,缺乏足够的对比数据,这方面的工作今后还有待加强,要尽快积累必要的技术资料,以便建议比较妥帖的贝诺特桩单桩承载力的计算公式。

由于施工环境及上述因素,本次钻孔灌注桩施工采用的是泥浆护壁施工法,其施工工艺流程如图 10-2-1 所示,K33 + 317 钻孔灌注桩施工历程如图 10-2-2 所示,平台搭设 36d,含钢护筒插打 6d,SZ5 桩成孔 27.5d,SZ6 桩成孔 45.5d,其中修孔长达 23d。此外,由于恶劣天气、潮流等自然环境因素的影响,在一定程度上减缓了工程的施工速度。

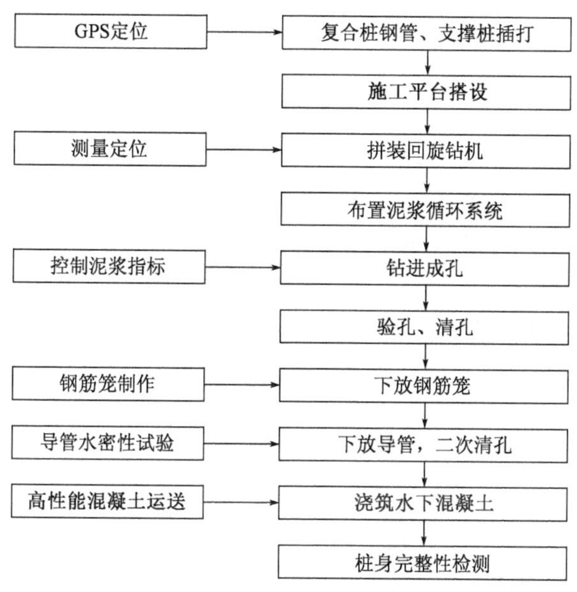

图 10-2-1　钻孔灌注桩施工工艺流程

项目名称	任 务 名 称	日数	10	20	30	40	50	60	70	80	90	100	110	120
设备材料进场		2												
平台搭设	钢管桩插打	9												
	平联、盖板等加工	9												
	平联、盖板等安装	25												
	生活、施工设施安装	15												
	地质补钻	12												
	钢护筒、1.2m基准桩插打	6												
SZ5 钻孔灌注桩	钻机拼装	8												
	桩基成孔	19												
	钢筋笼、荷载箱加工、安装与下放	14.5												
	水下混凝土浇筑	1												
SZ6 钻孔灌注桩	钻机移位拼装	2												
	桩基成孔	17.5												
	修孔	23												
	钢筋笼、荷载箱加工、安装与下放	2												
	水下混凝土浇筑	1												

图 10-2-2　K33 + 317 钻孔灌注桩施工历程

10.3 施工平台

水上施工平台是指为了进行桥梁基础水上施工而搭设的作业场地。固定式水上工作平台是一种常见的结构形式，钻孔桩平台设计时应考虑整个施工期间各种施工荷载、船舶撞击力、波浪力、风荷载等各种荷载的最不利组合，确保平台结构满足要求。在大型船舶停靠一侧，必须设置泊船桩，保护平台主体结构不受船舶直接碰撞。风浪较大时，可将船舶移出平台附近抛锚，避免碰撞平台。

施工海域位于航道附近，往来船舶较多，必须设置足够醒目的警示标志，防止发生船舶撞击事件。在平台四角设置太阳能航标灯，四周围挂警示链灯，并配置高频对讲机和雷达应答器等应急设备。钻孔平台空间尺寸应能满足桩基础和承台施工要求，柴油、淡水等各种材料，应满足施工和日常生活需求。

因此，要求施工平台具有其特殊性：

(1)平台要受流波力作用，当考虑风暴潮影响时，这种作用十分强大。

(2)在潮差较大的地区，因为要考虑平台作业面避受波浪影响，以及钻孔和水下混凝土封底施工等需要，内部应保持足够的水头，平台顶面高程比一般平台要高。

(3)因为受风浪潮的影响，平台搭设十分困难，是采用常规的插打钢管桩方法，还是采用其他施工方法，需在自然条件、技术和成本方面进行比较。

(4)进行平台设计时，应调查和掌握水文、水力环境，这是关系到技术、安全和成本的重要问题。

(5)在无遮蔽海洋恶劣的自然条件下，采用江河中常用的支架或船舶施工方法有时无法进行，必须建造与自然条件相适应的、稳固可靠的海上施工平台。

10.3.1 平台概述

试桩施工平台包括大直径钢管桩、钢管复合桩和钻孔灌注桩三种类型，其中钢管复合桩和钻孔灌注桩试桩施工平台长39m，宽21.5m，面积约为840m^2，试桩施工平台由螺旋钢管桩(含锚桩)、贝雷片、型钢、波纹钢板及护栏搭设而成。

施工平台面高程为+5.5m，由直径ϕ1000mm×10mm螺旋缝钢管桩支承。钢管复合桩及钻孔灌注桩平台共计12条螺旋缝钢管，钢管桩平台共计有螺旋缝钢管11条(其中含锚桩6根)，如图10-3-1所示。根据各施工点地质状况进行桩长计算。钢管桩间用ϕ426mm×8mm和ϕ200mm×8mm钢管焊成的桁片焊接连接。平台承重梁为90号贝雷支撑架联结的单层两排贝雷片主梁，平台分布梁在与贝雷梁垂直方向为双拼45号工字钢，间距为3.0m，45号工字钢顶面二次分配梁为25a工字钢，按间距60cm布置；平台顶面平铺厚δ8mm钢板。平台一侧设置3根船舶停靠螺旋钢管桩。根据地质资料，试桩施工采用1台KP3500型钻机进行成孔施工。

平台分生活区和施工区两大功能区，生活区布置5个20m^{3}集装箱，施工区布置有钻机、泥浆循环系统、发电机、空压机和储油罐等，如图10-3-1所示。在平台桩位一侧停靠一条250m^{3}泥浆船，回收成孔形成的钻渣和泥浆。

施工平台共布置12根ϕ1020mm×δ10mm螺旋钢管支承桩和3根ϕ1020mm×δ10mm船舶停靠桩，桩长33m，桩底高程-29.5m，桩尖进入黏土层。支撑桩采用ϕ426mm×6mm和

ϕ200mm × 6mm 钢管焊接成的桁架片连接成整体。桩顶设置 1.2cm 厚钢盖板，盖板上安装双拼 25 号工字钢垫梁，垫梁上安装单层双拼贝雷梁，其中试桩位一跨采用单层三排贝雷梁。贝雷梁顶按间距 3m 铺设双拼 45 号工字钢，桩位一跨铺 4 道三拼 45 号工字钢，沿每条护筒中心各对称布置 2 道。45 号工字钢上按间距 60cm 铺 25 号工字钢，平台面板为 8mm 厚波纹钢板。施工平台立面结构示意图如图 10-3-2 所示。

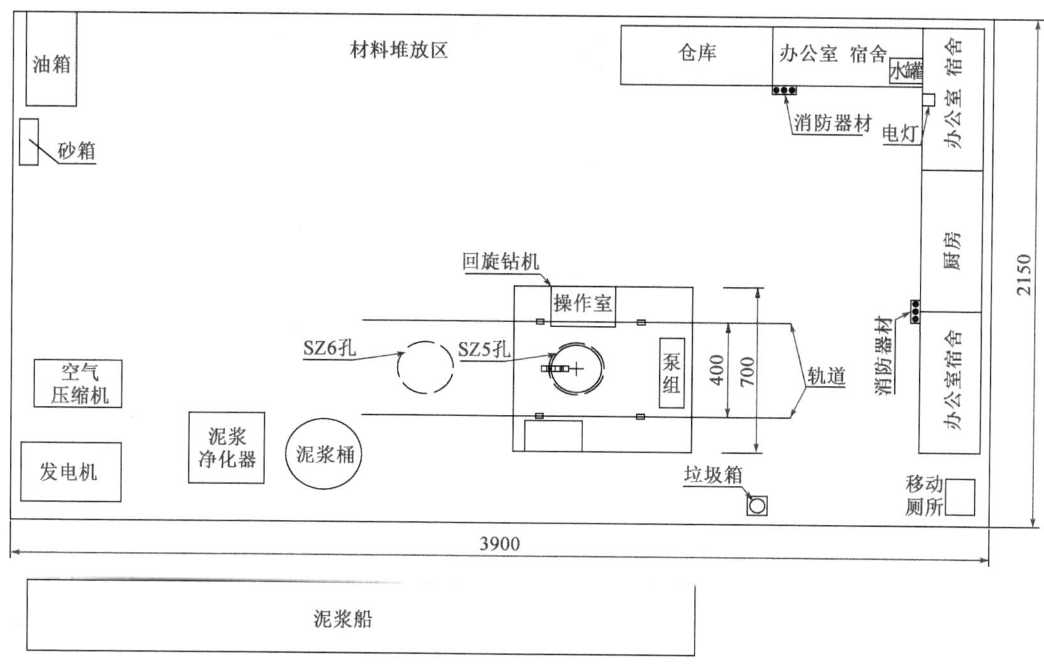

图 10-3-1　钻孔灌注桩试桩施工平台立面结构示意图(尺寸单位:cm)

施工期间，平台所受荷载有竖向荷载和水平荷载，竖向荷载主要包括平台结构自重、各施工设备、材料自重和平台生活设施自重等，水平荷载主要包含潮流力、波浪力和船舶撞击力等，利用有限元软件建立结构计算模型，加载各种荷载组合，计算得施工平台钻机位置处在最不利荷载组合作用下：三拼 45 号工字钢最大弯矩为 711.6kN·m < 922.4kN·m，最大剪力为 353.2kN < 1664.6kN，三拼贝雷梁最大弯矩为 1456.2kN·m < 2246.4kN·m，最大剪力为 303.88kN < 696.9kN，钢管支撑桩最大应力为 46.12MPa < 215MPa，最大位移为 2.6mm，平台结构性能满足施工受力需要。

根据桩基自平衡法荷载试验要求，沿两根试桩桩心连接延长线外侧，在距桩中心 4.5m 处布置 2 根 36m 长 ϕ820mm × δ8mm 螺旋钢管基准桩，基准桩外侧套打 20m 长 ϕ1220mm × δ10mm 螺旋钢管桩，对基准桩起保护作用。

10.3.2　平台搭设施工组织

施工水域风浪大，潮差大，气象水文条件复杂；施工点处于九洲港航道附近，往来船只多，通航要求高；同时该水域属中华白海豚保护区，环境保护要求较高。为确保工程顺利开展，施工前认真编写施工组织设计，建立完善的组织机构，科学合理安排生产。平台搭设作业人员、设备、材料见表 10-3-1 ~ 表 10-3-3。

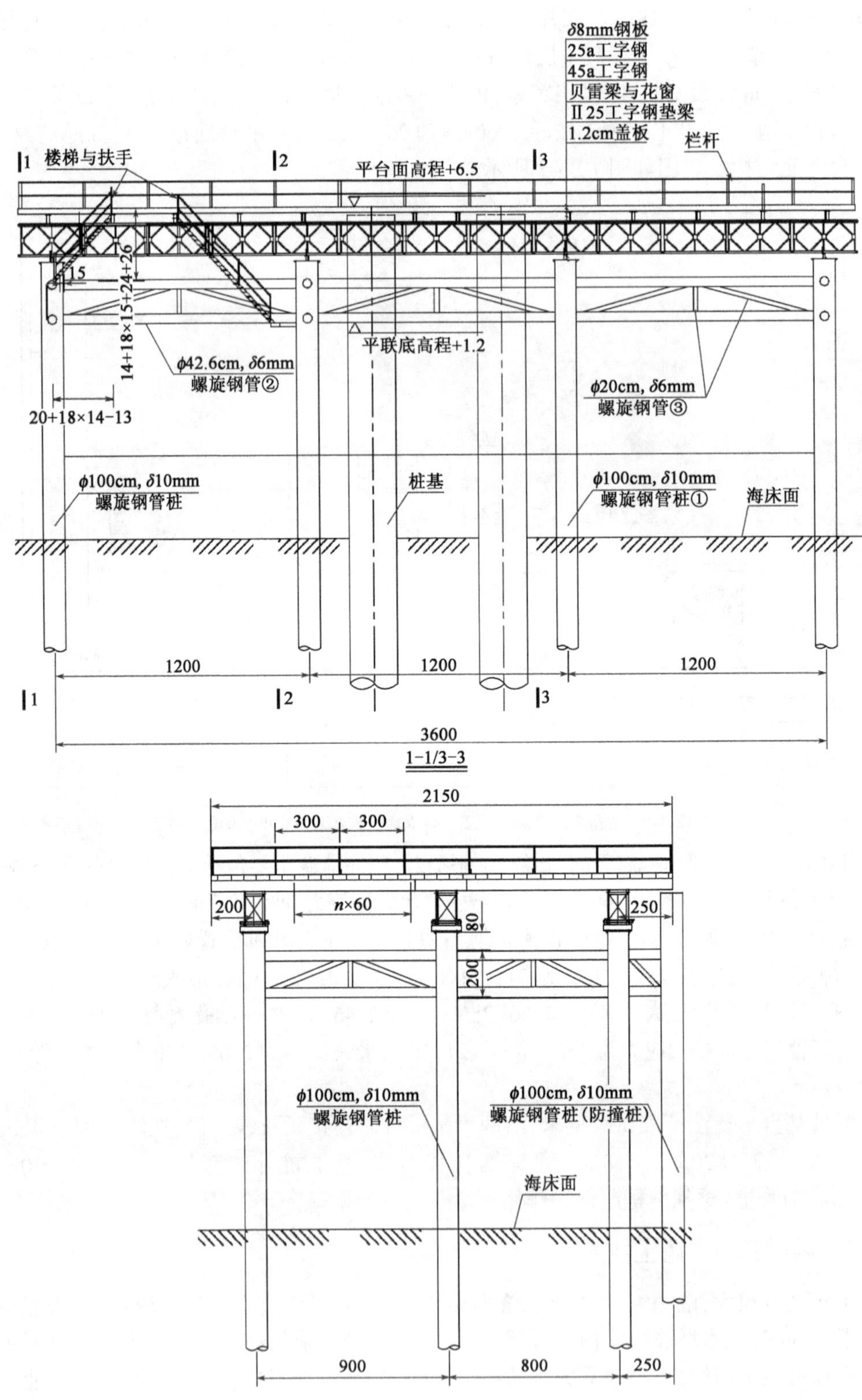

图 10-3-2　钻孔灌注桩平台立面结构图(尺寸单位:cm)

平台搭设主要材料用量　　表 10-3-1

序号	使用部位	材料名称	规　格	单位	数量	备　注
1	支撑桩、泊船桩	螺旋钢管	ϕ102cm × δ10mm	m	540	单根 36m
2	平联		ϕ42.6cm × δ 6mm	m	336	单根 12m
3			ϕ20cm × δ 6mm	m	192	单根 13m
4	基准桩		ϕ122cm × δ10mm	m	44	单根 22m
5			ϕ82cm × δ 8mm	m	108	单根 12m
6	承重梁	贝雷片	300cm × 150cm	片	88	配贝雷销
7		花窗	90 号	件	42	配花窗螺栓
8		骑马螺栓	60cm × 38cm × ϕ1.6cm	套	—	—
9			60cm × 51cm × ϕ1.6cm	套	—	—
10	分配梁、枕梁	工字钢	I45a	m	648	—
11			I25a	m	1233	—
12	盖板	钢板	δ12mm	m^2	25.2	—
13	楼梯	槽钢	16 号	m	37.5	—
14	栏杆		10 号	m	97.2	—
15		钢管	直径 1.5 寸	m	284	—
16		油漆	红色	升	120	—
17			白色	升	20	—
18		警示链灯	—	m	150	—
19		航标灯	—	盏	4	太阳能
20	面板、围壁	花纹钢板	δ8mm	m^2	864	—
21	安全防护	警示灯	—	盏	15	—

平台搭设施工作业人员　　表 10-3-2

序号	班　组	数　量	作业内容
1	桥工班	16	接桩、平台搭设
2	打桩班	6	配合长大 33 插打钢管桩
3	电工	1	保障施工、生活用电
4	机修工	1	发电机等设备保养维修
5	船员	32	船只作业
6	测量人员	2	测量放样
7	管理人员	5	现场施工负责
8	专职安全环保员	1	安全、环保管理

平台搭设施工主要设备　　表 10-3-3

序号	设备类型	设备名称/规格	数量	人　员	作业内容
1	打桩船	长大 33	1	打桩班 6	打桩
2	平驳船	粤民 426	1	船员 5	制作场地

续上表

序号	设 备 类 型	设备名称/规格	数量	人　　员	作 业 内 容
3	浮吊	长大 39	1	船员 5	起重业
4		粤顺德工 1032	1	船员 5	起重作业
5	拖轮	顺兴拖 38	1	船员 5	移船
6	抛锚艇	长大 28	1	船员 4	抛锚
7	货船	广驳 1001	1	—	运输钢管桩等
8		惠华航 399	1	—	运输贝雷梁等
9	交通船	富湾	1	船员 2	人员往来
10	发电机	300kW	1	—	生产用电
11		90kW	1	—	生活用电
12	测量仪器	Trimble R6 RTK GPS 接收机	1 套	—	桩位放样
13		徕卡 NA2 光学水准仪	1 套	—	高程测量

海上桩基础施工对设备性能和质量依赖程度高,因而选择合适的设备,可以大大提高工作效率,降低劳动强度,加快施工进度。

长大 33 打桩船插打桩架高 42m,起重能力为主钩 103t、副钩 20t,满足钢管桩插打要求,但不具备钢管桩自动定位功能,需要 GPS 测量配合定位钢管桩。海上 GPS 信号受天气、测量环境等影响,定位精度波动较大,适合用于平台钢管桩等临建构件打设。长大 39 浮吊,主钩 50t,副钩 9t,吃水1.8m,排水量 1200t,4 ×1.5t 斯贝克锚,船上稳定性较好,在海上风浪不大的情况下,满足施工要求。

10.3.3　平台搭设工艺流程

平台搭设工艺流程如图 10-3-3 所示。

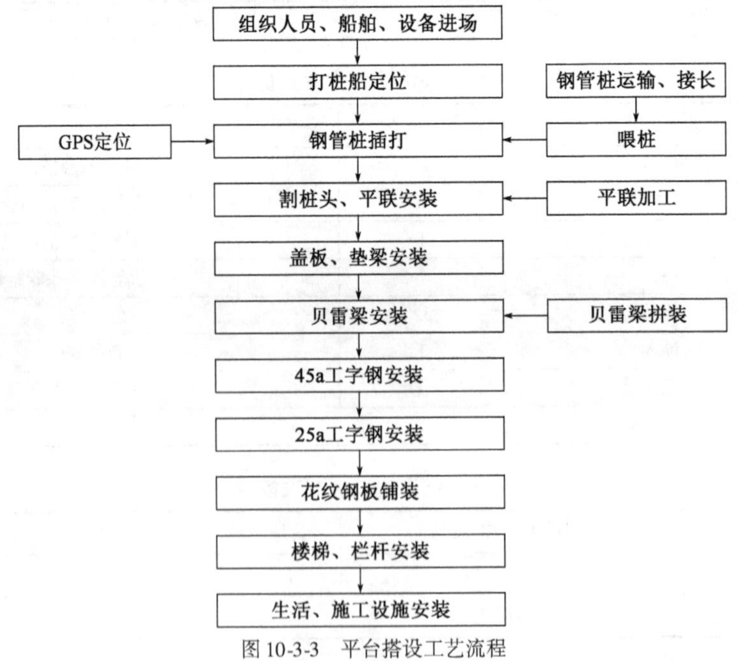

图 10-3-3　平台搭设工艺流程

10.3.4　平台搭设施工工艺

1)钢管支承桩插打

(1)钢管支承桩接长

直径 102cm 和 82cm 的螺旋钢管在厂内每节生产长度分别为 18m 和 12m,每节桩端均留有坡口,方便连接施焊。钢管按《钢结构工程施工质量验收规范》(GB 50221—2001)和《公路桥涵施工技术规范》(JTG/T F50—2011)检验评定合格后,用船舶运输至施工点,采用浮吊转运至粤民 426 平驳船上对接至 36m 长。钢管加工要求见表 10-3-4。

钢管加工要求　　表 10-3-4

项目	偏差部位	允许偏差	备注
单一管节	外周长	±0.5%周长,且不大于 10mm	测量外周长
	管端椭圆度	0.5%d,且不大于 5mm(d 为管径)	椭圆度指管端两相互垂直直径之差
	管端平整度	2mm	—
	管端平面倾斜	2mm	—
相邻管节	管节管径	3mm	相邻管节外周长差不大于 3π
	管节错台	1mm	—

(2)钢管支撑桩定位与插打

钢管支撑桩插打采用粤民 426 平驳船配合长大 33 打桩船完成,插打顺序沿潮流方向逐根进行。直径 122cm 基准桩采用长大 39 浮吊配合 90kW 振动锤振动下沉。钢管支承桩打桩工艺流程如图 10-3-4 所示。钢管桩插打如图 10-3-5 所示。

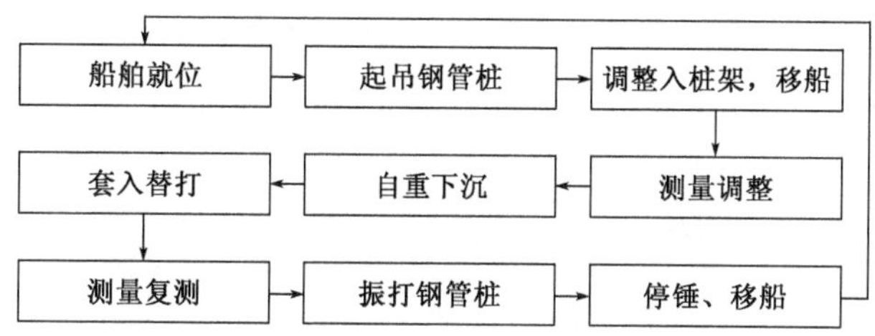

图 10-3-4　钢管支承桩打桩工艺流程

图 10-3-5　钢管桩插打

长大33打桩船和粤民426平驳船到达施工水域后，打桩船先抛锚定位，起吊平驳船上的钢管支承桩进入打桩船桩架，根据GPS测量定位进行调整后，下放钢管支承桩，待其在自重作用下下沉停止后，复测其精度，启动打桩锤将钢管支承桩打至设计高程。钢管支承桩全部插打到位后，将桩头按统一高程3.5m抄平。

打桩期间，在施工水域的外侧设置两艘警戒船，对附近往来船舶进行引导，避免其驶入施工水域。同时，警戒船上配备观察员，对打桩船周围半径500m范围内的海域进行观测，如连续5min内没有发现中华白海豚，方可进行打桩作业。打桩过程中一旦发现中华白海豚出没，立即暂停打桩作业，待其离开后方可继续打桩。

2）平联施工

钢管支撑桩间通过平联连接成整体，平联与钢管桩通过哈佛接头焊缝连接。平联采用ϕ426mm×6mm做横杆，ϕ200mm×6mm钢管做竖杆及斜腹杆，焊接成桁架片，按11m、8m和7m三种长度规格在平驳船上预制成片，并制作相应数量的哈佛接头板。将预制好的平联运输至施工点，浮吊配合安装就位，如图10-3-6所示。

图10-3-6　桩间平联安装

3）上部结构安装

上部结构包括盖板及垫梁、贝雷梁、45号工字钢承重梁、25a号工字钢分配梁、δ8mm波纹钢面板安装。

（1）盖板及垫梁安装

平联安装好后，开始安装盖板垫梁。盖板一方面为上部结构安装提供施工平台，另一方面将上部荷载均匀传递至桩顶，避免桩顶因局部受力过大而出现局部破坏。盖板为1.4m×1.4m、厚1.2cm钢板，垫梁为1.4m长双拼25a号工字钢，在平驳船加工，将盖板与垫梁点焊连接，整体吊装至桩顶安装，盖板与钢管桩之间设置15cm×15cm三角形加劲肋。

（2）贝雷梁安装

贝雷梁在平驳船上预拼成27m和12m两节，采用浮吊吊装就位，在每跨贝雷架支点处的下弦杆与垫梁接触部位均设置一个定位卡,固定贝雷梁。定位卡采用 10 号槽钢制作。

(3)45 号工字钢、25a 号工字钢和波纹钢板安装

45 号工字钢先在平驳船上按图纸数量进行双拼、三拼,贝雷梁安装好后,吊装就位,用骑马螺栓将其与贝雷梁固定。

25a 号工字钢做分配梁,点焊固定在 45 号工字钢上,间距 60cm,焊接接长,相邻两条接头错开布置。

面板采用 δ8mm、600cm × 127cm 波纹钢板,钢板点焊固定在 25a 号工字钢上。

4)附属设施安装

附属设施包括栏杆、楼梯、扶手、通航警示灯、救生设施、油罐及集装箱等生活设施。搭设完成的平台如图 10-3-7 所示。

图 10-3-7 搭设完成的平台

10.4 钻孔灌注桩成孔施工

10.4.1 施工概述

平台搭设完成,验收合格后即可投入使用。首先插打钢护筒,然后架设 KP3500 转盘式钻机,布设泥浆循环系统,开始桩基成孔;终孔,验孔合格后下放钢筋笼,灌注水下混凝土,等强 28d 后,进行桩基检测,最后进行自平衡法荷载试验。

10.4.2 钻孔灌注桩施工组织

根据工程实际情况进行设备选型。主要设备见表 10-4-1,主要测量和试验仪器见表 10-4-2,进场作业人员见表 10-4-3。

钻孔灌注桩施工主要设备 表 10-4-1

序号	设备类型	设备名称/规格	数量	人员配置	作业内容	备注
1	浮吊	起重七号	1	12	下沉钢护筒	临租
2	液压振动锤	250t	1	4	下沉钢护筒	临租
3	浮吊	长大 39	1	6	起重作业	50t
4	搅拌船	长大 16	1	12	生产输送混凝土	$100m^3/h$
5	拖轮	顺兴拖 38	1	6	船舶移位	—
6	抛锚艇	长大 28	1	4	抛锚	—
7	泥浆船	翔安 318	1	4	排渣、泥浆	$250m^3/h$
8	交通船	阳平机 23	1	2	人员往来	—
9	货船	3363	1	3	转运材料	—
10	转盘式钻机	KP3500	1	6	桩基成孔	—
11	空气压缩机	$20m^3$	1	1	气举循环	—
12	泥浆净化器	ZX-250	1	—	泥浆除砂	$250m^3/h$
13	泥浆泵	7.5kW	1	—	泥浆循环	—
14	泥浆泵	30kW	1	—	泥浆循环	—
15	发电机	300kW	1	1	电力供应	—
16	发电机	90kW	1		电力供应	备用

试验、测量仪器一览表 表 10-4-2

编号	名称	型号	单位	数量	备注
1	混凝土自落式搅拌机	TZJ-60	台	1	—
2	振动台	ZT-1 × 1	台	1	—
3	胶砂搅拌机	JJ-5	台	1	—
4	ISO 胶砂振实台	ZT96	台	1	—
5	砂浆试模	—	组	12	—
6	混凝土抗压试模	15cm × 15cm × 15cm	组	24	—
7	混凝土抗折试模	15cm × 15cm × 15cm	组	12	—
8	养护室智能化自动控制仪	BYS-Ⅲ	台	1	—
9	砂石筛	9.75 ~ 0.075mm	套	1	新标准
10	石子筛	90 ~ 2.36mm	套	1	新标准
11	针、片状规准仪	—	台	1	新标准
12	石子压碎值测定仪	—	台	1	—
13	数字式压力试验机	DYE-2000	台	1	—
14	万能材料试验机	WAW-2000B	台	1	—
15	压力试验机	NYL-3000	台	1	—
16	电热鼓风机干燥箱	101-2	台	1	—

续上表

编号	名　　称	型　　号	单位	数量	备　　注
17	恒温恒湿养护箱	HBY-40B	台	1	—
18	沸煮箱	FZ-31	台	1	—
19	混凝土贯入度阻力测定仪	HG-80S	台	1	—
20	全自动比表面积测定仪	FBT-5	台	1	—
21	砂浆流动度测定仪	NLD-3	台	1	—
22	混凝土氯离子扩散系数测定仪	RCM-6V	台	1	—
23	坍落度仪	—	个	2	—
24	泥浆指标测试仪器	—	套	1	—
25	磅秤	—	台	1	—
26	天平	—	台	2	—
27	全站仪	徕卡 TS30	台	2	—
28	水准仪	NA2	台	1	—
29	钢尺	50m	把	2	—
30	水准尺	5m	把	1	—
31	GPS 接收机	R6GNSS	台	1	—

平台施工作业人员　　表10-4-3

序号	班　　组	数量	作 业 内 容
1	基础队	6	成孔、配合混凝土灌注
2	钢筋班	6	钢筋笼加工、下放
3	电工	1	保障施工、生活用电
4	机修工	1	发电机等设备保养维修
5	船员	若干	船只作业
6	测量	3	测量放样、埋管深度测量
7	试验	2	现场泥浆及混凝土配制、管理
8	专职安全环保员	1	安全环保管理
9	管理人员	3	现场施工负责

结合钢护筒施工实际情况，外租三航起重七号400t浮吊配合ICE66C 250t振动锤下沉钢护筒。采用KP3500型转盘式回旋钻机，反循环成孔，并根据地质情况选用刮刀钻头和滚刀钻头。实际施工表明，对于此类地质条件，在覆盖层内宜采用四翼刮刀钻头；岩层内宜采用球齿滚刀钻头，减压钻进，并适当配重；球齿给予岩石压力宜为2~3倍于岩石抗压强度，具有良好的破岩效率。采用长大16水上拌和船生产和输送混凝土，备料能力为500m^3，生产能力为100m^3/h，输送能力为30m^3/h，满足试桩水下混凝土灌注要求。长大16水上拌和船现场照片如图10-4-1和图10-4-2所示。

图 10-4-1　长大 16 水上拌和船侧面图

图 10-4-2　长大 16 水上拌和船正面图

10.4.3　桩基施工工艺流程

钻孔灌注桩桩基施工工艺流程如图 10-4-3 所示。

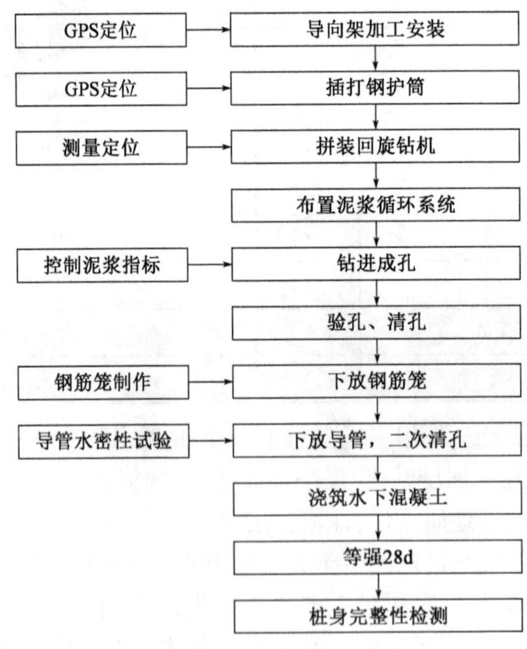

图 10-4-3　钻孔灌注桩施工工艺流程

10.4.4　成孔工艺

1)插打钢护筒

导向结构采用型钢与已搭设完成的平台贝雷梁(第一层导向)和平联(第二层导向)连接,形成框架,控制和调整钢护筒的中心坐标与垂直度,以满足设计要求。导向结构第一层和第二层平面图分别如图10-4-4和图10-4-5所示。

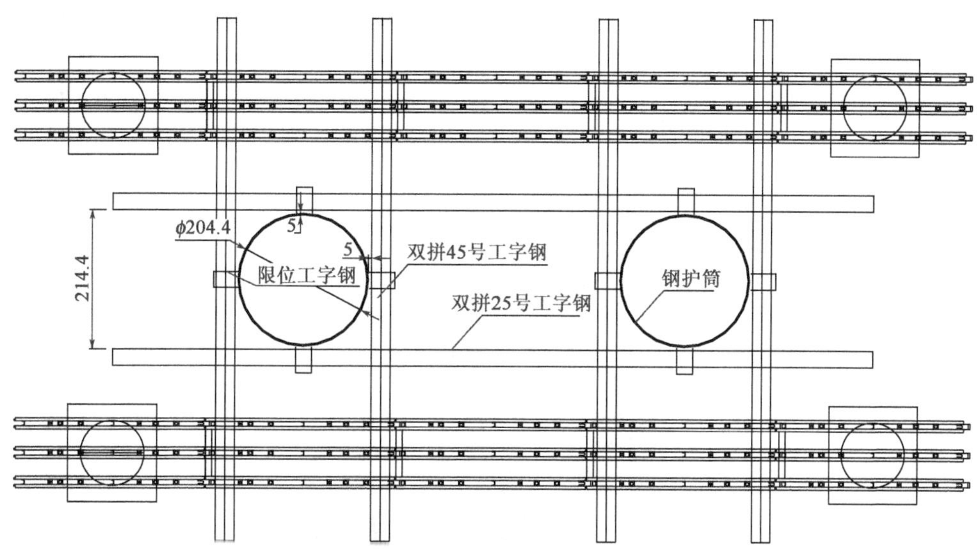

图10-4-4　导向结构第一层平面图(尺寸单位:cm)

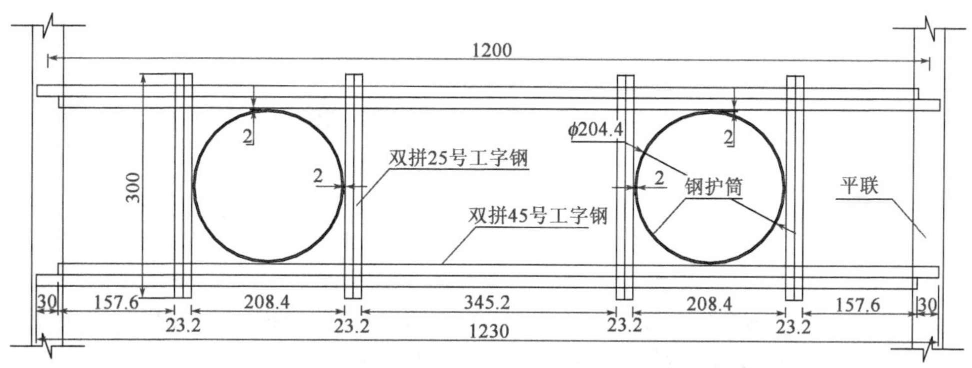

图10-4-5　导向结构第二层平面图(尺寸单位:cm)

钢护筒采用振动锤下沉,使用双层导向架定位,导向架设计时应具有足够的刚度,防止产生位移和扭转,确保桩位平面位置和垂直精度。

护筒起吊时,护筒顶口需采用十字形加劲梁予以加强,防止起吊过程护筒口变形。护筒下沉到一定高程后,在振动锤激振力作用下,难以下沉时,应根据实际情况进行分析,对比地质钻探资料,确定护筒底所处地层,能保证成孔过程中孔内稳定,不会发生塌孔等不良事故时,可以终止下沉,以避免强行下沉可能引起的护筒底口变形事故。

水上施工平台应采用打桩船打设的支撑钢管桩,平面偏差不大于300mm,倾斜度不大于

1%。两根钢护筒的定位导向架采用整体设计,本身具有足够的刚度,与更大平面刚度的水上施工平台进行可靠连接,可进一步限制导向架偏移,完全约束钢护筒,控制钢护筒平面精度。导向架长度不小于4m,从上往下逐步减小导向架内径,顶部内径比钢护筒外径大50mm,底部内径比钢护筒外径大20mm,导向架本身倾斜度不大于下沉钢护筒倾斜度要求。

钢护筒利用三航起重七号浮吊吊装,采用两点起吊方式进行,将护筒由水平起吊转换为竖直起吊后,在护筒底部挂缆绳,引导护筒进入第一层导向架。在穿过第二层导向架后,复测护筒平面位置,确认偏差在容许范围内后,固定限位结构,继续下放,在自重作用下护筒下沉。采用两台全站仪沿相互垂直的两个方向实时监测护筒垂直度,直至在自重作用下下沉约10m后,解除吊钩,采用250t液压振动锤振打钢护筒,如图10-4-6所示。待钢护筒在振动锤激振力作用下不再下沉时,停锤,然后按护筒顶高程+6.25m割除桩顶高出的部分。钢护筒下沉垂直度及平面偏位情况见表10-4-4。

图10-4-6　250t液压振动锤振打钢护筒

钢护筒下沉垂直度及平面偏位情况　　表10-4-4

桩号	平面位置偏差（mm）	垂直度	护筒顶高程（m）	护筒底高程（m）	护筒长（m）	护筒入土深度（m）
SZ5	46	1/260	+6.25	-22.38	28.63	17.88
SZ6	48	1/400	+6.25	-21.67	27.92	17.12

钢护筒下沉精度主要受导向架、沉桩设备、海上GPS测量设备自身误差以及海洋环境等因素影响,导向架、沉桩设备和海上测量设备满足施工要求,海洋环境的波动直接导致下沉精度偏差,宜选在平潮、风力小于5级、浪高不大于0.5m时间段进行沉桩。钢护筒宜整长预制加工,吊装时采用可靠的加劲撑架,防止钢护筒变形,在钢护筒下沉精度有保证的情况下,最小钢护筒直径根据护筒的平面、垂直度偏差要求等因素确定。

两根试桩钢护筒垂直度分别为1/260和1/400,平面位置偏差在50mm以内。如需达到更高的垂直度和平面位置偏差标准,建议加强定位导向架的刚度及高度。

2)泥浆循环系统布设及泥浆管理

采用气举反循环法成孔。根据试验要求及地质条件,采用海水/淡水+原状土造浆工艺,泥浆循环系统主要由空气压缩机和气管、钻杆和水龙头、泥浆管、泥浆桶、泥浆泵、泥浆船和泥浆净化器组成。

气举反循环利用空气压缩机压缩空气,通过钻杆风管送至钻头附近风包内,高压气体与泥浆混合,在钻杆内形成一种密度小于泥浆的浆气混合物,因其相对密度较小而上升,在风包附近形成负压,下面的泥浆在负压作用下上升,并在气压动量的联合作用下不断补浆,从而形成流动,因为导管的内断面面积远小于导管外壁与桩壁间的环状断面面积,便形成了流速、流量极大的反循环,携带沉渣从导管内反向流出,排出钻杆。

泥浆进入泥浆桶排渣滤网后,将其中大颗粒钻渣过滤,泥浆流入泥浆桶进行沉淀,进一步过滤泥浆中的较大颗粒,一部分泥浆通过回浆管流回孔内,另一部分泥浆通过泥浆泵输送至黑旋风 ZX-250 泥浆净化器,除砂净化回流孔内。ZX-250 泥浆净化器如图 10-4-7 所示。

图 10-4-7　ZX-250 泥浆净化器

根据地质钻探资料显示,桩位有较厚的粉质黏土和黏土覆盖层。现场试验室自地质补充钻探黏土层内取土样进行造浆试验,泥浆性能良好,添加适量纯碱和 CMC 材料后,其性能得到进一步提高。实际成孔施工时,SZ5 采用海水 + 原状土造浆,SZ6 采用淡水 + 原状土造浆,在黏土和粉质黏土等造浆性能优良的覆盖层内,将一部分泥浆储存在泥浆船内。进入中风化花岗岩后,泥浆经循环、除砂等过程,性能有所下降,采用储存在泥浆船内的泥浆进行补充,并加入适量纯碱和 CMC 调节泥浆性能,成孔各阶段泥浆性能指标见表 10-4-5。

成孔各阶段泥浆性能指标　　表 10-4-5

编号	类　型	黏度(s)	相对密度	含砂率(%)	胶体率(%)	pH 值	泥皮厚度(mm/30mm)
0	试验室	20.5	1.17	2.0	98	9	0.87
1	淤泥、淤泥质土	16 ~ 20	1.10 ~ 1.15	1 ~ 2	>93	6 ~ 7	1.10 ~ 1.5
2	粉质黏土、黏土	20 ~ 40	1.15 ~ 1.30	1.5 ~ 6	>95	6 ~ 7	1.5 ~ 2.5
3	粗砂、残积土	25 ~ 35	1.20 ~ 1.30	5 ~ 8	>95	6 ~ 7	1.0 ~ 2.0
4	中风化花岗岩	20 ~ 25	1.15 ~ 1.26	1 ~ 6	>95	6 ~ 7	1.0 ~ 1.5
5	清孔后	19.2	1.10	<1	98	7	1.0

3)桩基成孔

(1)成孔施工

在钻孔前,应仔细检查地质钻探原始资料,明确钻孔内是否遗留有断裂钻杆,如有应采取措施将其清除，避免出现钻斜孔或错孔。在成孔过程中，覆盖层内采用刮刀钻头钻进，在黏土层容易出现泥块堵钻杆进渣口的现象，为解决此问题，宜采用四翼或多翼刮刀钻头，调整钻进参数至合理状态。此外，调整泥浆指标，适当增加其 pH 值。在岩层内，岩石强度大于 60MPa 的情况下，宜采用球齿滚刀钻头，相比楔齿滚刀钻头，球齿滚刀钻头破岩效率高，钻头耐磨性能更为优良，更适合此类岩层。

钻头配重应根据岩层实际情况，分析钻头形式，采用合理配重，最大限度地发挥钻头性能。同时，为确保桩的垂直度，必须采用减压钻进，避免扩孔现象。

采用反循环成孔工艺，空气压缩机、泥浆净化器、泥浆船及发电机等辅助设备的规格、数量需满足施工需要，并应根据实际情况配置一定量的备用设备。

泥浆采用原状土造浆。根据试验大纲要求，SZ5 采用海水 + 原状土造浆，SZ6 采用淡水 + 原状土造浆，在造浆性能较好的黏土和粉质黏土层内，可在泥浆船内储存一部分优质泥浆，以应对泥浆性能下降、漏浆等情况。整个成孔期间，对泥浆性能指标进行定期检测并记录。在遇到地层变化和进入砂层、残积土等易发生漏浆地层时需要加大检测频率。根据实际情况添加外加剂，调整泥浆性能，以满足施工要求。此外，由于施工区涨落潮明显，需实时监控孔内外水位差，保证孔内水位始终高出海水面 1 ~ 2m，避免发生塌孔、穿孔等事故。

采用反循环进行二次清孔时，由于荷载箱预留的导管空间较小，难以通过移动导管清理孔底四周沉渣，可通过在导管顶加设一块堵头钢板，往孔内加压，气流从导管底射出，将孔底沉渣充分翻腾，再进行清孔，确保桩端沉渣厚度满足设计要求。

施工水域属中华白海豚保护区，严禁将泥浆和钻渣排入海中，污染海洋环境。因此，应设置溜槽，将钻渣和溢出泥浆排入泥浆船，施工完成后，运至指定区域排放。

在出护筒底约 1m 范围内，需要适当降低进尺速度，保证孔壁泥皮的形成，有效护壁。在更换为滚刀钻头后，岩口需要降低进尺速度，反复修孔，避免出现斜孔等事故。

采用 KP3500 型转盘式钻机成孔，如图 10-4-8 所示，钻机参数见表 10-4-6。覆盖层内使用 ϕ1.85m刮刀钻头，进入岩层后更换为 ϕ1.8m 滚刀钻头。

图 10-4-8　KP3500 型转盘式钻机成孔施工

钻 机 参 数　　表 10-4-6

序号	项　目	技 术 参 数	序号	项　目	技 术 参 数
1	钻孔直径(m)	岩石≤3.5,土≤8	7	加压力(kN)	600
2	钻孔深度(m)	≤120	8	整机质量(kg)	46706
3	转盘转速(r/min)	0~24 无级变速	9	排渣方式	气举反循环
4	最大扭矩(kN·m)	210	10	钻杆内径(mm)	275
5	提升力(kN)	1200	11	小卷扬牵引力(kN)	20
6	提升速度(m/min)	3.11	12	长×宽×高(m)	7.1×6.4×8.7

钻机在不同的地层中应采用不同的钻进参数,其具体情况见表 10-4-7 和表 10-4-8。

SZ5 桩不同地层钻进记录表　　表 10-4-7

编号	土 层 类 型	钻头形式(m)	钻压(kN)	钻进方式	转速(r/min)	进尺(m)	纯钻时间(h)	进尺速度(m/h)
1	淤泥、淤泥质土	尖底刮刀 ϕ1.85	50~80	加压钻进	6~12	10.2	10.5	0.97
2	粉质黏土、黏土	尖底刮刀 ϕ1.85	90~110	减压钻进	6~12	13.5	41.5	0.33
3	护筒底(黏土层)	尖底刮刀 ϕ1.85	90	减压钻进	6~12	1	6	0.17
4	粗砂、残积土	尖底刮刀 ϕ1.85	110~120	减压钻进	6~12	3.8	4	0.95
5	岩面(中风化花岗岩)	楔齿滚刀 ϕ1.80	75~125	减压钻进	6	0.6	40	0.015
6	中风化花岗岩	楔齿滚刀 ϕ1.80	210~230	减压钻进	6~9	4.57	135	0.034

SZ6 桩不同地层钻进记录表　　表 10-4-8

编号	土 层 类 型	钻头形式(m)	钻压(kN)	钻进方式	转速(r/min)	进尺(m)	纯钻时间(h)	进尺速度(m/h)
1	淤泥、淤泥质土	尖底刮刀 ϕ1.85	50~80	加压钻进	6~12	10.1	10	1.01
2	粉质黏土、黏土	尖底刮刀 ϕ1.85	90~110	减压钻进	6~12	11.8	36	0.33
3	护筒底(黏土层)	尖底刮刀 ϕ1.85	90	减压钻进	6~12	1	8	0.13
4	残积土	尖底刮刀 ϕ1.85	110~120	减压钻进	6~12	5.5	6	0.92
5	岩面(强风化、中风化花岗岩)	球齿滚刀 ϕ1.80	85~135	减压钻进	6	0.72	40	0.018
6	中风化花岗岩	球齿滚刀 ϕ1.80	220~240	减压钻进	6~9	5.08	64	0.079

对于淤泥、淤泥质土层、粉质黏土、黏土、粗砂和残积土等覆盖层，采用尖底刮刀钻头（图 10-4-9）成孔，在进入岩层后，改为滚刀钻头成孔（图 10-4-10），其中 SZ5 采用楔齿滚刀钻头，SZ6 采用球齿滚刀钻头。主要情况如下：

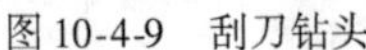

图 10-4-9　刮刀钻头

图 10-4-10　滚刀钻头（楔齿）

①在淤泥、淤泥质土层内，由于钻头和钻杆自重较小，钻进过程中应适当加压钻进，手动进尺。

②进入粉质黏土和黏土层后，黏聚性好，钻头切割阻力扭矩大，且切割出来的土层极易黏聚成团，堵住钻杆进渣口，阻碍泥浆循环。因此，一方面采用自动进尺，并控制好进尺速度，降低钻渣形成速率；另一方面，加快泥浆循环，及时排渣。此外，可适当添加纯碱等化学物质以提高泥浆 pH 值，适当提高转盘转速等。

③在护筒脚处应降低进尺速度，采用低挡慢速钻进，使护筒脚下约 1m 范围内孔壁形成良好的泥皮，在确定无漏浆等现象后，方可开始正常往下钻进。

④在砂层和残积土层，采用减压、低挡慢速钻进，配制优质泥浆，确保护壁泥皮厚度，以免发生局部塌孔，同时能充分浮渣、排渣，以防埋钻现象。

⑤进入中风化花岗岩后，更换钻头。SZ5 桩成孔时，钻头、钻杆及配重总质量：$7.0+12.0+10.0=29.0(t)$，浮力：$1.2\times27/7.85=4.1(t)$，钻头、钻杆及配重作用在孔底压力：$29.0-4.1=24.9(t)$。入岩时，减压、低速钻进，钻压取约 30%，即 $24.9\times0.3=7.5(t)$，进尺 10cm 左右后，即所有牙轮全部接触岩面后，减小钻压至 50%，即 $24.9\times0.5=12.5(t)$，继续钻进。在岩面这一段，每进尺 20 ~ 30cm，提空钻头进行修孔，防止斜孔。通过 SZ5 成孔发现，在此类地质条件下，楔齿滚刀钻头破岩效率低，钻头磨损严重，进尺速度慢。根据地质钻探资料，SZ6 岩石强度较 SZ5 高，故更换球齿滚刀钻头，通过钻孔发现破岩效率提高，滚刀构造如图 10-4-11 所示。

⑥钻头大部分进入岩层后，在正常钻孔阶段。此时，适当增大钻压至 80% ~ 90%，提高转速，加大循环力度，及时将孔底钻渣排出。

⑦终孔后，进行一次清孔，清孔后，泥浆相对密度为 1.15，黏度为 20s，含砂率为 1.5%，胶体率为 98%；清除孔底沉渣后提钻，进行成孔检测。检测采用超声波检孔仪，如图 10-4-12 所示，主要检测桩孔垂直度、孔径和孔深，确认满足施工规范及招标文件要求后，方可进行下一步作业。

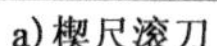

a)楔尺滚刀

b)球齿滚刀

图10-4-11　楔齿滚刀与球齿滚刀刀具

经检测，SZ5桩孔垂直度为偏北0.1%（南北方向），偏东0.1%（东西方向），护筒段孔径2.00m，护筒脚到岩面段孔径1.95m，岩层内孔径1.80m，灌前孔底沉淀厚度为20mm。SZ6桩孔垂直度为偏北0.1%（南北方向），偏西0.1%（东西方向），护筒段孔径2.00m，护筒脚到岩面段孔径2.15m，岩层内孔径2.10m，灌前孔底沉淀厚度为10mm。

（2）SZ6孔错位修复

SZ6桩终孔后，下放直径1.78m的探笼，在-33.4m处卡住不能下放。采用检孔仪检孔，显示在残积土层内有扩孔现象，桩孔在进入强风化花岗岩后出现错位，在高程-33.2～-33.8m段，孔向东南方向错位30cm，在高程-33.8m到孔底-38.0m的中风化花岗岩层内，孔呈垂直状态。由于错孔距离较大，影响后续工作开展，需制订措施，对孔进行修正。

对于错孔成因，根据成孔记录显示，在进入残积土后，刮刀进尺不顺，从孔底循环出来的泥浆中夹有铁片，经判断是地质钻探时断裂的残留钻杆。更换滚刀钻头后继续钻进，未发现明显异常现象，但循环出的泥浆依然夹有铁片。经分析，断裂钻杆留孔内，在钻头压力下，先于钻头进入岩层，在钻头转动过程中，断裂钻杆偏离孔中心，引导钻头倾斜和偏离，持续钻进的情况下，导致孔位偏离，在断裂钻杆磨碎成铁屑并随着泥浆循环出孔内后，钻头在没有干扰的情况下，在原偏离孔位处垂直成孔，从而导致入岩段整体错位。断裂钻杆铁片和铁屑如图10-4-13所示。

图10-4-12　超声波检孔仪

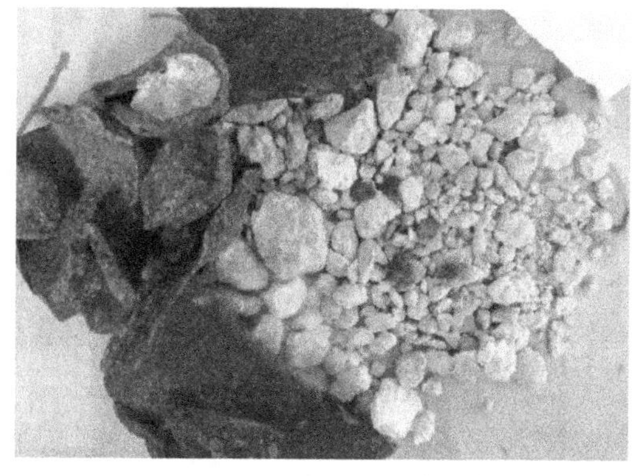

图10-4-13　断裂钻杆铁片和铁屑

修孔主要通过改进笼式滚刀钻头,利用原钻机进行。钻头采用笼式滚刀钻头,改进措施如下:将原滚刀钻头腰带加长,由原来的1.45m加长至3.0m,并加大钻头配重,使钻头在孔壁的约束下能保证其垂直度,防止钻头倾斜过大;同时在腰带上加焊合金头作为边刀,以便对孔壁修凿。笼式钻头如图10-4-14所示。此外,在钻杆上安装导向结构,以控制修孔时钻头的偏移量。该导向结构距钻头约20m,由型钢桁架和6个轴承组成。导向结构如图10-4-15所示。修孔时,钻头滚刀部分基本不工作,通过腰带上合金头边刀与孔壁接触,由于钻头偏离中心,在水平分力作用下,合金头边刀破岩,转盘转动给予切向作用力,将岩层剥离,达到修孔效果。修孔完成后,通过检孔仪检测孔内情况,错孔台阶完全修正,孔直顺,下放直径1.78m探笼直到孔底过程没有出现明显的阻力。由于修孔导致孔底修孔段有扩孔现象,经检孔仪检孔,修孔段孔径为2.10m。

图10-4-14　笼式钻头

图10-4-15　导向结构

经检测,修复后桩基成孔中心偏位不超过50mm,直径不小于设计值,对于支撑桩,孔深超过设计不小于50mm,倾斜度不大于设计规定,清孔后,泥浆相对密度1.03~1.10,黏度17~20s,含砂率<1%,胶体率>98%,沉淀厚度不大于设计规定,且不大于50mm。

10.4.5　钢筋笼加工与安装

1)钢筋笼加工

钢筋笼存放及加工场地底需设置方木,方木间距不宜过大,避免钢筋笼锈蚀和变形。根据钢筋笼情况,设置合理吊点,确保起吊过程中钢筋笼不变形。

钢筋笼总长43.37m,分4节预制,长度分别为8.67m(含荷载箱)、11.9m、11.9m和10.9m,直径165cm。节段之间采用直螺纹套筒连接。节段先在加工厂加工成型,在码头转运至运输平驳船,临时固定后,运输到试桩地点,采用长大39浮吊配合下放导向架下放钢筋笼。

钢筋笼加工采用长线法,利用胎座辅助制作。声测管、荷载箱、钢筋计和位移计等仪器设备按要求安装在相应的设计位置上。钢筋笼按加工顺序编号,以方便安装。钢筋笼加工完成后,经检验合格后转运至码头装船、运输。钢筋笼加工与安装要求见表10-4-9。钢筋笼加工如图10-4-16所示。

钢筋笼加工与安装要求(mm)　　表 10-4-9

序号	项　　目	规定值或允许偏差	检 查 方 法
1	主筋间距	±20	尺量检查
2	箍筋间距	0，−20	尺量检查
3	钢筋骨架外径	±10	尺量检查
4	钢筋骨架长度	±10	尺量检查
5	骨架中心平面位置	10	GPS 测量
6	骨架顶端高程	±10	水准仪测量
7	骨架底端高程	±25	按顶高程推算
8	保护层厚度	±10	尺量检查

图 10-4-16　钢筋笼加工

2)钢筋笼安装

钢筋笼下放采用自制下放导向架，通过转换钢筋笼吊点至导向架，解决海上风浪作用下浮吊摆动引起的对接困难的问题。钢筋笼声测管、试验所需的油管、数据采集线，必须依次接长并理顺，下放完成后，声测管灌水并加盖保护，油管和数据线等需要分别归类保护好。

一次清孔合格后，开始下放钢筋笼，如图 10-4-17 所示。为保证钢筋笼起吊时变形小，采用两点起吊，将钢筋笼送至下放导向架内。待第一节下放完后，用工字钢临时支撑在护筒上，起吊第二节送至下放导向架内。转换吊点，在导向架上调整钢筋笼平面位置和高程，然后与上一节对接。所有螺纹套筒连接完成并检查合格后，接长声测管和位移管，理清荷载试验所用数据采集线和高压油管，安装箍筋。接头完成后，利用浮吊稍微提起

图 10-4-17　下放钢筋笼

钢筋笼,解除钢筋笼与导向架间的连接,取出临时支撑,缓慢下放钢筋笼,并逐个割除加强箍,同时绑扎好数据采集线和高压油管。

如此循环,钢筋笼下放至设计高程后,调整好平面位置,在顶部将钢筋笼和护筒连接,固定好钢筋笼后,整理高压油管和数据采集线,并测试数据线是否完好,确定完好后分别归类并包好。

SZ5 桩钢筋笼下放从 4 月 16 日 22:00 至 4 月 18 日 12:00 共计 38h,因高压油管断裂维修 14h,净工作时间 24h,其中导向架安装 8h,每节钢筋笼下放 1h,数据采集线和高压油管整理归类 1.5h,4 节共 10h,单个钢筋笼接头对接 2h,3 个接头共计 6h;SZ6 桩钢筋笼下放从 6 月 2 日 8:00 至 6 月 3 日 8:00 共计 24h,导向架安装 8h,每节钢筋笼下放 1h,数据采集线和高压油管整理归类 1.5h,4 节共 10h,单个钢筋笼接头对接 2h,3 个接头共计 6h。

10.4.6 水下混凝土灌注

1)混凝土配合比设计

在进行桩基混凝土配合比设计时,考虑到主体结构 120 年的设计使用年限,着重考虑混凝土的耐久性,选用合适的材料降低混凝土水化热和收缩性。同时,为了确保施工质量,混凝土应具有良好的和易性和自密实性能,并适当延长混凝土的初凝时间。由于海工高性能混凝土胶凝材料中掺有一定量的矿粉,其比表面积大,混凝土黏聚性大,扩展度受到一定限制,可能给桩基施工带来不利影响。因此,在试验室对混凝土配合比进行了一定的调整,将矿渣粉掺量逐步降低,用水泥和粉煤灰替代后,混凝土工作性能显著提升,能较好地满足施工要求。在试验室对不掺矿渣粉的配合比进行各项试验,其各种性能均满足规范和设计要求。

混凝土采用 C45 海工高性能混凝土,由长大 16 水上拌和船生产和泵送。混凝土设计坍落度为 180~220mm,初凝时间大于 10h。同时考虑到大桥主体结构 120 年的设计使用年限,耐久性能要求高,故选择优质合适的原材料来配制具有高耐久性的低热低收缩海工高性能混凝土。要求混凝土碱含量标准值不大于 3.0kg/m^3,氯离子总含量标准值不大于 0.08%(胶凝材料),混凝土 28d 抗氯离子渗透系数不大于 $7.0\times10^{-12}\text{m}^2/\text{s}$。混凝土主要原材料和配合比见表 10-4-10。

混凝土主要原材料和配合比 表 10-4-10

项目	水泥	粉煤灰	矿粉	砂	碎石	水	外加剂
产地	东莞华润水泥 P·Ⅱ42.5	东莞沙角电厂Ⅰ级	柳州台泥 S95 级	广东西江	惠州博罗金业	饮用水	江苏博特聚羧酸减水剂
主要性能	28d 强度 48.9MPa	—	比表面积 419m²	细度模数 2.72	5~25mm 连续级配	—	减水率 26.7%
每立方米所需材料	247kg	135kg	68kg	788kg	1002kg	145kg	6.08kg

续上表

<table>
<tr><td>项目</td><td>水泥</td><td>粉煤灰</td><td>矿粉</td><td>砂</td><td>碎石</td><td>水</td><td>外加剂</td></tr>
<tr><td>试配号</td><td>水灰比</td><td>坍落度</td><td rowspan="2">28d 抗氯离子渗透系数</td><td>7d 强度</td><td>平均强度</td><td>28d 强度</td><td>平均强度</td></tr>
<tr><td rowspan="5">试配</td><td>0.32</td><td>210mm</td><td>41.7MPa</td><td rowspan="3">43.1MPa</td><td>59.2MPa</td><td rowspan="3">59.6MPa</td></tr>
<tr><td>氯离子总含量</td><td>初凝时间</td><td rowspan="2">2.2×10^{-12} m^2/s</td><td>43.5MPa</td><td>60.8MPa</td></tr>
<tr><td>0.004%</td><td>12h</td><td>44.1MPa</td><td>58.7MPa</td></tr>
</table>

2)混凝土灌注准备工作

灌注混凝土采用导管为无缝钢管,施工前必须对导管进行水密性试验,确保接头密封性,导管直径、壁厚和力学性能必须满足施工要求。

混凝土输送采用搅拌船上输送泵配布料机完成,为防止发生布料机堵管导致混凝土浇筑停止的情况,需从搅拌船上接一条输送泵管至浇筑地点备用。

钢筋笼下放完成后,在孔位处的钻机轨道上搭设混凝土灌注施工平台,下放导管。导管采用内径255mm的无缝钢管,接头采用法兰连接,并在混凝土灌注施工前进行水密性、承压和接头抗拉试验。导管下放完成后,利用气举反循环二次清孔,测绳检测孔深和孔底沉渣厚度满足招标文件及施工规范要求后,停止清孔。此时,取样检测从孔底返出的泥浆指标为:相对密度1.10,黏度19.2s,含砂率0.8%。清孔完成后开始水下混凝土灌注。为避免灌注过程中返出泥浆流入海中,在钢护筒上高出桩顶高程1m处开孔,接一条泥浆管,将返出泥浆排入泥浆船,灌注完成后,将泥浆运至指定排污区集中排放。

按导管底提空孔底0.4m、剪球后首批混凝土埋管按2m考虑,计算首批混凝土方量不小于:$3.14\times1.82/4\times(0.4+2)+3.14\times0.2552/4\times(45-2.4)\times12/24=7.1(m^3)$。储料斗容积为$10m^3$,导管顶漏斗为$1m^3$,共$11m^3$,满足首盘混凝土灌注需要。

3)水下混凝土灌注

长大16水上拌和船负责混凝土的生产和输送,长大39浮吊配合拆卸导管,如图10-4-18所示。二次清孔完成后,开始灌注混凝土。将混凝土泵送至储料斗内,待储料斗和漏斗内装满混凝土后,剪球,首批混凝土埋管深度3m,之后正常浇筑,现场技术人员实时测量孔内混凝土面高程并记录,指导提升导管、拆管,确保导管埋深控制在2~6m范围之内。

SZ5桩基混凝土浇筑时间从4月19日2:30到4月29日8:30,共计6h,浇筑混凝土方量$129m^3$,浇筑速度约为$21.5m^3/h$;SZ6桩基混凝土浇筑时间从6月4日19:30到6月5日1:00,共计5h30min,浇筑混凝土方量132 m^3,浇筑速度约$24m^3/h$。

灌注桩顶高程比设计桩顶高程高1m,并在灌注结束后人工清除80cm高的混凝土,保留高出20cm的混凝土在承台施工时修凿。

4)桩身完整性检测

采用超声波透射法检测桩身完整性,如图10-4-19所示。经检测,SZ5、SZ6两根桩,桩身混凝土完整,均为Ⅰ类桩,且混凝土强度符合设计要求。其中SZ5、SZ6两根桩−34.15~−34.85m(桩顶向下38.75~39.45m)为荷载箱桩段,而荷载箱为金属空腔,对超声波信号有不可避免的影响,因此荷载箱桩段附近信号如出现异常属正常现象。经实测,荷载箱桩段的超声波波幅低于临界值,但声速均接近临界值,说明荷载箱对该段混凝土浇筑质量没有产生显著的影响。

图 10-4-18　灌注水下混凝土

图 10-4-19　桩身完整性检测

10.5　钻孔灌注桩施工平台计算

10.5.1　施工平台计算思路

整个平台施工荷载由螺旋钢管桩支撑,型钢作为平台上施工荷载的第一次分配梁,型钢下贝雷作为二次分配梁,通过贝雷下的工字钢枕梁,将荷载传给螺旋钢管桩承受。螺旋钢管桩靠桩周地质层的摩阻力支撑。进行设计计算时,从上往下层层分析,在满足受力的情况下,尽量减少结构自重及材料的浪费。具体分析如下:

首先,根据 KP3500 型钻机施工荷载确定平台顺桥向贝雷间距。

其次,根据型钢对贝雷的荷载情况,确定贝雷的排数及贝雷横桥向的跨径布置。

根据贝雷支座反力,确定贝雷下工字钢的材料及数量,通过管桩顶的荷载,计算管桩入土深度。

设计时,可预先估计材料数量及结构布置,计算时,通过建立模型,详细计算结构受力,不满足时通过调整位置来满足。材料不满足要求时,根据实际情况选择合理的材料。通过设计及计算相结合来设计平台,使平台满足施工要求。

10.5.2 平台3I45a工字钢验算

平台3I45a工字钢跨径为8.0m,钻机钻进过程中 $G=1182\text{kN}$,所以每条轨道下3I45a工字钢受两个沿工字钢方向对称集中荷载,间距为4m。由于集中荷载在沿钻机轨道方向是不对称布置的,故按照荷载作用位置比例3:2.15,钻孔两侧工字钢所受力大小分别为688.5kN和493.5kN。

(1)受力较大一侧的工字钢所受集中力大小为688.5/2=344.25(kN),3I45a工字钢自重2.4kN/m,加平台其他荷载,故取均布荷载值为3kN/m;考虑安全系数,3I45a工字钢所受荷载为:

均布荷载:1.2×3=3.6(kN/m)

集中荷载:1.25×344.25=430.3(kN)

采用SM Solver计算软件,建立模型计算得(图10-5-1):

$Q_{max}=444.7\text{kN}<1664.6\text{kN}$,剪力满足要求;

$M_{max}=889.11\text{kN}\cdot\text{m}<922.4\text{kN}\cdot\text{m}$,弯矩满足要求。

经过上述计算可知,工字钢强度满足要求,且此时支座反力为444.7kN。

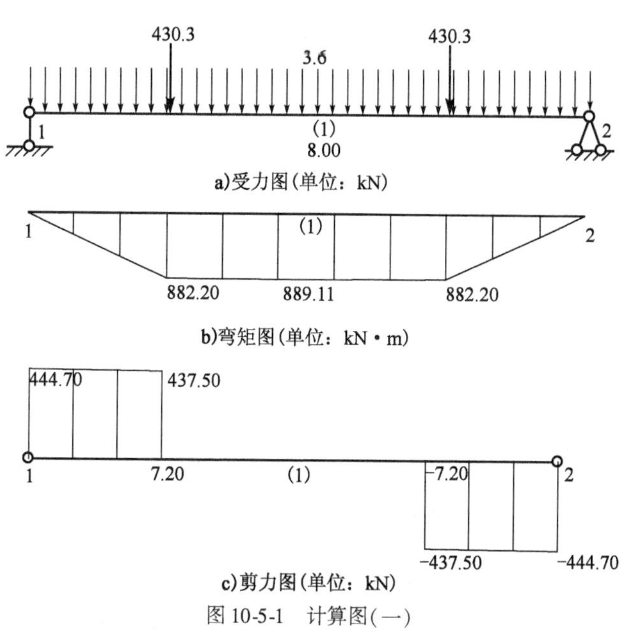

图10-5-1 计算图(一)

(2)受力较小一侧的工字钢所受集中力大小为493.5/2=246.75(kN),3I45a工字钢自重为2.4kN/m,加平台其他荷载,故取均布荷载值为3kN/m;考虑安全系数,3I45a工字钢所受荷载为:

均布荷载:1.2×3kN/m =3.6(kN/m)

集中荷载:1.25×246.75kN =308.4(kN)

采用 SM Solver 计算软件,建立模型计算得(图 10-5-2):

Q_{max} = 322.8kN < 1664.6kN,剪力满足要求;

M_{max} = 645.31kN · m < 922.4kN · m,弯矩满足要求。

经过上述计算可知,工字钢强度满足要求,且此时支座反力为 322.8kN。

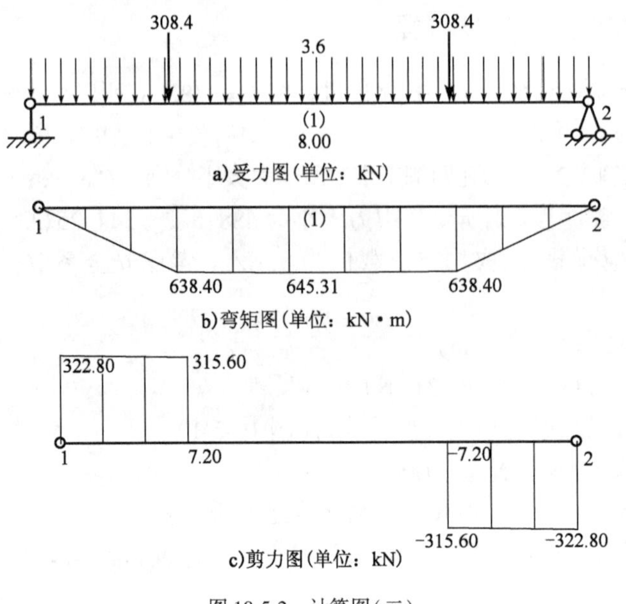

图 10-5-2 计算图(二)

10.5.3 平台贝雷梁验算

钻孔灌注桩平台中央贝雷跨径为 12.0m,拟在试桩周围采用 3 片贝雷,其他位置均为 2 片贝雷。当钻机处于一跨贝雷梁内,根据钻机所处位置,所受荷载大小为:

均布荷载:1.2 × (3 + 4) kN/m = 8.4(kN/m);

集中荷载分别为:444.7kN 和 322.8kN;作用点分别位于端点处和距离端点 5.15m 处。

采用 SM Solver 计算软件,建立模型计算得(图 10-5-3):

Q_{max} = 303.88kN < [Q] = 698.9kN,剪力满足要求;

M_{max} = 1456.2kN · m < [M] = 2246.4kN · m,弯矩满足要求。

经过上述计算可知,工字钢强度满足要求,且此时支座反力为 626.7kN。

10.5.4 螺旋钢管入土深度计算

按照上述所求受力,可计算试桩周围 4 根平台螺旋钢管的入土深度。根据《公路桥涵地基与基础设计规范》(JTG D63—2007)可得承载力容许值计算公式为

$$[P] = \frac{1}{2}(U \sum \alpha_i l_i \tau_i + \alpha A \sigma_R) \tag{10-5-1}$$

式中:[P]——单桩轴向受压承载力,kN;

U——桩的周长,m;

α_i、α——振动沉桩对各土层桩周摩擦力和桩底承压力影响系数;

l_i——桩的入土深度(不包括冲刷),m;

τ_i——与对应的 l_i 各土层与桩壁的极限摩擦阻力,kPa;

A ——桩底横截面面积,m^2;

σ_R——桩尖入土的极限承载力,kPa。

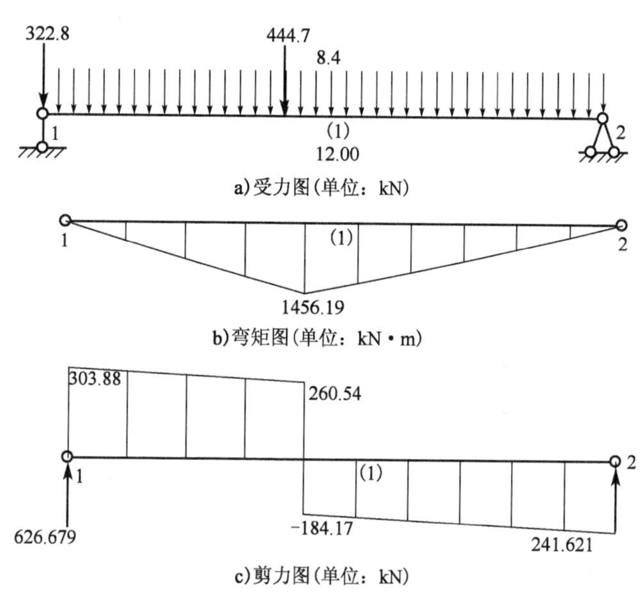

a)受力图(单位：kN)

b)弯矩图(单位：kN·m)

c)剪力图(单位：kN)

图 10-5-3　计算图(三)

钻孔灌注桩桩位处海床面高程为 -4.3m,地质状况见表 10-5-1。

钻孔灌注桩桩位处地质状况　　表 10-5-1

地层	1	2	3	4	5	6
地质状况	淤泥	淤泥	粉质黏土	淤泥质黏土	黏土	全风化花岗岩
土层高程(m)	-10.7	-17.8	-21.9	-25.2	-26.95	-30.5
α	0.6	0.6	0.7	0.6	0.6	1
τ	10	13	50	25	55	85
该层承载力[P_i]	60.32	86.99	225.41	77.75	90.71	473.99
(kN)	60.32	147.31	372.72	450.47	541.19	1015.17

计算荷载为贝雷计算,所得支座反力为 626.7kN。螺旋钢管抗压为 626.7kN 时,得 l_6 = 0.6 m,故螺旋钢管底高程为 -27.55m,入土深度为 23.25m。

10.5.5　螺旋钢管单桩受力计算

根据资料,九澳站 300 年一遇实测最大有效波高 2.86m,周期为 10.1s。在此处加大波浪力值至周期为 2s 来进行计算。结构在以上波浪力随机荷载作用下,产生的结构水平变形为 5.8mm。

结构在以上波浪力随机荷载作用下,产生的结构水平变形为 5.8mm,如图 10-5-4 所示。

为了减小独立螺旋钢管桩顶水平位移,可采取相应措施,这些措施包括螺旋钢管自身条件

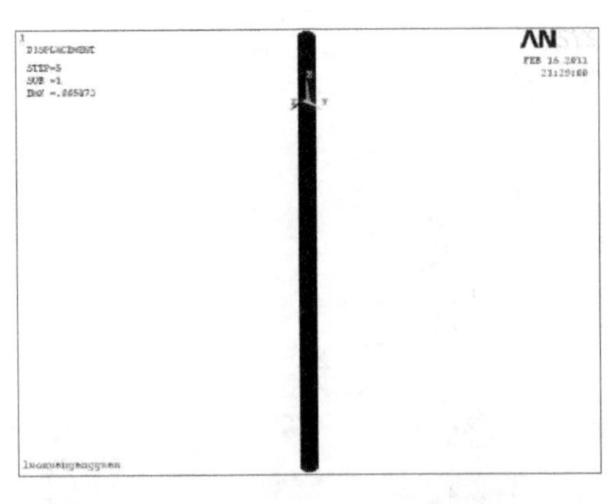

图 10-5-4　波浪力作用下结构的位移

的优化以及结构的优化。考虑到螺旋钢管已经设计加工完毕,所以采取螺旋钢管自身条件的优化已不可能,采取的措施只能从外部结构考虑。

1)抛石护底

以平台中心点为圆心,半径为 3m 的海底进行抛石护底。抛石护底结构为:先抛设碎石,粒径为 30～50mm,将平台冲刷坑填平,然后均匀抛填一层 50cm 厚的碎石垫层,粒径为30～50mm,再在其上抛填 0.6m 厚的块石护底,在护底上抛填一层 30～50mm 的鹅卵石填充块石间的缝隙。

2)加快桩列联结速度,减少单桩存在时间

合理安排施工工序,迅速将已完成沉桩的钢管桩连成桩列,减少单根钢管桩存在的时间,是避免发生单根钢管桩涡振的有效措施之一。

10.5.6　平台应力及稳定性计算

确定螺旋钢管入土深度后,还应对其进行稳定性验算和水流力及靠船力的叠加作用下的应力计算,计算使用计算软件 Midas 进行。在以上计算的基础上,增加波浪力荷载,采用大型通用有限元计算软件 ANSYS 进行结构整体的位移计算。

根据《港口工程荷载规范》(JTS 144-1—2010)第 13 条水流力提供的计算公式对钢管桩进行海水水流力计算。作用于港口工程结构上的海水水流力标准值 F_w 应按式(10-5-2)计算:

$$F_w = C_w \frac{\rho}{2} V^2 A \tag{10-5-2}$$

C_w 取值:圆形结构 $C_w = 0.73$。

海水的密度:$\rho = 1.025\ t/m^3$。

投影面积 A:最高潮位高程 +3.52m,海床面高程取 -5.08m,螺旋钢管直径 1.00m,故 A 为 8.6m^2。

平台为多排钢管桩,间距较大,计算时取 8m;护筒直径 $D = 1.00$m;下部构件顶面在水面以下时,合力作用点位于顶面以下 1/3 水深处,即 +1.64m 处。靠船力按 168kN 考虑,作用点在水面以上 1.2m,常水位取 +0.5m,即作用点位于 +1.7m 处。

波浪力由拖曳力和惯性力组成。由于波浪的随机性,采用 ANSYS 谱分析中的功率谱密度(PSD)分析方法计算平台结构在波浪荷载作用下的结构响应。

根据《桥梁工程下部结构设计》提供的深基础中桩在土中的固结点位置确定的经验公式:

$$L_0 = \frac{H + 23L}{2H + L} \tag{10-5-3}$$

式中:L_0——转动中心的深度;

H——横向力合力在地表以上的距离;

L——桩的埋置长度。

根据上述经验公式可得：

在水流力和靠船力两值叠加作用下，按平台具体构造图使用 Midas 计算整个施工平台的应力结果如图 10-5-5 和图 10-5-6 所示。

图 10-5-5　Midas 建模模型

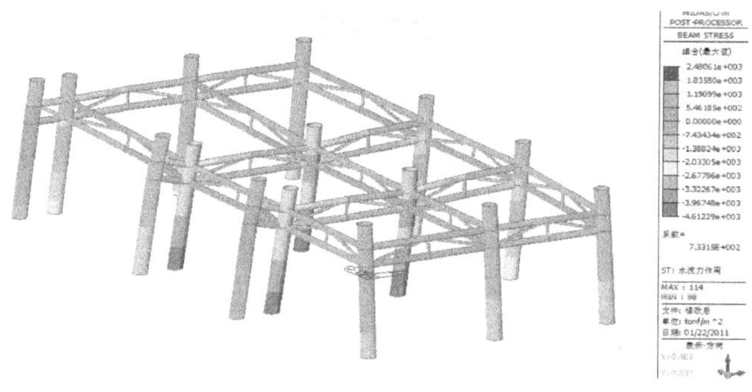

图 10-5-6　Midas 应力计算结果

此时最不利应力为 46.12MPa < 215MPa，故施工平台经验算合格，处于安全状态。

将水流力和靠船力两值叠加作用，并对平台螺旋钢管施加波浪力，通过使用 ANSYS 计算整个施工平台的应力。螺旋钢管及平联均采用 beam188 单元，平台螺旋钢管采用底端固结，结果如图 10-5-7 和图 10-5-8 所示。

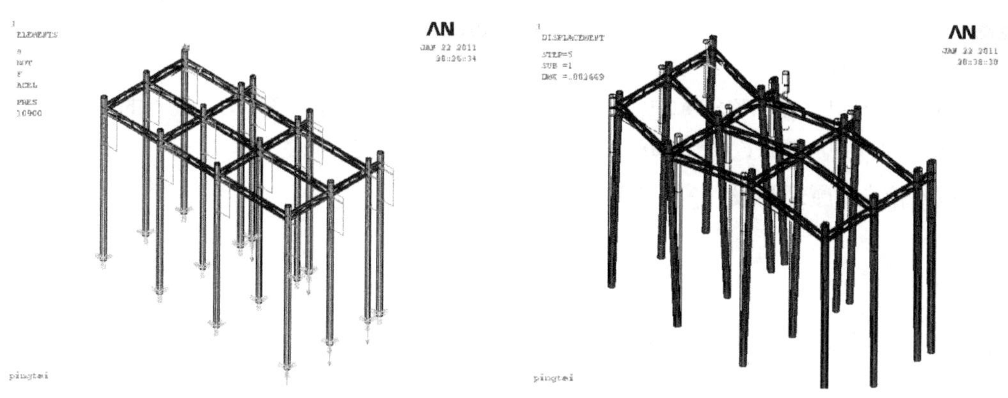

图 10-5-7　ANSYS 建模及受力模型

图 10-5-8　ANSYS 位移计算结果

从以上结果图中可以看出:在水流力、靠船力、波浪力及桩顶压力作用的情况下,平台整体结构的位移最大值为 2.669mm,处于安全状态。

对施工平台进行稳定性验算时,按受力最大的螺旋钢管进行计算,最大承受轴力为 $F=626.7\text{kN}$,偏心距采用 20cm;螺旋钢管直径 100cm,壁厚 10mm;螺旋钢管惯性矩:$I=381074.397\text{cm}^4$;螺旋钢管受压截面积为

$$A=\delta\pi D=10\times3.14\times1000=31415.9(\text{mm}^2)$$

$$i=\sqrt{\frac{I}{A}}=\sqrt{\frac{381074.397\times10^4}{31415.9}}=348.3(\text{cm})$$

螺旋钢管最大长度为 48.9m,钢管桩为底端固定、上端铰支,长度系数 μ 取 1,则钢管桩计算长度 $l_0=L\times\mu=48.9\times1=48.9(\text{m})$;螺旋钢管长细比 $\lambda=10/i=48.9/3.483=14.04$;根据 λ 值,查《钢结构设计标准》(GB 50017—2017)得压杆稳定系数为 $\phi=0.985$;$\delta=N/(\phi A)=626.7/(0.985\times0.0314159)=20.25\text{MPa}<[\delta]=215\text{MPa}$。

①螺旋钢管强度计算。

根据《钢结构设计标准》(GB 50017—2017)中表 5.2.1,截面塑性发展系数为 1.15。

截面抵抗矩 $w=0.015243(\text{m}^3)$

$$F=\frac{N}{A_n}+\frac{M}{\gamma w}=\frac{626.7}{0.0314159}+\frac{125.34}{1.15\times0.015243}+27.10(\text{MPa})<[\sigma]=215(\text{MPa})$$

②安全稳定性计算。

$$F=\frac{N}{\phi_x A}+\frac{M}{\gamma w\left(1-0.8\dfrac{N}{N'_{ex}}\right)}$$

$$N'_{ex}=\frac{\pi 2EA}{1.1\lambda\cdot 2}=\frac{3.142\times2\times105\times103\times0.0314159}{1.1\times14.042}=285701\text{kN}$$

$$F=\frac{N}{\phi_x A}+\frac{M}{\gamma w\left(1-0.8\dfrac{N}{N'_{ex}}\right)}=\frac{626.7}{0.985\times0.0314159}+\frac{125.54}{1.15\times0.015243\times\left(1-0.8\times\dfrac{626.7}{285701}\right)}$$

$$=27.43(\text{MPa})<[\sigma]=215(\text{MPa})$$

稳定性满足要求。

③欧拉荷载计算。

通过计算可以看出,平台螺旋钢管的自由长度过长,在顶部受到竖向压力的情况下容易发生弹性弯曲屈曲,故需计算螺旋钢管的欧拉荷载,以判断结构的稳定状态。

根据《钢结构原理与设计》得欧拉临界荷载公式如下:

$$N_{cr}=\frac{\pi^2 EI}{l_0^2}$$

式中,$l_0=\mu l$,根据上述取值此处为 48.9m;代入数据得:

$$N_{cr}=\frac{3.14^2\times2.0\times10^{11}\times381074\times10^{-8}}{48.9^2}=3145.729(\text{kN})$$

故当平台螺旋钢管上荷载保持在 3145.729kN 以下时,结构即稳定。

10.6 施工安全、环保管理

10.6.1 安全管理

(1)建立安全检查制度,定期进行安全大检查,组织班组人员学习安全生产知识,提高作业人员安全意识。

(2)所有船舶配置通信、消防、救生和应急医疗器材,制订各项安全技术措施和应急预案,并定期组织演练。

(3)船舶应根据施工水域土质特征和水文情况选择合适的锚和抛锚长度,钢丝绳锚缆上需配置有锚标灯。

(4)施工现场采用柴油发电机供电,配置专职人员对发电机进行保养维护。合理布置施工和生活临时用电线路,严格执行"三级配电,两级保护"制度,配电箱和电气设备的金属外壳必须与专用保护地线连接。施工电气设备执行"一机、一闸、一漏"制度,对电焊机需配置二次降压保护装置。

(5) KP3500反循环回旋钻机安装时,必须保证钻机平稳、牢固。对钻机泥浆系统、电气系统和液压系统进行定期检查,对存在问题及时进行排查、整改,防止发生漏气、漏浆、漏电、漏油等事故。

(6)海上作业人员应佩戴好各种个人安全防护用品,在平台楼梯口、船舶之间等可能发生人员落水事故点挂设救生圈。

(7)平台夜间设置警示链灯和航标灯,防止往来船舶撞击平台,发生安全事故,如图10-6-1所示。

图10-6-1 太阳能航标灯与警示链灯

(8)涨落潮和风浪较大时,浮吊摇晃幅度大,吊物不安全,应避免吊装作业。

10.6.2 环保管理

(1)施工过程严格遵守《中华人民共和国环境保护法》、地方法规及招标文件要求,采取措施控制施工现场的各种粉尘、废水、废气、废泥浆、废渣等对环境的污染和危害。环境保护坚持“预防为主、防治结合”的方针，实施可持续发展战略，最大限度地减少施工对海洋环境的影响。

（2）施工点处于中华白海豚保护区，要加大宣传力度（图10-6-2），提高现场作业人员和船舶工作人员的环保意识，自觉维护现场环境，分类回收施工、生活垃圾。设置专人观察平台周边白海豚活动情况，必要时停止施工。

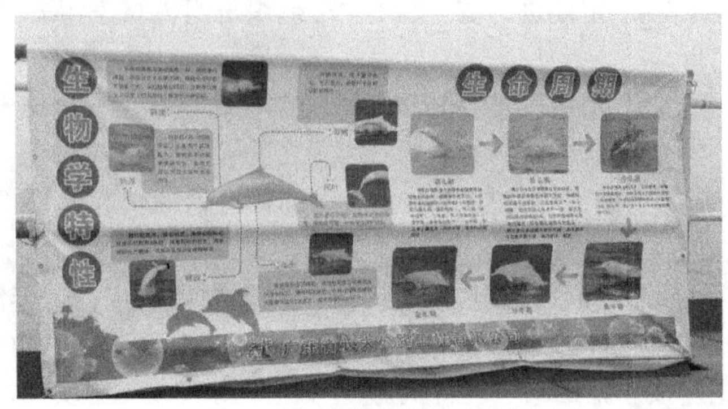

图10-6-2　白海豚保护宣传

（3）着重针对施工中产生的废弃油污进行管理，将大量废弃油污装入油桶，统一回收；发电机、钻机、空气压缩机等设备因老化，部分油路渗漏油渍，应在底面铺吸油毡，并经常予以更换，确保油污不渗漏至海中。

（4）对于成孔过程中产生的钻渣和泥浆，通过布设排渣管直接排放至泥浆船上，桩基完成后，运输至指定区域进行排放。

第 4 篇

应用篇

第11章　成套技术在通航孔桥平台中的应用

11.1　工程概述

11.1.1　工程概况

江海直达船航道桥全长994m,跨径布置为(110+129+258+258+129+110)m,共有3个主墩(138号~140号)、2个辅助墩(137号、141号)和2个过渡墩(136号、142号)。

根据主墩及边辅墩桩基布置、承台平面尺寸及施工平台功能分布要求,如图11-1-1和图11-1-2所示,拟投入7个钻孔施工平台,平台之间搭设通行栈桥。主墩平台尺寸为48m×74.6m,主墩详细构造如图11-1-3~图11-1-6所示;其中生活区平台尺寸为48m×17m,如图11-1-7所示;钻孔区平台尺寸为48m×57.6m;边辅墩平台尺寸为40.5m×57m,边辅墩详细构造如图11-1-8~图11-1-10所示;栈桥高程+5.0m,标准宽度为6.0m,单跨跨径为15m。施工平台主要功能是为桩基础及承台施工作业提供工作平台,平台使用期限为10个月。根据使用功能分为生活区平台、桩基施工平台区及辅助平台3类,平台面高程为+5.0m,平台设计抗台风等级12级,如图11-1-11所示。

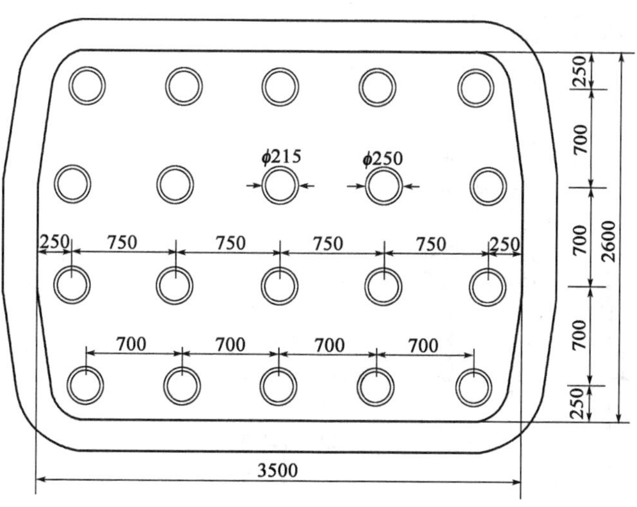

图11-1-1　江海直达船航道桥主墩基础布置图(尺寸单位:cm)

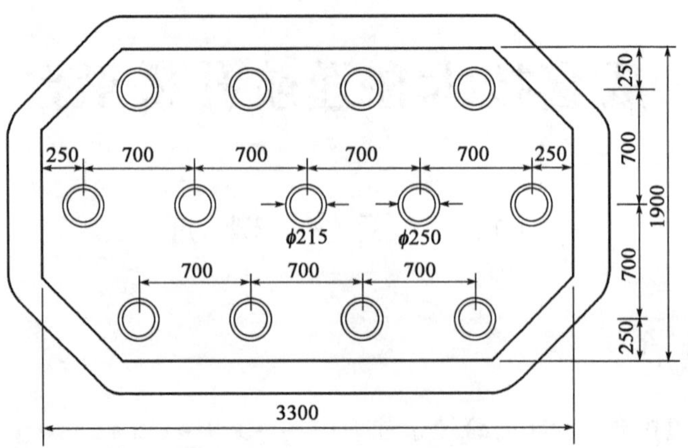

图 11-1-2　江海直达船航道桥边辅墩基础布置图(尺寸单位:cm)

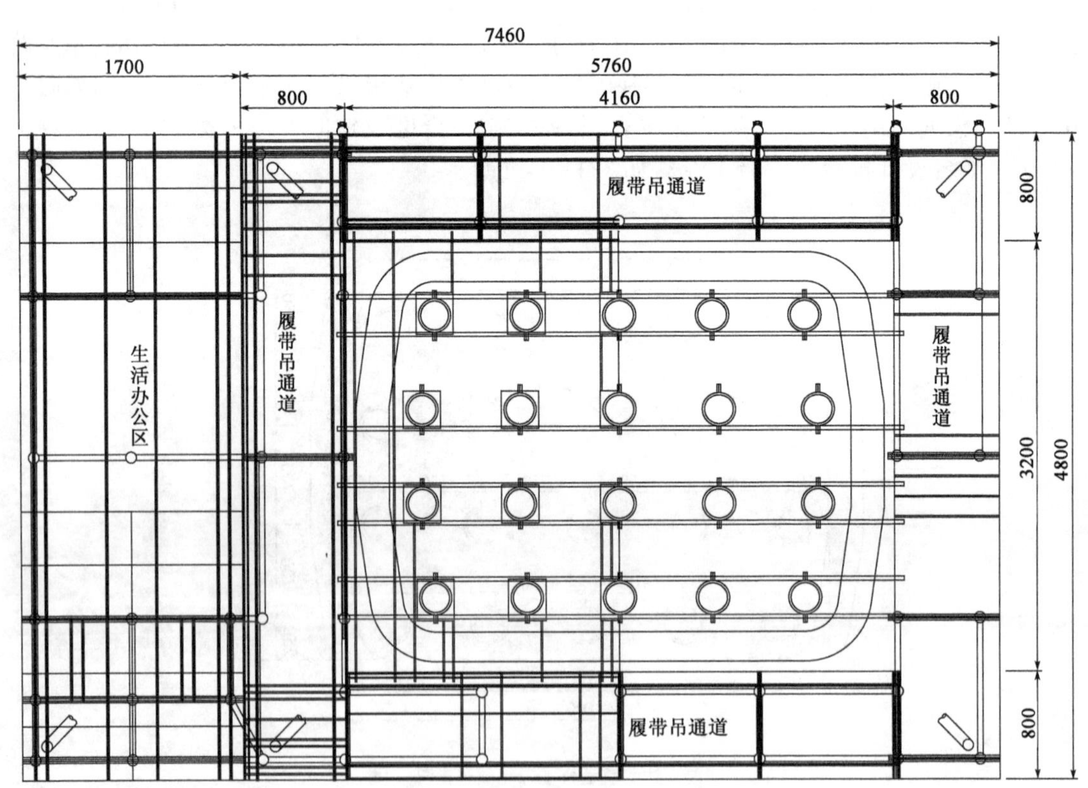

图 11-1-3　江海直达船航道桥主墩平台平面布置图(尺寸单位:cm)

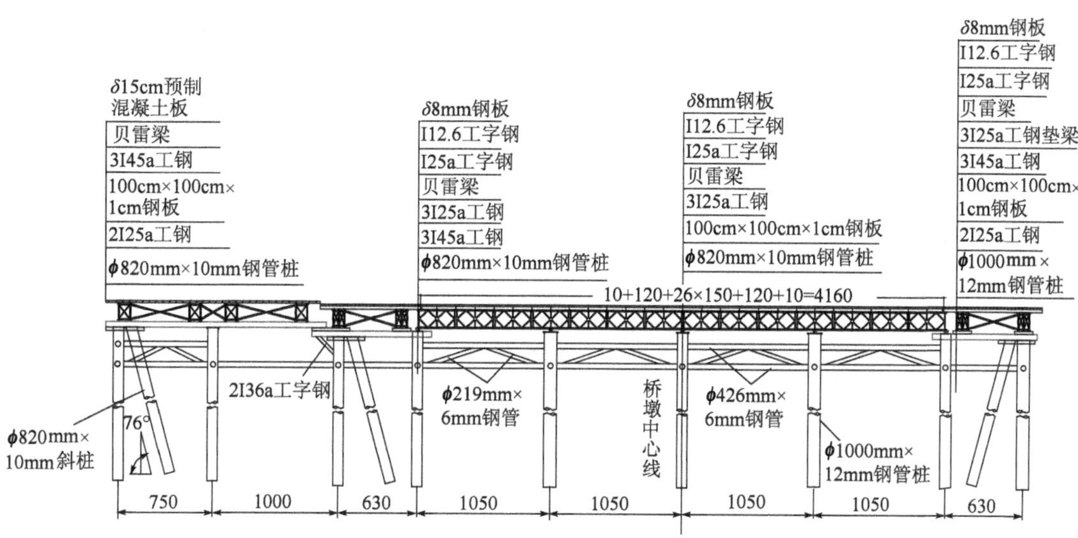

图11-1-4　江海直达船航道桥主墩纵断面布置图(一)(尺寸单位:cm)

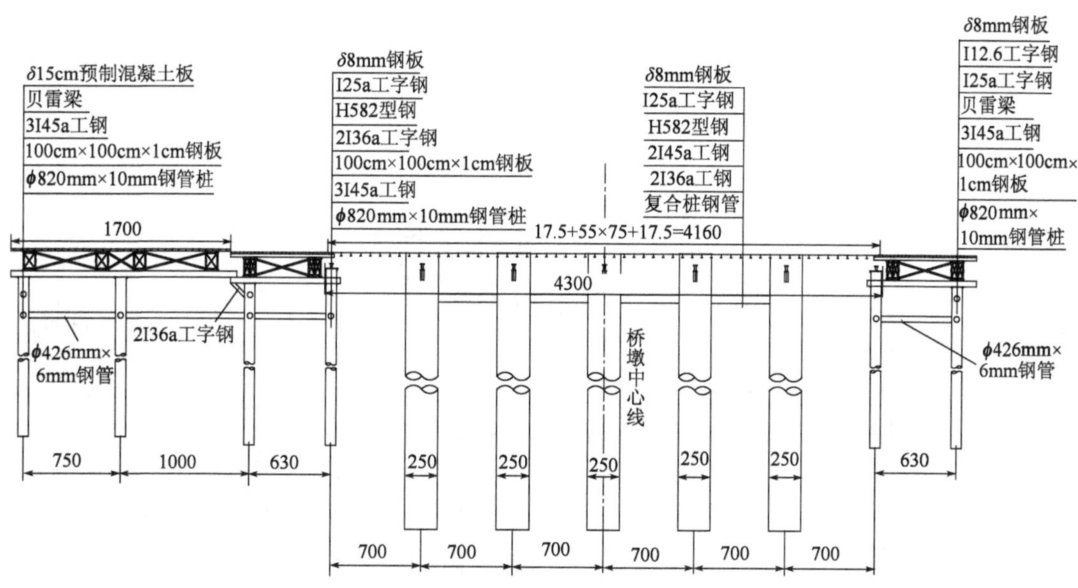

图11-1-5　江海直达船航道桥主墩纵断面布置图(二)(尺寸单位:cm)

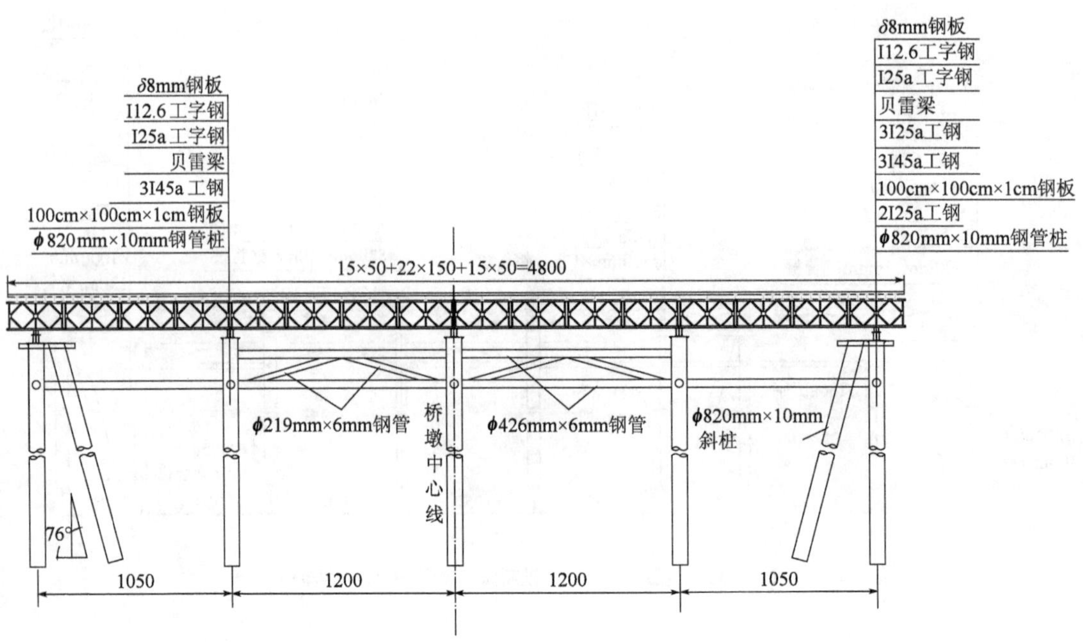

图 11-1-6　江海直达船航道桥主墩纵断面布置图(三)(尺寸单位:cm)

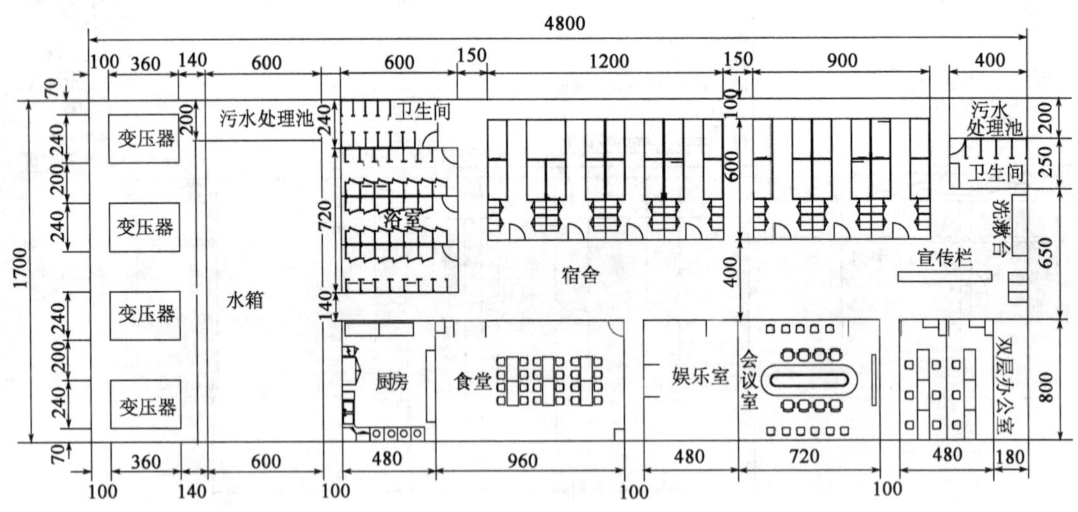

图 11-1-7　江海直达船航道桥主墩平台生活区示意图(尺寸单位:cm)

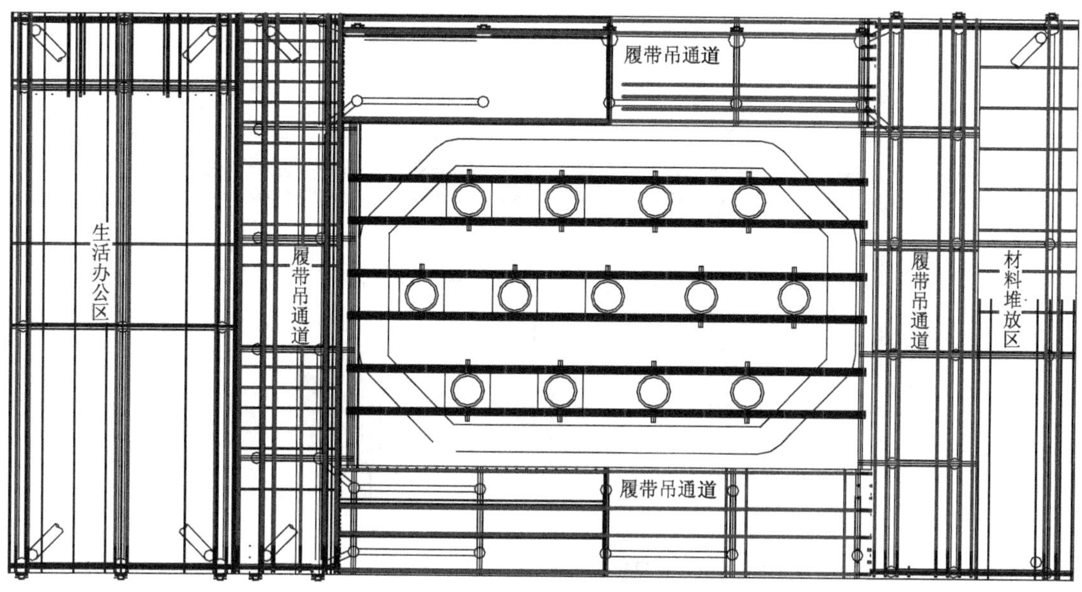

图 11-1-8　江海直达船航道桥边辅墩平台平面布置示意图

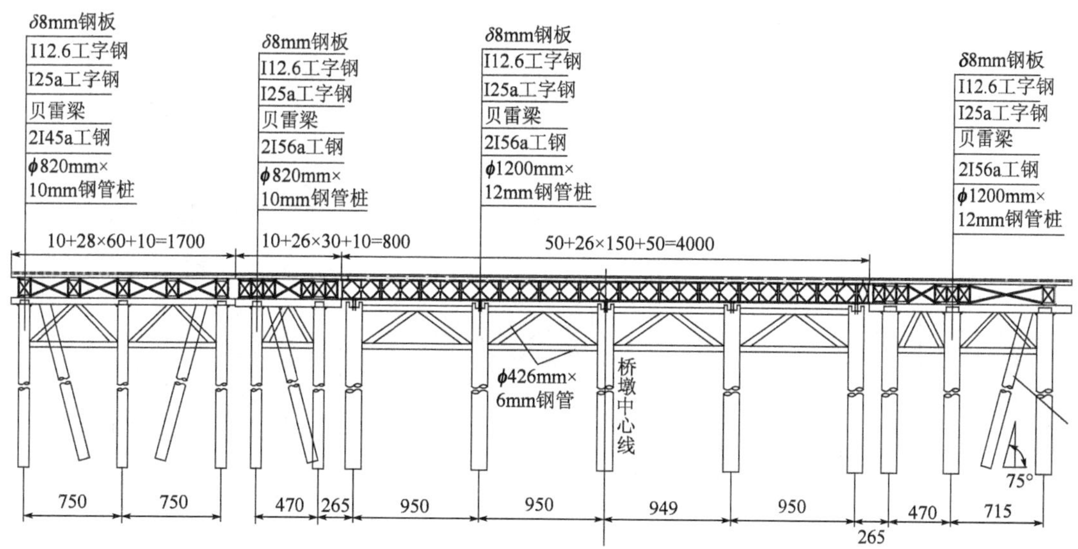

图 11-1-9　江海直达船航道桥边辅墩平台纵断面布置图(一)(尺寸单位:cm)

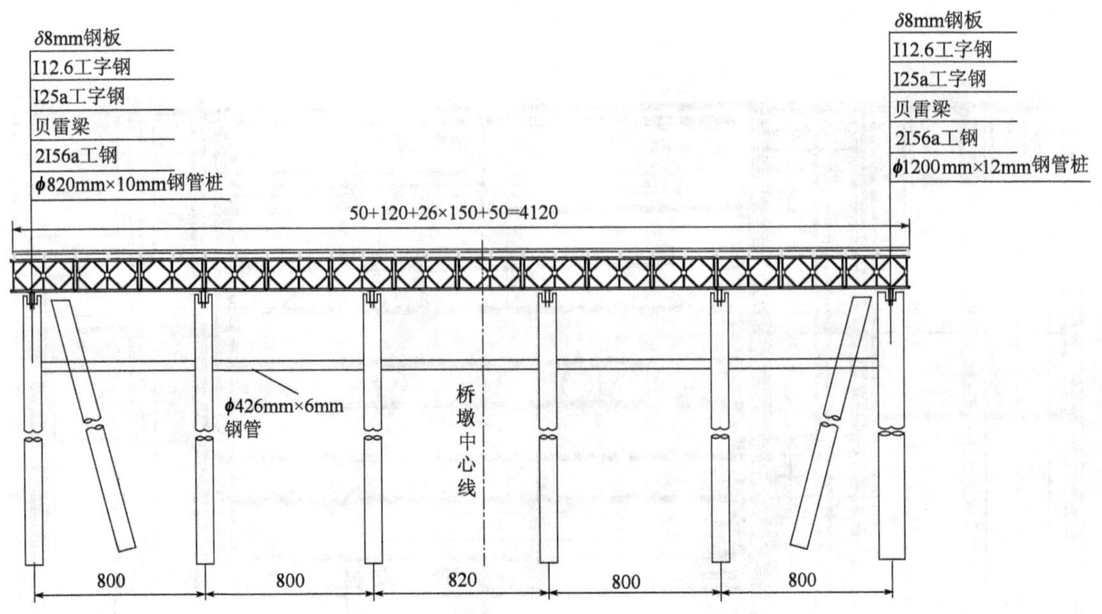

图11-1-10　江海直达船航道桥边辅墩平台纵断面布置图(二)(尺寸单位:cm)

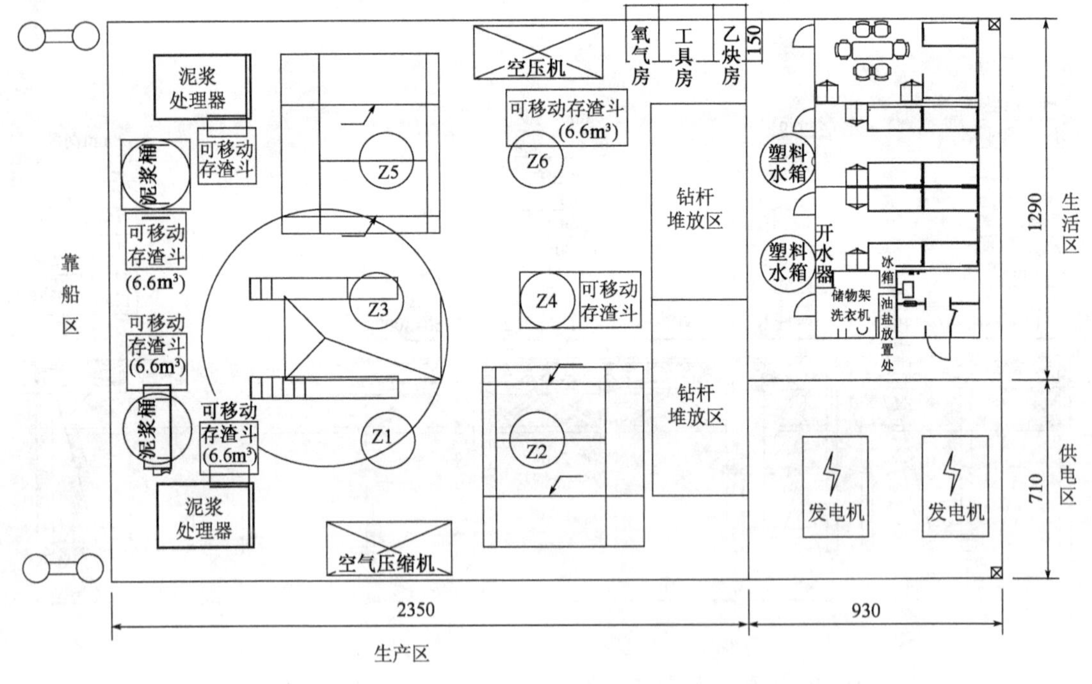

图11-1-11　江海直达船航道桥边辅墩平台功能布置图(尺寸单位:cm)

11.1.2　工程环境

在海洋环境下，桥梁施工受到海洋季风气候、水文条件、海床地质情况、海洋环境腐蚀性因素的影响，降低了人工、机械设备的作业效率，增加了其降效费用；强大的波浪力对临时结构的刚度和稳定性提出了更高的要求，增加了基础辅助设施费用；复杂的海床地质情况，增加了不良地质处理费用；强腐蚀性的海洋环境，增加了防腐措施费用等。影响跨海大桥工程造价的因素多且复杂，为合理确定工程造价和控制投资，对跨海大桥工程环境进行研究，全面收集测定资料，补充相关工程概(预)算定额及计取海洋地区施工增加费用是必要的。下面从水文、工程地质、水文地质、气象条件以及航运等因素来论述工程环境对港珠澳大桥的影响。

1)水文

(1)潮汐

潮汐对于航行和海洋工程影响极大，潮流的涨落可以影响船只的航向和速度，甚至安全。对于海岸工程如码头、海岸基地等的规划和建设，近海平台的设计，海上拖航和安装、使用，更需要掌握潮汐的变化规律。因为码头和海洋平台的高程，必须依据高潮位来确定；港域航道水深及锚泊地，则应考虑低潮水位。若建筑物的高程过高，则会造成浪费；过低则不足以防浪，会危及安全。海洋平台的飞溅区是波浪力和海冰主要作用区域，也是海水腐蚀最严重的部位。沿海地区在高潮时被海水淹没，低潮时露出水面的地带叫潮间带。这里兼有水、陆两种环境特点，在这里生活的生物常具有适应水、陆两地生活的能力。潮汐波还可沿入海河口上溯，而在河流下游或河口区形成感潮河段。这样的河段有特殊的水文现象和污染物的稀释扩散规律。

海洋中的潮汐现象一般分3种，即半日潮、全日潮和混合潮。本区潮汐类型属于不规则的半日潮混合潮型，日不等现象明显，其中大潮期间日潮现象较明显，小潮期间半日潮现象显著，中潮介于两者之间。海域具有高潮位由外海向珠江口内逐渐增大，低潮位由外海向珠江口逐渐降低的特点。本海区浅水效应较为显著，具体表现在涨、落潮流的不对称性及涨、落潮历时不等较明显。

工程区澳门与珠海测站的潮汐特征值统计及工程设计水位见表11-1-1及表11-1-2。

潮汐特征值统计表(m)　　表11-1-1

潮汐特征值	澳门	珠海
最高潮位	3.52	2.51
最低潮位	-1.24	-1.28
平均高潮位	1.05	1.05
平均低潮位	0.00	-0.20
最大潮差	3.50	3.04
最小潮差	0.02	0.11
平均潮差	1.06	1.24
平均海平面	0.54	0.48

注：表中潮位基准面采用1985国家高程基准。

工程设计水位 表 11-1-2

重现期(年)	高水位(m)	低水位(m)
300	3.82	-1.63
200	3.69	-1.57
100	3.47	-1.51
50	3.26	-1.44
20	2.97	-1.35
10	2.74	-1.27
5	2.51	-1.20
平均水位	0.54m	
设计高水位(高潮累积频率)10%	1.65m	
设计低水位(低潮累积频率)90%	0.78m	

(2)水流流向、流速

海流是海洋中主要动力源之一,和风、浪等因素同时对海洋工程有直接的作用,影响其强度和稳定性。设计海洋工程结构物的水平部分时必须充分考虑海流引起的荷载,对拖航时的拖曳力和停泊时的系泊力,也需要考虑海流的影响,掌握海流单位规律也可使船舶缩短航行时间,节省燃料,工程区海域潮流基本为沿槽线走向的周期性往复流,内伶仃岛以内流向 NNW ~ SSE 向为主,内伶仃岛以外流向转为 S ~ N 向。设计流速极大值见表 11-1-3。

设计流速极大值统计 表 11-1-3

重现期(年)	10	20	100	300
洪水(m/s)	1.66	1.83	1.87	1.9
风暴潮(m/s)	1.85	1.89	2.02	2.07

(3)波浪

海洋中波浪是由各种作用力引起的,是最常见的海水运动形式。通常所说的海浪是指风浪,风浪是海面上分布最广,对于船舶与海洋工程实际活动影响最大的波浪。海水受到外力作用,水质点在其平衡位置附近做周期性振动。当水质点离开平衡位置后,恢复力(表面张力、重力等)就力图使其回到原来的平衡位置,但因惯性作用,振动仍保持着,并通过其四周的水质点向外传播,这种过程就形成波浪。波浪的成因很多,但主要是风力作用,由风力作用产生的波浪称为风浪。风浪传播到无风的海区或风息后的余波称为涌浪。风浪到浅水区,受海水深度变化影响,出现折射,波面破碎和卷倒则称为近岸波。波浪运动只是波形向前传播,水质点只在其平衡位置附近振动,水团并未随波形前进。所以波浪对海水不起输送作用,只起加强海水紊动混合的作用。但是海浪对海上航行、海港和海岸工程、各种海洋作业有着重要的影响。

工程海域波况可参考位于澳门路环岛九澳角的九澳波浪观测站来分析,该站对珠江口外海浪具有较好的代表性。根据九澳站 1986—2001 年波浪观测资料统计,常浪为 SE、ESE 和 S 向,出现频率分别为 20.024%、18.693%和 16.907%;强浪向为 ESE ~ S 向;有效波高大于 1m 的波出现频率为 4.96%。该站实测最大有效波高为 2.86m,周期为 10.1s,波向为 SE 向,出现于1989年7月18日8908号(Gordon)台风期间。

2)工程地质

桥址区域为伶仃洋西滩,海底高程为 -5.9 ~ -6.6m,海底地形平坦,桥址范围场地土为全新统~更新统海相、河流相、海陆交互相沉积层,总体呈上细下粗正韵律,其沉积厚度受基岩起伏及海平面侵蚀深度控制。桥址区地层概况见表11-1-4。

桥址区地层概况　表11-1-4

层号	土层类型	厚度(m)	描述
1	淤泥、淤泥质土	29.8 ~ 35.4	主要为淤泥、淤泥质土
2	粉细砂、中粗砂	0 ~ 8.3	主要为粉细砂、中粗砂
3	粉质黏土,中间夹砂,夹软弱土	0 ~ 18.0	主要为粉质黏土
4	密实砂类土,镜体状软土	30 ~ 33	主要为密实砂类土
5	全风化花岗岩	2.9 ~ 12	—
6	强风化花岗岩	16.2 ~ 36.6	—
7	中风化花岗岩	大于16.3	—

3)水文地质

地表水为海水,对混凝土具有强腐蚀作用,对混凝土中钢筋具有弱腐蚀作用,对钢结构具有中腐蚀作用。地下水有两类:松散岩类的孔隙承压水主要赋存于砂层中,厚度较厚;基岩裂隙水主要赋存于基岩裂隙中。地下水对混凝土具有强腐蚀性,对混凝土中的钢筋具有强腐蚀性,对钢结构具有中腐蚀性。

4) 气象

(1)风

工程区年盛行风向以东南偏东和东风为主,但季节变化明显。香港横澜岛测风站一年四季的盛行风向均为东风;珠海站盛行风向秋冬季主导风向为东北风,春季为东风和东南偏东风,夏季主导风向在西南风到东风之间变化,其中以西南风为主;澳门站春、秋两季盛行东南偏东风,冬季为北风,夏季为西南风。

珠海气象站和澳门站年平均风速分别为3.1m/s和3.6m/s,香港横澜岛测风站因位于珠江口外的海岛上,年平均风速达6.3m/s。最大阵风,香港天文台记录为71.9m/s,香港横澜岛为65.0m/s,珠海站为44.6m/s,澳门站为58.6m/s。

以珠海站统计为例,年平均6级以上大风天数为10.7d,年平均8级以上大风天数为0.96d,年平均10级以上大风天数为0.25d。

(2)雾、雷暴

本区域以澳门观测站记录的雾日最多,年平均达19.3d。雾天主要发生在每年的1—4月,其中以3月为最多,平均7.3d。

年平均雷暴日以珠海观测站记录最多,年平均为61.6d。雷暴天气主要集中出现在4—9月,占全年的89% ~93%,11月至翌年1月较少出现雷暴天气。

(3)主要灾害性天气

本区域的灾害性天气主要有热带气旋、暴雨、龙卷风、雷击、短时雷雨大风,其中热带气旋具有强度大、频率高、灾害重的特点，是对工程设计、建设和营运最具威胁的自然灾害，热带气旋影响时间主要集中在6—10月。

据统计，近55年间在广东中部(阳江—惠东)一带沿海地区登陆的热带气旋有101个(其中达到台风量级的有49个)，年平均1.84个，其中13个年份达3个以上，最多的1999年达6个，正面袭击拟建桥位或对桥位会产生严重影响的台风有19个。

5)航运

(1)航道现状和规划

江海直达船水道是进出广州、虎门、深圳等港3000t级及以下船舶的习惯航路，今后随着进出珠江口船舶流量的进一步增大，有开挖为万吨级深水航道的可能性。桥区航道现状参数见表11-1-5。

桥区航道现状参数 表11-1-5

航　　道	通航等级(t)	通航孔个数	净空高度(m)	净空宽度(m)	备　　注
江海直达船航道	5000	2	24.5	173	单孔单向

(2)通航船舶现状及规划

珠江口水域是我国沿海航线最密集、船舶密度最大的水域。桥区海域现状是运输船舶种类繁多、吨位相差较悬殊，从几十吨的渔船、游艇到10万吨级以上的散货船、集装箱船等。此外，还有进出桥区的打桩船、浮吊、救捞艇、疏浚船等大量工程船舶。据调查，这些工程船舶水平尺度一般较小，其水面以上垂向尺度较大，最大可达145m，但航行时其高度可下调至69m。

11.2 平台方案简述

施工平台搭设采用长大“海基”100m打桩船插打钢管桩，浮吊和履带吊安装钢管桩横联及平台上部构造，大型驳船配合材料运输的方案。平台结构为钢管桩梁式结构，由支承钢管桩、主梁、次梁及平联组成。辅助平台采用临时钢管桩支承，钻孔区平台主要利用复合钢管桩的钢管支承。

生活区平台采用钢板、型钢、贝雷、钢管桩等钢构件构成，生活区平台尺寸为17m×48m。生活区平台顶面高程+5.0m，采用ϕ820mm×10mm的螺旋钢管桩，钢管桩顶面采用三拼45号a工字钢作为横向连接分配梁，顶面铺设贝雷梁，贝雷梁共4组，每组各为两片贝雷，组之间设置剪刀撑，剪刀撑采用10号槽钢。贝雷上面直接布设$\delta=15$mm厚混凝土板。

辅助平台采用钢板、型钢、贝雷、钢管桩等钢构件形成，其功能主要为履带吊吊装作业和行驶通道，辅助平台宽度为8m，平台顶面高程+5.0m，采用ϕ820mm×10mm及ϕ1000mm×12mm(用于连接靠船桩)的螺旋钢管桩，钢管桩顶面采用双拼25号a工字钢作为横向分配梁，顶面铺设贝雷片，辅助平台布设贝雷梁数量共6片，贝雷片之间的间距为0.45m，组与组之间设置剪力撑，剪力撑采用10号槽钢。贝雷上面设置25号a工字钢(间距为150cm，转弯部位加密成50cm间距)，在25号a工字钢上布置12.6号工字钢(间距为30cm)作为分配梁，面板采用$\delta=8$mm厚钢板。平台钢管桩单侧采用平联管焊接6m长ϕ820mm×10mm钢管，钢管上安装防撞护舷用于靠船。

钻孔区平台利用桩基钢护筒支承，平台承重梁为 H582 型钢（582mm × 300mm × 12mm × 17mm），支承在钢护筒的牛腿上，牛腿为双拼 45a 工字钢，长度为 80cm，牛腿下部设三角钢板斜撑进行加固。承重梁上布设 25 号 a 工字钢分配梁，间距 75cm，平台面板采用 $\delta = 8$mm 钢板。

江海直达船航道桥各平台间拟搭设通行栈桥，栈桥高程 +5.0m，标准宽为 6.0m，长度分别为 72m、87m 和 210m。单跨跨径为 15m，其中主墩连接栈桥在跨中位置设置一个加强墩。栈桥结构与辅助平台结构一致。

11.3　施工平台搭设工艺

施工平台搭设之前要经过 GPS 定位，然后进行插打，或者等桅杆吊基础完善后，直接安装，接着完成辅助平台和钻孔平台的搭设，最后进行钻孔灌注桩施工，如图 11-3-1 所示。

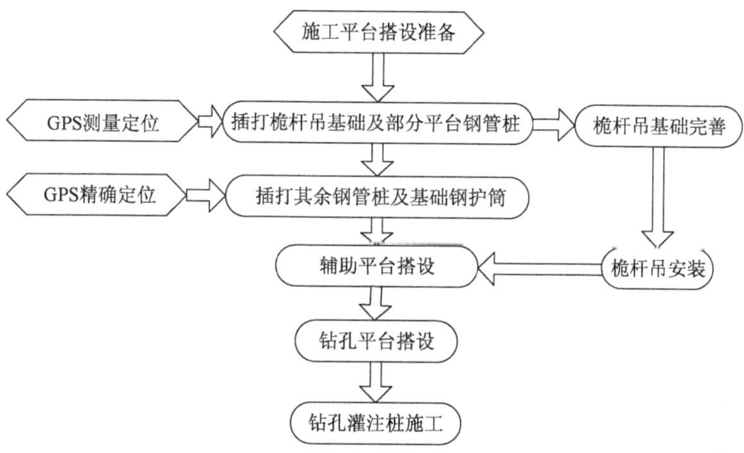

图 11-3-1　平台搭设总体施工流程

11.3.1　辅助平台

辅助平台钢管桩采用打桩船插打，浮吊及履带吊搭设上构，平驳船配合运输、堆放材料，具体流程如图 11-3-2 所示；辅助平台采用钢板、型钢、贝雷、钢管桩等钢构件形成，其功能主要为履带吊吊装作业和行驶通道，辅助平台宽度为 8m，平台顶面高程 +5.0m，采用 ϕ820mm × 10mm 及 ϕ1000mm × 12mm（用于连接靠船桩）的螺旋钢管桩，管桩沿纵向布设间距最大为 12m。钢管桩间外侧采用 ϕ426mm × 8mm 和 ϕ219mm × 6mm 钢管焊成的桁片焊接连接，内侧采用单层 ϕ426mm × 8mm 钢管连接。钢管桩顶面采用双拼 25 号 a 工字钢作为横向连接分配梁，顶面铺设贝雷片，辅助平台布设贝雷梁数量共 6 片，贝雷片之间的间距为 0.45m，组与组之间设置剪刀撑，剪刀撑采用 10 号槽钢。贝雷上面设置 25 号 a 工字钢（间距 150cm，转弯部位加密成 50cm 间距），在 25 号 a 工字钢上布置 12.6 号工字钢（间距为 30cm）作为分配梁，面板采用 $\delta = 8$mm 厚钢板。平台钢管桩单侧采用平联管焊接 6m 长 ϕ820mm × 10mm 钢管，钢管上安装防撞护弦用于靠船。

1)施工流程图

辅助平台搭设施工流程如图11-3-2所示。

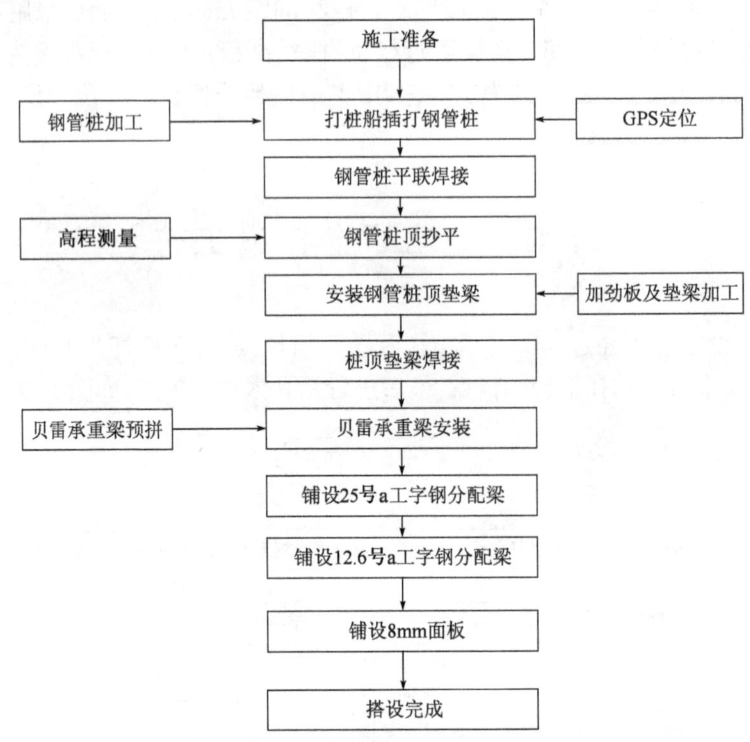

图11-3-2　辅助平台搭设施工流程

2)钢管桩加工及运输

钢管桩采用成品钢管桩,制作采用螺旋焊缝;成品的外形尺寸允许偏差应符合表11-3-1中的规定;水上运输钢管桩采用大型驳船运输。驳船必须具备足够的长度和稳定性。钢管桩放置在半圆形专用支架上,必要时可用缆绳紧固,防止坠落;驳船装桩应采用多支垫堆放,垫木均匀放置,并适当布置通楞,垫木顶面宜在同一平面上;钢管桩堆放形式应使驳船在装桩、运输和起吊时保持平稳,同时应避免产生轴向变形和局部压曲变形;钢管桩接头位置需在焊缝周围加焊6块15cm×20cm×1cm加劲板。钢管桩成品外形尺寸允许偏差见表11-3-1。

钢管桩成品外形尺寸允许偏差　　表11-3-1

偏差名称	允许偏差(mm)	说明
钢管外周长	±13(理论外周长258cm)	测量外周长
管端椭圆度	±4(理论直径82cm)	两端互相垂直的直径差
管端平整度	2	—
管端平面倾斜	不得大于4	
桩长偏差	+300,0.0	
桩纵轴线的弯曲矢高	不大于30	桩长35m或40m

3）钢管桩插打

插打钢管桩前，应充分了解打桩区域的河床冲刷、流速和潮汐变化情况，认真复核钢管桩位坐标，钢管桩插打开工前一周，必须充分了解本海域的海洋天气情况。钢管桩的定位由打桩船GPS定位系统完成，高程由测量用全站仪控制，钢管打至接近设计高程时要注意控制锤的力度，防止超打，当钢管桩顶面高出设计高程5cm内时可视为高程达到要求，可停锤，停锤标准除以高程控制外，要以贯入度校核，贯入度异常时要及时研究处理。

首先打设桅杆吊部分钢管桩，再打入平台部分钢管桩，平台施工时注意先打入斜桩再打竖桩。钢管桩插打流程如图11-3-3所示。

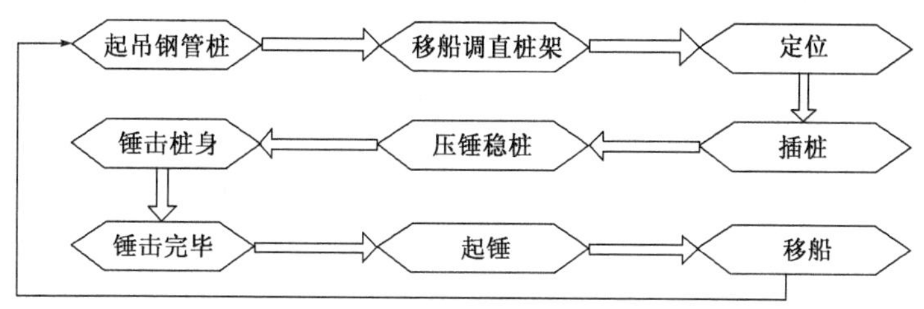

图11-3-3　钢管桩插打流程

钢管桩插打施工要点及注意事项：钢管桩单根一次打设完毕；打桩船自带起重设备，吊装驳船上的钢管；钢管桩的定位由打桩船GPS定位系统完成；钢管桩须定位及调整好垂直度后才可开始打入下沉，钢管倾斜度控制在1/100内，桩中心偏差控制在10cm内；贯入过程中，通过不同地质层时要对桩的垂直度进行复测，避免出现斜桩；打桩过程应根据不同地质层的贯入度控制锤的力度，防止将钢管顶部打卷；钢管打至接近设计高程时要注意控制锤的力度，防止超打，当钢管桩顶面高出设计高程5cm内时可视为高程达到要求，可停锤（钢管桩顶面高程详见设计图纸）。

4）钢管桩横联桁架安装

钢管桩插打后，未焊横联形成群桩前，其单桩稳定性很差，钢管桩横联桁架必须快速及时安装、焊接，使已打入的钢管桩形成群桩，增强水平稳定性。

由于钢管桩在插打过程中与施工图有一定偏差，横联与钢管桩间的相贯线不是很好控制，故两端均采用哈佛接头连接。哈佛接头为密封接头，是管道与管道之间的连接工具，是元件和管道之间可以拆装的连接点，在管件中充当着不可或缺的重要角色，哈佛接头可以根据实际情况分为两片或两片以上。外侧采用ϕ426mm×8mm和ϕ219mm×6mm钢管焊成的桁片焊接连接，如图11-3-4所示，斜杆距水平杆端头0.5m，以便安装过程中对钢管进行修整及焊接哈佛接头。如图11-3-5所示，内侧采用单层ϕ426mm×8mm钢管连接。

将下哈佛板与钢管桩焊接好后，使用多功能平驳船上的起重设备，用两个2t的手拉葫芦吊挂在平联的两端，以便调整平联的位置。斜桩与直桩之间的平联采用从侧面进入，从下向上的方法提升就位，而直桩之间的平联比较简单，可以采用从上向下的方法直接安装就位。哈佛接头与平联之间的环向焊缝及纵向焊缝均要求满焊，严格控制焊缝质量。

5）辅助平台搭设

（1）盖板及垫梁安装

钢管桩顶面盖板为1000mm×1000mm×10mm钢板，盖板顶部布置双拼25号a工字钢枕梁

(或三拼 45 号 a 工字钢枕梁),枕梁与贝雷梁方向垂直,盖板与钢管桩间用 100mm × 100mm × 10mm 三角钢板加劲。安装盖板时,注意工字钢应放在钢管桩中心。钢管桩横联完成后,测量顶面高程,切割抄平在同一高程(误差控制在 ± 1cm 以内),然后将盖板整体吊装套到钢管桩上进行盖板焊接,焊接时先在离钢管桩顶面 1.5m 处焊接临时牛腿,在临时牛腿上铺 5cm 木板为焊接平台。盖板枕梁大样图如图 11-3-6 所示。

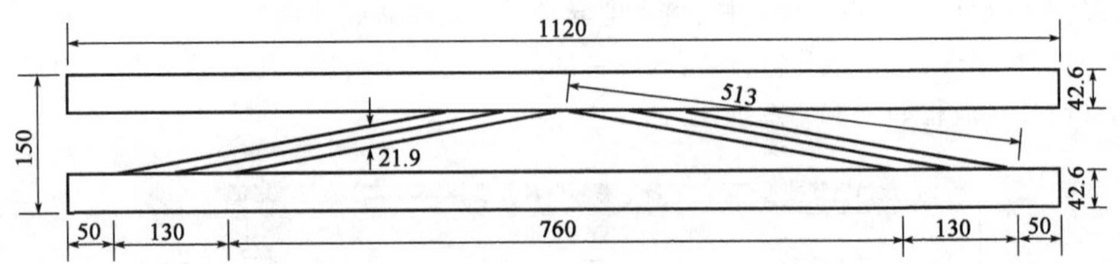

图 11-3-4 桁片平联加工示意图(尺寸单位:cm)

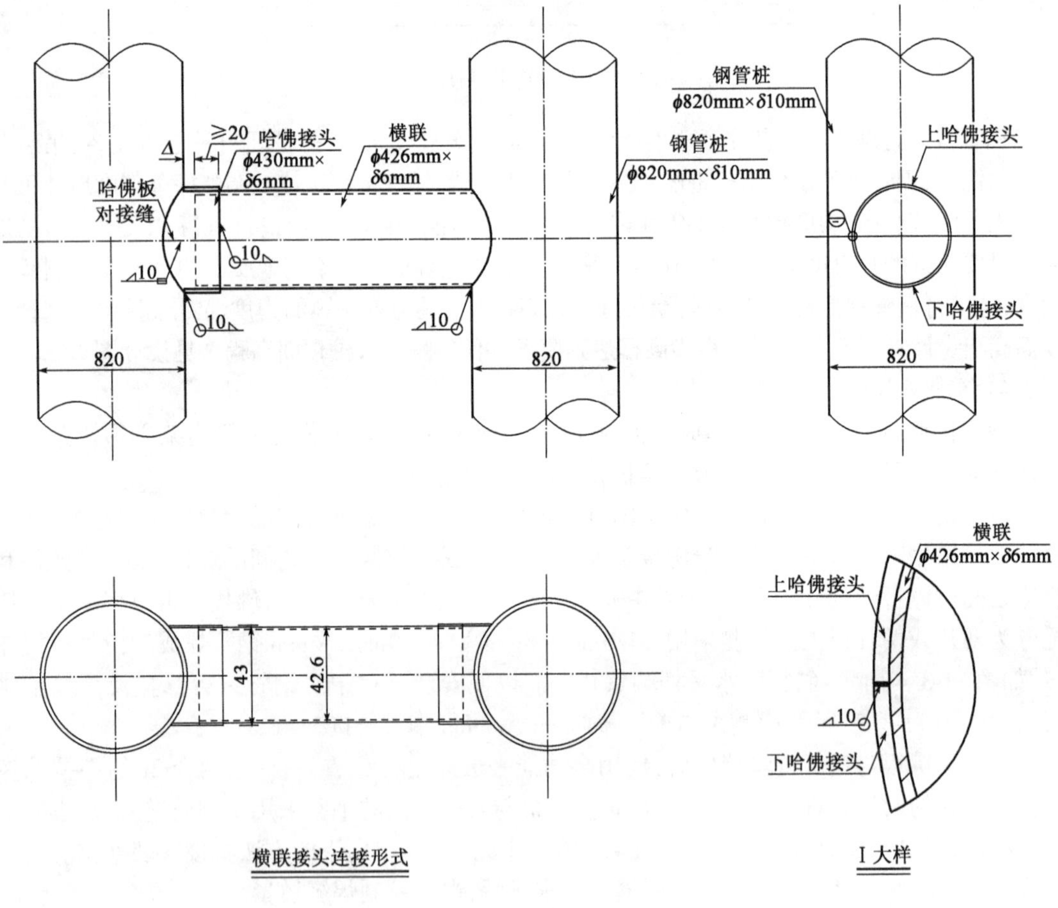

横联接头连接形式

I 大样

图 11-3-5 哈佛接头大样图

注:尺寸单位除注明外均以 cm 计。

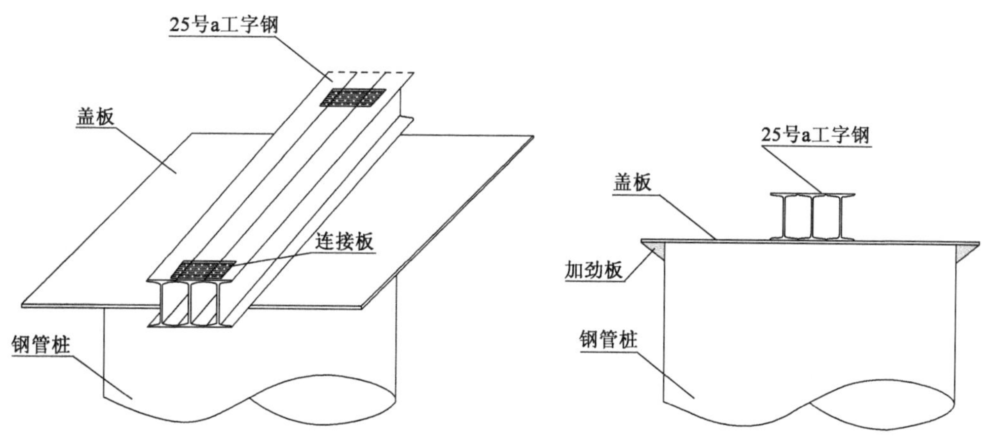

图 11-3-6　盖板枕梁大样图

(2)贝雷梁安装

贝雷梁是在原英制贝雷桁架桥基础上经过改良的一种快速组装的桥梁施工支架,我国在 1965 年定型生产。贝雷梁具有结构简单、运输方便、架设快捷、载重量大、跨距与立柱高度可调、互换性好、适应性强的特点,广泛应用于桥梁工程施工领域。

在这座桥中,盖板焊接完毕,在 25 号 a 工字钢上测量放样,定出贝雷梁位置,沿一边焊接 8 号槽钢做定位板,槽钢高度为 25cm。贝雷梁在平驳上拼装成两节 24m 或两节 21m 两种,贝雷梁用平驳船运到位后,再用打桩船或浮吊安装就位。贝雷梁的节点应放在枕梁上,贝雷片安装就位后,用 8 号槽钢卡焊固定在枕梁上。

(3)工字钢分配梁安装

贝雷梁安装完毕后按间距 150cm(转角位置加密为 50cm 间距)铺设 25 号 a 工字钢作为分配梁,并用配套骑马螺钉固定在贝雷顶面,然后在 25 号 a 工字钢上按间距 30cm 铺设 12.6 号工字钢并通过点焊固定在 25 号 a 工字钢顶面。安装时,25 号 a 工字钢必须对准贝雷节点位置,12.6 号工字钢必须严格按照设计图纸尺寸均匀布置。

(4)面板施工

平台面铺设 $\delta = 8$mm 钢板,钢板横桥向铺设,钢板通过点焊与 12.6 号工字钢连成一个整体,相邻钢板之间预留 3cm 空隙。面板上应贴焊钢板条或钢筋进行防滑处理。

根据受力计算,70t 履带吊在辅助平台上作业时距平台边距离不得小于 1.2m,因此面板铺设完成后,应在平台两侧距边 1.2m 位置焊接 8 号槽钢进行限位。

6)辅助平台设施安装

辅助平台面板铺设完毕,进行钢管复合桩的钢管施工,同时进行平台上功能设施安装。平台上功能设施安装顺序以满足施工需要为原则,布置现场物资仓库、材料堆放场、发电机房、施工水箱、生活水箱、现场办公室等设施(图 11-3-7)。固体垃圾集中堆放,定期运至指定地点处理。平台周边焊高 $h = 120$cm 标准装配式防护栏杆(图 11-3-8)。栏杆施工完成后,进行电力管线铺设,并在栈桥上设置航道警示灯和夜间照明设施。

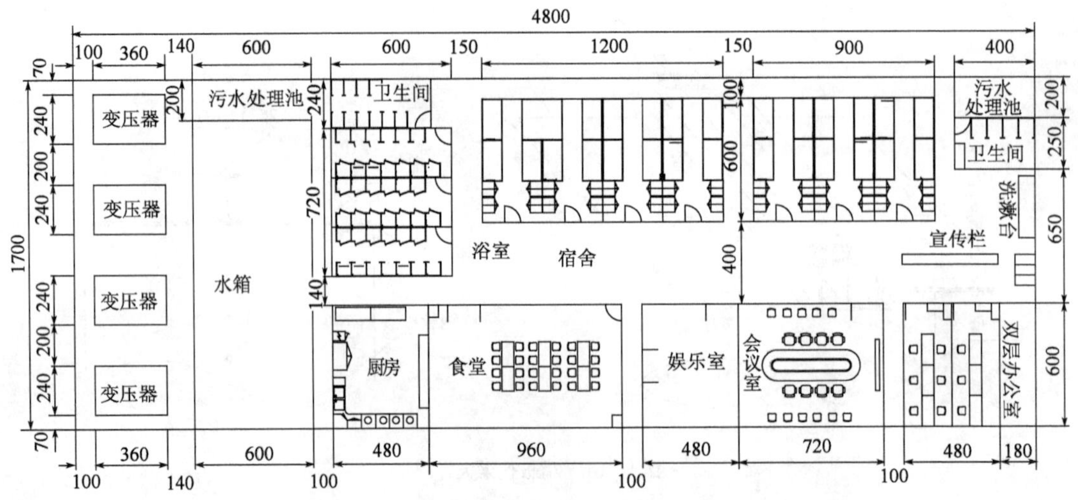

图 11-3-7　主墩生活区平台布设示意图(尺寸单位:cm)

图 11-3-8　装配式防护栏示意图

11.3.2　钻孔区平台

钻孔区平台利用桩基钢护筒支承,平台承重梁为 H582 型钢(582mm × 300mm × 12mm × 17mm),支承在钢护筒的牛腿上,牛腿为双拼 45 号 a 工字钢,长度为 80cm,牛腿下部设三角钢板斜撑进行加固。承重梁上布设 25 号 a 工字钢作为分配梁,间距 75cm,平台面板为 $\delta = 8$mm 钢板。

桩基础施工完成后,拆除钻孔平台,利用辅助平台进行承台套箱施工。

1)施工流程图

钻孔区平台搭设流程如图 11-3-9 所示。

2)钢管复合桩制作、运输、存放

(1)概述

江海直达船航道桥所用复合桩主墩(过渡墩、辅助墩)钢管长度约 54.4m(55.4m),内径为 245cm。钢管壁厚分 3 类:上部 20.4m(21.4m)范围壁厚为 28mm,下部约 2m 范围壁厚为 36mm,中部壁厚为 25mm。钢管对接时内壁对齐,采用全焊透焊接方式,在壁厚 28mm 区段钢管内壁设置10道剪力环,剪力环采用50mm×25mm扁钢,在该区段钢管上方设置4m的替打段。钢管材质为Q345C。

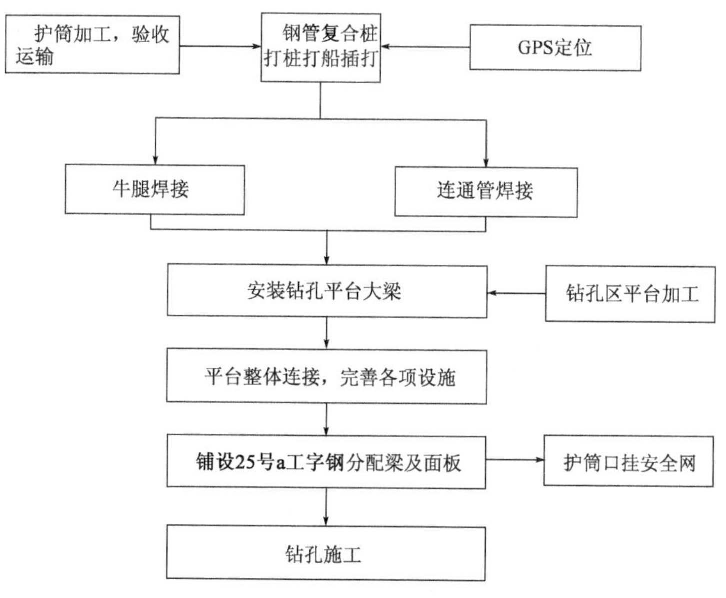

图11-3-9　钻孔区平台搭设流程

(2)钢管复合桩加工工艺

钢管复合桩采用螺旋焊缝钢管,从钢卷材料到制作成螺旋焊缝钢管,所有的工艺加工过程均在螺旋焊管机组上连续自动实现,单根钢管分三段对接成形。钢管复合桩加工好后,每个墩对其中一条进行腐蚀监测系统安装,即监测系统探头组及连接电缆等,监测测量探头间距沿桩长方向约10m。复合桩钢管在专业加工工厂内加工至设计长度,需防腐涂装的经防腐涂装后,采用大型吊机经码头上船,水运至施工点。

吊耳安装在钢管防腐完成后进行,采用提前预制、整体安装的方法进行。

为便于钢管插打施工时观测其下沉情况,需在钢管上标注刻度标线。刻度标线对称布置在钢管两侧,与两组吊耳面垂直,标线刻度颜色需与钢管的外表面颜色对比鲜明。钢管上端20m按0.1m间距刻度,20m以下按1m间距刻度。钢管加工流程如图11-3-10所示。

(3)钢管复合桩运输方式

钢管复合桩采用水上驳船运输至施工点。

①钢管吊点设置。

所有钢管均采用四吊点起吊方案,各种吊点的位置是根据吊运、吊立过程中产生的最大正负弯矩绝对值相等的条件确定的。

②钢管装船及运输。

选择“建基1502”型驳船进行钢管的转运,驳船船长84.2m,船宽16.6m,满载吃水2.4m,总吨位1680t。船舶要求甲板平整,舱口长度、宽度满足装载复合桩钢管要求。为确保安全及复合桩钢管防腐层不损坏,在驳船夹板上设置稳桩支架,复合桩钢管支点处夹板须加固处理。

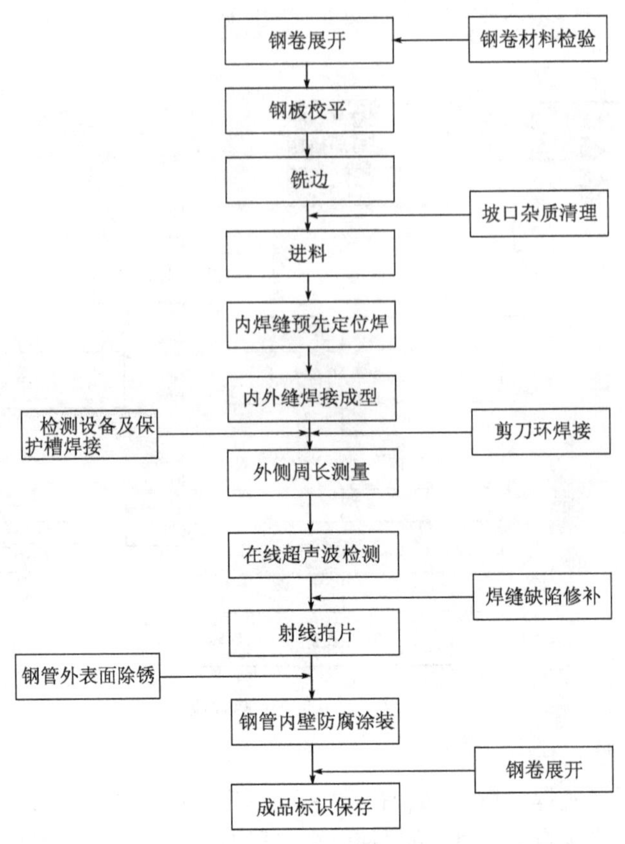

图 11-3-10　钢管加工流程框图

所采用的运桩船长度和稳定性应满足施工要求。装船前，根据运桩船的尺寸确定钢管的落驳。钢管可分 1～3 层装船，下层钢管底部沿船长度方向垫方木，钢管与钢管竖向之间垫方木或厚软胶皮。为确保钢管桩在船上不发生滑移，桩身两侧布置楔形木块，再用系带和紧张器将桩固定在夹板上。

钢管桩落驳（图 11-3-11）完毕后，由专用拖轮拖运至施工现场。装好桩后，采用拖轮拖带运桩驳运输。

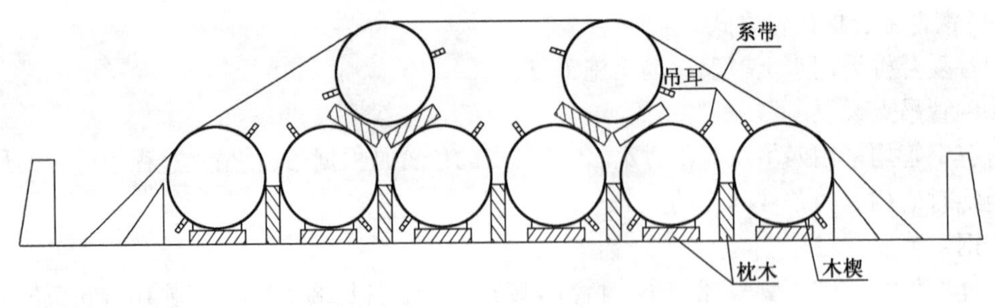

图 11-3-11　钢管桩落驳

3）钢管复合桩施工

参考水流方向，为方便施工，钢管桩从上游向下游打设，具体打设顺序如图 11-3-12 和

图 11-3-13 所示。

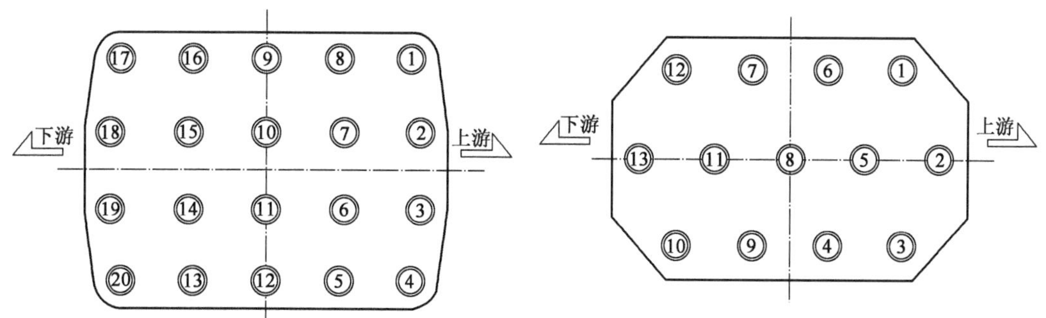

图 11-3-12　主墩钢护筒打设顺序示意图　　图 11-3-13　边辅墩钢护筒打设顺序示意图

钢管桩采用长大"海基"100m 桩架打桩船及船体上自带 IHCS600 液压打桩锤完成整个沉桩工艺。钢管桩施工工艺流程如图 11-3-14 所示。

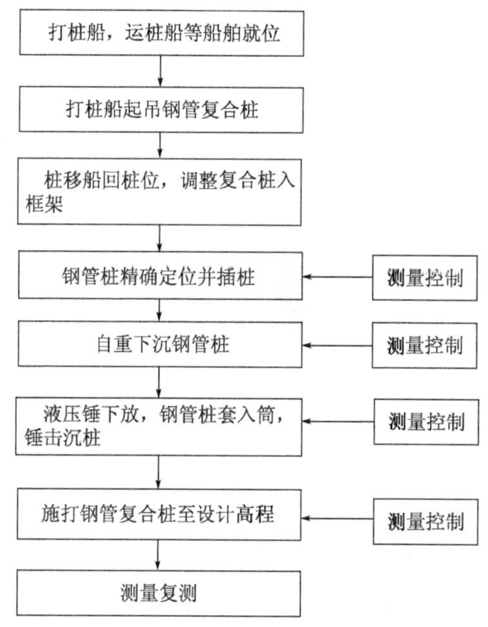

图 11-3-14　钢管桩施工工艺流程

(1)船舶就位

所打钢管桩均为直桩,桩位对船位的影响不大,打桩船的布置主要考虑打桩顺序及水流变化的影响。运桩平驳船沿东西向垂直于潮流方向。打桩船抛全方位锚,布置在运桩平驳船的左侧并垂直于驳船。如图 11-3-15 所示。

(2)钢管桩起吊

打桩船移至运桩平驳船一侧,桩架前倾,下放主副吊钩与钢管桩上吊点连接,提升吊钩使桩脱离驳船。打桩船移回桩位,准备立桩。如图 11-3-16 所示。

考虑桩的变形,钢管桩采用三点吊,桩头侧焊接两个吊耳,桩中和桩底侧各焊接一个吊耳。如图 11-3-17 所示。

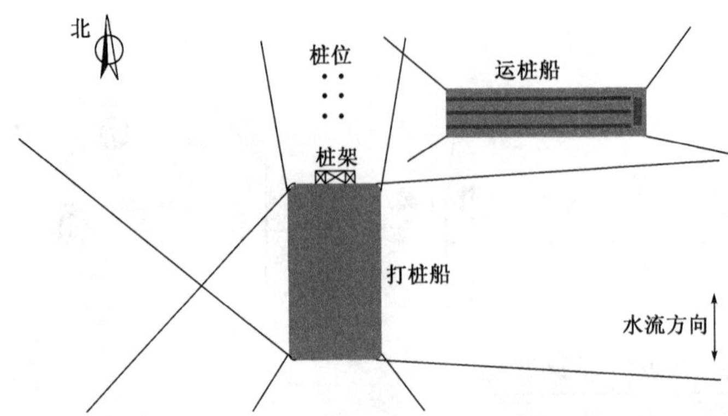

图 11-3-15　打桩船平面位置布置示意图

图 11-3-16　钢管桩起吊

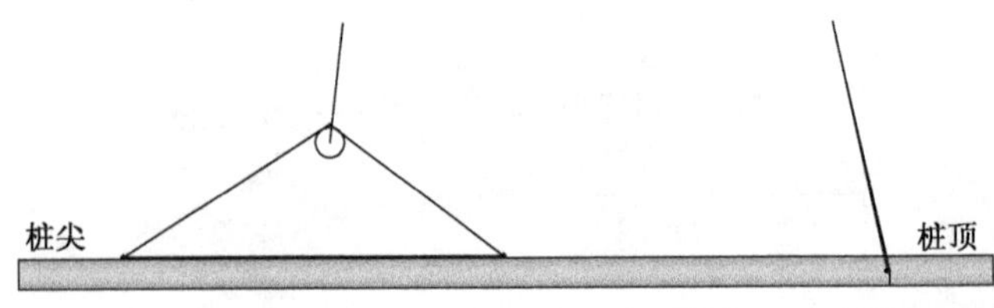

图 11-3-17　钢管桩吊点布置示意图

(3)立桩入桩架

主吊钩上升,副吊钩下降,使钢管转成竖直状态;调节桩架倾斜度,送打桩锤替打至桩顶,启动抱桩器抱桩并锁定,调节桩架至垂直状态。如图 11-3-18 所示。

①钢管桩精确定位。

采用打桩船自带的 GPS 定位系统进行定位。GPS 接收机及船体测倾仪安装设计图如图 11-3-19所示。由三台固定在打桩船上的 GPS 流动站以实时动态即 RTK 模式实时控制船体的位置、方向和状态,同时配合固定在船上的免棱镜测距仪等算出桩身在设计高程上的实际位置,并显示在系统计算机屏幕上。打桩前,首先将打桩船 GPS 定位系统与港珠澳大桥 GNSS 连续运行参考站系统(HZMB-CORS)进行连接,然后将钢管桩参数输入 GPS 定位系统,直接显示所有要沉入的钢管桩图形。根据沉桩方案选定要沉的钢管桩编号,同时根据 GPS 定位系统显示的数据,移动打桩船,使其到达指定位置,直至桩位满足规范要求后,下桩开打。

图 11-3-18　钢管桩立桩

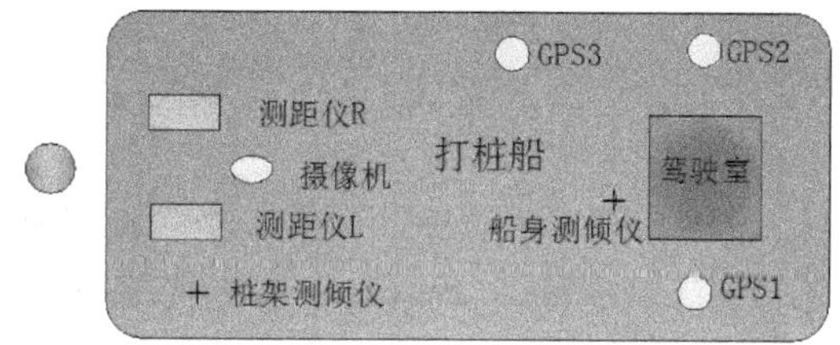

图 11-3-19　GPS 接收机及船体测倾仪安装设计图

为检验校核海上沉桩测量定位系统的正确性,确保钢管桩定位精度满足要求,保证打桩船沉桩位置的正确性,在开始打设前,须制订相关检验校核方案,对测量定位系统进行校核。如图 11-3-20 所示。

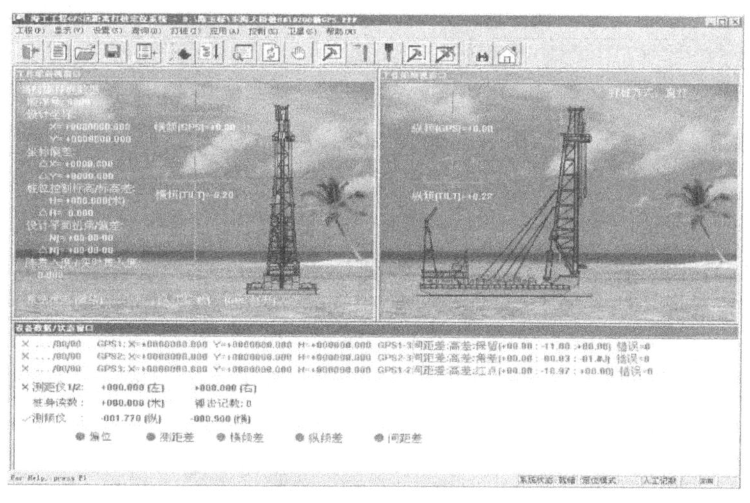

图 11-3-20　海工远距离 GPS 打桩定位屏幕显示

②插桩。

松紧锚缆,微调船位,使桩到达指定的位置;检查船身倾斜度等无异常后,慢慢下放吊钩,使钢管桩连同替打在重力作用下自动插桩,逐步解除副钩吊点。该过程中须监控桩位,如误差过大,马上停止下沉,起吊桩重新定位;下沉完毕后,打开抱桩器。

(4)锤击沉桩

松紧锚缆调整钢管桩至设计位置,慢慢下放吊钩,并解除副钩;该过程中监控桩位,如偏差过大,则停止下沉,起吊桩重新定位;下沉完毕后,复测沉桩精度。

解除上吊点,打桩锤压锤稳桩,打开离合器,开始锤击沉桩。开始阶段要轻打,以防溜桩,正常后再逐步加大冲击能量,直至桩达到设计高程。如图11-3-21所示。

图11-3-21 钢管桩锤击沉桩

钢管桩振打前,由中华白海豚观察员对施工船舶周围半径500m范围内的海域进行观测,如连续5min内没有发现中华白海豚,方可进行打桩作业。打桩过程中一旦发现中华白海豚出没,立即停止施工作业。

(5)钢管复合桩下放垂直度保证措施

为了确保首节复合钢管桩垂直入土,钢管桩选在水流较缓的平潮期间下放,外围安装垂直度检测装置监控。

若复合钢管桩在自重入土中出现倾斜,则采用手拉葫芦拉钢管桩顶面调节。具体方法:在出现倾斜的方向,用钢丝绳一头牵引钢管桩顶面,另一头连接葫芦,葫芦锚固在辅助平台钢管桩上,收紧葫芦把复合钢管桩拉正。

(6)钢管复合桩之间横向连接

钢管复合桩主要由钢护筒和位于钢护筒内的混凝土桩组成。近年来,大直径钢管复合桩以其足够大的承载力、相对简单的沉桩工艺、较小的排土量与良好的抗弯能力等优点,广泛应用于特大型跨海大桥的深水基础工程、海港工程和高地震烈度地区的桥梁工程。特别是随着我国钢材产量的增加、钢管桩防腐新技术及新材料的研制与开发,钢管复合桩日益受到设计人员的重视与广泛应用。应用于桥梁工程的钢管复合桩,其钢护筒的上端伸入承台中,钢护筒与承台之间要求锚固可靠,以便钢护筒可有效承受荷载,且与核心混凝土协同受力、共同工作。

钢管复合桩之间横向连接选用ϕ820mm×10mm钢管,应在钢管桩下放完毕后即刻进行连接。钢管复合桩横向连接可兼作为泥浆循环管,横连高程在+3.5m,横连焊接前应先在钢管桩上割孔。

第一排钢管复合桩下放完毕后,现场量测钢管净距,按准确数据下料ϕ82cm钢管。下料时,钢管接头位置需加工成与复合钢管桩直径相适应的弧形槽口,并按施工顺序对每根下料的钢管编号,并做标记。

横联钢管安装过程:选在潮水退到横联高程时开始工作,工作平台用加工的简易吊篮,吊篮锚挂在复合钢管桩口固定,吊篮空间及稳定性须满足工作要求。每侧安排一个焊工及一个配合工。用桅杆吊或履带吊吊放钢管到位,用1t手拉葫芦精确定位,两个焊工分别从两侧焊接固定横联钢管,在涨潮到位前完成焊接工作。

(7)钢管复合桩牛腿焊接

牛腿的作用是衔接悬臂梁与挂梁，并传递来自挂梁的荷载。这里由于梁的相互搭接,中间还要设置传力支座来传递较大的竖直和水平反力，因此牛腿高度已削弱至不到梁高的一半,却又要传递较大的竖直和水平反力,这就使它成为上部结构中的薄弱部位。

钢管复合桩之间的平联钢管完成焊接后,在护筒上焊接桩基平台支承牛腿,牛腿顶面高程为 +4.16m,牛腿采用双拼 45 号 a 工字钢,斜撑采用三角钢板,牛腿外悬 80cm。每根复合钢管桩横桥向焊接 2 个牛腿,利用平联钢管上架木板做牛腿焊接工作平台。牛腿预先加工好后转运至现场安装。

4)钻孔平台搭设

平台主梁采用单条 H582 型钢,分布梁采用 25 号 a 工字钢,间距为 75cm,面板采用 8mm 厚钢板,沿桩基护筒周边呈正方形布置。

主梁在平驳上焊接成单条 21m 长,驳船转运到位后,再用桅杆吊或履带吊安装就位。主梁需焊接固定于复合钢管桩牛腿上。然后根据设计图纸要求铺设 25 号 a 工字钢及面板。25 号 a工字钢与主梁接触位置采用两侧交错焊接,单侧焊接焊缝长度不小于 15cm;面板与 25 号 a工字钢采用点焊。

平台加工完后,必须进行焊缝检验,以符合焊接质量要求。焊接质量要求如下:

(1)焊口无咬肉、气孔、裂纹、夹渣、烧穿、焊瘤、弧坑等缺陷。

(2)焊接区无飞溅物,无褶皱间断和未焊满的凹槽。

(3)焊缝尺寸不足或咬边深度超过规定者,进行补焊。

(4)对焊缝裂纹、未焊透、夹渣和气孔等应局部铲除后补焊。

11.3.3　连接栈桥

江海直达船航道桥各平台间拟搭设通行栈桥,栈桥高程为 +5.0m,标准宽度为 6.0m,长度分别为 72m、87m 和 210m。栈桥钢管桩为直桩,单跨跨径为 15m,其中主墩连接栈桥在跨中位置设置一个加强墩。栈桥结构与辅助平台结构一致。连接栈桥搭设流程如图 11-3-22 所示。栈桥搭设施工工艺与辅助平台搭设施工工艺相同,在此不再赘述。

11.3.4　桅杆吊安装

桅杆吊作为主要的施工起重设备,必须尽早安装,以减少大型起重船的使用时间,降低成本。桅杆吊的电力供应:施工平台搭设过程中由施工平驳的发电机组供应,施工平台搭设完成后由平台供电系统供应。

1)桅杆吊主要参数(表 11-3-2)

桅杆吊主要参数　　表 11-3-2

工作级别	M4	—
最大起重量	120t	额定 80t
起升高度	主钩 49m + 15m	—
吊臂长度	55m	—

续上表

整机电源		211kW/380V	—
整机重量		195t	—
基础荷载	前支点	压力 5400kN	—
	后锚点	拔力 2100kN/压力 2000kN	—
	电机固定点	压力 250kN	—

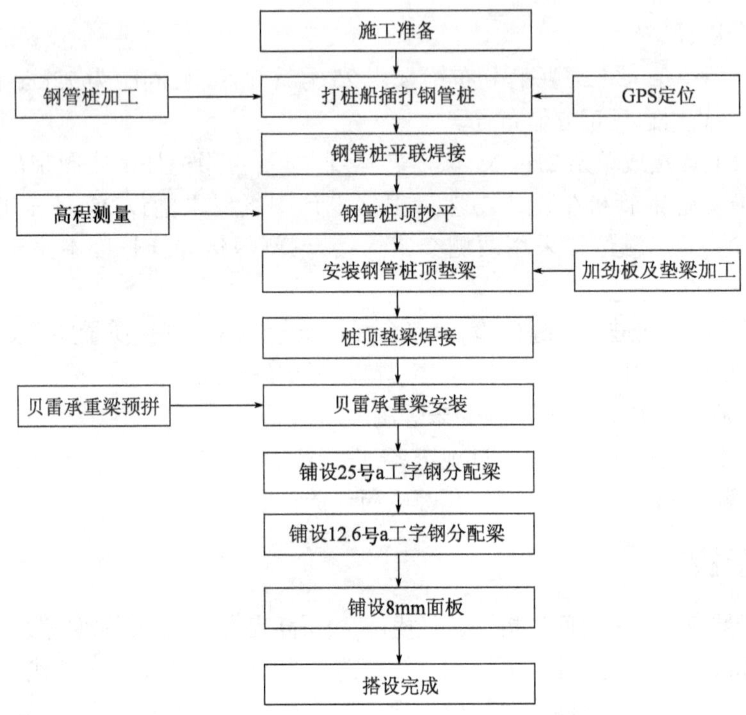

图 11-3-22　连接栈桥搭设流程

2）桅杆吊基础设计

桅杆吊基础采用 9 根 ϕ1200mm × 14mm 钢管桩，桩长为 50.0m，桩顶高程 +8.0m，桩底高程 -42.0m，前支点 4 根斜桩水平及竖直方向夹角均为 12°，后锚点及电机支承共 5 根。钢管桩间横联采用 ϕ820mm × 10mm 和 ϕ426mm × 6mm 钢管焊成的桁片焊接连接，前支点 4 根钢管桩顶用钢板梁连成整体。桅杆吊基础及钢板梁构造如图 11-3-23 和图 11-3-24所示。

3）桅杆吊安装施工

（1）概述

在多功能平驳船上将桅杆吊的底盘拼成后，起吊安装到桅杆吊基础上，然后安装立柱及斜撑、卷扬机构、电气系统，在平驳船上将吊臂拼成后，起吊安装至桅杆吊前部铰点上。桅杆吊施工流程如图 11-3-25 所示。

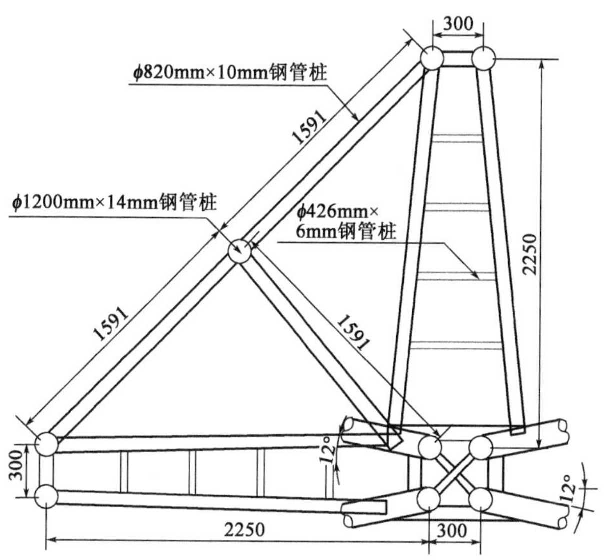

图 11-3-23　桅杆吊基础布置(尺寸单位:mm)

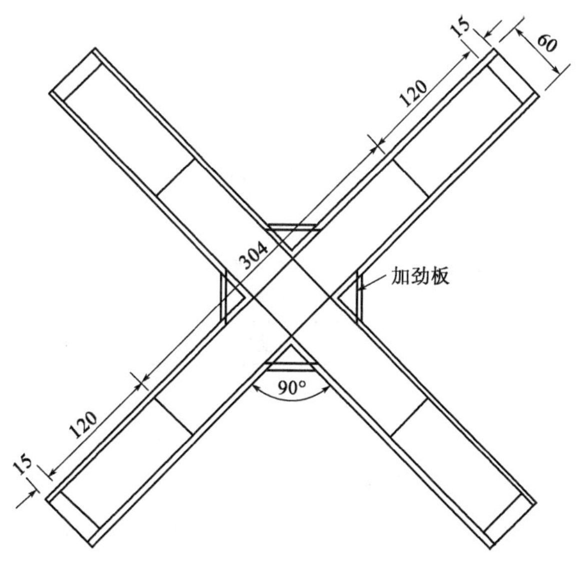

图 11-3-24　钢板梁平面布置(尺寸单位:mm)

(2)安装场地及拼装设备

需用拼装设备统计见表 11-3-3。

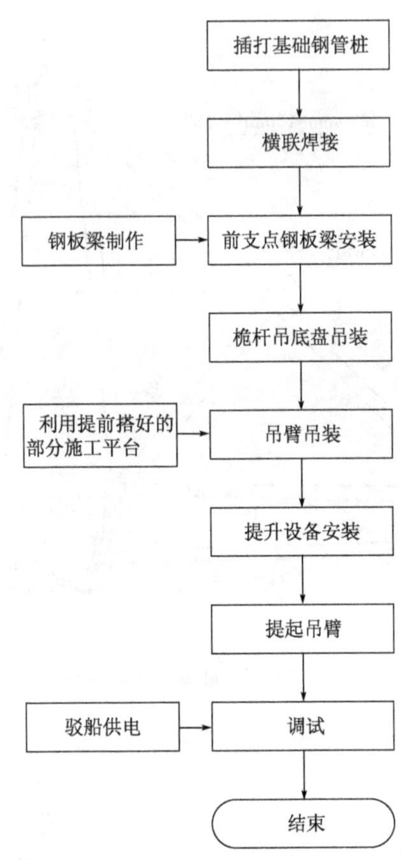

图 11-3-25　桅杆吊施工流程

需用拼装设备统计　表 11-3-3

名　称	用　途	规　格
多功能平驳船	拼装场地及运输	长 100m × 宽 26m
165t 起重船	分步安装桅杆吊	—
1 艘工作船	吊装调整就位	—

(3)桅杆吊拼装步骤及注意事项

①底盘的拼装。

按图示驳船上的拼装位置测量放样,将纵梁一、纵梁二、横梁一、横梁二及立柱下部拼装成底盘,要注意底盘的整体调平;然后将前部支点与立柱相连的旋转部分用厂家设计的锚定机构进行锚固;检查钢管桩基础,保证基础牢固及位置准确,将底盘整体起吊安装到基础上;最后调平底盘并完成底盘的锚固,并将与立柱相连的回转部分法兰调平。

②立柱的拼装。

在驳船上将立柱总成拼装好(需安装立柱上的相关平台及步梯),然后起吊立柱并将其安装至底盘上(立柱的外形尺寸及吊点位置详见图 11-3-26);最后用缆索将立柱临时固定,详见图 11-3-26(注意立柱的垂直调整)。

步骤一：底盘拼装。

1.在驳船上定位立柱下铰座（质量为17t）。
说明：此时驳船位于靠岸码头；桅杆吊底盘安装位置详见平面布置图。

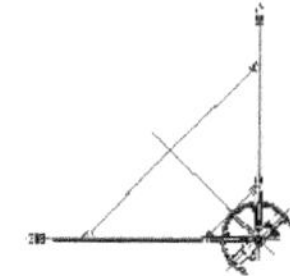

2.在驳船上安装两根纵梁。单根纵梁质量为11t。

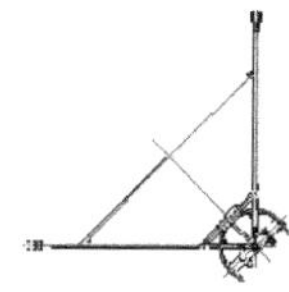

3.安装前后两根横梁，单梁最大质量为10t。
4.调平底盘并完成后部锚定。
5.调平回转转盘并完成转盘动定部件间的锚定。

步骤二：立柱斜撑拼装。

6.在驳船上拼装立柱（质量为24t）。
7.起吊并完成立柱的安装。
8.用缆风绳临时锚固立柱。

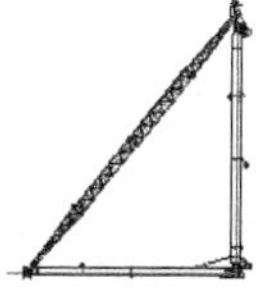

9.安装斜撑（单根斜撑质量为12t）。
10.解除缆风锚定。

11.安装回转机构、驾驶室、平台、栏杆。
说明：此时整机最大质量为130t。

步骤三：拖航及整机起吊。

12.将驳船拖航至施工地点。
13.用吊船将起重机三角架起吊安装到施工平台上（起吊前解除相关锚定）。
14.调平起重机三角架并完成底盘的锚定。

步骤四：卷扬机及吊臂安装。

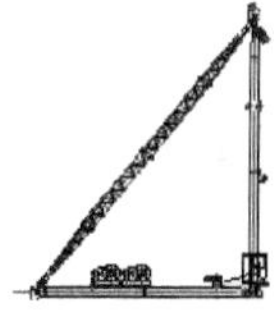

15.安装卷扬机及电气系统。
16.完成卷扬机及回转机构的空运转调试。
说明：在回转机构调试前应解除相关锚定。

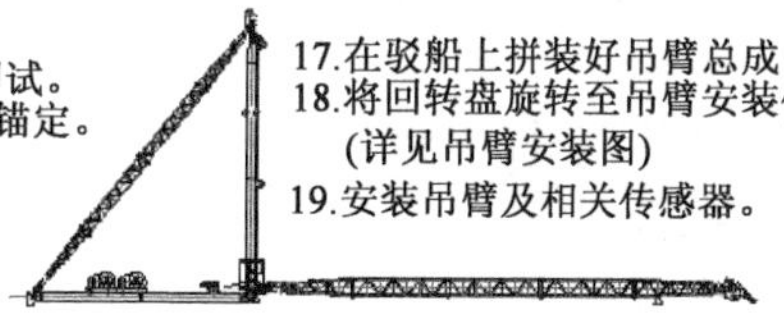

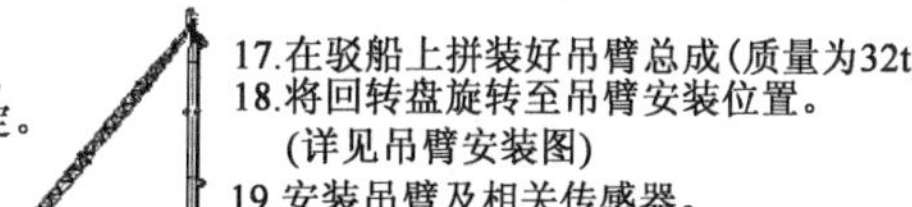

17.在驳船上拼装好吊臂总成（质量为32t）。
18.将回转盘旋转至吊臂安装位置。
（详见吊臂安装图）
19.安装吊臂及相关传感器。

步骤五：变幅安装。

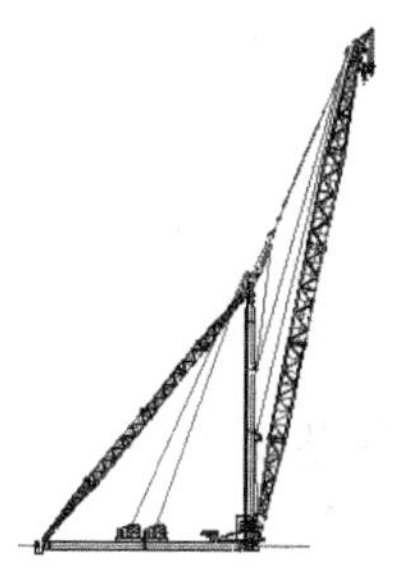

20.安装变幅机构。
21.安装主副起升钢丝绳及吊钩。
22.用变幅机构拉起吊臂。

图 11-3-26　桅杆吊具体拼装步骤示意图

③斜撑的拼装。

开始在驳船上将斜撑拼装成一体,然后起吊斜撑并将其一端与立柱上部铰座相连。

④机构的安装。

在底盘上安装回转机构总成、驾驶室、栏杆、平台等,然后安装卷扬机构及电气系统。

⑤吊臂的安装。

首先将吊臂总成在驳船上拼装好;然后起吊吊臂,并将吊臂下铰点与立柱相连接,吊臂前部放置于图示支架位置上,吊臂仰角≥0°;接着安装变幅机构及所有相关的钢丝绳及主副钩;最后安装与吊臂相关的电气控制系统,将吊臂拉起。

桅杆吊具体拼装步骤如图 11-3-26 所示。

(4)各主要部件的质量重心及外形尺寸

单件拼装时的最大控制质量为 32t(吊臂),现场吊装时的最大控制质量为 60t(底盘)。

(5)桅杆吊试验方案

试验前,检查各部件安装就位可靠,电气系统接线安全可靠,各卷扬机构、回转机构的制动调整安全可靠之后,方可进行以下试验。

①吊臂起升。

吊臂第一次起升要逐步进行,边起升边调整,直至制动达到要求,必要时要有起重船配合,以免发生意外事故。

②空载试验。

a. 主、副钩,变幅,回转,各机构全行程试验 3 次。

b. 主、副钩试验高度限位器。

c. 回转试验 95°限位器。

d. 空载试验无故障,方可进行负载试验。

③负载试验。

a. 静载试验,分别进行主钩吊重 100t,副钩吊重 18. 75t 的静载试验。在左右极限位置各试验一次。

b. 动载试验,分别进行主钩吊重 88t,副钩吊重 16. 5t 的全程起升、回转变幅动作。

(6)安全注意事项

该桅杆吊安装于海上,安装环境较差,为了保证桅杆吊机拼装、吊装一次成功,保证人机安全,起重吊装作业必须有专职人员统一指挥,持证上岗,在部件拼装和大件吊装过程中,保证通信畅通、信号明确,参与安装的工作人员必须坚守岗位,各司其职,认真做到“一切行动听指挥”,步调一致,有条不紊;在安装过程中,所有人员应遵守施工现场的安全制度,必须戴好劳保防护用品,如救生衣、安全帽、安全带等,确保人机安全;在吊装起重之前,必须向有关人员交代明确所用信号表示的含义,一经明确规定,必须遵守,不得随意变更;每次吊运都要检查所用钢丝绳是否有断丝现象;拼装立柱时,用缆风绳临时固定,在斜撑未安装好之前不得解除缆风绳;特种作业人员包括起重工、电工、船舶操作人员等必须进行专业培训,按规定经有关主管部门考试合格后,持证上岗;应认真审查特种作业人员的操作证件是否有效,无证或证书过期人员严禁上岗;禁止人员在正在进行吊装作业的下方停留或任意通过;海上运输时,与海上安全监督管理办公室联系,协调过往船只遵守有关规定,拖轮拖带平驳船时应小心行驶,注意观望,安排一艘先导船巡逻,安装作业时指挥航行船舶远离作业区航行,避免干扰大件安装就位安全;桅杆吊试验前,检查各部件安装就位可靠,电气系统接线安全可靠,各卷扬机构、回转机构的制动调整安全可靠,各种部件、零件的紧固程度;禁止在 6 级及以上风力的情况下进行吊装作业;对拼装、吊装中发现的不安全因素或违章操作行为应予以制止,对事故隐患及时进行整改。

11.4　施工平台受力计算

11.4.1　计算标准

设计水位:设计最高水位为 1.65m。

设计流速:风暴潮 20 年一遇的设计流速为 1.89m/s。

设计风速:12 级风速 $V = 32.7$m/s,相应的风压 $W_k = 1.3 \times 1.38 \times 0.67 = 1.2$(kPa)。

平台设计高程: +5m。设计高水位(高潮累计频率 10%)为 +1.65m,且高于平均高潮位(1.05m),根据九澳站 1986—2001 年波浪观测结果统计,实测最大有效波高(H_s)为 +2.86m(出现在 1989 年 7 月 18 日 8908 号台风期间),$H = 1.65 + 2.86 = 4.51$(m),故平台高程取整为 +5m。

冲刷取值:136 号墩河床面高程 -5.07m,137 号墩河床面高程 -5.20m,138 号墩河床面高程 -5.04m,139 号墩河床面高程 -4.72m,140 号墩河床面高程 -5.53m,141 号墩河床面高程 -5.32m,142 号墩河床面高程 -5.03m。一般冲刷深度取 3m。

平台荷载:

(1)水箱、油箱荷载以均布荷载 11kN/m^3 计。

(2)集装箱荷载以 2.5kN/m^3 计。

(3)KP3500 型钻机荷载。主机加底座质量为 47t,1623m 钻杆质量为 46t(每根长 3.5m,质量为 1.3t),钻头质量为 10t,配重 20t,总质量为 123t;轨道宽 4m,前后轮距 4m,钻机钢轨为 43 号钢轨。

(4)履带吊荷载。

70t 履带吊自重荷载 70t,着地尺寸 5.15m×0.76m,履带中对中横向间距 4m,净距 3.24m,横向宽度 4.76m。

(5)控制活载。

辅助平台按 70t 履带吊(另配 30t 吊重)考虑,桩基施工平台按 KP3500 钻机荷载考虑。

11.4.2　荷载工况

工况一:宿舍、食堂、办公楼、会议室、浴室、厕所等区域生活平台受力分析。荷载标准值取 2.5kN/m^2,组合系数取 0.7。钢管桩横向间距为 7.5m,纵向标准跨距为 12m,纵向主梁采用双拼贝雷梁,直接布设于钢管桩顶部的三拼 45 号 a 工字钢上。贝雷梁上直接铺设钢筋混凝土面板,厚度为 15cm。

工况二:水箱布置区平台受力分析。钢管桩横向间距为 7.5m,纵向标准间距为 6m,纵向主梁采用双拼贝雷梁,布设于钢管桩顶部的横向三拼 45 号 a 工字钢上。贝雷梁上直接铺设钢筋混凝土板,厚度为15cm。

工况三:70t履带吊机(考虑吊重30t,共100t)在辅助平台指定范围内作业。

辅助平台宽度8m,12.6号工钢间距为0.3m,25号a工钢间距为1.5m(平台四个转角掉头位置间距为0.5m);贝雷间距为1.05+2×0.45+4.1+2×0.45+1.05,共6片贝雷梁。钢管顶分配梁根据不同部位设为3I25a或3I45a工字钢;钢管桩采用ϕ820mm×10mm钢管,纵向最大间距12m,横向间距分为5.0m和6.3m两种。

工况四:桩基施工平台受力分析。牛腿采用双拼45号a工字钢,主梁采用H582型钢,25号a工字钢为一次分配梁,间距为0.75m,面板采用8mm厚钢板。

11.4.3 平台结构受力验算

1)工况一

宿舍、食堂、办公楼、会议室、浴室、厕所等区域平台受力分析。参照《建筑结构荷载规范》(GB 50009—2012),该区域楼面荷载均布荷载标准取2.5kN/m^3,组合系数取0.7。

(1)面板受力分析

生活区平台承担作业人员生活和工作对其产生的荷载,单位宽度(1m)的混凝土面板自重荷载3.9kN/m,荷载组合$q=1.2\times2.5\times0.7+1.2\times3.9=6.78$(kN/m)。

生活区混凝土面板(厚度15cm)直接铺设于贝雷梁上,各组(2片一组)贝雷梁中心间距为5.6m,预制混凝土面板尺寸为8.5m×4m,厚度为15cm。按单跨简支梁进行分析,取1m宽面板进行验算,面板承受的荷载分布如图11-4-1所示。

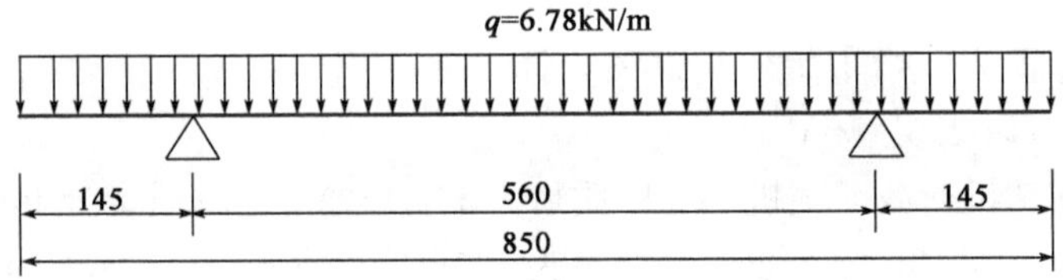

图11-4-1 面板承受的荷载分布图(尺寸单位:cm)

面板受力分析可知,生活区面板承受的最大弯矩为19.5kN·m,最大剪力为19kN。

$M_d=19.5$kN·M,取$\gamma=1.0$,$M_0=\gamma_0\times M_d=19.5$(kN·m)。

C25混凝土:$f_{cd}=11.5$MPa,$f_{td}=1.23$MPa。

钢筋:Ⅱ级(ϕ12mm),$f_{cd}=280$MPa,$f_{td}=280$MPa。

面板厚度:$h=150$mm。

ϕ12mm钢筋间距为10mm,单位板宽的钢筋面积$A_s=1131$mm^2。

混凝土保护层厚度c取为30mm,$a_s=36$mm^2,$h_0=114$mm。

受压区高度:

$$x=\frac{f_{sd}A_s}{f_{cd}b}=\frac{280\times1131}{11.5\times1000}=27.54\text{mm}<\zeta_b h_0=0.56\times114=63.84(\text{mm})$$

$$M_u=f_{cd}bx\left(h_0-\frac{x}{2}\right)=11.5\times1000\times27.54\times(114-0.5\times27.54)$$

$$=31.74\times10^6\text{kN}\cdot\text{mm}=31.74\text{N}\cdot\text{mm}>\gamma_0\times M_d=19.5\text{kN}\cdot\text{mm}$$

经计算,可以满足抗弯要求。

$$\gamma_0 V_d = 1\times19 = 19(\mathrm{kN}) \leqslant 0.51\times10^{-3}\sqrt{f_{cu,k}}bh_0$$

$$=0.51\times10^{-3}\sqrt{\frac{1-1.645\delta_f}{0.85(1-\delta_f)}R_b}bh_0$$

$$=0.51\times10^{-3}\sqrt{\frac{1-1.645\times0.16}{0.95\times(1-0.16)}\times27}\times1000\times114 = 290(\mathrm{kN})$$

满足抗剪要求,支点反力均为28.8kN。

(2)贝雷梁受力分析

由混凝土面板的受力分析可知,单位宽度(1m)面板传递到贝雷梁上的单点计算荷载为28.8kN。把集中荷载转换为均布荷载 $q_1 = 28.8/1 = 28.8(\mathrm{kN/m})$,考虑两片贝雷组重 $q_2 = 1.2\times2\times0.1\times10 = 2.4(\mathrm{kN/m})$,荷载组合 $q = 2.4 + 28.8 = 31.2(\mathrm{kN/m})$。取三跨连续梁对其进行分析。

单组(2片)贝雷梁的受力分析可得:

$Q_{max} = 224.6\mathrm{kN} < 490.5\mathrm{kN}$,满足受力要求。

$M_{max} = 449.3\mathrm{kN} < 1576.4\mathrm{kN}$,满足受力要求。

$f_{max} = \frac{4.2}{1.2} = 3.5\mathrm{mm} < \frac{12000}{400} = 30\mathrm{mm}$,满足变形要求。

支撑反力分别为149.8kN、411.8kN、411.8kN、149.8kN。

(3)三拼45号a工字钢受力分析

视荷载以集中力形式作用在钢管桩顶部的三拼45号a工字钢上,考虑到三拼45号a工字钢自重 $q = 1.2\times3\times0.0804\times10 = 2.9(\mathrm{kN/m})$。

取最大荷载对三拼45号a工字钢进行受力分析,其承受的最大荷载为411.8kN。

三拼45号a工字钢承受的荷载分布如图11-4-2所示。

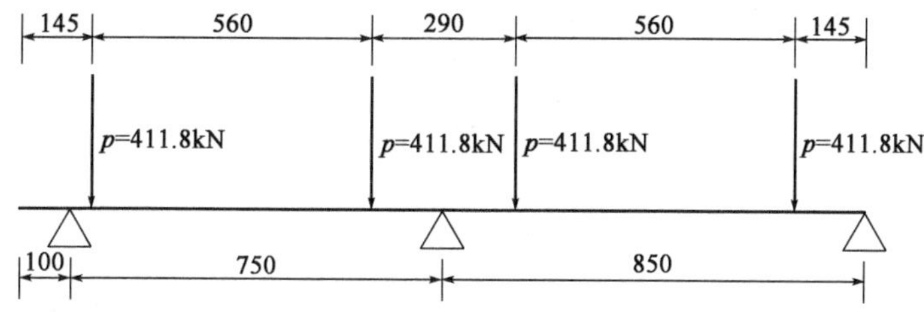

图11-4-2　三拼45号a工字钢承受的荷载分布(尺寸单位:cm)

由受力分析可知,45号a工字钢承受的最大弯矩为665kN·m,最大剪力为502.4kN。

$$\sigma_{max} = \frac{M_{max}}{W} = \frac{665\times10^3}{3\times1430\times10^{-6}} = 155(\mathrm{MPa}) < 215\mathrm{MPa}$$

$$\tau_{max} = \frac{Q_{max}S}{Ib} = \frac{502.4\times10^3}{3\times38.6\times10^{-2}\times0.0115} = 37.7(\mathrm{MPa}) < 125\mathrm{MPa}$$

$$f_{max} = \frac{11.9}{1.2} = 10\mathrm{mm} < \frac{8500}{400} = 21.25(\mathrm{mm})$$

综上所述,工字钢满足强度和刚度要求。

支点反力为442kN、800kN、405.2kN。

(4)钢管桩承载力计算

通过上述分析,计算得生活区平台内侧钢管桩承受的荷载为442kN、800kN。采用同样的计算方式可得生活区平台外侧钢管桩承受的荷载值。由于外侧钢管桩和上部结构承受的荷载相对内侧较小,本书中不再对其上部结构进行另外分析。

生活区平台钢管桩承受的荷载见表11-4-1。

生活区平台钢管桩承受的荷载 表11-4-1

部　位	p_1(外侧)	p_2(中间)	备　注
内侧	442kN	800kN	—
外侧	149.5kN	367kN	—

生活区平台传递到辅助平台上的荷载为131.9kN。

2)工况二

水箱布置区平台受力分析。水箱的高度为1.1m,水箱蓄水达到容量后,对面板产生的荷载标准值取11kN/m³。

(1)面板受力分析

水箱布置区平台承担水箱蓄水后对其产生的荷载,单位宽度(1m)混凝土面板自重荷载3.9kN/m,荷载组合 $q=1.2\times11+1.2\times3.9=17.88$(kN/m)。

生活区混凝土面板(厚度15cm)直接铺设于贝雷梁上,各组(2片一组)贝雷梁中心间距为2.8m,预制混凝土面板尺寸为8.5m×4m,厚度15cm。按两跨简支梁进行分析,取1m宽面板进行验算,面板承受的荷载分布如图11-4-3所示。

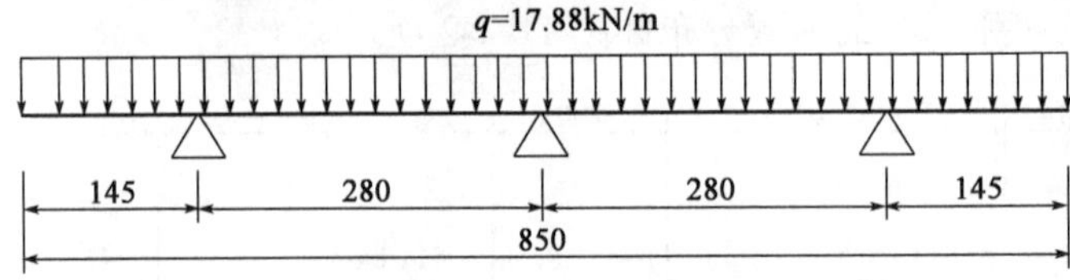

图11-4-3　面板承受的荷载分布(尺寸单位:cm)

由面板受力分析可知,生活区面板承受的最大弯矩为18.8kN·m,最大剪力为28.8kN。

混凝土面板结构和配筋与工况一一致,该面板能够承受的最大弯矩为31.74kN,大于水箱对面板产生的最大弯矩,故只需对水箱区面板进行抗剪验算。

$$\gamma_0 V_d=1\times28.8=28.8(\text{kN})\leqslant0.51\times10^{-3}\sqrt{f_{cu,k}}bh_0$$

$$=0.51\times10^{-3}\sqrt{\frac{1-1.645\delta_f}{0.95(1-\delta_f)}R_b}bh_0$$

$$=0.51\times10^{-3}\sqrt{\frac{1-1.645\times0.16}{0.95\times(1-0.16)}\times27}\times1000\times114=290(\text{kN})$$

满足抗剪要求。

通过图11-4-3可知,支点反力分别为54.8kN、42.4kN、54.8kN。

(2)贝雷梁受力分析

由混凝土面板的受力分析可知,单位宽度(1m)面板传递到贝雷梁上的单点计算荷载分别为54.8kN、42.4kN、54.8kN,取最大荷载对贝雷梁进行分析。把集中荷载转换为均布荷载$q_1 = 54.8/1 = 54.8(\mathrm{kN/m})$,贝雷组自重$q_2 = 1.2 \times 2 \times 0.1 \times 10 = 2.4(\mathrm{kN/m})$,荷载组合$q = 2.4 + 54.8 = 57.2(\mathrm{kN/m})$,取单跨简支梁对其进行分析。

由单组(2片)贝雷梁的受力分析可得:

$Q_{max} = 171.6\mathrm{kN} < 490.5\mathrm{kN}$,满足受力要求。

$M_{max} = 257.4\mathrm{kN} < 1576.4\mathrm{kN}$,满足受力要求。

$f_{max} = 0.9/1.2 = 0.75\mathrm{mm} < 6000/400 = 15\mathrm{mm}$,满足变形要求。

支撑反力分别为171.6kN。

按照同样的计算方式,可以得出荷载值$p = 42.4\mathrm{kN}$对贝雷梁产生的内力及贝雷梁的支撑反力,其中支撑反力为134.4kN。

(3)三拼45号a工字钢受力分析

视荷载以集中力形式作用在钢管桩顶部的三拼45号a工字钢上,考虑到三拼45号a工字钢自重$q = 1.2 \times 3 \times 0.0804 \times 10 = 2.9(\mathrm{kN/m})$。取最大荷载$p = 171.6\mathrm{kN}$对工字钢进行受力分析。

工字钢承受的荷载分布如图11-4-4所示。

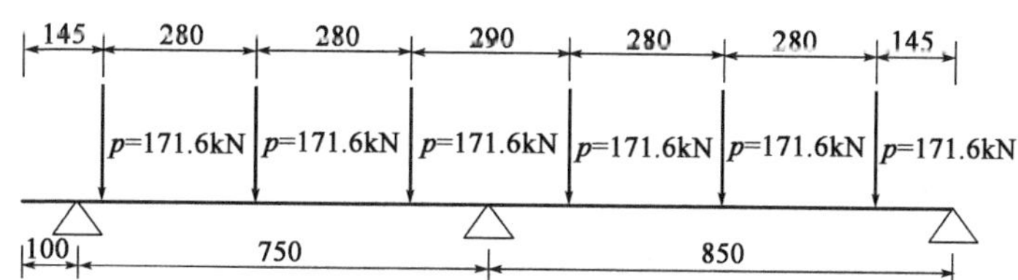

图11-4-4　工字钢承受的荷载分布(尺寸单位:cm)

由受力分析可知,工字钢承受的最大弯矩为542.1kN·m,最大剪力为333.5kN。

$$\sigma_{max} = \frac{M_{max}}{W} = \frac{542.1 \times 10^3}{3 \times 1430 \times 10^{-6}} = 126(\mathrm{MPa}) < 215\mathrm{MPa}$$

$$\tau_{max} = \frac{Q_{max}S}{Ib} = \frac{333.5 \times 10^3}{3 \times 38.6 \times 10^{-2} \times 0.0115} = 25(\mathrm{MPa}) < 125\mathrm{MPa}$$

$$f_{max} = \frac{10.6}{1.2} = 8.83\mathrm{mm} < \frac{8500}{400} = 21.25(\mathrm{mm})$$

综上所述,三拼45a号工字钢满足强度和刚度要求。

支点反力为233.4kN、639.5kN、206kN。

(4)钢管桩承载力计算

通过上述分析,计算得水箱布置区平台外侧钢管桩承受的荷载为233.4kN、639.5kN。内侧钢管桩荷载统一参照工况一中内侧钢管桩承受的荷载。

3)工况三

考虑70t履带吊(考虑吊重30t,共100t)在辅助平台上作业,履带吊允许作业范围的边界距离平台外侧不得小于1.2m。70t履带吊平面尺寸示意图如图11-4-5所示。

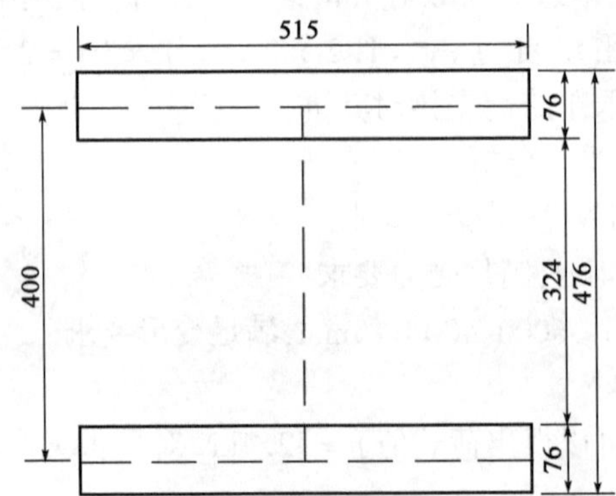

图11-4-5　70t履带吊平面尺寸示意图(尺寸单位:cm)

(1)面板受力分析

面板受力考虑工字钢之间的间距为跨径,按三跨连续梁进行分析。取0.9m长面板进行受力计算。考虑横向76cm宽度钢板共同承受履带吊荷载,于是可得面板截面特性参数:

$$I=\frac{bh^3}{12}=\frac{1}{12}\times 0.76\times 0.008^3=3.24\times 10^{-8}(\mathrm{m}^4)$$

$$W=\frac{I}{y_{\max}}=\frac{3.24\times 10^{-8}}{0.004}=8.1\times 10^{-6}(\mathrm{m}^3)$$

$$S=Ay=0.76\times 0.004\times 0.002=6.08\times 10^{-6}(\mathrm{m}^3)$$

所受均布荷载:$q_1=\frac{1000/2}{5.15\times 0.76}=127.75(\mathrm{kN/m})$

计算荷载:$q=1.4\times 127.75=178.85(\mathrm{kN/m})$

受力模型示意图如图11-4-6所示。

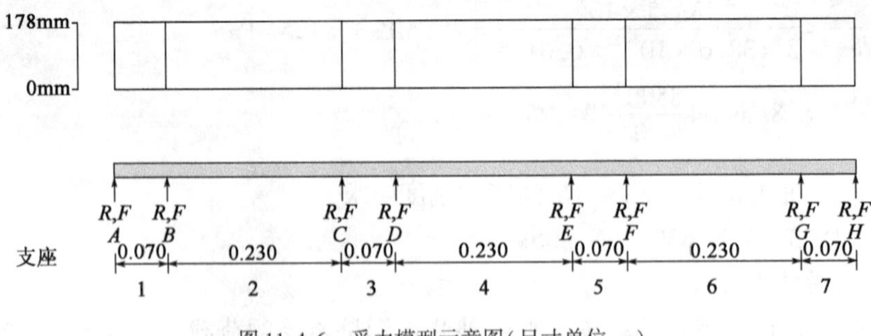

图11-4-6　受力模型示意图(尺寸单位:m)

受力分析如图 11-4-7 所示。

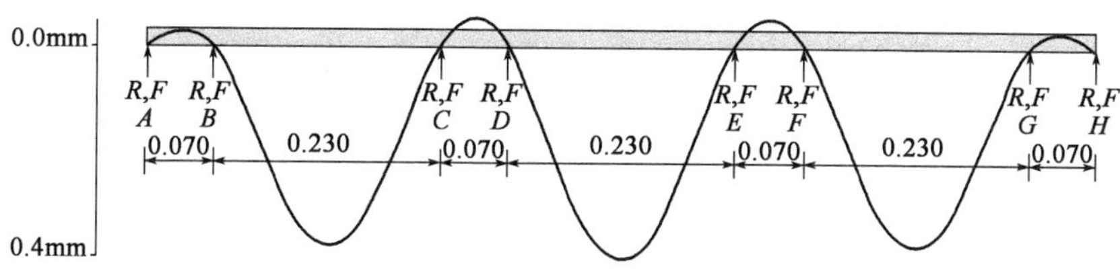

图 11-4-7　受力分析(尺寸单位:m)

最大剪力为 21.1kN,最小剪力为 −21.1kN,最大弯矩为 0.6kN · m,最小弯矩为 −0.7kN · m,得:

$$\sigma_{max} = \frac{M_{max}}{W} = \frac{700}{8.1 \times 10^{-6}} = 86.42(\text{MPa}) < 215\text{MPa}$$

$$\sigma_{max} = \frac{M_{max}}{W} = \frac{1900}{9.6 \times 10^{-6}} = 198(\text{MPa}) < 215\text{MPa}$$

满足正应力要求。

$$\tau_{max} = \frac{Q_{max}S}{Ib} = \frac{21100 \times 6.08 \times 10^{-6}}{3.24 \times 10^{-8} \times 0.76} = 5.21(\text{MPa}) < 125\text{MPa}$$

$$\tau_{max} - \frac{Q_{max}S}{Ib} = \frac{42000 \times 0.72 \times 10^{-5}}{3.84 \times 10^{-8} \times 0.9} = 8.75(\text{MPa}) < 125\text{MPa}$$

满足要求。

综上所述,面板采用厚度为 8cm 钢板可满足受力要求。

(2)12.6 号工字钢受力分析

①履带吊顺桥向作业。

分析可得,当履带吊顺桥向作业时,4 条 12.6 号工字钢承受单条履带荷载,工字钢所受的均布荷载:$q_1 = 1000 \div 2/0.76 \times 1.4 = 921.05(\text{kN/m})$, $q = 140 \div 2/0.6 = 116.67(\text{kN})$,单条 12.6 号工字钢所受最大反力如图 11-4-8 所示。

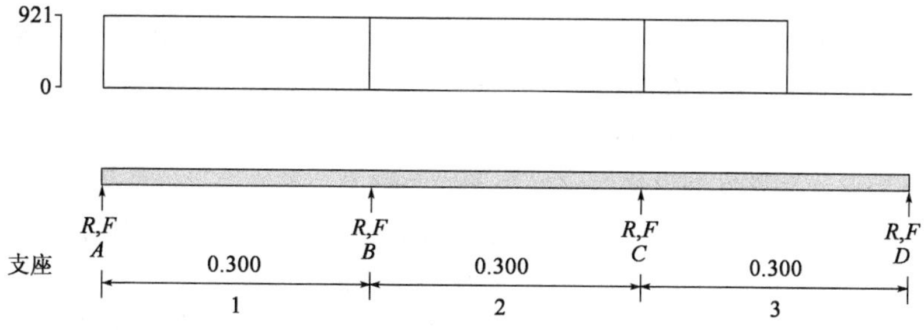

图 11-4-8　单条 12.6 号工字钢所受最大反力(尺寸单位:m)

支座反应组合总结见表 11-4-2。

支座反应组合　　表 11-4-2

支　座	R_{max}(kN)	M_{max}(kN·m)	R_{min}(kN)	M_{min}(kN·m)
A	-108.74	0.00	-108.74	0.00
B	-314.67	0.00	-314.67	0.00
C	-257.77	0.00	257.77	0.00
D	-18.82	0.00	-18.82	0.00

由以上分析可知,12.6 号工钢承受的最大反力为 314.67kN。

工字钢所受的均布荷载:$q_2=\dfrac{314.67}{5.15}=61.10$(kN/m),取三跨连续梁进行受力分析,示意图如图 11-4-9 所示。

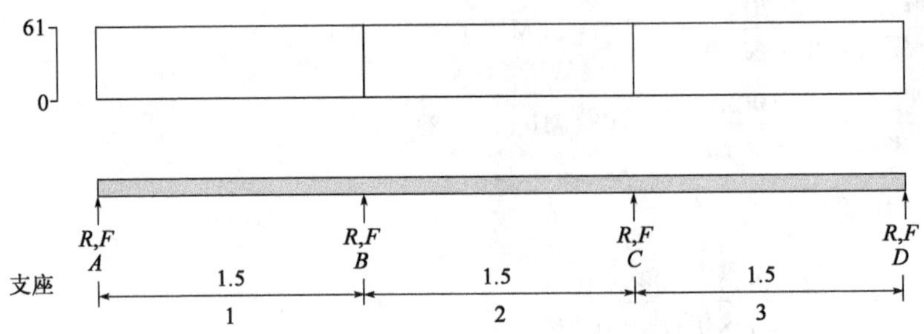

图 11-4-9　三跨连续梁受力分析示意图(尺寸单位:m)

12.6 号工字钢受力:

最大和最小剪力分别为 55kN 和 -55kN,最大和最小弯矩分别为 11.0kN·m 和 -13.7kN·m,最大和最小挠度分别为 2.1mm 和 -0.1mm,据此可得:

$\sigma_{max}=M_{max}/W=13700/77\times10^{-6}=177.92$(MPa)<215MPa,满足正应力要求。

$\tau_{max}=Q_{max}S/(Ib)=55000/(10.8\times10^{-2}\times0.005)=101.85$(MPa)<125MPa,满足剪应力要求。

最大挠度 $f_{max}=2.1/1.4=1.5$(mm)<1500/400=3.75(mm),$f=4/1.2=3.33$(mm),满足变形要求。

②履带吊横桥向作业。

分析可得,当履带吊横桥向作业时,17 条 12.6 号工字钢承受单条履带荷载,工字钢所受的均布荷载:$q_1=1000\div2\div17/0.76\times1.4=54.18$(kN/m)。

取三跨连续梁进行受力分析,示意图如图 11-4-10 所示。

单条 12.6 号工字钢受力如下所示:

最大和最小剪力分别为 20.6kN 和 -20.6kN,最大和最小弯矩分别为 7.3kN·m 和 -4.2kN·m,最大和最小挠度分别为 1.4mm 和 -0.6mm,据此可得:

$\sigma_{max}=M_{max}/W=7300/(77\times10^{-6})=94.81$(MPa)<215MPa,满足正应力要求。

$\tau_{max}=Q_{max}S/(Ib)=20600/(10.8\times10^{-2}\times0.005)=38.15$(MPa)<125MPa,满足剪应力要求。

最大挠度 $f_{max}=1.4/1.4=1.0$(mm)<1500/400=3.75(mm),满足变形要求。

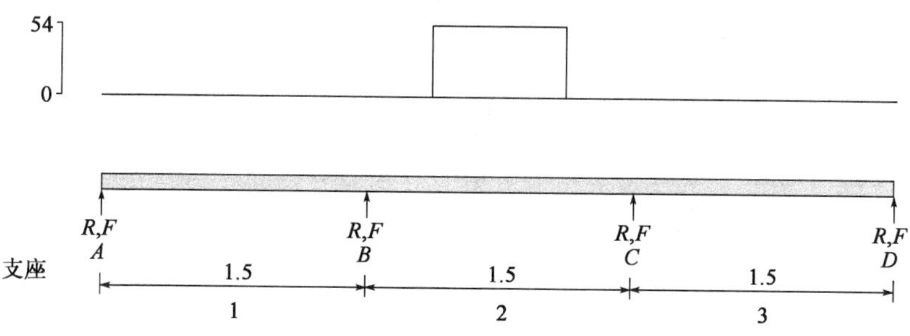

图 11-4-10　三跨连续梁受力分析示意图(尺寸单位:m)

综上所述,12.6 号工字钢在该工况下可以满足受力要求。

(3)25 号 a 工字钢受力分析

最大和最小剪力分别为 140.1kN 和 -192.0kN,最大和最小弯矩分别为 35.7kN·m 和 -60.9kN·m,最大和最小挠度分别为 3.9mm 和 -0.1mm。

由以上分析可得:

$\sigma_{max} = M_{max}/W = 60900/(402\times10^{-6}) = 151.49(MPa) < 215MPa$,满足正应力要求。

$\tau_{max} = Q_{max}S/(Ib) = 192000/(21.6\times10^{-2}\times0.008) = 111.11(MPa) < 125MPa$,满足剪应力要求。

最大挠度 $f_{max} = 3.9/1.4 = 2.79(mm) < 4100/400 = 10.25(mm)$,满足变形要求。

综上所述,25 号 a 工字钢在该工况下可以满足受力要求。

(4)贝雷梁受力分析

考虑履带吊机距离平台边缘不小于 120cm。平台宽 8m,履带吊边与边距离 4.76m,单条履带宽 0.76m。贝雷梁布置考虑单边三片一组[三排单层贝雷承受的极限承载力为 $M_{max} = 788.2\times3\times0.95 = 2246.4(kN\cdot m)$,$Q_{max} = 245.2\times3\times0.95 = 698.8(kN\cdot m)$],间距为 45cm。当履带吊的荷载在栈桥横向移动时,各组贝雷所承受荷载的分配系数在不断发生变化,贝雷组出现最大荷载。计算荷载 $q = 1000\div2/(0.76\times1.2) = 657.89\times1.2 = 789.47(kN/m)$。

当荷载作用在图 11-4-11 所示位置时,单组贝雷组出现最大荷载。

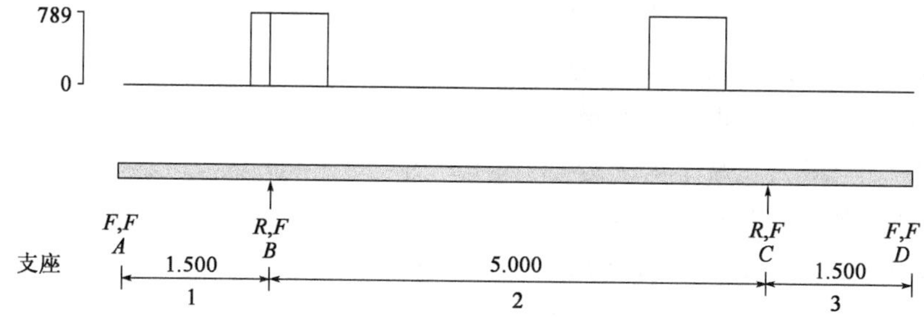

图 11-4-11　单组贝雷组最大荷载时受力图(尺寸单位:m)

支座反应组合见表 11-4-3。

支座反应组合 表 11-4-3

支座	R_{max}(kN)	M_{max}(kN·m)	R_{min}(kN)	M_{min}(kN·m)
A	0.00	0.00	0.00	0.00
B	-700.80	0.00	-700.80	0.00
C	-499.20	0.00	-499.20	0.00
D	0.00	0.00	0.00	0.00

单组贝雷梁承受最大荷载为 700.80kN。

计算荷载取 $q=700.8/5.15=136.08$(kN/m)。

考虑贝雷及桥面自重 6.0kN/m,计算荷载 $q=1.2\times6.0=7.2$(kN/m),取三跨连续进行受力分析。通过比较得出在图 11-4-12 所示工况时贝雷出现最大剪力。

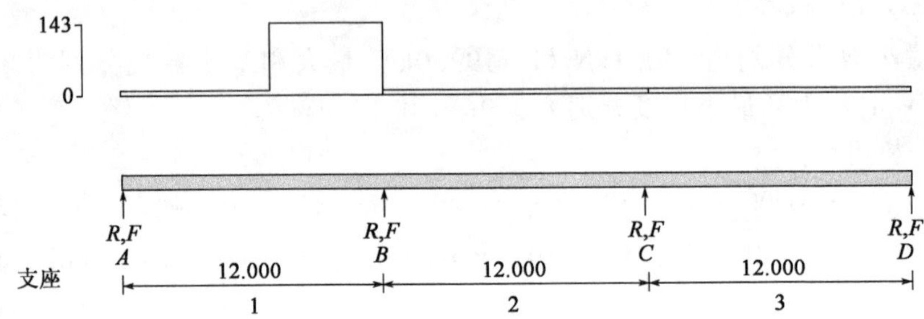

图 11-4-12 贝雷最大剪力时受力图(尺寸单位:m)

受力分析如下:最大和最小剪力分别为 135.5kN 和 -651.7kN,最大和最小弯矩分别为 784.9kN·m和 -697.4kN·m,最大和最小挠度分别为 4.8mm 和 -2.1mm。如图 11-4-13 所示。

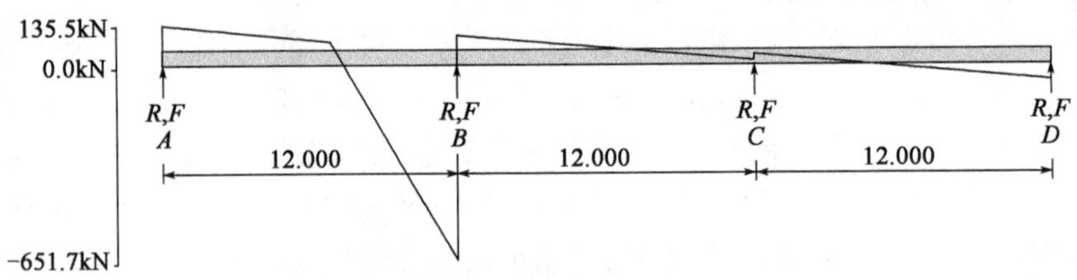

图 11-4-13 剪力分布图(尺寸单位:m)

最大剪力 $Q_{max}=651.7\text{kN}<698.8\text{kN}$,满足受力要求。

在图 11-4-14 所示工况时贝雷组承受最大弯矩:

受力分析如下:最大和最小剪力分别为 319.2kN 和 -468.0kN,最大和最小弯矩分别为 1353.7kN·m和 -893.0kN·m,最大和最小挠度分别为 8.3mm 和 -2.7mm。

最大弯矩 $M_{max}=1353.7\text{kN·m}<2246.4\text{kN·m}$,满足受力要求。

最大变形 $f_{max}=\dfrac{8.3}{1.2}=6.92\text{mm}<\dfrac{12000}{400}=30.0\text{mm}$,满足变形要求。

综上所述,贝雷梁在该工况下可以满足受力要求。

(5)三拼 25 号 a 工字钢受力分析

视荷载通过两组贝雷梁以均布荷载形式作用在三拼 25 号 a 工字钢上。

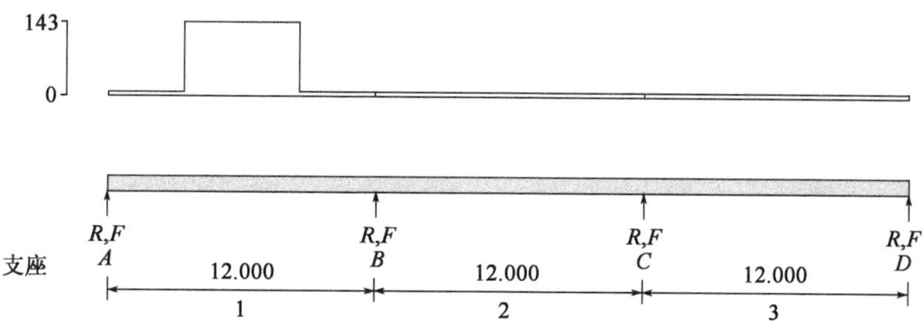

图 11-4-14　贝雷梁出现最大弯矩时受力图(尺寸单位:m)

由受力分析可知,当履带吊在单排钢管桩顶作业时,钢管桩承受最大荷载。贝雷梁所受均布荷载图如图 11-4-15 所示,支座反应组合见表 11-4-4。

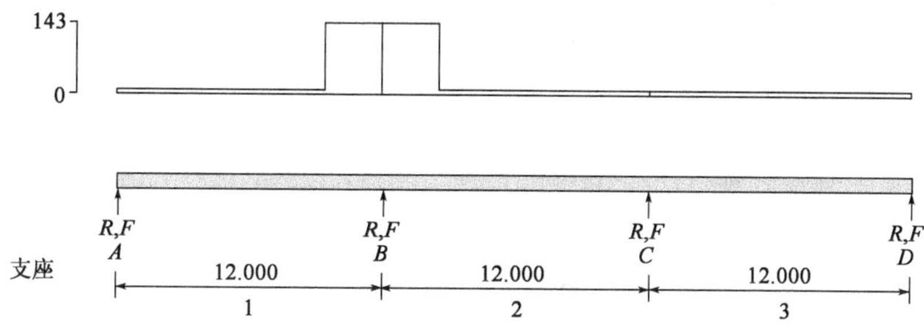

图 11-4-15　贝雷梁所受均布荷载图(尺寸单位:m)

支座反应组合　　表 11-4-4

支　座	R_{max}(kN)	M_{max}(kN·m)	R_{min}(kN)	M_{min}(kN·m)
A	-42.65	0.00	-42.65	0.00
B	-777.88	0.00	-777.88	0.00
C	-106.74	0.00	-106.74	0.00
D	-32.75	0.00	-32.75	0.00

贝雷梁传递荷载大小为 777.88kN。转化为均布荷载为 $q=777.88/0.9=864.31$kN/m。

考虑三拼 25 号 a 工钢自重为 1.37kN/m。受力分析如下:

最大和最小剪力分别为 390.8kN 和 -390.8kN,最大和最小弯矩分别为 2.0kN·m 和 -87.9kN·m,最大和最小挠度分别为 1.1mm 和 -0.1mm。

由以上分析可得:

$\sigma_{max}=M_{max}/W=87900/(3\times402\times10^{-6})=72.89(\text{MPa})<215\text{MPa}$,满足正应力要求。

$\tau_{max}=Q_{max}S/(Ib)=390800/(3\times21.6\times10^{-2}\times0.008)=75.39(\text{MPa})<125\text{MPa}$,满足剪应力要求。

最大挠度 $f_{max}=1.1/1.2=0.92\text{mm}<2\times1000/400=5.0(\text{mm})$,满足变形要求。

综上所述,三拼 25 号 a 工字钢在该工况下可以满足受力要求。

4)工况四

桩基施工平台主梁采用 H582×12×17 型钢,结合主墩与边辅墩桩基施工间距,由于主墩桩基间距较大，且桩基直径一致，故取主墩施工平台进行分析。

主墩KP3500型钻机荷载参数：主机加底座质量为47t，123m钻杆质量为46t(每根长3.5m，质量为1.3t)，钻头质量为10t，配重20t，总质量为123t；轨道宽4m，前后轮距离4m，钻机钢轨为43号钢轨。平台受力分析时取钻机荷载125t，荷载系数取1.4，计算荷载$p=1.4\times125=175(t)$，即1750kN。考虑钻机前两个轮子承受钻机施工荷载的3/5，即1050kN，后两个轮子承受钻机施工荷载的2/5，即700kN。

(1)面板受力分析

钻机轨道直接压在钢板上，面板在受力过程中只起到承压传力作用，因此，不对其进行受力验算。

(2)25a号工字钢受力分析

根据钻机钢轨及轮子间距尺寸4m×4m，主梁H582型钢间距为3m，I25a工字钢间距为0.75m，则轮子间距范围内的轨道梁下布设的25号a工字钢数量按照5根计算(4/0.75=5.3)，则单根I25a工字钢承受的最大荷载为1050/5/2=105kN。

考虑25号a工字钢自重$q=1.2\times0.0381\times10=0.46\text{kN/m}$，由于钻机轨道间距为4m，钻机轨道基本位于主梁正上方，25号a工字钢的受力分析如下：

$$\sigma_{\max}=\frac{M_{\max}}{W}=\frac{29900}{402\times10^{-6}}=74.4(\text{MPa})<215\text{MPa}$$

$$\tau_{\max}=\frac{Q_{\max}\times S}{I\times b}=\frac{98000}{21.6\times10^{-2}\times0.008}=56.7(\text{MPa})<125\text{MPa}$$

$$f_{\max}=\frac{2.9}{1.2}=2.42\text{mm}<\frac{3850}{400}=9.63(\text{mm})$$

满足变形要求。

(3)H582型钢受力分析

取两跨连续梁建立模型对H582型钢进行分析，钻机荷载通过集中力形式传递到贝雷梁上，考虑H482型钢的自重$q=1.2\times0.13\times10\times1=1.56(\text{kN/m})$。

钻机前轮距离桩基中心为1.5m，后轮距离桩基中心为2.5m。贝雷梁承受的弯矩和剪力最大时为

$\sigma=M_{\max}/W=526.7\times10^3/(3363.69\times10^{-6})=157\text{MPa}<215\text{MPa}$，满足受力要求。

$\tau=Q_{\max}\times S/(Id)=480.1\times10^3\times1891.2\times10^{-6}/(97883.59\times10^{-8}\times0.012)=77.3(\text{MPa})<125\text{MPa}$，满足受力要求。

$f_{\max}=3.6/1.2=3\text{mm}<7500/400=18.75(\text{mm})$，满足变形要求。

支撑反力分别为52.3kN、789.5kN、36.6kN。

(4)H582型钢稳定性验算

①整体稳定性。

HM582×300×12×17型钢承受的最大弯矩为526.7kN/m。

参照《钢结构设计规范》对H型钢进行整体稳定性计算。

等截面焊接工字钢和轧制H型钢简支梁的整体稳定性系数计算公式为

$$\phi_b=\beta_b\frac{4320}{\lambda_y^2}\times\frac{Ah}{W_x}\left[\sqrt{1+\left(\frac{\lambda_y t_1}{4.4h}\right)^2}+\eta_b\right]\frac{235}{f_y}$$

式中：β_b——梁整体稳定的等效临界弯矩系数；

λ_y——梁在侧向支承点间对截面弱轴 y-y 的长细比，$\lambda_y = l_1 / i_y$；

l_1——梁受压翼缘侧向支承点距离；

i_y——梁毛截面对 y 轴的回转半径；

h、t_1——梁截面全高和受压翼缘的厚度；

η_b——截面不对称影响系数。

根据 HM582 × 300 × 12 × 17 型钢的结构尺寸分别对计算参数进行计算，其截面特性图如图 11-4-16 所示。

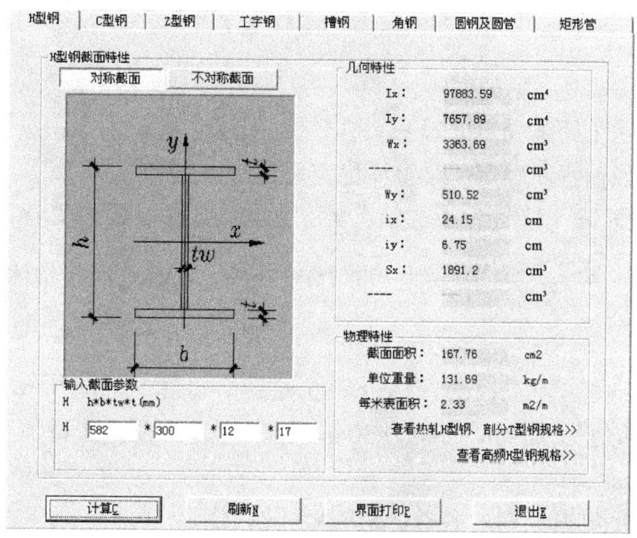

图 11-4-16　HM582 × 300 × 12 × 17 型钢截面特性图

根据图 11-5-16 可知，其截面特性参数分别为：

$$A = 167.76 \times 10^{-4} = 0.017(\mathrm{m}^2)$$

$$h = 0.582\mathrm{m}, t_1 = 0.017\mathrm{m}$$

$$W_x = 3363.69 \times 10^{-6} \approx 3.36 \times 10^{-3}(\mathrm{m}^3)$$

HM582 × 300 × 12 × 17 型钢为对称截面。

查表得：截面不对称影响系数 $\eta_b = 0$。

$$\beta_b = 0.86$$

$$l_1 = 7.5\mathrm{m}$$

$$\lambda_y = \frac{l_1}{i_y} = \frac{7.5}{6.75 \times 10^{-2}} = 111.1$$

$$f_y = 235\mathrm{MPa}$$

代入整体稳定性系数计算公式可得：

$$\phi_b = \beta_b \frac{4320}{\lambda_y^2} \times \frac{Ah}{W_x}\left[\sqrt{1+\left(\frac{\lambda_y t_1}{4.4h}\right)^2}+\eta_b\right]\frac{235}{f_y}$$

$$=0.86 \times \frac{4320}{111.1^2} \times \frac{0.017 \times 0.582}{3.36 \times 10^{-3}}\left[\sqrt{1+\left(\frac{1111.1 \times 0.017}{4.4 \times 0.582}\right)^2}+0\right] \times \frac{235}{235}$$

$$=1.1 > 0.6$$

$\phi'_b = 1.07 - \dfrac{0.282}{\phi_b} = 0.81 < 1.0$。

HM582×300×12×17 型钢稳定性计算，其公式为

$$\frac{M_x}{\phi_b W_x} + \frac{M_y}{\gamma_y W_y} \leqslant f$$

式中：M_x、M_y——绕 x 轴和 y 轴的弯矩；

W_x、W_y——按受压纤维确定的对 x、y 轴毛截面模量；

ϕ_b——绕强轴弯曲确定的梁整体稳定系数。

视 HM582×300×12×17 型钢受力情况为在最大刚度主平面内受弯，则 $M_y = 0$。

$\dfrac{M_x}{\phi_b W_x} + \dfrac{M_y}{\gamma_y W_y} = \dfrac{526.7 \times 10^3}{0.81 \times 3.36 \times 10^{-3}} = 193.5\text{MPa} < f = 215\text{MPa}$，满足整体稳定性要求。

②局部稳定性。

$h_0/t_w = (582 - 2 \times 17)/(3 \times 12) = 15.2 < 80\sqrt{235/f_y} = 80\sqrt{235/235} = 80$，对有局部压力应力位置应设置横向加劲肋，加劲肋间距为 30cm，每个位置共设置 3 道加劲肋，2 个区格，均分剪力和弯矩。

对仅配置横向加劲肋的腹板，其各区格的局部稳定按下式计算：

$$\left(\frac{\sigma}{\sigma_{cr}}\right)^2 + \left(\frac{\tau}{\tau_{cr}}\right)^2 + \left(\frac{\sigma_c}{\sigma_{c,cr}}\right)^2 \leqslant 1$$

式中：σ——所计算腹板区格内，由平均弯矩产生的腹板计算高度边缘的弯曲正应力，由上述分析可知该部位的弯矩正应力为 78.5MPa；

τ——所计算腹板区格内，由平均剪力产生的腹板平均剪应力，应按 $\tau = V/(h_w t_w) = 480100/(0.548 \times 0.012)/2 = 36.5\text{MPa}$ 计算，h_w 为腹板高度；

σ_c——腹板计算高度边缘的局部压应力，$\sigma_c = \psi F/t_w l_z = 1 \times 480100/[0.012 \times (0.3 + 5 \times 0.017 + 0) \times 2] = 63.1\text{MPa}$；

σ_{cr}、τ_{cr}、$\sigma_{c,cr}$——各种应力单独作用下的临界应力，其中 $\sigma_{cr} = 235\text{MPa}$，$\tau_{cr} = 125\text{MPa}$，$\sigma_{c,cr} = 215\text{MPa}$。

$$\left(\frac{\sigma}{\sigma_{cr}}\right)^2 + \left(\frac{\tau}{\tau_{cr}}\right)^2 + \left(\frac{\sigma_c}{\sigma_{c,cr}}\right)^2 = \left(\frac{78.5}{235}\right)^2 + \left(\frac{36.5}{125}\right)^2 + \left(\frac{63.1}{215}\right)^2 = 0.3 \leqslant 1$$

满足局部稳定性要求。

(5)牛腿验算

由上述分析可知，桩基施工平台牛腿承受的最大荷载为 789.5kN，主梁中心距离护筒边缘 0.3m。牛腿结构：水平牛腿为双拼 45 号 a 工字钢，牛腿下焊 15cm×15cm×1cm 三角板作为加劲板。

①双拼 45 号 a 工字钢验算(图 11-4-17)。

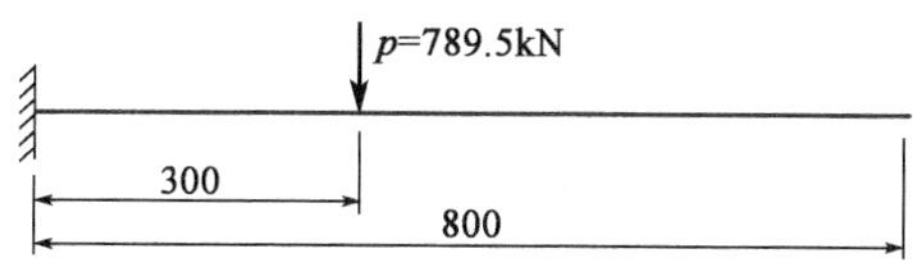

图 11-4-17　牛腿受力模型图(尺寸单位:mm)

由受力分析可知,牛腿承受的最大弯矩为 237.5kN · m,最大剪力为 791kN。

$\sigma_{max}=M_{max}/W_x=237.5\times10^3/(2\times1430\times10^{-6})=83.04(\text{MPa})<[\sigma]215\text{MPa}$,满足抗弯要求;

$\tau_{max}=QS_x/I_x d=791\times10^3/(2\times38.6\times10^{-2}\times0.0115)=89.10(\text{MPa})<[\tau]=125\text{MPa}$,满足变形要求。

②焊缝应力计算。

焊缝采用 E43 型焊条手工焊,焊脚尺寸均为 $h_f=12\text{mm}$,$h_e=8.4\text{mm}$,每条焊缝的计算长度取其实际长度减去 10m,侧面焊缝计算长度 $l_w\leqslant60h_f$(承受间接动力荷载),动力荷载 $\beta_f=1$,焊缝布置如图 11-4-18 所示。

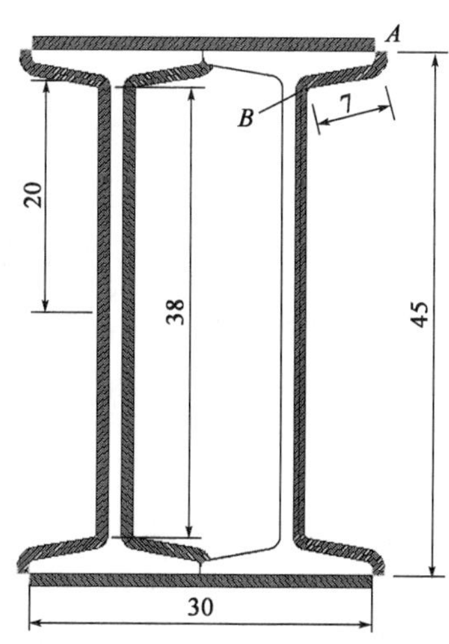

图 11-4-18　牛腿焊缝布置图 (尺寸单位:mm)

顶部水平焊缝及翼缘板焊缝的计算长度每端减去 5mm 后为 290mm 和 65mm。

$$I_f=3\times8.4\times\frac{380^3}{12}+2\times290\times\frac{8.4^3}{12}+2\times290\times8.4\times225^2+6\times65\times\frac{8.4^3}{12}+6\times65\times8.4\times200^2=493\times10^6(\text{mm}^4)$$

全截面焊缝计算面积:$A_1=3\times8.4\times380+2\times290\times8.4+65+8.4\times6=17724(\text{mm}^2)$

腹板处焊缝计算面积:$A_2=3\times8.4\times380=9576(\text{mm}^2)$

A 点:

$$\sigma_{fAz}=\frac{M}{W_{w1}}=\frac{237.5\times10^3\times225\times10^{-3}}{493\times10^6\times10^{-12}}=108.39\text{MPa}<\beta_f f''_f=1\times160=160(\text{MPa})$$

B 点：

$$\sigma_{\mathrm{fBz}}=\frac{M}{W_{\mathrm{w1}}}=\frac{237.5\times10^{3}\times200\times10^{-3}}{493\times10^{6}\times10^{-12}}=96.35\mathrm{MPa}<\beta_f f''_f=1\times160=160(\mathrm{MPa})$$

$$\tau_{\mathrm{f}}=\frac{V}{A_2}=\frac{791\times10^{3}}{9576\times10^{-6}}=82.6\mathrm{MPa}$$ 组合应力：

$$\sqrt{\sigma_{\mathrm{fBz}}^2+\tau_{\mathrm{f}}^2}=\sqrt{96.35^2+82.6^2}=126.91\mathrm{MPa}<f_{\mathrm{f}}^{\mathrm{w}}=160(\mathrm{MPa})$$

11.4.4 钢管桩受力验算

1)钢管桩嵌固点计算

支承桩为 ϕ820mm×10mm 螺旋钢管，根据《码头结构设计规范》(JTS 167—2018)，弹性长桩的受弯嵌固点深度可由下式确定：

$$T=\sqrt[5]{\frac{EI}{mB}}=\sqrt[5]{\frac{2.1\times10^{5}\times208728.2\times10^{4}}{3000\times10^{-9}\times2\times820}}=2454(\mathrm{mm})\approx2.45(\mathrm{m})$$

$$t=\eta T=1.8\times2.45=4.41(\mathrm{m})$$

式中：t——受弯嵌固点深度；

η——系数，取1.8～2.2；桩顶铰接或桩的自由长度较大时取较小值，桩顶嵌固或桩的自由长度较小时取较大值，取1.8；

T——桩的相对刚度系数；

E——桩的弹性模量；

I——桩的惯性矩；

m——随深度增加的基床系数增率；根据《公路桥涵地基与基础设计规范》(JTG D63—2007)表P.0.2-1，淤泥的 m 值取3000；

B——取2倍桩径。

则嵌固点的高程 $h=-5.53-t=-5.53-4.41=-9.94(\mathrm{m})$。

2)流水压力

海床面的最低高程为 -5.53m；20年一遇的设计最高水位为1.65m，钢管桩桩顶高程为+2.86m，则计算水深为 2.86-(-5.53)=8.39(m)。

根据《港口工程荷载规范》(JTS 144-1—2010)，作用在钢管桩上的流水压力标准值为

$$F_{\mathrm{w}}=n_1m_1C_{\mathrm{w}}\frac{\rho}{2}V^2A=0.74\times1\times0.7\times\frac{1.03}{2}\times1.89^2\times6.88=6.6(\mathrm{kN})$$

式中：F_{w}——水流力标准值，kN；

ρ——水密度，t/m^3，海水密度取1.03t/m^3；

V——水流设计流速，m/s，根据招标文件，桥位处重现期20年的设计水流速度为1.89m/s；

A——计算构件在与流向垂直平面上的投影面积，m^2；

C_{w}——水流阻力系数；查《港口工程荷载规范》(JTS 144-1—2010)中表13.0.3-1，圆柱的 C_{w} 为0.73；根据规范，需要对水流阻力系数进行修正；

n_1——淹没深度影响系数，$d_1/h=1.65+5.53-(2.86+5.53)\div2/(2.86+5.53)=0.36$，查表得 $n_1=0.7$；

m_1——遮流影响系数;由于水流方向的不确定性,且钢管桩的排间距较大,所以不考虑遮流影响。

根据《港口工程荷载规范》(JTS 144-1—2010)中第13.0.1条,合力的作用点在顶面以下1/3高度处,高程为$2\times(2.86+5.53)/3-5.53=-1.84(\text{m})$。

3)波浪力

常处于大风浪等的恶劣自然条件下的跨海大桥,在设计时必须考虑波浪荷载。由桩基、承台和桥墩组成的跨海桥梁下部结构,波浪荷载计算十分复杂,主要体现在本身结构形式的复杂以及由于波浪入射方向不同、波浪与结构物的相对高度不同而表现出的各向异性。准确计算桥梁下部结构波浪力,分析不同因素的影响规律,对跨海桥梁设计具有重要意义。

根据招标文件,20年一遇的波浪要素如下:

有效波高$H=2.86\text{m}$,周期$T=9.3\text{s}$,波长$L=80.8\text{m}$。

设计高水位$h_{底}=1.65\text{m}$,河床面高程$h_{底}=-5.53\text{m}$。

则水深$\text{d}=H_{顶}-H_{底}=1.65-(-5.53)=7.18(\text{m})$。

根据《港口与航道水文规范》(JTS 145—2015)第11.5.3条内容进行计算。

$$\frac{H}{d}=\frac{286}{7.18}=0.4>0.2$$

$$\frac{d}{L}=\frac{7.18}{80.8}=0.09<0.35$$

所以按照《港口与航道水文规范》(JTS 145—2015)的规定进行计算。

$\eta_{max}/H=0.72$,则$\eta_{max}=0.72H=0.72\times2.86=2.5(\text{m})$。

最大总波浪力和最大总波浪力矩的计算:

$$P_{\text{Dmax}}=19.26\text{kN}\geqslant0.5P_{\text{Imax}}=0.5\times10.83=5.4(\text{kN})$$

$$P_{\max}=P_{D\max}\left(1+0.25\frac{P_{\text{Imax}}^2}{P_{\text{Dmax}}^2}\right)=20.8(\text{kN})$$

$$M_{\max}=M_{\text{Dmax}}\left(1+0.25\frac{M_{\text{Imax}}^2}{M_{\text{Dmax}}^2}\right)=238(\text{kN}\cdot\text{m})$$

则作用点离嵌固点的距离$t=\dfrac{M_{\max}}{P_{\max}}=\dfrac{238}{20.8}=11.44(\text{m})$。

作用点的高程为$11.44+(-9.94)=+1.5(\text{m})$。

4)浮托力

外海波浪是高桩墩台结构设计中需要考虑的重要因素。波浪对墩台的浮托力和水平力,不仅影响到墩台高程的确定,也影响到墩台桩基的选型和布置。墩台高程较低,底部将承受一定的波浪力作用;墩台高程提高,又可能会影响到码头使用和工程造价增加。在一些工程中,波浪荷载为墩台桩基上拔力控制荷载,在这种情况下,为确保墩台结构安全性、耐久性和造价合理,结构设计应建立在对波浪总浮托力正确计算的基础上。关于波浪对高桩码头上部结构浮托力的计算方法,国内外很多学者做了大量的研究工作,提出了一些经验公式,其计算结果有时差别较大。对于广大工程设计人员而言,为确保工程安全,国家或行业正式颁布的标准、规范中的计算理论和方法才能作为工程设计时的依据。

平台贝雷主梁底高程约为 +3.2m,平台顶面高程为 +5.0m;设计高水位为 +1.65m,有效波高取2.86m,波峰高度近似取1.65 +2.86≈4.5(m),则平台贝雷主梁会受到波浪的浮托力。

根据《海港工程设计手册》进行上浮力计算:

$$p = 1.5 \times 10.25 \times (4.5 - 3.2) = 20(\mathrm{kN/m^2})$$

则作用在单片贝雷梁上的上浮力为 $p = 20 \times (0.048 \times 2 \times 3) = 5.76(\mathrm{kN})$。

小于7.84kN(单片贝雷及其上部构造自重之和),且荷载方向与自重方向相反,不会对结构造成不利的影响,因此结构验算中不予考虑浮托力的影响。

5)钢管桩受力分析

(1)履带吊作业工况下,由三拼25号a工字钢受力分析可知,单根钢管桩承受的最大荷载为780.54kN。支座反应组合见表11-4-5。

支座反应组合 表11-4-5

支　座	R_{max}(kN)	M_{max}(kN·m)	R_{min}(kN)	M_{min}(kN·m)
A	0.00	0.00	0.00	0.00
B	-780.54	0.00	-780.54	0.00
C	-780.54	0.00	-780.54	0.00
D	0.00	0.00	0.00	0.00

根据《钢结构设计标准》(GB 50017—2017)可得稳定性验算公式为

$$\sigma = \frac{N}{\phi_x A} + \frac{\beta_{max} M}{\gamma_x W_x \left(1 - 0.8 \dfrac{N}{N'_{Ex}}\right)}$$

式中:N——所计算构件段范围内的轴心压力;

M——所计算构件段范围内的最大弯矩;

N'_{Ex}——参数,$N'_{Ex} = \pi^2 EA/(1.1\lambda_x^2)$;

ϕ_x——弯矩作用平面内的轴心受压构件稳定系数;

β_{max}——等效弯矩系数,取值为1;

γ_x——与截面模量相应的截面塑性发展系数,取值为1.15;

W_x——在弯矩作用平面内对较大受压纤维的毛截面模量。

取 $p = 800$kN 作为计算荷载,对进行钢管桩的稳定性验算。

钢管桩受压偏心矩 $e = 0.2$m,则 $M = 1000 \times 0.2 = 160(\mathrm{kN \cdot m})$。

钢管桩受压截面积为 $A = 25447(\mathrm{mm^2})$。

故钢管桩压应力为

$$\frac{P}{A}=\frac{800\text{kN}}{25447\text{mm}^2}=31.4(\text{MPa})$$

钢管桩惯性矩：$I=208728.2\text{cm}^4$。

钢管桩自由端取15m。

钢管桩极限轴向压力：

$$F_{cr}=\frac{\pi^2 EI}{(\mu l)^2}=\frac{3.14^2\times 206\times 10^9\times 208728.2\times 10^{-8}}{(2\times 15)^2}=4710.48(\text{kN})$$

$$i=\sqrt{\frac{208728.2}{25447}}=28.6(\text{cm})$$

$$\lambda=\frac{\mu l}{i}=\frac{2\times 15}{0.286}=104.9>100$$

查表得 $\phi=0.6$ 则

$$\sigma=\frac{N}{\phi_x A}+\frac{\beta_{max}M}{\gamma_x W_x\left(1-0.8\frac{N}{N'_{Ex}}\right)}$$

$$=\frac{800\times 10^3}{0.6\times 25447\times 10^{-6}}+\frac{160\times 10^3}{1.15\times 10181.86\times 10^{-6}\times 0.85}=68.5(\text{MPa})<215\text{MPa}$$，满足要求。

(2)在风荷载、水流力、波浪力的作用下，风压 $W_k=1.3\times 1.38\times 0.67=1.2\text{kPa}$，风荷载 $p=AHW_k=0.82\times(2.86+1.62)\times 1.2=4.4(\text{kN})$，作用点为水面以上的1/2高度位置，高程 $H=(2.86+1.65)/2=+0.6(\text{m})$。

钢管桩长度为40m，组合荷载下建立模型(图11-4-19)。

4.4
20.8
6.6

图11-4-19　钢管桩模型

最大正应力66.8MPa，最大剪应力2.5MPa，最大变形10cm。

钢管桩满足抗风浪要求，但顶部平联管与竖直钢管应焊接牢固，减少钢管顶部的位移。

(3)平台整体模型受力分析。考虑平台结构自重、生活区荷载、水箱布置区荷载、水流力、波浪力、风荷载等荷载组合的影响。

建模受力分析得：整体最大正应力209MPa，整体剪应力64MPa；820mm×10mm钢管桩轴向应力32MPa，820mm×10mm钢管桩最大组合应力81MPa，820mm×10mm钢管桩最大反力80t。

6)钢管桩入土深度计算

根据《公路桥涵地基与基础设计规范》(JTG D63—2007)中沉桩容许承载力计算公式 $[p]=\frac{1}{2}(U\sum a_i l_i \tau_i+aA\sigma_R)$，其中不考虑桩端的承载力，只考虑钢管桩的桩周摩擦力，具体各墩位平台钢管桩入土深度见本章附表"钢管桩入土深度计算表"。

附表 钢管桩入土深度计算表

江海直达船航道桥平台钢管桩入土深度计算表(ϕ820) 附表一

墩 号	设计单桩承载力(t)	总摩阻力(kN)	河床面高程(m)	入土深度(m)	桩顶高程(m)	桩底高程(m)	冲刷深度(m)	总长度(m)
136 号墩	80.0	807.9	-5.07	30.5	2.862	-38.57	3.00	41.43
137 号墩	80.0	802.7	-5.20	33.5	2.862	-41.70	3.00	44.56
138 号墩	80.0	803.3	-5.04	26.6	2.862	-34.64	3.00	37.50
139 号墩	80.0	804.0	-4.72	29.0	2.862	-36.72	3.00	39.58
140 号墩	80.0	802.7	-5.53	23.3	2.862	-31.83	3.00	34.69
141 号墩	80.0	803.3	-5.32	28.6	2.862	-36.92	3.00	39.78
142 号墩	80.0	806.2	-5.03	27.0	2.862	-35.03	3.00	37.89

江海直达船航道桥平台钢管桩入土深度计算表(ϕ1000) 附表二

墩 号	设计单桩承载力(t)	总摩阻力(kN)	河床面高程(m)	入土深度(m)	桩顶高程(m)	桩底高程(m)	冲刷深度(m)	总长度(m)
136 号墩	80.0	803.1	-5.07	24.9	2.862	-32.97	3.00	35.83
137 号墩	80.0	802.3	-5.20	27.9	2.862	-36.10	3.00	38.96
138 号墩	80.0	800.7	-5.04	22.8	2.862	-30.84	3.00	33.70
139 号墩	80.0	803.8	-4.72	26.5	2.862	-34.22	3.00	37.08
140 号墩	80.0	802.3	-5.53	20.7	2.862	-29.23	3.00	32.09
141 号墩	80.0	803.1	-5.32	24.0	2.862	-32.32	3.00	35.18
142 号墩	80.0	806.6	-5.03	24.5	2.862	-32.53	3.00	35.39

江海直达船航道桥桅杆吊基础钢管桩入土深度计算表(ϕ1200 抗压) 附表三

墩 号	设计单桩承载力(t)	总摩阻力(kN)	河床面高程(m)	入土深度(m)	桩顶高程(m)	桩底高程(m)	冲刷深度(m)	总长度(m)
136 号墩	135.0	1365.0	-5.07	32.5	11.000	-40.57	3.00	51.57
138 号墩	135.0	1367.8	-5.04	28.0	11.000	-36.04	3.00	47.04
140 号墩	135.0	1422.4	-5.53	23.0	11.000	-31.53	3.00	42.53
142 号墩	135.0	1377.7	-5.03	27.0	11.000	-35.03	3.00	46.03

江海直达船航道桥桅杆吊基础钢管桩入土深度计算表(ϕ1200 抗拉) 附表四

墩 号	设计单桩承载力(t)	总摩阻力(kN)	河床面高程(m)	入土深度(m)	桩顶高程(m)	桩底高程(m)	冲刷深度(m)	总长度(m)
136 号墩	105.0	1073.3	-5.07	36.5	11.000	-44.57	3.00	55.57
138 号墩	105.0	1081.8	-5.04	33.0	11.000	-41.04	3.00	52.04
140 号墩	105.0	1092.5	-5.53	31.0	11.000	-39.53	3.00	50.53
142 号墩	105.0	1106.4	-5.03	31.0	11.000	-39.03	3.00	50.03

第 12 章　非通航孔桥施工工艺

12.1　工 程 概 述

12.1.1　工程概况

港珠澳大桥 CB04 段共计 442 根钢管复合桩。其中，通航孔桥桩基础 112 根，均为 *D*2.5m/*D*2.15m钢管复合桩，桩底均嵌入中风化岩深度不小于 1.5 倍桩径(3.225m)，其中 3 个主墩各为 20 根，桩底高程为 −81.5 ~ −119.5m，平均桩长 100m；两个辅助墩各 13 根，桩底高程为 −76.5 ~ −116m，平均桩长 96m；两个过渡墩各 13 根，桩底高程为 −89.5 ~ −116m，平均桩长 103m。非通航孔桥桩基础 330 根。其中 90 ~ 131 号、147 ~ 151 号墩共 47 个墩桩径 *D*2m/*D*1.75m，桩长 39 ~ 125m；132 ~ 135 号、143 ~ 146 号墩共 8 个墩桩径*D*2.2m/*D*1.95m，桩长50 ~ 105.4m；其中在等宽段低墩区钢管复合桩桩底嵌入中风化岩石持力层不小于 4m，在等宽段高墩区及变宽段钢管复合桩桩底嵌入中风化岩石持力层不小于 5m。

12.1.2　首件制的选定

根据优先墩优先施工的原则，同时考虑到钻孔灌注桩施工周期较长，钻孔灌注桩首件制施工选择 147 号墩、Z6 桩基(桩位布置如图 12-1-1 所示)，墩台基础为钢管复合桩。

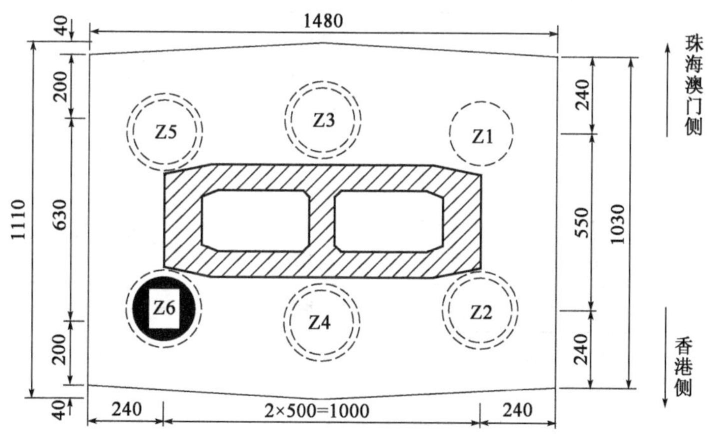

图 12-1-1　147 号墩桩位平面位置布置图(尺寸单位：cm)

钻孔灌注桩设计参数如下：

设计桩底高程 −73.900m；

设计桩顶高程 -8.100m；

设计桩长 65.800m。

钢管桩设计参数如下：

钢管桩设计底高程 -54.700m；

替打段顶高程 +5.000m；

钢管长 59.700m。

钢筋笼设计参数如下：

钢筋笼设计底高程 -73.750m，距孔底高程 0.150m；

设计顶高程 -6.900m；

设计长度 66.850m；

桩身混凝土为 C35 水下混凝土，设计方量 185.4m^3。

12.1.3 地质情况

地表水为海水，对混凝土具强腐蚀性，对混凝土中钢筋具弱腐蚀性，对钢结构具中腐蚀性。松散岩类孔隙承压水主要赋存于砂层中，厚度较大；基岩裂隙水主要赋存于基岩裂隙中。地下水对混凝土、钢筋及钢结构具强腐蚀作用。

钻孔灌注桩首件制施工选择 147 号墩 Z6 桩基，覆盖层内地址情况与地质资料图SZK147-2 基本一致，入岩高程与图纸不符，设计强风化与中分化花岗岩交界面在 -67.23m 处，终孔高程 -73.90m，建设单位方、设计方、监理方和承包人四方现场取样判断，共同确认强风化与中分化花岗岩交界面高程 -73.31m，终孔高程定为 -77.40m。

海床面高程 -5.13m，地质结构主要为四层：软土 + 黏性土 + 砂层 + 基岩结构。其中①层、③层和④层为第四纪海积、冲海积和冲积物，⑥层为燕山期侵入花岗岩，根据工程地质性质差异每层又细分为若干亚层。岩性特征及基础设计参数详见表 12-1-1。

土层地基承载力基本容许值及桩基参数推荐值一览表　　表 12-1-1

层号	岩　层	高程(m)	厚度(m)	承载力基本容许值(kPa)	钻孔桩侧土极限摩阻力(kPa)	沉桩桩侧土极限侧阻力(kPa)
$①_1$	淤泥	-5.13 ~ -12.93	7.8	45	11	10
$①_2$	淤泥	-12.93 ~ -23.63	10.7	50 ~ 60	12 ~ 15	11 ~ 13
$①_3$	淤泥	-23.63 ~ -26.63	3	70 ~ 75	17 ~ 18	15 ~ 16
$③_2$	淤泥质黏土	-26.63 ~ -33.63	7	110 ~ 120	33 ~ 35	33 ~ 35
$③_3$	中砂	-33.63 ~ -38.08	4.45	380 ~ 460	65 ~ 95	75 ~ 95
$③_{31}$	粉质黏土混砂	-38.08 ~ -44.03	5.95	130	35	35
$④_3$	中砂	-44.03 ~ -49.23	5.2	390	70	80
$⑥_1$	全风化花岗岩	-49.23 ~ -60.73	11.5	350	85	100
$⑥_{21}$	强风化花岗岩	-60.73 ~ -67.23	6.5	450 ~ 500	110 ~ 120	120 ~ 130
$⑥_3$	中风化花岗岩	-67.23 ~ -79.28	12.05	1500 ~ 1800	150 ~ 180	—

12.2 非通航孔桥施工准备

12.2.1 技术准备

根据港珠澳大桥管理局相关文件要求，项目部编写了《钻孔灌注桩施工方案》《钻孔灌注桩质量计划》《质量风险评估》《分项工程开工报告》和《钻孔灌注桩施工开工申请单》等文件上报监理审批并通过，并在项目部会议室和147号平台组织召开了技术交底会议，对钻孔灌注桩施工工艺、质量控制和HSE管理等各方面进行详尽交底。

12.2.2 机械设备配置

为顺利进行非通航孔桥首件施工，需要配置桩基础施工过程所需的机械设备，详见表12-2-1。

桩基础施工主要机械设备 表12-2-1

序号	名　称	规格/型号	数量	序号	名　称	规格/型号	数量
1	回旋钻机	KP3500	2	12	长大22	3600HP拖轮	1
2	泥浆处理器	$250m^3/h$	1	13	长大18	$160m^3/h$搅拌船	1
3	空气压缩机	$20m^3/min$	2	14	长大16	$100m^3/h$搅拌船	1
4	履带吊	50t	1	15	振交5	50人交通船	2
5	发电机	600kW	2	16	梅航6118	500t补给船	1
6	荟通663	$600m^3$泥浆船	1	17	华勇5	250t全回转浮吊	1
7	长大68	300t粉料船	1	18	航通6	170t全回转浮吊	
8	长大29	10t起锚艇	1	19	平板车	12m	1
9	建亮1	10t起锚艇	1	20	钢筋笼成型机	数控	1
10	长大28	1000HP拖轮	1	21	钢筋弯曲机	数控	1
11	长大23	1000HP拖轮	1	22	钢筋弯箍机	数控	1

其中，KP3500型转盘式钻机成孔，护筒内使用$\phi1.85m$刮刀钻头，进入岩层后更换为$\phi1.75m$滚刀钻头。KP3500型转盘式钻机性能参数见表12-2-2。

KP3500型转盘式钻机性能参数 表12-2-2

序号	项　目	技术参数	序号	项　目	技术参数
1	钻孔直径(m)	岩石≤3.5，土≤8	7	加压力(kN)	600
2	钻孔深度(m)	≤120	8	整机质量(kg)	46706
3	转盘转速(r/min)	0～24无级变速	9	排渣方式	气举反循环
4	最大扭矩(kN·m)	210	10	钻杆内径(mm)	275
5	提升力(kN)	1200	11	小卷扬牵引力(kN)	20
6	提升速度(m/min)	3.11	12	长×宽×高(m)	7.1×6.4×8.7

混凝土供应采用“长大18”混凝土搅拌船。船体尺寸为77m×23m×5.5m，总吨位为3571t，净吨位为1125t，每小时混凝土生产量$160m^3$，满载时混凝土生产总量$1200m^3$，布料半径为40m，满足桩基施工要求。

钢筋笼制作采用在加工场整根加工,驳船运输至施工现场,50t 履带吊进行钢筋笼下放。

12.3 非通航孔桥桩基施工工艺流程

钻孔灌注桩具有以下施工特点:

(1)与沉入桩中的锤击法相比,施工噪声和震动要小得多。

(2)能建造比预制桩的直径大得多的桩。

(3)在各种地基上均可使用。

(4)施工质量的好坏对桩的承载力影响很大。

(5)混凝土是在泥水中灌注的,因此质量较难控制。

(6)费工费时,成孔速度慢,泥渣污染环境。

综合考虑,非通航孔桥基础采用钻孔灌注桩施工。灌注桩是指在工程现场通过机械钻孔、钢管挤土或人力挖掘等手段在地基土中形成桩孔,并在其内放置钢筋笼、灌注混凝土而做成的桩。依照成孔方法不同,灌注桩又可分为沉管灌注桩、钻孔灌注桩和挖孔灌注桩等几类。非通航孔桥桩基施工工艺流程如图 12-3-1 所示。

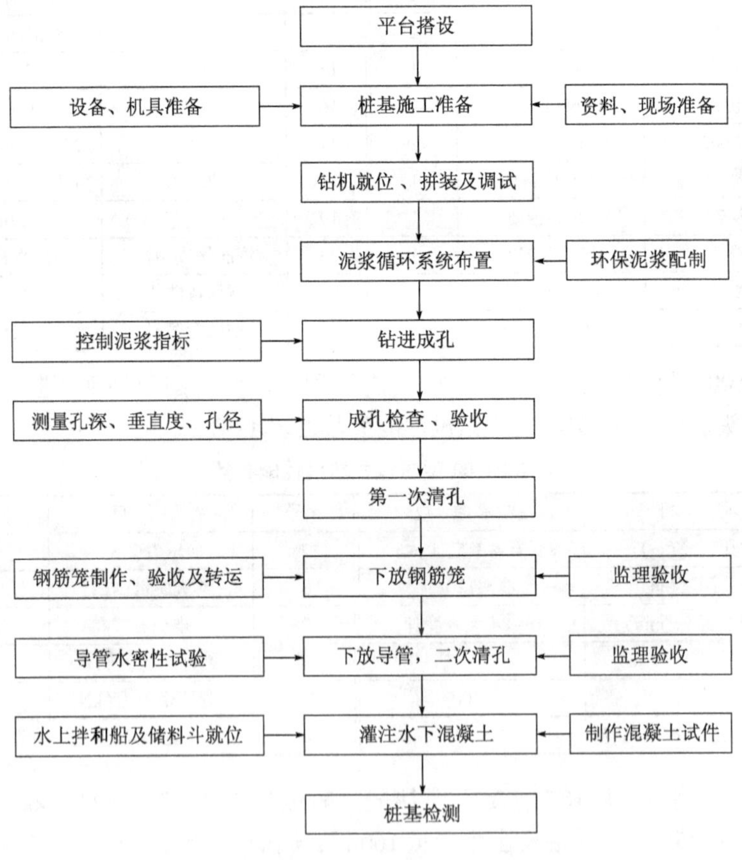

图 12-3-1 非通航孔桥桩基施工工艺流程

12.4　非通航孔桥桩基施工

12.4.1　钻孔平台施工

1)平台概述

装配式平台平面尺寸为 32.8m×20m,总质量约 140t。

平台顶设计高程为 +5.0m。

平台由 6 根主体钢管桩及 6 根临时支承桩支撑,在靠船侧设置两排由两根钢管桩组成的靠船桩,桩基础施工重型构件(如钻机、发电机及履带吊等)的吊装由浮吊完成,其余构件吊装(如钢筋笼下放、提钻头、钻机移位等)由平台上的 50t 履带吊完成。平台主要分为生产区、生活区、供电区及靠船区 4 个区域,如图 12-4-1 和图 12-4-2 所示。

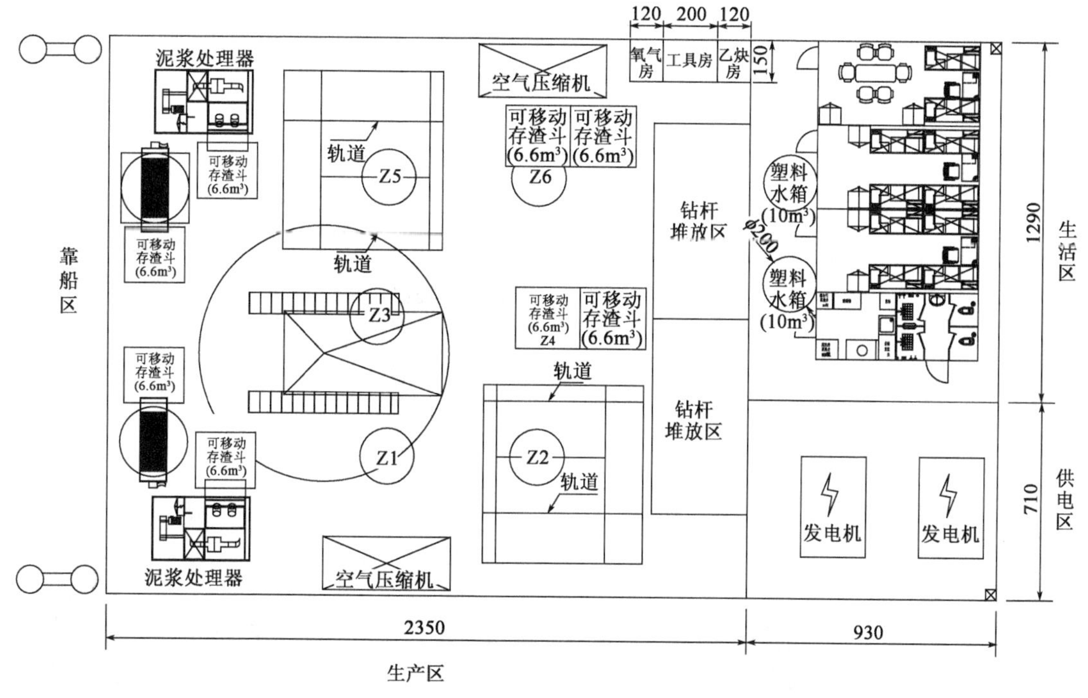

图 12-4-1　平台设置布置图(尺寸单位:cm)

2)钢管桩打设

平台钢管桩共 16 根,包括平台支承桩 6 根、复合桩钢管 6 根和靠船桩 4 根,钢管桩平面布置如图 12-4-3 所示。

钢管桩采用长大海基 100m 桩架打桩船及船体上自带 BSP-370 液压打桩锤完成整个沉桩工艺,如图 12-4-4、图 12-4-5 所示。

图 12-4-2　平台设置布置现场

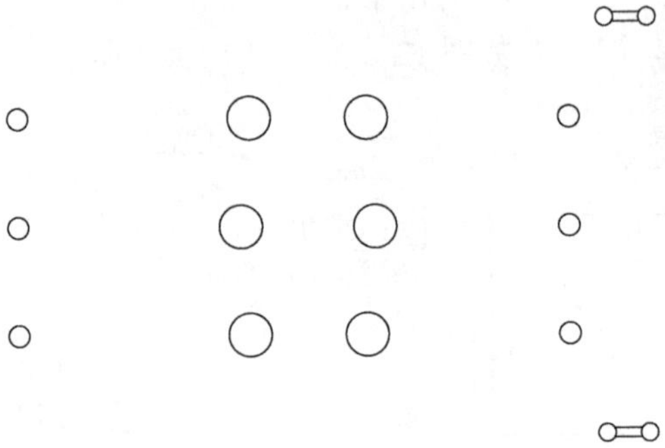

图 12-4-3　钢管桩平面布置示意图

图 12-4-4　打桩船打设钢管桩

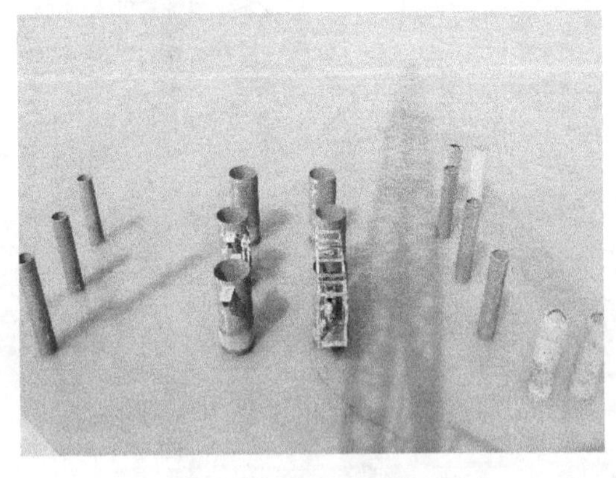

图 12-4-5　打设完成 147 号墩钢管桩

3)牛腿、盖板与分配梁安装

(1)钢管桩抄平

采用 GPS 测量仪器复测最低高程支承桩的高程,如果支承桩高程不高于设计高程 20cm,则采用该高程作为支承桩设计高程。

然后通过水准管测定其余支承桩的高程,采用风割将每根支承桩的高程割平至设定高程,钢管桩的相对误差控制在 5mm 以内。抄平过程中钢管桩顶面一定要平整,如图 12-4-6 所示。

图 12-4-6　钢管抄平

(2)牛腿、盖板及分配梁安装

盖板为 $1.2\mathrm{m} \times 1.2\mathrm{m} \times \delta 12\mathrm{mm}$ 钢板,质量约为 136kg。盖板采用浮吊进行安装。采用 GPS 测量仪器放样分配梁的位置,采用浮吊进行分配梁的安装,如图 12-4-7 所示。

复合桩钢管上的牛腿安装采用专用的操作平台进行,如图 12-4-8 所示。根据支撑钢管桩高程,用水平管确定钢管上牛腿高程。

图 12-4-7　安装就位的盖板、分配梁和牛腿

图 12-4-8　牛腿安装操作平台

4)平台吊装

平台主体结构质量约为 140t,在加工厂加工完成,连同吊具一起运输至施工点,采用华勇 5 号全回转浮吊进行吊装。

浮吊通过绞锚移至运输驳船上方,将吊具下吊索与平台上吊耳进行连接,检查通过后,缓缓起升吊钩,至平台离开运输驳船 10cm 后停止 1min,观察无误继续起吊;浮吊绞锚移至待安装位置上方,缓缓下钩,至安装位置 1m 时停止下勾,肉眼观察平台与设计位置的偏差,通过绞锚进行粗调;继续下钩,在过程中通过观察逐步调整平台的位置,最后将平台安装就位,如图 12-4-9所示。

图 12-4-9　平台吊装

5）平台设施安装

平台设施主要包括集装箱、工具房、油箱、水箱、发电机、钻机（钻杆和钻头等）、50t 履带吊、空气压缩机、泥浆处理器、移动存渣斗等，如图 12-4-10 所示。

图 12-4-10　平台安装就位

12.4.2　钻孔施工

1）施工准备

（1）组织技术人员认真学习桩位处水文、地质情况，了解并查明土质、砂层、透水层等的状况，熟悉"钻孔柱状图"。

（2）对进场的施工专业队提前进行三级技术交底、安全交底，组织专业队人员熟悉地质情况及气候影响，对施工的各种困难应做到充分了解。

（3）准备好泥浆泵、电磁铁及相关打捞工具，制定电力供应方案以及空气压缩站、泥浆处理站的建立方案（详见钻孔设备布置图），同时做好各机械设备的维护保养工作，熟悉各种机械设备的性能，确保施工时正常运转，万一出现故障能及时修复。

（4）制定详细可行的桩基施工作业指导书，包括施工工艺、钻孔前的设备检修、人员培训与准备、事故预案、安全方案、质检方案等,同时准备相关质检表格。

(5)建立工地试验室,配备相应的泥浆检测设备。

2)施工工艺

(1)钻机就位

钻机就位前,先布置钻机行走轨道,在钢护筒两侧对称地用油漆标出钻机轮轴中心,沿标定线位安装两根 I56a 工字钢,工字钢顶面安装轨道,并用轨道卡固定。拉线法确定钢护筒顶面中心位置,根据钻机底盘尺寸在平台上标出钻机底盘边线标志,根据定位标志,调整钻机位置,用水平尺检查转盘水平度,并用钢板将钻机垫实。钻头就位前要检查法兰盘有无损伤,螺栓是否紧固。钻机就位后要保证水龙头中心、转盘中心、桩的轴向中线三者同一直线。

钻机就位自检合格后,由技术人员及监理工程师验收就位情况,验收合格后将钻机与平台进行固定、限位,保证在钻进过程中不产生位移。

KP3500 钻机就位如图 12-4-11 所示。

(2)钻具安装及钻机调试

利用 50t 履带吊将钻头、风包钻杆及配重拼装在一起,在钻机就位后将其吊入孔内固定。检查钻杆,并安装接长钻杆,将钻头下到离孔底约 30cm 处,接通供风及泥浆循环管路,开动空压机,开启供风阀供风,在护筒内用气举法使泥浆开始循环,观察钻杆、供风管路、循环管路、水龙头等有无漏气、漏水现象,并开动钻机空转,如持续 5min 无故障,即可开始钻进。

图 12-4-11　KP3500 钻机就位

(3)泥浆控制

①泥浆制备。钻孔泥浆选用护壁效果好、成孔质量高的泥浆。泥浆性能指标必须符合《港珠澳大桥专用技术规范》要求(63 页),指标要求见表 12-4-1。

泥浆性能指标要求　　表 12-4-1

钻孔方法	地质情况	泥浆性能指标							
		相对密度	黏度(s)	含砂率(%)	胶体率(%)	失水率(mL/30min)	泥皮厚度(mm/30min)	静切力(Pa)	酸碱度 pH
反循环	一般地层	1.02 ~ 1.06	16 ~ 20	≤4	≥95	≤20	≤3	1 ~ 2.5	8 ~ 10
	易坍地层	1.02 ~ 1.06	18 ~ 28	≤4	≥95	≤20	≤3	1 ~ 2.5	8 ~ 10
	卵石土	1.02 ~ 1.06	20 ~ 35	≤4	≥95	≤20	≤3	1 ~ 2.5	8 ~ 10

工地试验室分别取原状土、膨润土进行泥浆配制,各配比及泥浆性能指标见表 12-4-2。

泥浆试验室配合比(质量比)　　表 12-4-2

配比								
配比 1	钠基膨润土	海水	纯碱	CMC	相对密度	黏度(s)	pH 值	胶体率
	1	4	0.4%	0.08%	1.15	22	8	90%
配比 2	钠基膨润土	淡水	—	—	相对密度	黏度(s)	pH 值	胶体率
	1	12	—	—	1.05	22	8	100%

根据环保、经济适用原则,以选用原状土+淡水的造浆方式为主。成孔过程中,遇泥浆性能下降时,适量添加纯碱和纤维素 CMC 提高泥浆性能。同时,在待钻孔相临孔内制备膨润土+淡水优质泥浆,补充成孔过程中损失的泥浆。

②泥浆控制。对于钻孔过程中泥浆质量的控制,建立工地泥浆试验室是至关重要的,泥浆配制好后,要有专人负责试验工作,负责泥浆各项指标测试,24h 值班并做好记录。主要测定泥浆的相对密度、黏度、含砂率、pH 值、胶体率等,不合要求时应及时调整。特别是从一种地质层进入另一种地质层时,要加强对泥浆指标的监控,当钻孔至粉砂及砂砾等易坍地层时,应加大泥浆相对密度、黏度及胶体率,以确保护壁厚度,防止坍孔现象发生。钻进过程中必须严格按照施工工艺要求保证泥浆质量,不得随意更换造浆材料及配合比,采用其他造浆材料时必须得到试验室和工段负责人的同意后方可使用。在终孔前的 2~3d 必须按照清孔泥浆的要求控制好各项指标,如达不到要求,则必须通过换浆达到清孔泥浆指标;桩基在终孔的前一天应通知试验人员检测泥浆性能,终孔泥浆达不到既定指标不得拆钻杆;在进行下一根桩基施工前,必须按照需试验室提供的配合比提前备足各种造浆材料,造浆材料不足禁止开钻。

不同土层钻进速度控制:在硬塑的黏土层钻进时,要慢速钻进,采用较小的泥浆浓度,以避免糊钻;在砂层钻进时,泥浆相对密度要适当加大,慢速钻进,防止塌孔。在每个钻孔开始前,根据相应的地质资料绘制每根桩预计的土层情况,并对该桩作出明确的以高程为控制的泥浆性能指标。

不同地质层泥浆性能参考指标见表 12-4-3。

不同地质层泥浆性能参考指标　　表 12-4-3

编号	地　层	黏度(s)	相对密度	含砂率(%)	胶体率(%)	pH 值	泥皮厚度(mm/30min)
0	试验室	20.5	1.17	2.0	98	9	0.87
1	淤泥、淤泥质土	16~20	1.10~1.15	1~2	>93	6~7	1.10~1.5
2	粉质黏土、黏土	20~40	1.15~1.30	1.5~6	>95	6~7	1.5~2.5
3	粗砂、残积土	25~35	1.20~1.30	5~8	>95	6~7	1.0~2.0
4	中风化花岗岩	20~25	1.15~1.26	1~6	>95	6~7	1.0~1.5
5	清孔后	17~22	1.10	<1	98	7	1.0

③泥浆循环及排放。全桥桩基采用气举反循环方法成孔。泥浆循环系统主要由空气压缩机和气管、钻杆和水龙头、泥浆管、泥浆桶、泥浆泵、泥浆船和泥浆净化器组成。

钻机成孔过程中,一边钻进一边利用泥浆孔内配制的优质泥浆置换。置换时,带有钻渣的泥浆由钻杆中心被吸出,泥浆进入泥浆桶排渣滤网后,将其中大颗粒钻渣过滤,泥浆流入泥浆桶进行沉淀,进一步过滤泥浆中的较大颗粒,一部分泥浆通过回浆管流回孔内,一部分泥浆通过泥浆泵输送至泥浆净化器,除砂净化回流孔内。钻进过程中,通过泥浆泵调节钻孔泥浆面高出孔外水面约2m。

根据施工的实际情况与机械设备的配套情况,每台钻机采用一套独立的泥浆循环系统。钻孔过程中泥浆循环排出的钻渣,旁有泥浆船停靠时,直接通过溜槽流入泥浆船;旁无泥浆船停靠时,钻渣进入泥浆处理器旁的钻渣斗储存,履带吊将斗内钻渣卸至泥浆船内,统一排放到指定地点。

3)钻孔施工

成孔过程中,在钢管桩内刮刀钻头直径1.75m,钻头加10cm长钢绞线,以刷除钢管内壁黏附的泥土,如图12-4-12所示,在钢管桩以下更换为滚刀钻头,钻头直径1.75m,如图12-4-13所示。钻杆导向如图12-4-14所示。

钻机进入强风化、中风化、终孔时通知监理工程师及地质工程师进行现场确认。钻孔岩样如图12-4-15所示。

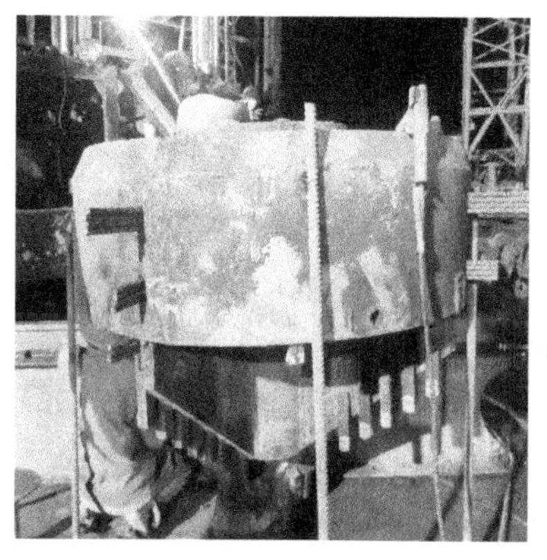

图12-4-12　刮刀钻头

图12-4-13　滚刀钻头(加配重)

图12-4-14　钻杆导向

图12-4-15　钻孔岩样

钻孔操作要点如下：

(1)钻机安装就位后，调整底座并保持平稳，以保证在钻进和运行中不产生位移及沉陷，否则找出原因，及时处理。

(2)钻孔作业采用减压钻进，根据不同土层选择与之相适应的进尺和转速，每钻进2m或地层变化时在泥浆池中捞取钻渣样品，查明渣样并记录，以便与地质剖面图核对。对于淤泥质土层，采用低挡慢速、大泵量、稠泥浆钻进，以免发生先扩孔后缩孔现象；对于黏土层采用中等转速、大泵量、稀泥浆钻进；对于砂层、全风化花岗岩层，采用轻压、低挡慢速、大泵量、稠泥浆钻进，以免孔壁不稳定，发生局部扩孔或局部坍孔，并充分浮渣、排渣，以防发生埋钻现象；对岩层，采用轻压、低挡慢速、优质浓泥浆钻进，确保护壁厚度以及充分浮渣。

(3)钻进时应细心检查排渣口出渣情况及孔内有无漏气现象发生，如果排量减少，且孔内有翻浆现象，这是钻杆断裂或钻杆连接有问题，应及时拆杆检查。

(4)升降钻头应平稳，尤其是当钻头处于护筒底口位置时，必须谨慎操作、防止钻头钩挂护筒，避免冲撞钢护筒扰动钻孔孔壁；当钻进至接近钢护筒底口上下1～2m时，须采用低钻压、低转速钻进，并控制进尺，以确保护筒底口部位地层的稳定，当钻头钻出护筒底口2～3m后，再恢复正常钻进状态。

(5)钻进过程中需经常观察护筒内水位的变化，随时准备用泥浆泵进行补浆，保持护筒内水位高出护筒外海水位的1～2m，以保持孔内水压，稳定孔壁。

(6)钻进过程中，若钻头卡死，溢流阀泄油时，应立即提高钻杆，再缓慢下放，改为轻钻压慢钻进，排除故障后方可钻进。若发现斜孔时，应采用扫孔办法，纠正才能再钻进。

(7)钻孔内严禁掉入铁件，防止螺母、螺栓、拧缸工具等掉入孔内。接长钻杆时，须将钻杆提升30cm左右，先停止钻头旋转，再送风10min以上，将孔底钻渣吸尽再放下钻头进行拆杆作业，以免钻渣沉淀，发生埋钻事故。钻杆连接时，连接螺栓要打紧，并装上防转销，同时认真检查密封圈，以防钻杆接头漏水漏气，使反循环无法正常工作。

(8)钻孔作业应分班连续进行，不得中途长时间停止，尽可能缩短成孔周期。因故停止钻进时，严禁钻头留在孔内，以防埋钻。钻孔过程中要及时、详细、真实准确地填写施工记录，同时做好交接班工作。

(9)钻进过程中要保证护壁泥浆的各项性能，经常对钻孔泥浆进行试验，不合要求时，及时调整。

(10)定期测量海床面，当海床冲刷严重时，及时采取抛填砂袋或石笼的办法进行冲刷防护，以确保钢护筒有足够的入床深度和钻孔平台的整体稳定及安全。

(11)要经常检查水龙头的转动情况和密封状态，发现漏气现象时，及时更换密封圈，并向轴承加入润滑脂，为消除水龙头单侧排渣胶管偏载对水龙头密封装置不良影响，以及对法兰盘中心轴线偏位，可用双向螺栓进行调整。

(12)采取钻头加配重块保证垂直度措施，另外钻孔达到一定深度后，上提钻杆，将导向架安装在钻杆相应位置。导向架应安装牢固，防止脱落。

钻孔记录见表12-4-4、表12-4-5、表12-4-6。

护筒内钻孔记录与统计分析 表12-4-4

序号	工作时间		工作内容	本次钻进(m)	进尺速度(m/h)	累计进尺(m)	地质类别
1	2.17	8:30~9:30	进尺	1.5	1.50	1.5	淤泥
2		9:30~10:30	接杆				
3		10:30~12:30	进尺	3.5	1.75	5	
4		12:30~13:30	接杆				
5		13:30~15:30	进尺	3.5	1.75	8.5	
6		15:30~16:30	接杆				
7		16:30~18:30	进尺	3.5	1.75	12	
8		18:30~19:30	接杆				
9		19:30~20:30	进尺	1	1.00	13	
10	2.18	20:30~9:30	停钻				
11		9:30~12:30	进尺	2.5	0.83	15.5	
12		12:30~13:30	接杆				粉质黏土
13		13:30~16:30	进尺	3.5	1.17	19	
14		16:30~17:30	接杆				砾砂
15		17:30~19:30	进尺	1.8	0.90	20.8	
16	2.19	19:30~7:30	停钻				
17		7:30~9:30	进尺	1.7	0.85	22.5	
18		9:30~10:30	接杆				中砂
19		10:30~12:30	进尺	3.5	1.75	26	
20		12:30~13:30	接杆				粉质黏土混砂
21		13:30~15:30	进尺	3.5	1.75	29.5	
22		15:30~16:30	接杆				
23		16:30~18:30	进尺	3.5	1.75	33	
24		18:30~19:30	接杆				
25		19:30~23:30	进尺	3.5	0.88	36.5	
26	2.20	23:30~7:30	停钻				中砂圆砾
27		7:30~8:30	接杆				
28		8:30~12:30	进尺	3.5	0.88	40	
29		12:30~13:30	接杆				全风化花岗岩
30		13:30~17:30	进尺	3.5	1.75	43.5	
31		17:30~18:30	接杆				
32		18:30~20:30	进尺	1.8	0.90	45.3	

护筒外钻孔记录与统计分析 表 12-4-5

序号	工作时间		工作内容	本次钻进(m)	进尺速度(m/h)	累计进尺(m)	地质类别
1	2.20	20:30 ~ 22:30	进尺	1.7	0.85	1.7	全风化花岗岩
2		22:30 ~ 23:30	接杆				
3	2.21	23:30 ~ 5:30	进尺	3.5	0.58	5.2	
4		5:30 ~ 6:30	接杆				强风化花岗岩
5		6:30 ~ 14:30	进尺	3.5	1.75	8.7	
6		14:30 ~ 15:30	接杆				
7	2.22	15:30 ~ 7:30	进尺	3.5	0.22	12.2	
8		7:30 ~ 8:30	接杆				
9		8:30 ~ 10:30	进尺	0.4	0.20	12.6	
10		10:30 ~ 15:30	停钻				
11	2.23	15:30 ~ 1:30	进尺	1.93	0.19	14.53	
12		1:30 ~ 7:30	停钻				
13		7:30 ~ 13:30	进尺	1.17	0.20	15.7	
14		13:30 ~ 14:30	接杆				
15		14:30 ~ 22:30	进尺	1.07	0.13	16.77	
16	2.24	22:30 ~ 8:30	进尺	1.02	0.10	17.79	

入岩后钻孔记录与统计分析 表 12-4-6

序号	工作时间		工作内容	本次钻进(m)	进尺速度(m/h)	累计进尺(m)	地质类别
1	2.24	8:30 ~ 22:30	进尺	1.43	0.10	1.43	中风化花岗岩
2		22:30 ~ 23:30	接杆				
3	2.25	23:30 ~ 23:30	进尺	2.38	0.10	3.81	
4	2.26	23:30 ~ 5:30	进尺	0.59	0.10	4.4	

4)清孔及成孔质量检测

孔底高程达到设计高程 -77.4m 后,经建设单位方、设计方和监理方验收后,即采用气举反循环进行清孔。清孔时,首先将附着于护筒壁的泥浆清洗干净,特别注意清理干净内剪力环上下附着的泥浆,然后清除孔底钻渣及泥浆等沉淀物,直至泥浆满足港珠澳大桥专用技术规范和设计图要求为止。具体为:相对密度 1.03 ~ 1.10,黏度 17 ~ 20Pa,含砂率 <1%,胶体率 >98%,孔底沉渣厚度 <5cm。有必要时,用指标达到要求的泥浆进行孔底换浆,严禁使用超钻加深钻孔的方法代替清孔。泥浆指标测定如图 12-4-16 所示,成孔检测如图 12-4-17 所示。

起钻时注意操作轻稳,防止钻头拖刮孔壁或护筒刃脚。注意起重压力的变化,当上升到护筒脚如果负荷加大则可能发生卡钻,此时可转动钻头,轻轻上提或将钻头下放,换方向再上提,不可强拉,以免使刃脚内卷甚至坍孔。

钻头提起后,成孔检测,包括孔深、孔径和倾斜度。

钻孔灌注桩质量验收标准见表 12-4-7。

图 12-4-16　泥浆指标测定

图 12-4-17　成孔检测

钻孔灌注桩质量验收标准(mm)　　表 12-4-7

<table>
<tr><th>项　次</th><th colspan="3">实 测 项 目</th><th>规定值或允许偏差</th><th>检 查 方 法</th><th>权　值</th></tr>
<tr><td>1</td><td colspan="3">混凝土强度(MPa)</td><td>在合格标准内</td><td>按招标文件技术规范附录 A 检查</td><td>3</td></tr>
<tr><td rowspan="3">2</td><td rowspan="3">桩位(mm)</td><td colspan="2">群桩</td><td>100</td><td rowspan="3">全站仪或经纬仪:每桩检查</td><td rowspan="3">2</td></tr>
<tr><td rowspan="2">排架桩</td><td>允许值</td><td>50</td></tr>
<tr><td>极值</td><td>100</td></tr>
<tr><td>3</td><td colspan="3">孔深(m)</td><td>不小于设计值</td><td>测绳量:每桩检查</td><td>3</td></tr>
<tr><td>4</td><td colspan="3">孔径</td><td>不小于设计值</td><td>探孔器:每桩检查</td><td>3</td></tr>
<tr><td>5</td><td colspan="3">钻孔倾斜度</td><td>满足承台安装精度要求,但不得大于 1/200</td><td>用测壁(斜)仪或钻杆垂线法:每桩检查</td><td>1</td></tr>
<tr><td rowspan="2">6</td><td rowspan="2">沉淀厚度(mm)</td><td colspan="2">摩擦桩</td><td>100</td><td rowspan="2">沉淀盒或标准测锤:每桩检查</td><td rowspan="2">2</td></tr>
<tr><td colspan="2">支承桩</td><td>不大于 50</td></tr>
<tr><td>7</td><td colspan="3">钢筋骨架底面高程(mm)</td><td>±50</td><td>水准仪:测每桩骨架顶面高程反算</td><td>1</td></tr>
<tr><td>8</td><td colspan="3">凿桩头后的桩顶高程(mm)</td><td>±10</td><td>水准仪或全站仪:每桩检查</td><td>1</td></tr>
</table>

12.4.3　钢筋笼制作与安装

1)钢筋笼制作

(1)钢筋笼长线法制作简介

钢筋笼主筋采用 ϕ28mm HRB335,箍筋采用 ϕ10mm HPB235,所有主筋采用直螺纹套筒连接,桩周内侧均匀对称布置 4 根 ϕ60mm × δ3.5mm 超声波检测管和一根壁厚 ϕ150mm × δ8mm 抽芯检测管,如图 12-4-18 所示。

钢筋笼采用定位模具成型,在加工场地长线法制作,如图 12-4-19 所示。

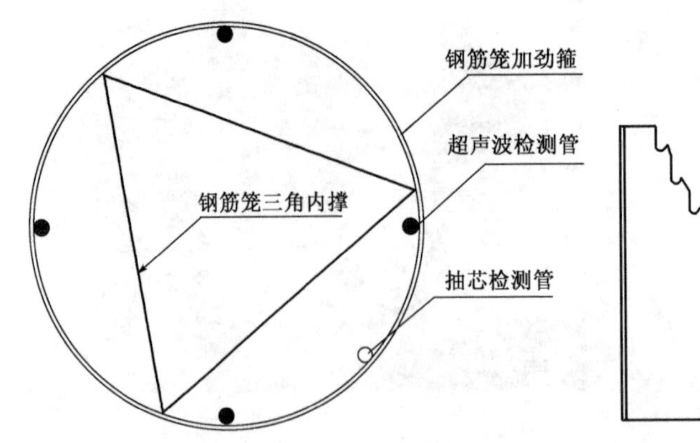

图 12-4-18　钢筋笼检测管布置示意图

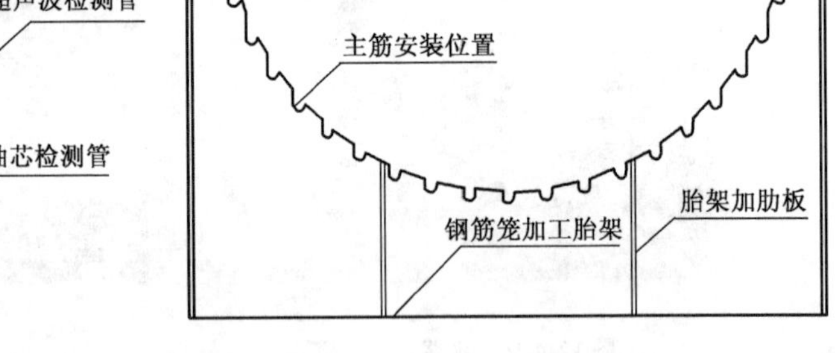

图 12-4-19　钢筋笼胎架示意图

直螺纹套筒连接钢筋笼长线制作方法：为确保钢筋笼的整体垂直度和主筋连接精度，结合加工场地空间，采用 60m 长的钢筋笼主筋定位模具施工。先在模具上整体加工总长为 60m 的钢筋笼，每节钢筋笼分别对应每一有序编号，然后把前几节钢筋笼按节断开移走，将尾节钢筋笼换到第一节位置，在胚模上继续接长加工剩余部分钢筋笼。依此往复，直到把整根桩钢筋笼制作完毕。

(2) 钢筋笼制作场地

钢筋笼制作场地设在岸上生产区，需对钢筋笼原材料堆放、下料、钢筋笼制作及成品堆放等场地做统一规划，以利于施工顺利开展。

钢筋笼加强箍卷制、主筋墩粗、套丝在钢筋棚内进行，钢筋笼制作、原材料及半成品堆放场地安排在材料堆放区。钢筋笼成品堆放设计间距为 2m 的枕木垫梁，梁宽 20cm，高 15cm，防止钢筋笼黏上泥土及变形。钢筋墩粗、钢筋套丝、钢筋笼成型、钢筋笼预拼接、钢筋笼声测管与取芯管安装如图 12-4-20 ~ 图 12-4-24 所示。

图 12-4-20　钢筋墩粗

图 12-4-21　钢筋套丝

图 12-4-22　钢筋笼成型

图 12-4-23　钢笼预拼接

图 12-4-24　钢筋笼声测管与取芯管安装

模具定位后,将下料主筋按设计尺寸要求往模具第一节的位置上摆放,待半圆部分钢筋主筋安装完毕,调整加劲箍筋位置,并焊上加劲箍,接着把上部分主筋摆放固定在加劲箍上,并焊接固定,然后盘上螺旋箍筋,螺旋箍筋与主筋采用铁丝绑扎方式固定(但每圈须不少于4点于主筋点焊)。注意第一节钢筋笼前端要用挡板挡住,使前端平齐,声测管穿过挡板。桩基检测管和抽芯管均匀设置在钢筋笼内侧,5根通长,检测管与钢筋笼的主筋通过"U"形卡焊接固定。接着进行直螺纹套筒连接,按同样的方法进行下节钢筋笼制作。整体钢筋笼制作完毕后,焊接固定混凝土圆环形保护层块,然后松开直螺纹套筒连接,将各节钢筋笼分解,在每节钢筋笼上挂上标志牌,写明墩号、桩号、节号,把每节钢筋笼按连接顺序编号吊到成品堆放场统一堆放。钢筋笼加工过程中,确保钢筋笼垂直度及主筋直螺纹套筒连接的精度,以利于钢筋笼顺利接长下放。

(3)钢筋笼验收

桩基础钢筋笼制作与安装质量标准见表12-4-8。

桩基础钢筋笼制作与安装质量标准(mm) 表 12-4-8

项　　目	允许偏差	项　　目	允许偏差
主筋间距	±10	中心平面位置	20
箍筋间距	±20	顶端高程	±20
外径	±10	底面高程	±50
保护层厚度	±20	—	—

2)钢筋笼安装

(1)钢筋笼运输

钢筋笼单节标准长度为11.9m,先由平板车中转到临时码头,然后用履带吊起重下放到平驳船,水运到墩位施工。钢筋笼转运时,采用两点起吊,以减少吊装过程中的钢筋笼变形。

(2)钢筋笼安装

桩基成孔,经验孔合格即可开始下放钢筋笼。

钢筋笼用50t履带吊起吊,逐节下放。钢筋笼起吊时,为保证骨架不变形,宜采用两点吊。上吊点使用专用吊架,在骨架的顶部,下吊点设在骨架长度的中点到三分点之间。起吊离开船舱一定高度后,上吊点起钩,下吊点落钩,将钢筋笼转为竖向,回转吊车移至下放孔位。

钢筋笼下放时,按制作时既定的顺序依次安装,对接需人工扭打钢筋直螺纹螺母,同时接长声测管和抽芯管(套管焊接接长),抽芯管从距离桩底1m位置处开始布设,采用10mm钢筋作为定位筋焊接在钢筋笼加劲箍与主筋上,防止变形弯曲,每隔2m间距设置一道定位筋;且每下放一节接长钢筋笼,可利用钢筋笼转置的空余时间,给声测管、抽芯管灌水,检验管内是否有漏水情况,以防其压裂、变形或渗浆。此措施可预检声测管的安装质量,及时消除隐患。由于桩顶与钢管桩顶有一段距离,所以声测管和抽芯管都要接长至孔顶处并密封好。钢筋笼下放时速度放慢,防止碰撞孔壁,做到"提快、下慢"的相应措施。钢筋笼接长临时固定采用在钢筋笼加强箍筋下横穿两根工字钢,将钢筋笼支撑在钢管桩上。钢筋笼起吊如图12-4-25、钢筋笼对接如图12-4-26所示。

图12-4-25　钢筋笼起吊

图12-4-26　钢筋笼对接

钢筋笼下放至孔底后提空15cm,根据测量组提供的桩位施工放样中心确定钢筋笼顶面位置,焊接好限位。再焊接钢筋笼吊杆与吊耳,然后悬挂在钢管桩上。

12.4.4 水下混凝土灌注及桩基检测

1)概述

桩基采用C35海工耐久混凝土,初步设计配合比为水泥:水:粉煤灰:矿粉:砂:石:减水剂=247:153:135:68:777:1030:4.05,水胶比0.33。

由混凝土搅拌船长大18和长大16生产,混凝土输送泵泵送,水下导管灌注法施工。

导管选用无缝钢管制作,管内直径为28cm,标准节长2.5m,另准备0.5m、1.0m和1.5m长辅助管各一节。导管接头使用螺旋接口,以防止在混凝土浇筑过程中,导管接头卡住钢筋笼。导管水密性和抗拉性能都需符合施工要求,在桩基混凝土浇筑前进行水密性试验。"长大16"及"长大18"水上拌和船如图12-4-27所示。

图12-4-27 "长大16"及"长大18"水上拌和船

漏斗、储料斗用4mm的A3钢板和型钢制成,储料斗容积为11m³,漏斗容积为1.8m³。首批混凝土灌注方量计算公式:

$$V \geqslant \frac{\pi D^2}{4}(H_1 + H_2) + \frac{\pi d^2}{4}h_1$$

式中:D——桩径,1.75m;

d——导管直径,0.28m;

H_1——导管底至孔底间距,取0.4m;

H_2——导管初次埋深,取1.0m;

h_1——桩孔内混凝土面高度达到$H_1 + H_2$时,导管内混凝土平衡导管外泥浆压所需高度,$h_1 \geqslant H_w \gamma_w / \gamma_c = 37.8(\mathrm{m})$;

γ_c——混凝土重度,取24kN/m³;

γ_w——泥浆重度,取11kN/m³;

H_w——孔内混凝土面以上泥浆深度,取82.4m。

计算得首件制桩147号-Z6灌注时首批混凝土方量不小于5.7m³,储料斗及漏斗槽容积可满足首盘及后续混凝土施工要求。

孔深测量采用测绳悬挂测锤进行。测绳选用专业厂家生产的质轻、拉力强、不变形的细钢丝绳。测绳的刻度在使用前应认真校核。

2)混凝土浇筑前工作

(1)导管下放

导管逐段吊装接长、垂直下放,导管底部至孔底保持25~40cm空间,导管接长时通过两根工字钢加工而成的活动卡悬挂。导管使用前应涂油漆、进行编号,以保证灌注混凝土过程中不漏水、不破裂。导管下放时要严格按照编号顺序,每下一节都必须记录,导管下放时,卡板不能长时间打开,避免导管掉入孔内。

(2)二次清孔

导管下放完毕后,进行二次清孔。清孔时摇动导管,改变导管在孔底的位置,直到孔底沉渣厚度小于5cm。二次清孔前后都要认真测量孔深,以控制沉淀厚度。二次清孔示意图如图12-4-28所示。

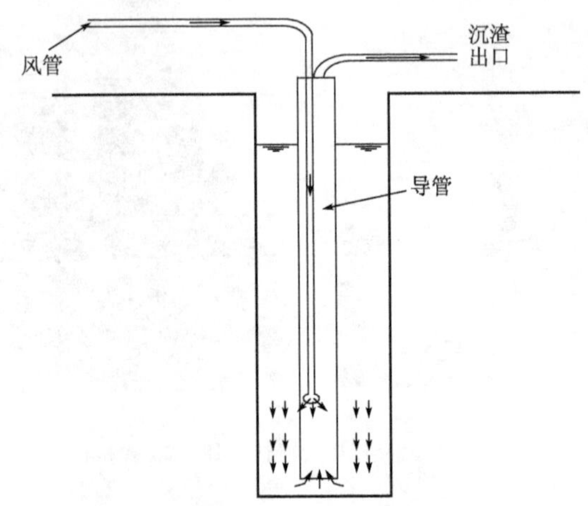

图12-4-28　二次清孔示意图

(3)其他准备工作

搅拌船就位,并检查设备情况和物料,确保混凝土连续正常供应。

泥浆船就位,储存孔内泥浆。

3)混凝土浇筑

(1)剪球

二次清孔后,开始灌注水下混凝土。灌注水下混凝土的分水球采用混凝土块件,做成圆台状,上圆直径为26cm,下圆直径为24cm,高为30cm。浇注混凝土前,将分水球置于导管上口,分水球上垫两片沥青纸,起密封作用,并用4股8号铁线吊住。为保证第一批混凝土灌注后导管埋管1m以上,应依次将漏斗、储料斗装满混凝土后(约12m^3)剪断铁线灌注首批混凝土,并持续灌注。水下混凝土浇筑如图12-4-29所示。

(2)灌注混凝土

首批混凝土灌注成功后,经泵送不断地通过浇筑料斗及导管灌注至孔内。在灌注过程中由于导管内混凝土不满,含有空气,后续混凝土要徐徐灌入。可先将储料斗阀门打开5~6cm,待导管内完全充满混凝土再将储料斗全部打开。混凝土浇注时,保持护筒内泥浆面高于水位

1 ~2m,保证孔内压力大于孔外水压。

图 12-4-29　水下混凝土浇筑

桩基混凝土混合料的拌和采用电脑控制,并配有试验人员监控混凝土的工作性能,严格按施工技术规范规定保证混凝土的温度、含气量及和易性等指标,控制好混凝土坍落度,并充分做好准备,保证混凝土的连续供应。在混凝土灌注过程中设专人测量孔深并记录,用两套测锤在不同方向量测,同时测锤重量要加大一点,做好每下一盘料的测量与记录,准确掌握混凝土面上升高度,严格控制导管埋深在 3 ~6m 范围内,防止埋管过深提不起来或埋管过浅脱空产生的断桩事件发生。导管埋深达到 6m 后开始拆一节导管,但必须满足导管埋入混凝土 3m 以上。拆除导管前,必须测量准确混凝土灌注高度,同时每拆管一次前都要同搅拌船混凝土搅拌方量进行复核,以推算埋管深度是否合理。如此循环,直至混凝土顶面高程高出设计高程 1m 以上(此段为桩头挖凿部分)。高出部分待混凝土达到强度后用人工进行凿除,确保桩头质量良好。灌注过程中随时将翻起的泥浆抽入相邻护筒备用,多余的泥浆由泥浆船外运外排。泥浆船接收泥浆如图 12-4-30 所示。

图 12-4-30　泥浆船接收泥浆

混凝土灌注完毕后要及时把储料斗、漏斗和导管冲洗干净,再刷油,以防生锈。

147 号墩桩基混凝土浇筑统计见表 12-4-9。

147 号墩桩基混凝土浇筑统计　　表 12-4-9

序号	桩　号	浇 筑 日 期	设计方量(m^3)	实际方量(m^3)
1	147 号-Z1	2013.4.28	171.9	177.0
2	147 号-Z2	2013.4.9	171.9	181.5
3	147 号-Z3	2013.5.20	178.6	178.7
4	147 号-Z4	2013.4.25	178.6	179.5
5	147 号-Z5	2013.4.17	185.4	191.0
6	147 号-Z6	2013.3.28	185.4	212.0

4)桩基检测

桩基混凝土强度达到要求后,即可进行超声检测和抽芯检测。

根据《建筑桩基检测技术规范》(JGJ 106—2014)和《钻芯法检测混凝土强度技术规程》(CECS 03—2007),对桩基进行抽样钻芯检测。采用液压钻机,抽芯芯样直径选择为50mm,钻头采用金刚石钻头。钻机设备安装必须周正、稳固、底座水平。钻机立轴中心、天轮中心(天车前沿切点)与孔口中心必须在同一铅垂线上。应确保钻机在钻芯过程中不发生倾斜、移位,钻芯孔垂直度偏差≤0.5%。钻机平台直接利用桩基施工平台,钻机安装就位后逐根接长钻杆,直至桩底1m位置以上处(抽芯管管底),即可进行钻进抽芯。取芯应深入至混凝土与基岩接触面以下1000mm处。钻取的芯样应由上而下按回次顺序放进芯样箱中,芯样侧面上应清晰标明回次数、块号、本回次总块数;对芯样和标有工程名称、桩号、钻芯孔号、芯样试件采取位置、桩长、孔深、检测单位名称的标示牌的全貌进行拍照。取芯完成后进行基桩质量及沉淀厚度验证,验证合格后灌注M40水泥砂浆密封。

桩基检测顺序为先超声检测,再抽芯检测。超声波检测前,要测量相应声测管外壁间净距离,将各声测管内注满清水,检查声测管畅通情况,换能器应能在全程范围内正常升降。发射与接收声波换能器应以相同高程或保持固定高差同步升降,测点间距不应大于250mm,收集测量资料进行组合,分别对所有检测剖面完成检测。在桩身质量可疑的测点周围,应采用加密测点或采用斜测、扇形扫测进行复测,进一步确定桩身缺陷的位置和范围。超声波检测合格后,每根钢管均需压浆(M40水泥砂浆)封实。

12.5 HSE管理体系及保证措施

12.5.1 HSE管理体系

1)职业健康安全目标

以人为本,注重职业健康安全。确保施工过程中人身安全、工程安全、财产安全,树立安全施工新风尚。在施工过程中,保证无职业病发生,不发生人员重伤、死亡等重大安全事故,保证不发生工程遭受人为损害事故,保证不发生施工设施遭受较大损害事故。

2)环境目标和指标

生产、生活用水达广东省地方标准排放;固体废弃物实现分类管理,有毒有害废弃物处置率达到100%;施工现场目测无明显扬尘;保护海洋生态。

3)HSE管理机构

成立以项目经理为首的HSE管理领导小组,从组织上、制度上、防范措施上保证安全文明施工,做到规范施工,安全操作,保护海洋生态环境。HSE管理机构如图12-5-1所示。

4)HSE管理人员组织

项目部设立HSE管理委员会,由项目经理、项目副经理、总工程师、项目部各部长和专职HSE监督员组成,每个作业班组配兼职HSE监督员,负责监督、检查、指导和落实安全施工、保护海洋环境的生产作业。

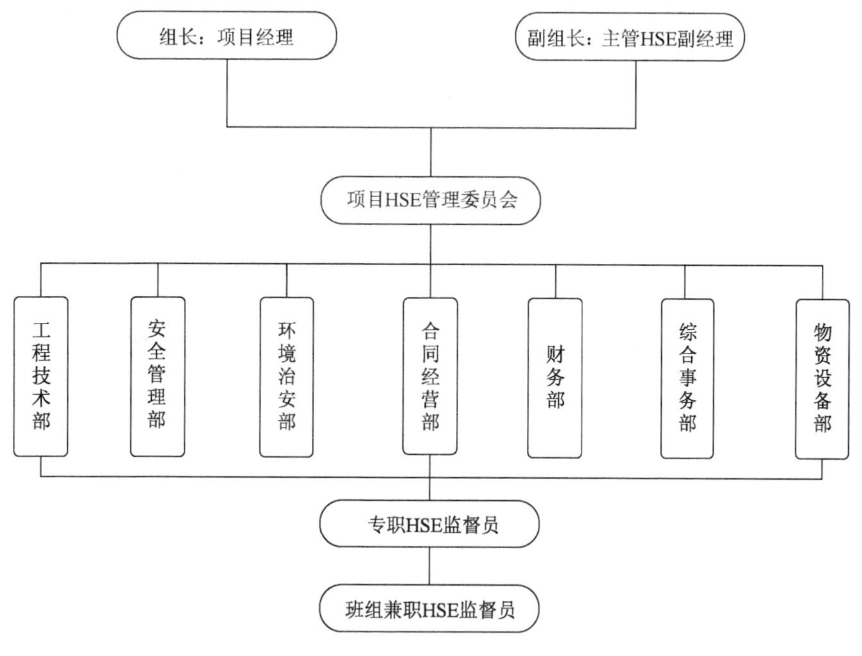

图 12-5-1 HSE 管理机构

12.5.2 职业健康安全保障措施

1)重大危险源辨识

本工程重大危险源有:恶劣自然环境、船舶碰撞、临边及高空人员落水、海洋污染和白海豚受伤、大型吊装起重、施工用电、钻孔作业等。

2)安全管理的重点部位

本工程安全管理的重点部位有:海上桩基施工区域,码头吊装施工区域。

3)针对危险源采取的防范措施

针对本工程的重大危险源,将对此采取相应的安全措施防护。

(1)恶劣自然环境

在海上施工期间,针对可能遇到的恶劣天气,项目部与气象部门签订服务协议,实时掌握天气状况,合理安排工序。

(2)船舶碰撞

本作业主要存在施工与通航同时进行过程中两者相干扰所产生的安全问题,如撞击、高空掉落损害等事故,以及漂浮物对施工构成的安全威胁问题。

安全防护措施:划定施工水域,设置施工水域界线标志、禁航标志及阻拦物;协助海事部门做好航行的组织和监控;设置必要的防撞设施;对水上高空作业区,设置临边遮挡设施,防掉落对过往船只产生危害;严密监视漂浮物的运行状况,如有危险,及时采取行动对其进行控制。

(3)临边及高空人员落水

加强施工人员安全教育,做好施工安全交底工作。海上施工人员佩戴好安全防护用品,尤其是在水上作业,必须穿救生衣;在平台四周和施工船舶上挂足够数量的救生圈,发生落水事故,随时可以抛救生圈进行救援。

①凡在坠落高度基准面 2m 以上(含 2m)有可能坠落的场所处进行作业,均称为高处作业。

②从事高处作业的人员应定期体检。凡患有高血压、低血压、癫痫病、贫血、弱视以及其他不适合高处作业的疾病者,不得从事高处作业。严禁酒后作业。

③对于未在成孔的桩基(包括未开钻和已浇筑完混凝土的桩基)护筒顶部采用盖板完全封闭或安全网覆盖,防止人员在护筒周边发生坠落。

④在捞除泥浆槽内残渣前,应在泥浆槽周边焊接作业平台,便于作业人员作业,同时作业人员必须穿戴救生衣。在平台与泥浆槽平台直接采用爬梯作为通道,爬梯建议采用圆钢焊接,不宜采用螺纹钢筋焊接。

⑤平台四周挂手抛式救生圈,以备人员落水时急用。

(4)海洋污染和白海豚受伤

海上施工船舶及平台上的生产、生活垃圾和油污均统一收集,严禁直接抛入或排入海里。船舶行驶过程中发现有白海豚时,要慢速行驶并通过敲打等方式进行驱赶。

(5)大型吊装作业

本作业主要存在钢筋笼、钻机吊装、平台整体吊装施工安全问题。

安全防护措施:制定正确的吊装方案,严格按方案及吊装操作要求施工;采用能力强、工作状态良好的吊装、安装设备,采用质量符合要求的吊装工具,确保吊装工作安全。

①吊装作业指派专人(信号工)统一指挥,参加吊装的起重工要掌握作业的安全要求,其他人员要有明确分工;吊装作业前必须严格检查起重设备各部件及钢丝绳的可靠性和安全性,并进行试吊。

②各种起重机均不得超负荷使用;作业中遇有停电或其他特殊情况,应将重物落至地面,不得悬在空中。作业面应坚实平整,支脚必须支垫牢靠,回转半径内不得有障碍物,不得站人。两台或多台起重机吊运同一重物时钢丝绳应保持垂直,各台起重机升降应同步,各台起重机不得超过各自的额定起重能力。

③在吊钻机、钢筋笼等重物时,防止滚动、滑落。

(6)钻孔作业

①钻机就位前需进行各项检查工作,对配套设备如泥浆处理器和空气压缩机等进行全面检查,各连接处牢固可靠,各电路连接准确,功能使用正常,确保各机构符合安全要求才可开钻。

②钻机在钻孔过程中,要针对不同地质情况采取不同形式的钻头和钻进工艺,确保钻孔安全。

③进行钢筋笼下放施工作业时应搭设操作平台,必要时作业人员应系好安全带;下放钢筋笼时,作业人员不得入钢筋笼内。

④严格用电管理,禁止乱接乱拉电线,经常检查电器漏电保护性能。雷暴雨和台风天气,应暂停作业;电气线路绝缘应良好,并有防雨遮盖,防漏电保护装置应灵敏可靠,做好防雷、防触电的保护工作。

⑤混凝土料斗支架应垫平、垫牢，对角设置2组缆风绳，并用手拉葫芦收紧，经检查确认搭设牢固后才可输送混凝土。开混凝土浆斗的操作人员应扶好、站稳，必要时系好安全带。

⑥在任何情况下，严禁人员进入没保护设施的钻孔内处理故障；当需要入桩孔内处理故障时，应备齐防溺、防坍等安全措施后，才可入桩孔内。

4）综合治理

在本项目中，采用全员、全方位、全过程的全面安全管理；对全体施工人员进行安全教育和培训，使安全管理思想深入人心，使人人理解和自觉遵守安全管理制度，使全体施工人员均掌握必要的安全管理知识和技能；严格按公司“工程施工安全保证体系”的要求进行施工安全管理和控制，执行和落实各项安全管理制度和其他各项要求，其中的“群防群治”制度规定了各部门的安全生产职责，对施工安全的综合治理非常重要；重视安全管理，加大安全投入，采用先进的安全管理方法、技术。通过上述综合治理措施，实现本项目安全管理目标。

5）安全事故处理预案

安全事故处理预案体系主要由以下部分组成：安全预警系统、施工现场的临时医务室或保健医药设施及场外医疗机构、工地现场内外的消防及救助系统、危险源辨识系统、应急机构、报警信号与通信、事故应急与救援。

（1）安全预警系统。本项目安全预警系统如图12-5-2所示。

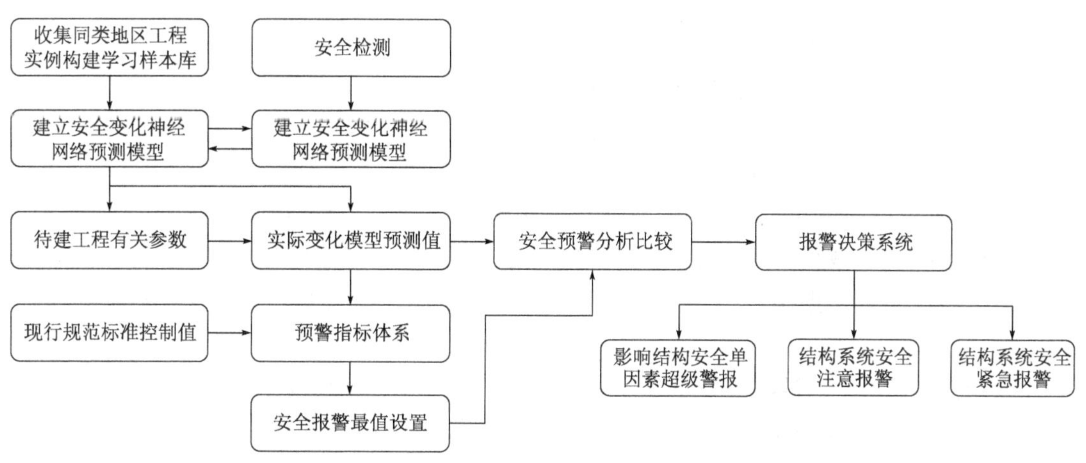

图12-5-2　安全预警系统框图

（2）建立施工现场的临时医务和联系场外医疗机构体系。在施工现场显眼位置公布项目部医务人员名单，联系电话，项目部营地常备有的医药和急救设施，以及对附近医疗的情况进行介绍，包括地理位置、距离、联系电话等内容。

（3）工地现场内外的消防救助系统。工地现场组建消防结构，明确消防组成人员，配备消防措施并公布施工现场消防平面布置图。

（4）危险源辨识系统。在危险源辨识系统中，列出本项目所有可能发生较大事故的危险源及其特征、影响范围、影响程度。

（5）应急机构。明确应急机构人员的职责及分工。应急机构组成示意图如图12-5-3所示。

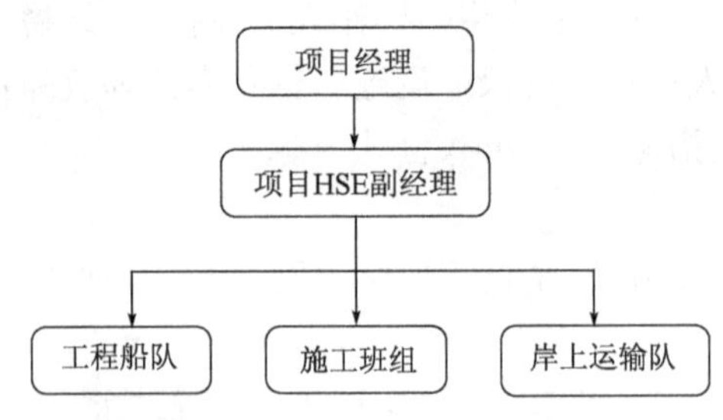

图 12-5-3　应急机构示意图

(6)报警信号与通信

明确各救援电话及有关部门、人员的联络电话或方式。

(7)事故应急与救援

本工程处于海上作业,事故应急和救援措施非常重要。项目部的应急内容主要包括应急程序、现场应急救援措施、事故的自救和急救常识。项目部根据公司要求编制应急预案,明确应急程序,加强员工的事故自救和急救常识的培训,加强员工的应急救援技能。

6)台风、龙卷风、雾等气象性灾害应急预案

(1)防台风应急预案

①安排专人收听台风信息,修订完善防台预案、措施,检查抗台所需的人、机、物准备情况,根据台风预报合理安排生产计划,组织防台教育和演练。

②接到进入三级防台风的指令后,停止抗风能力差的施工作业,海上施工的船舶在接到台风报警后不得出航,要提前驶入预先选定的避台避风锚地并锚实;钻孔平台要提前用锚索固定,最大限度地减少现场施工的机械设备和人员的投入;全面检查落实防抗准备工作,召回防台风骨干人员,据实调整抢险小分队;降低可活动设备的高度,缩小招风面,加固设备、设施。

③进入二级防台风阶段后,停止所有施工作业,切断电源,关闭施工现场发电、用电设备,撤离方便的机械设备要尽量撤离,不便撤离的机械设备要做好保护工作。抢险人员设备、物资处于临战状态;安排全时值班,派专人(2 人以上)对重点部位巡查,遇紧急情况随时报告。

④进入一级防台风阶段,全员进入抗台部署,启动防汛应急预案;发生险情时,立即采取抢险措施,并迅速向建设单位和当地有关部门报告;全时值班,领导带班;正点报告现场风情,遇紧急情况随时报告。

⑤发生人员伤亡时立即启动安全生产险情及紧急情况反应预案,迅速组织抢救。

(2)防龙卷风应急预案

①接收到有龙卷风的预报时,启动 2h 一收听小气候气象预报;预先选择人员紧急避风点,指派专人加强瞭望,及时加固设备、设施,清除可能被吹动的小型物件。

②龙卷风开始袭击时,迅速组织人员疏散进入紧急避风点,立即切断电源,防止电伤事故的发生;启动紧急救援预案。

③发生人员伤亡时,立即启动安全生产险情及紧急情况反应预案,迅速组织抢救。

(3)防大雾应急预案

大雾天气出现时要停止起重作业、高空作业等危险性较大的施工;水上施工要有专人安全监护,确保施工安全。

12.5.3　环境保护保障措施

1)概述

施工期环境影响有以下特点:

(1)环境保护的重点是保护海洋生态环境以及工程海域环境。

(2)本工程的工期约为15个月,环境保护非常重要。

2)环境保护措施

成立环保工作小组,配置环保专职人员,切实贯彻环保法规,该机构由一名副经理任组长。各工区、班组派人参加,将环保责任和义务落实到人。

(1)大气污染的防治措施

①严格执行《低硫优质煤及制品》标准,加强推广使用低硫低灰优质煤。

②发展液体燃料。采用轻柴油替代小煤炉、分散锅炉的生产和生活用煤。

③积极利用电、太阳能等清洁能源,热水、采暖尽量使用电器设备。

④若使用生产、生活用小锅炉,则须采用湿式除尘锅炉,满足脱硫要求,锅炉安装须征得当地环保部门的许可,除尘器运行状况应定期接受环保部门监督。

(2)水污染的防治措施

①在施工平台上,生活污水通过安装污水处理系统,统一处理。

②尽量不使用一次性塑料餐具,防止白色污染。交通船舶、施工机械产生的废油料及润滑油等,必须集中收集运至岸上处理。

③生产用油料必须严格保管,防止泄漏,污染海水。

④泥浆制备、钻孔和浇筑混凝土过程中,要对泥浆进行合理处理,避免直排入海,污染海水。

(3)噪声污染的防治措施

合理安排施工,尽可能减少机械作业过程中产生的机械噪声。

①建立隔声屏障,根据施工现场情况,使用隔声材料或结构来阻挡噪声传播,如发电机采用隔声较好的减震垫隔离,减少噪声传播。

②对于固体振动产生的噪声,采取隔振措施以减弱噪声。

③施工用船舶及运输车辆,采取禁(限)鸣措施,减少噪声污染。

(4)固体、废弃物的处置措施

①建立严格的固体、废弃物管理制度,废弃物设专用场地堆放,集中管理。

②在水上施工平台及生产、生活区设置若干垃圾桶,集中储放生活垃圾,定期运至岸上垃圾场处理。

③施工过程中的废弃物、边角料、包装袋等及时收集、清理,运至垃圾场处理。

④船舶上的生活垃圾,亦须袋(桶)装,集中运至岸上垃圾场进行处理。

⑤加强对机械设备废弃物的管理,加强废弃物的回收管理制度。在维修或保养机械的过

程中，严格执行废弃物回收制度，对维修或保养机械过程中产生的废机油、废手套、废棉纱等废弃物，指定专人负责回收，并设立收集废弃物的专门容器。

3）生态环境的保护

（1）加强水上施工管理工作，最大限度地减少对水生生态环境的污染。

（2）加强生态环境保护的宣教和管理力度，使施工人员充分认识到保护珍稀水生野生保护动物和渔业资源的重要性，加大法律法规的宣传力度。

（3）加强施工区域通航管理工作，严防危险品运输船舶溢油事故。

4）中华白海豚的保护

（1）降低噪声、激波对白海豚及其他水生生物的影响。

（2）作业过程中，如果监视人员发现有白海豚出现，立即上报，并通知停止高噪声作业。夜间时，加设探照灯，对施工水域进行监视。

（3）进入施工区的所有船只限速在 10 节以内，加强教育，航行时应留意白海豚的出没并加以回避，以防止航船撞击白海豚和发生水上交通事故。

（4）每年 5—8 月份为白海豚繁殖高峰期，在此期间施工安排时应尽可能减少打桩等敏感的施工活动。

12.6 航道安全保证措施

在施工过程中，施工平台、施工船舶及设施将占据一定的施工水域，客观上束窄了通航净宽，加大了桥区水域的船舶密度，因此会对过往船舶造成一定的影响，而若对过往船舶管理不当，将会给施工造成一定影响。为了确保施工期间的船舶通航工程施工顺利，对过往船舶采取通航保证措施显得非常有必要。

同时施工船舶按照规定的航线行驶，尽量少占用通航航道，对平驳船、运输船、交通船等做好水上安全管制。

为防止船只碰撞平台，沿着平台四周安装红色警示灯以提醒过往船只，确保夜间水上交通安全。

12.7 质量保障措施

12.7.1 原材料质量控制

（1）所有原材料、半成品或成品都必须按“三标一体化管理手册”规定有醒目的标志，注明材料的种类、规格、来源、编号、使用部位及检测状态，且必须分类堆放整齐，并做必要的支垫和覆盖防护。

（2）每批进厂的胶凝材料（水泥、矿粉、粉煤灰）和外加剂等，由材料人员按规定频率取样，做好样品标志交检测人员试样，进厂的胶凝材料和外加剂储存罐设有明显标志，不进料时，上料口加锁,每次打入新料时由材料验收人员监督,以防混装。

(3)每批进厂的混凝土集料(砂、碎石等),应及时通知质检人员到场取样。同时,材料验收人员应注意目测进厂集料外观质量,如有异常,应立即通知有关人员采取相应措施,混凝土集料按种类、规格分别堆放在集料仓内,并做好标志牌。

12.7.2 成孔质量控制

(1)钻机就位应牢固平稳,严格保证转盘重心、桩孔中心两者在同一钻垂线上,钻机在钻进过程中不应发生位移或沉陷。

(2)升降钻具应平稳,尤其是当钻头处于护筒底口位置时,必须谨慎操作、防止钻头钩挂护筒,避免冲撞钢护筒,扰动孔壁。

(3)钻孔应连续进行,不得中途长时间停止,尽可能缩短成孔周期。

(4)钻孔时须及时填写钻孔记录,在土层变化处捞取渣样,判明土层,以便与地质剖面图相核对。在钻孔过程中,若发现钻孔位置处的地质情况与地质剖面图有较大不符,应将实际的地质情况写成报告,报送监理工程师审查。

(5)护壁泥浆的原料、配合比除符合规范规定的相对密度、黏度、含砂率、pH 值和泥皮厚度等指标外,尚应重视对周边环境的环保要求。钻进施工中要有专人检查护壁泥浆的性能,根据不同的地层选择不同的钻进速度,及时调整泥浆指标,严格控制孔内泥浆含沙率及孔壁泥皮厚度。钻孔桩正式施工前应进行轻质环保化学泥浆的工艺试验。

(6)过程中应经常检查泥浆的性能指标(主要检查相对密度、黏度、含砂率、胶体率等指标,每一工作班至少应检查一次,并做记录)。在钻孔排渣、提钻头除土或因故停钻时,应保持孔内具有规定的水位和要求的泥浆相对密度和黏度。

(7)钻孔达到设计高程后,应检查孔深、孔位、孔径,符合规范要求方可进行清孔。清孔应采用合适的工艺,清孔时必须保持孔内水头,防止塌孔,不得用加深钻孔深度的方式代替清孔。

(8)各钻孔终孔前应由现场监理工程师确认。

(9)相邻两根桩不得同时成孔或浇筑混凝土,以免扰动孔壁,发生串孔、断桩事故。

(10)考虑到桩基较长、提钻和钢筋笼下放时间较长,第一次清孔应彻底并严加控制。

(11)每台钻机应实行定人定岗负责制,一般情况下每班应有 3 个人,严格执行交接班制度,并做好交接班记录,加强对机械的维护保养。

12.7.3 钢筋笼质量控制

(1)焊工需持证上岗,对持证上岗的焊工进行考试评定,不合格的坚决淘汰。

(2)严禁在成捆的钢筋堆中用电焊或风割等直接开料。

(3)钢筋笼采用分段加工,吊放时接长,钢筋笼主筋的接长采用机械连接(连接套筒须有出厂合格证,并须现场检验合格),每根桩的钢筋笼接长次数应尽量减少,主筋对接接头的间隙不得大于 5mm,每一节段(长度 12m)的钢筋笼接长都必须经监理工程师检验合格。加劲箍筋采用电弧焊接头,单面焊接接长不低于 10d。环形箍筋采用 10mm,箍筋与主筋之间采用绑扎方式连接,绑扎应牢固,绑扎率应为 100%。

(4)钢筋笼应设置三角形内撑架,内撑架采用 28mm 螺纹钢筋制作,防止钢筋骨架在运输和就位时变形。

(5)钢筋笼吊装时,应在顶部焊接吊耳,并采用十字梁吊装;二次清孔完成后,对护筒内壁附着的泥浆进行清理。

(6)超声检测预埋声测管的规格为 ϕ60mm×3.5mm,沿桩基四周均匀布置4根,另外还有一根抽芯检测管,规格为 ϕ150mm×8mm。声测管和抽芯管沿钢筋笼主筋平行布置,用U形卡与主筋焊接牢固;密封下端口,在浇筑混凝土前灌满水,并用特制的盖子封闭上端口。声测管在混凝土浇筑完成后应采用高压水枪通试一遍,避免由于声测管连接处封闭不紧密导致泥浆渗入管内,通试完成后及时封闭上端管口。桩基检测结束后每根声测管均需压浆(M40水泥砂浆)封实。

12.7.4 混凝土浇筑质量控制

(1)每次混凝土浇筑前,试验室应提供当天使用的施工配合比,操作人员在接到调度室的开罐通知后,将配合比输入计算机。输入配合比时,需认真核定配比中各项数据及各种原材料的仓号,保证配比数据无误,用料准确。输入完毕后,经试验室值班人员核对无误并签字后方可开始搅拌,第一盘混凝土搅拌完后应立即检查配料误差,及时调整规定值。

(2)混凝土生产过程中,混凝土配料单除按要求打出外,其余数据应在计算机内保存,如果试验检测人员或监理人员需要,可随时提供或查看。

(3)水下灌注混凝土配合比设计必须符合《公路桥涵施工技术规范》(JTG/T F50—2011)要求,混凝土的灌注时间不得长于首批混凝土的初凝时间,若估计混凝土的灌注时间长于首批混凝土的初凝时间,则应掺入缓凝剂。

(4)严格按配合比施工,严禁随意调整配合比的水灰比及各参数;所有配合比的使用及变更,均应征得项目总工程师及监理工程师的批准后方可使用。

(5)灌注水下混凝土前,应检测孔底泥浆沉淀厚度、黏度、相对密度、含沙率等指标,如超过设计要求,应再次清孔。

(6)灌注混凝土应连续进行,不得中断,直至灌筑的混凝土顶面高出设计高度0.5~1m,多余部分在接桩前必须凿除,桩头应无松散层。同时需加强设备的维修保养,保证混凝土浇筑的连续性。

(7)第一次灌注前导管应进行水密性试验,后期导管每浇筑30根桩基后进行一次水密性试验。

(8)在雨季施工时,应提前准备好各种防雨设备和材料,下雨时应对大料斗和小料斗加以遮盖,防止雨水汇入导管内,影响桩身混凝土质量。

(9)混凝土粗集料最大粒径不超过2.5cm,细集料宜采用级配较好的中砂。

(10)混凝土拌合物应具有良好的和易性,在灌注过程中应无显著离析、泌水现象。灌注过程中应保持足够的流动性,其坍落度一般情况下应为180~220mm。

(11)水下混凝土的胶凝材料用量不宜小于380kg/m^3。

(12)混凝土灌注过程中,在潮水变化区域,应注意保持孔内水头。

(13)混凝土剪球后,导管埋深应不少于1m。在灌注过程中,导管的埋深宜控制在3~6m。灌注过程中应经常测探孔内混凝土面的位置,及时调整导管埋深。

(14)在灌注过程中,应将孔内溢出的水或泥浆引流至附近桩孔内或泥浆船内,不得随意排放,污染环境。

(15)混凝土拌和用水宜采用干净的淡水,使用不含有影响水泥正常凝结、硬化或促使钢筋生锈物质的饮用水,严禁使用海水、工业污水和 pH 值小于 5 的酸性水,硫酸盐含量按照 SO_4^{2-} 计,不大于 500mg/L。

12.8 钻孔平台标准化

水上施工平台是指为了进行桥梁基础水上施工而搭设的作业场地。固定式水上工作平台是一种常见的结构形式,而宽阔水域施工平台具有其特殊性:

(1)平台要受流波力作用,当考虑风暴潮影响时,这种作用十分强大。

(2)在潮差较大的地区,因为要考虑平台作业面避受波浪影响,以及为了钻孔和水下混凝土封底施工等需要,内部应保持足够的水头,平台顶面高程比一般平台要高。

(3)因为水上施工平台远离陆地,既是生产基地,又是生活基地,其面积比一般平台大很多,结构受力也较复杂。

(4)因为受风浪潮的影响,平台搭设十分困难,是采用常规的插打钢管桩方法还是采用其他施工方法,须在自然条件、技术和成本方面进行比较。

(5)平台设计应调查和掌握水文、水力环境,这是关系到技术、安全和成本的重要问题。

(6)在无遮蔽海洋恶劣的自然条件下,采用江河中常用的支架或船舶施工方法有时无法进行,必须建造与自然条件相适应的、稳固可靠的海上施工平台。

因此,钻孔施工平台应当保证结构形式在荷载作用下安全稳定,并且便于桥梁基础施工,不影响其施工进度。这样,对钻孔施工平台进行标准化管理就显得尤为必要。钻孔平台标准化具体方法如下:

(1)平台四角应设置太阳能航标灯,四周安装 LED 彩虹灯作为警示链灯。

(2)平台四周应设置不低于 1.2m 的护栏,建议采用可拆卸的标准栈桥护栏,并设置不低于 18cm 的挡脚板。

(3)平台面板之间缝隙应全封闭,防止平台油污水直接排入海洋,污染海洋环境。

(4)油库及备用发电机周围应设置集油槽,并设置隔离网,安放存沙桶,维修机械应设置集油槽,高度不低于 10cm。

(5)平台人员生活区与生产区应设置隔离网,严格将生产区和生活区分开,减少管理的难度。

(6)每个平台应设置可吊运的垃圾桶用于收集每日生活垃圾,每天定时安排人员至各个施工平台收集并上岸处理。

(7)平台临时用电电缆布设建议采用暗线方式,电箱设置固定的悬挑小平台,配置标准配电箱。

(8)平台油库、变压器、生活区应设置消防灭火器。

(9)钻孔区应考虑采用全封闭施工,钻孔泥浆管及泥浆槽应考虑封闭管,减少泥浆的外泄。

(10)推广使用标准化的焊机防护罩及气瓶运输小车。

(11)人员救生衣推广使用腰带式救生衣。

(12)平台规划泥浆泵、除砂器、焊机等小型机具的摆放位置。

(13)平台四周应配备救生圈、救生绳等设施。

12.9 施工总结

非通航孔桥桩基施工采用钻孔灌注桩施工,施工过程中成孔以及桩的质量也由于实际工程现状而出现或多或少的问题。本次桩基施工中存在的问题以及改进措施如下:

(1)塌孔:根据不同地层,控制使用好泥浆指标。在回填土、松软层及流沙层钻进时,严格控制速度。地下水位过高,应升高护筒,加大水头。地下障碍物处理时,一定要将残留的混凝土块处理清除。孔壁坍塌严重时,应探明坍塌位置,用砂和黏土混合回填至坍塌孔段以上1~2m处,捣实后重新钻进。

(2)缩径:选用带保径装置钻头,钻头直径应满足成孔直径要求,并应经常检查,及时修复。易缩径孔段钻进时,可适当提高泥浆的黏度。对易缩径部位也可采用上下反复扫孔的方法来扩大孔径。

(3)桩孔偏斜:保证施工场地平整,钻机安装平稳,机架垂直,并注意在成孔过程中定时检查和校正。钻头、钻杆接头逐个检查调正,不能用弯曲的钻具。在坚硬土层中不强行加压,应吊住钻杆,控制钻进速度,用低速度进尺。对地下障碍预先处理干净。对已偏斜的钻孔,控制钻速,慢速提升,下降往复扫孔纠偏。

(4)钢管桩沉桩过程中,桩顶导向十字架掉入Z1桩孔内,对钻孔灌注桩成桩造成一定的影响,需在成孔至一定深度后将其采用电磁铁进行打捞。

改进措施:改进打桩船内的导向结构,防止其掉落,并经常检查焊缝情况。

(5)147号墩Z6桩在终孔后发生塌孔质量事故,并将钻头埋住,主要原因是泥浆指标不能满足要求,造成全风化岩层塌落。

改进措施:钻进施工中要有专人检查护壁泥浆的性能,根据不同的地层选择不同的钻进速度,及时调整泥浆指标,严格控制孔内泥浆含砂率及孔壁泥皮厚度。特别是从一种地质层进入另一种地质层时,要加强对泥浆指标的监控,当钻孔至易塌地层时,应加大泥浆相对密度、黏度及胶体率,以确保护壁厚度,防止塌孔现象发生。现场储备足够的备用泥浆,以便孔内出现漏浆等事故时能及时补浆,保证孔内压力。在钻孔排渣、提钻头除土或因故停钻时,应保持孔内具有规定的水位和要求的泥浆相对密度与黏度,水头差的控制应注意涨落潮时水位的变化。

(6)从运输船上起吊钢筋笼时碰撞运输船,造成主筋局部弯曲。

改进措施:钢筋笼转运起吊需严格采用牵引绳进行,避免在钢筋笼起吊过程中碰撞主筋,尤其避免使接头部位主筋受碰变形,从而避免主筋对接困难。

(7)桩基混凝土施工剪球前准备工作过长。

改进措施:后续桩基施工中要详细考虑、精心安排,尽量提前或者同步完成剪球准备工作,以保障桩基质量。

(8)Z3桩在成孔过程中发现护筒底口卷边(钢管桩沉桩单锤贯入度为13mm),经过超声波测孔及潜水员探摸后发现护筒底口最小直径为1.70m,切割处理后,1.75m钻头能顺利通过,完成成孔施工。

(9)桩基超声波检测结果均为Ⅰ类桩。

(10)桩基混凝土测定强度为47.2MPa≥35MPa,最大值为54.4MPa。

第13章　海洋工程环保研究

13.1　工 程 概 述

13.1.1　研究背景

中华白海豚(Sousa chinensis,图13-1-1)是一种沿岸定居性的小型齿鲸类,属海洋哺乳动物,是世界上85种鲸类之一,国外学者称之为印度太平洋驼背豚,而我国称之为中华白海豚。另外,在我国东南沿海地区还有不同的地方俗称,珠江口一带称白忌、白牛,福建一带称镇海鱼、妈祖鱼等。我国最早记载中华白海豚的文献出现在唐朝,清初(约17世纪)的《广东新语》称之为"卢亭",并且指出其多出现在大屿山至万山一带。1637年,中华白海豚首次在西方文献中出现,当时探险家彼得·文地详细描述了珠江口的中华白海豚。但直至近年来,在中国水域才开展对中华白海豚的深入研究。

图13-1-1　珠江口中华白海豚的外部形态

珠江口水域中华白海豚的保护在20世纪90年代以后才逐步得到重视。1999年10月,广东省人民政府批准建立珠江口中华白海豚自然保护区,由广东省渔政总队珠海支队对保护区进行监管和执法,定期派出渔政船只做海上监视巡查;2003年6月国务院批准该保护区升格为国家级自然保护区,并成立了专门的珠江口中华白海豚国家级自然保护区管理局,加强对保护区的管理。广东珠江口中华白海豚自然保护区位于珠江口伶仃洋中部偏东水域,其东边界与粤港水域边界线重叠,其东北部边界与香港沙洲—龙鼓洲海岸公园的西边界相衔接。保护区水域面积460km^2,其中核心区140km^2,缓冲区192km^2,试验区128km^2。该保护区类型属于珍稀濒危水生动物保护区。主要保护对象是中华白海豚,其次是江豚(Neophocaena phocaenoides,为国家二级水生保护动物)。

在保护区范围内，尤其是核心区与香港沙洲及龙鼓洲海岸公园连成一片的水域，无疑是中国沿海中华白海豚分布最为密集的区域。这里能成为海豚栖息活动的密集区，主要原因有：首先，珠江是我国南方最大的河流，年径流量达3000多亿 m^3，出海口的伶仃洋水域宽广，面积约1300 km^2，气候温暖，水温和盐度条件与中华白海豚喜栖于热带和亚热带河口咸淡水交汇区的习性相吻合；其次，该水域是咸淡水交汇处，珠江径流带来大量的陆源冲积物，使营养盐变得十分丰富，初级生产力极高，因此水生生物资源丰富，是多种鱼虾类的产卵场和繁育场，水产资源蕴藏量达10000t以上，能为中华白海豚提供足够的食物；此外，保护区的核心区域自然性(度)较高，水质环境较好，在内伶仃岛沿岸和大屿山岛西侧，仍保留有自然岸线未被开发。因此，尽管这一带是经济繁荣、船舶频繁穿梭的水域，海豚仍然选择在这里生活及繁衍。

13.1.2　保护区内海洋工程施工要求

根据《关于港珠澳大桥工程对珠江口中华白海豚的影响的函》[国渔政(水野)〔2008〕8号]的相关要求，在中华白海豚保护区内开展大桥工程的建设应注意以下几个方面：

(1)项目施工及营运过程中，爆破噪声、悬浮物、沉积物中环境污染物的扩散、流场变化及事故风险等将会对该片海域中华白海豚的栖息环境及生存产生重大不利影响。应妥善处理保护与发展的关系，尽可能减轻工程对中华白海豚的不利影响，且必须加强珠江口中华白海豚基础生物学调查和研究，完善救护系统及监测计划，开展饵料鱼类的增殖放流，强化建设和营运期间生态环境的监督管理，加大科普宣传力度。

(2)施工和营运期间应重点注意的问题。策划桥桩施工方法时，应优先考虑围水干排钻孔式方案；若采用撞击式打桩方法，应采用环保型油压式打桩机，在打桩现场周围水下设置气泡屏幕，削减水下噪声超压。打桩和挖掘作业施工前，应在施工地点半径500m范围内连续监测5min以上，确保施工范围内没有中华白海豚活动后方可开始施工。施工期间，应加强施工现场机械的检修工作，确保其处于良好状态，尽量减少同时作业挖掘船数量，减少施工噪声。应使用自航耙吸船浚挖沉积物，并在适当位置安装摄录镜或水位探测器等仪器，加强监测，预防淤泥溢流。在保护范围内的施工段要尽可能控制淤泥溢流，在保护区范围外的施工段应利用环保阀减少溢流，减轻淤泥悬浮和扩散。淤泥和弃土必须在经有关部门批准的陆(水)域处理，不得擅自更改处置场所。营运期间，港珠澳大桥经营管理部门应委托相关机构，对可能出现的航船溢油、爆炸和化学品泄漏等意外事故进行风险预测和评估，并向保护区管理机构报告意外事故的类型、等级和出现概率，以便有针对性地制定保护对策，实施应急处理。同时，对来自桥面的污染源严加控制。

(3)加强监督管理。工程建设单位要落实建设单位内部管理制度，建立现场作业人员和营运期间相关人员的中华白海豚保护培训上岗登记备案制度，由保护区管理机构制定中华白海豚保护行为守则，组织专门培训，持证上岗。在保护区内，疏浚船及其他船只均应限速在10节以内。不得在每年4—8月中华白海豚繁殖高峰期间施工。加强对中华白海豚及施工水域水质的长期监测，为管理提供技术支撑，以便及时调整保护对策。建立中华白海豚保护监察员制度，由保护区管理机构委派有经验的人员担任，对保护措施落实情况进行全程监察。保护区管理机构与施工和经营管理部门应联合成立中华白海豚应急救护工作组，制定应急预案，及时采取救护措施。工程开工必须经保护区管理机构核准，明确施工时间、地点、施工船只数量、航行路线、工程进度等。工程结束后，应立即开展对中华白海豚产生影响的专项评价工作。施工和营运期间，要自觉接受保护区管理机构和渔业主管部门的监督管理。

(4)项目建设必须严格执行生态保护设施与主体工程同时设计、同时施工、同时投入使用的环境保护“三同时”制度。要细化生态补偿方案，落实相关经费，做好中华白海豚保护工作。工程必须符合《中华人民共和国自然保护区条例》及其他相关法律法规的规定。

(5)切实落实生态保护措施，特别是中华白海豚的生态保护措施，制订合理的施工计划，缩短海上施工时间，严格控制多船同时作业，尽量避开中华白海豚和珠江口海域海洋生物产卵繁殖高峰期进行高密度作业，采取增殖放流方式对海洋生态损失进行补偿，制定中华白海豚生态保护长期跟踪监测方案，不得在保护区和海豚的主要生境之内采取填海砂源。

(6)港珠澳大桥工程穿越保护区约9km、缓冲区约5.5km，施工区用海宽度2km，共涉及海域约29km，在施工期间可临时调整为实施区，施工结束后立即恢复为原功能区。

13.2 保护区内工程建设工艺

13.2.1 桥梁工程

1)青州航道桥建设工艺

(1)基础施工

青州航道桥基础采用钢管复合桩形式，在施工时钢管桩采用打桩船施打，并尽量采用液压锤沉桩，以减少对白海豚的噪声污染。钢管桩参与结构受力，其入土较深，施工期间既可作为复合桩钻孔钢护筒使用，又可作为临时施工平台的主要承重基础。复合桩采用回旋钻气举反循环成孔工艺，轻型优质环保泥浆护壁钻进。采用水上搅拌船浇筑水下混凝土。

需特别注意的是，打桩发出的噪声对中华白海豚影响较大，应尽量避开在中华白海豚的交配与繁殖季节进行打桩作业。

(2)承台施工

承台采用有底双壁钢套箱施工工艺。钢套箱利用浮吊整体安装，钢套箱安装就位后，及时进行固定，并浇筑封底混凝土。待封底混凝土满足强度要求后，抽水割除多余钢护筒、清理桩头进行承台施工。承台及塔座应分层浇筑，并采取可靠的温控措施。通航孔桥施工用钢套箱可与桥墩防撞设施进行综合考虑。

(3)墩、塔施工

混凝土索塔采用自动液压爬模系统分节段施工。塔柱节段施工高度4～5m。混凝土横梁采用支架法施工，横梁支架的搭设随塔柱施工进度来进行。辅助墩、过渡墩混凝土墩身采用翻模或爬模施工工艺。

(4)桥梁上构施工

索塔、辅助墩、过渡墩墩顶梁段，利用墩旁临时支架，采用浮吊安装。索塔区墩顶梁段安装并临时锚固后，在其上拼装桥面吊机。

钢箱梁节段由专业厂家制作、驳船运输至墩位处，采用桥面吊机小节段对称悬臂拼装。合龙顺序为先边跨后中跨。具体施工流程如图13-2-1所示。

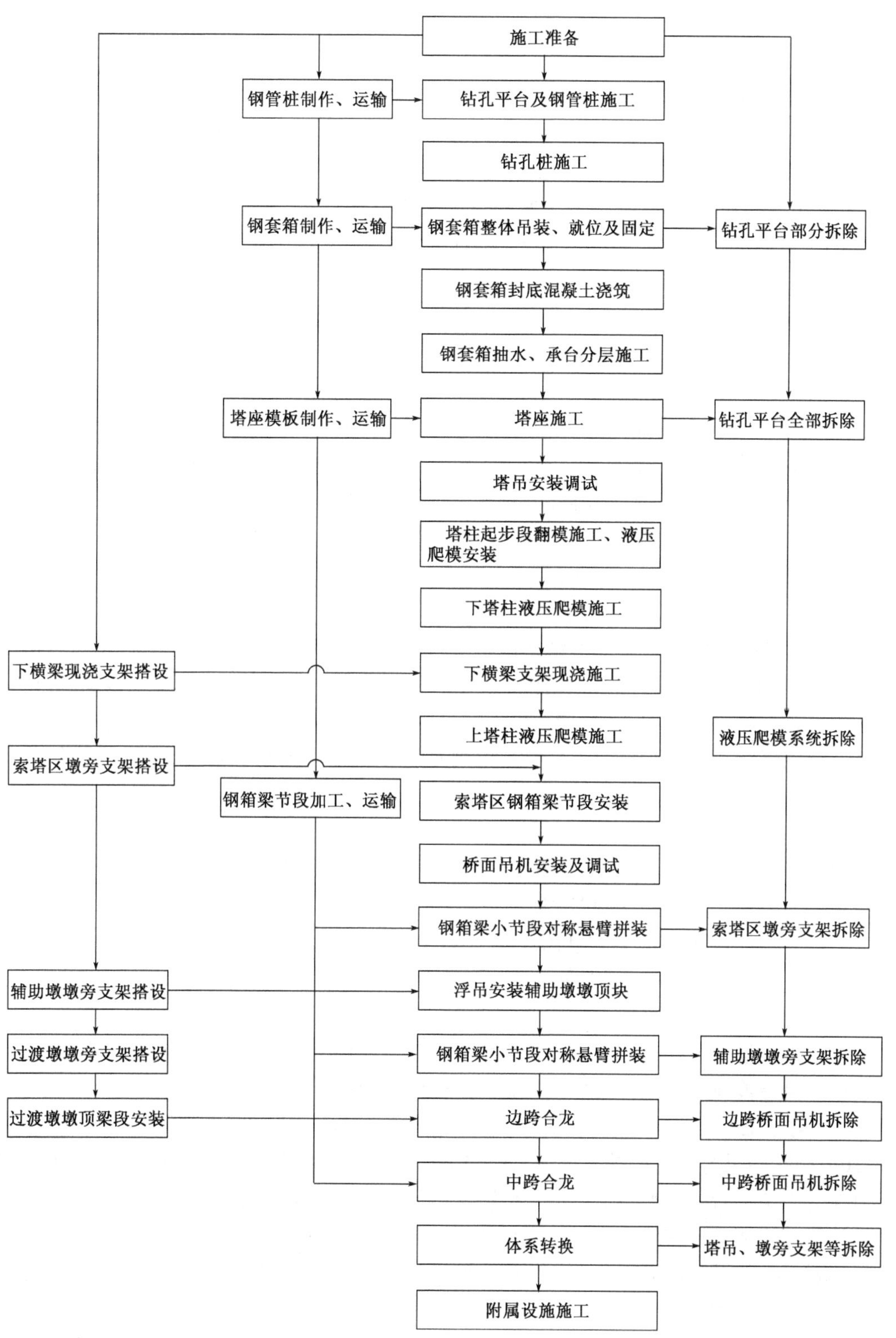

图 13-2-1　青州航道桥施工工序流程

2)深水区非通航孔桥

(1)基础施工

深水区的非通航孔桥基础采用钢管复合桩。打桩船施打钢管桩至设计深度后,采用轻型优质环保泥浆护壁、回旋钻气举反循环成孔工艺,利用水上搅拌船浇筑水下混凝土。

采用打桩船打桩时,在钢管桩顶接工具桩,以减少钢管桩的投入量。钢管桩设计高程以上预留3m的调整部分,以免由于施工等原因造成钢管桩超打,工具桩与钢管桩采用法兰连接,在接口位置设置橡胶止水带,以防海水进入钢管桩内。

(2)承台

非通航孔桥基础由于考虑环保,降低阻水率,全桥均为低桩承台,承台位于海床平面以下。承台与第一节墩身整体预制、运输、吊装。

承台预制场地拟和85m箱梁、110m箱梁、墩身预制场地整体规划、设计、施工。其中,墩身预制台座布置在后方,构件相对较大的承台的预制场地则布置在前方,以方便出运。

场内道路环形布置,并与场外道路衔接,道路宽12m。预制承台采用高位预制,预制场内不设大型龙门,承台预制完成后,由台车经滑道从预制台座用水平千斤顶顶推的方式滑移至存放台座;承台从存放台座至横移轨道的移运方式与以上相同,横移轨道至出运码头采用卷扬机牵引在轨道面上滑移的方法,直至出运码头前端。然后采用3000t浮吊吊装至运输驳船,沿疏浚航道运输至相应墩位处,浮吊起吊安装。

因非通航孔桥承台均为低桩承台,所以承台基坑采用专业的船舶设备进行开挖,且考虑到基坑回淤,因此采用超开挖的形式来消除基坑回淤。施工时必须勤测基坑高程,以此来预算基坑超开挖量。

基坑开挖完成后,对于不平整处,拟采用铺砌砂卵石垫层来平整基坑基底,以达到承台安装条件。

(3)墩身

非通航孔桥均为低桩承台,承台顶面位于海床以下,第一节墩身连同承台一起预制,第二节墩身与第一节墩身之间设置调差,承台安装精度偏差过大时可通过千斤顶进行调整。

墩身预制场地拟和85m箱梁、110m箱梁、承台预制场地整体规划、设计、施工。目前考虑预制场地布置在牛头岛南端,其中墩身预制台座布置在后方,构件相对较大的承台的预制场地则布置在前方,以方便出运。

墩身在预制场内滑移与承台移运方式相同,当墩身移至出运码头后采用3000t浮吊吊装至运输驳船沿疏浚航道运输至相应墩位处,浮吊起吊安装。

(4)上构施工

110m跨钢箱梁为等截面结构形式,单个构件外形尺寸为110m×33.1m×4.5m,单个构件最大自重为2270t。钢箱梁采用一孔整体出运、运输、吊装,逐孔合龙,形成多跨连续梁。

钢箱梁的拼接场地整体规划、设计、施工。钢箱梁采用在工厂加工成小节段,运输至箱梁拼接场,钢箱梁小节段在预制场内的采用运梁平车移运,钢箱梁小节段在拼接胎架上拼接、检测、喷涂完成后,采用与承台相同的工艺进行场内移梁,由台车经滑道从预制台座用水平千斤顶顶推的方式滑移,然后采用卷扬机牵引在轨道面上滑移的方法,直至出运码头前端。

箱梁采用3000t方驳装载,方驳每次装载一片箱梁。方驳先停靠在码头端部,采用

3000t 浮吊吊装箱梁。箱梁在方驳上采用两端简支安放,支座预先焊接在船甲板上,支座上设橡胶缓冲垫,减缓箱梁座落时的冲力,四个支点应在同一平面上,其相对高差不应超过设计允许值。箱梁装驳后须进行加固,以防止运输过程中箱梁移位。加固方法为:支座两侧高出箱梁底面,与箱梁间预留空隙,待箱梁坐落在支座上后,与支座的空隙处用木枋楔实,将箱梁夹紧。

箱梁装驳并封仓加固完成后,用拖轮拖出码头。拖航前必须了解航区的气象和海况,在确认适航和适拖的条件下才可进行拖航。

深水区非通航孔桥施工流程如图 13-2-2 所示。

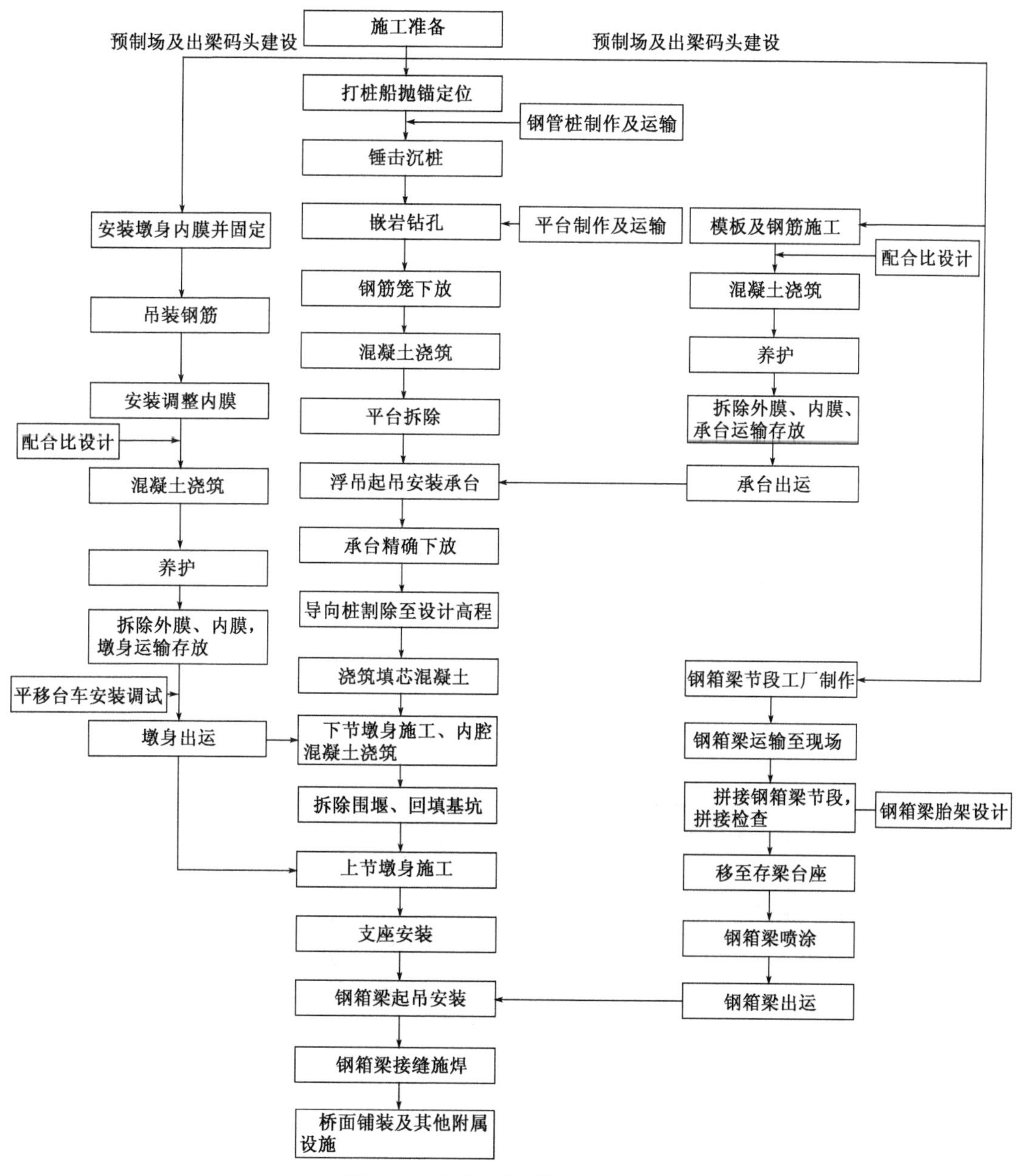

图 13-2-2　深水区非通航孔桥施工流程

13.2.2 隧道工程

本着“先易后难、将施工风险降至最低”的原则，先填筑西人工岛，后填筑东人工岛。先构筑西人工岛小型围堰，再在西人工岛内现浇暗埋段与隧道管节的接口段。在人工岛建设的同时，逐步开挖沉管基槽，并处理隧道基础，为沉管安装提供施工条件。

另外，在干坞地点确定的前提下，尽可能快地开始修建干坞。保证尽快在干坞内预制管节，然后分批次浮运、系泊，管节基础处理完成后出运、安装管节，并进行管节锁定和回填。最后在东人工岛附近水下进行管节最终接头。

隧道施工流程如图13-2-3所示。

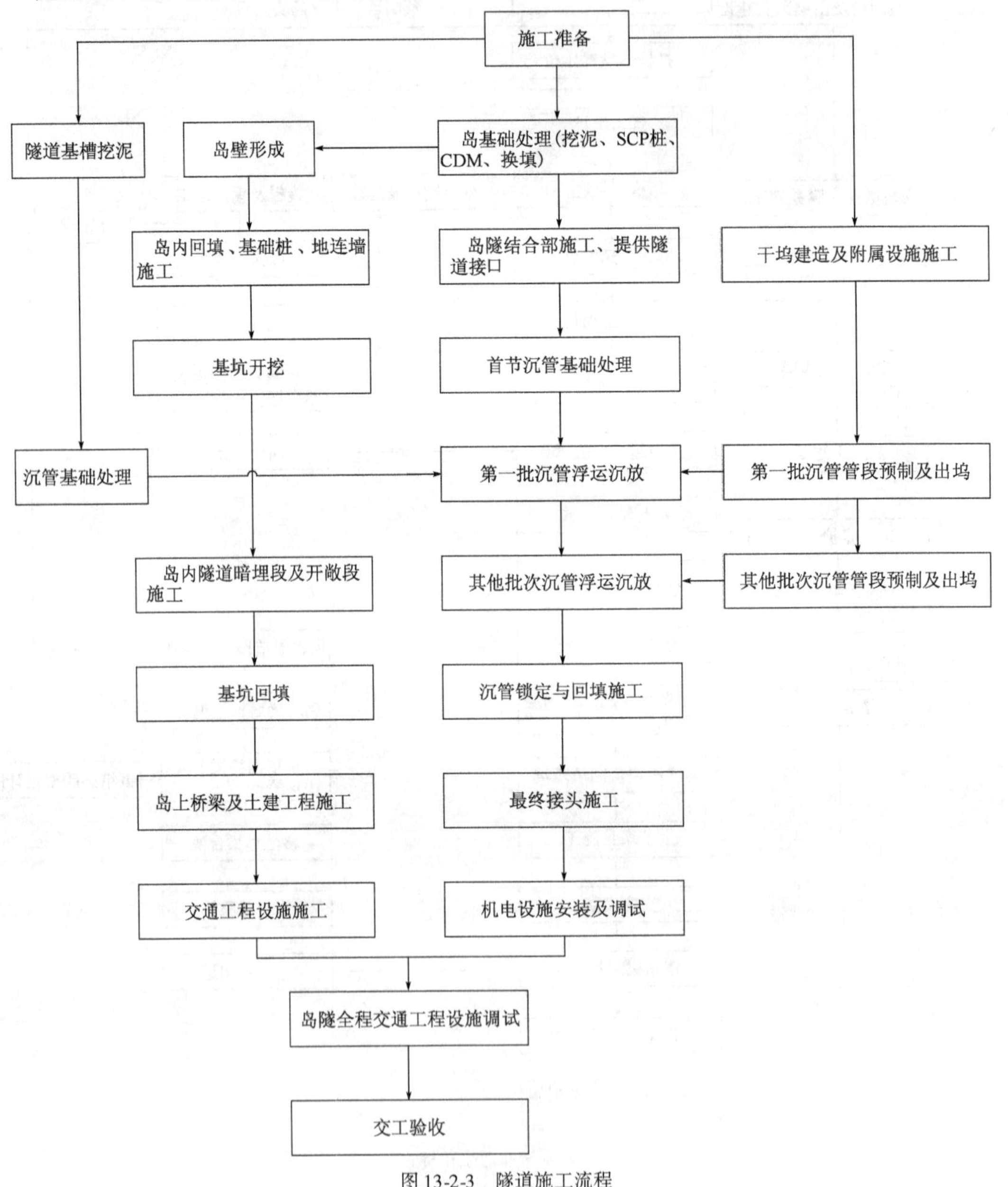

图13-2-3 隧道施工流程

1)暗埋隧道施工

隧道结构形式采用矩形箱涵及“U”形断面形式，暗埋段、敞开段隧道基础为至中风化岩的端承灌注桩基础；较深的基坑支护结构为暗埋段与光栅减光段基坑采用(地下连续墙+对撑)围护结构形式；较浅的基坑采用钻(冲)孔灌注桩+对撑组合双排旋喷桩止水帷幕的围护结构形式；对于深度小于3m的基坑，采用放坡+双排旋喷桩止水帷幕的围护结构形式。

暗埋段隧道施工工艺流程如图13-2-4所示。

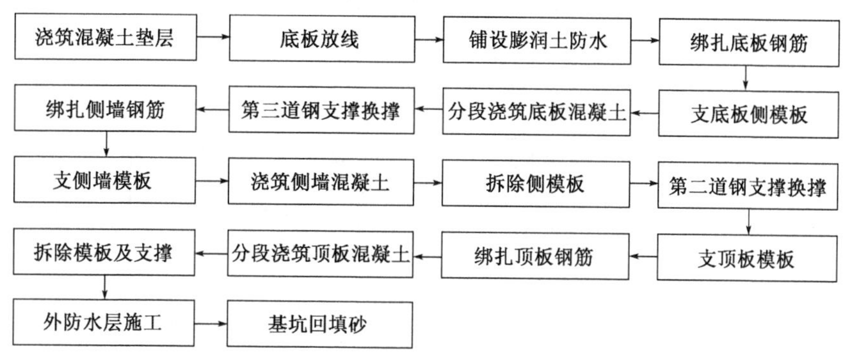

图13-2-4 暗埋段隧道施工工艺流程

2)岛隧结合部施工

为尽可能快地提供管节对接条件，首期要完成的岛隧结合部暗埋段长64m。首先进行岛隧结合部暗埋段清淤和SCP基础施工，然后进行上部隆起和软基开挖；按照流水步距，水上陈设18组格形钢板桩格体，筒内及时回填中粗砂；岛隧结合部格形钢板桩围堰合龙后，回填砂形成暗埋段岛体。岛陆上同步进行隧道基础灌注桩及筒底基础粉质黏土旋喷加固施工；水上拌和船浇筑混凝土，筒顶施工期砌筑临时挡浪墙；旋喷地基达到设计强度、隧道桩基完成后基坑抽水，形成干作业条件进行岛隧结合部暗埋段隧道浇筑施工。岛隧施工流程如图13-2-5所示。

13.2.3 沉管工程

1)沉管预制

沉管隧道基槽的开挖采用耙吸船、抓斗船组合施工的方法，使用粗挖、精挖相结合的施工工艺。由于受横跨基槽的既有航道的影响，基槽开挖将分为通航段与非通航段分段施工。其中通航段主要采用耙吸船施工，非通航段则以抓斗船组施工为主。为避免通航段精挖与后续沉管施工工序对现有航道的通航影响，需要开挖临时航道。

船舶粗挖施工按先浅后深的顺序作业，达到基本一致的高程后分段分层均匀开挖，同步逐渐加深，不论粗挖、精挖施工方向均与管节安装的方向一致，即由西人工岛往东人工岛逐段推进。

粗挖范围：隧道基槽开挖厚度大于5.0m段、设计底高程-30m以上段除底槽1.5m厚精挖层外的土层、隧道基槽设计高程超过-30m以下段除槽底4.0m厚土层外的开挖土。粗挖阶段主要采用中大型耙吸船施工，以开挖上层淤泥、淤泥质土为主。

施工分段分层进行，分段长度宜为1.5~3km，分层开挖厚度2~3m，采用来回往复航行开挖的施工方法，均匀覆盖施工，开挖高程均匀降低，开挖范围随高程降低逐步缩窄。

精挖范围：隧道基槽开挖厚度小于5.0m段、设计底高程之上厚度1.5~4.0m土层。精挖阶段，主要采用大型抓斗船施工，除以上精挖范围外，局部非通航段基槽也将采用抓斗船组施工。

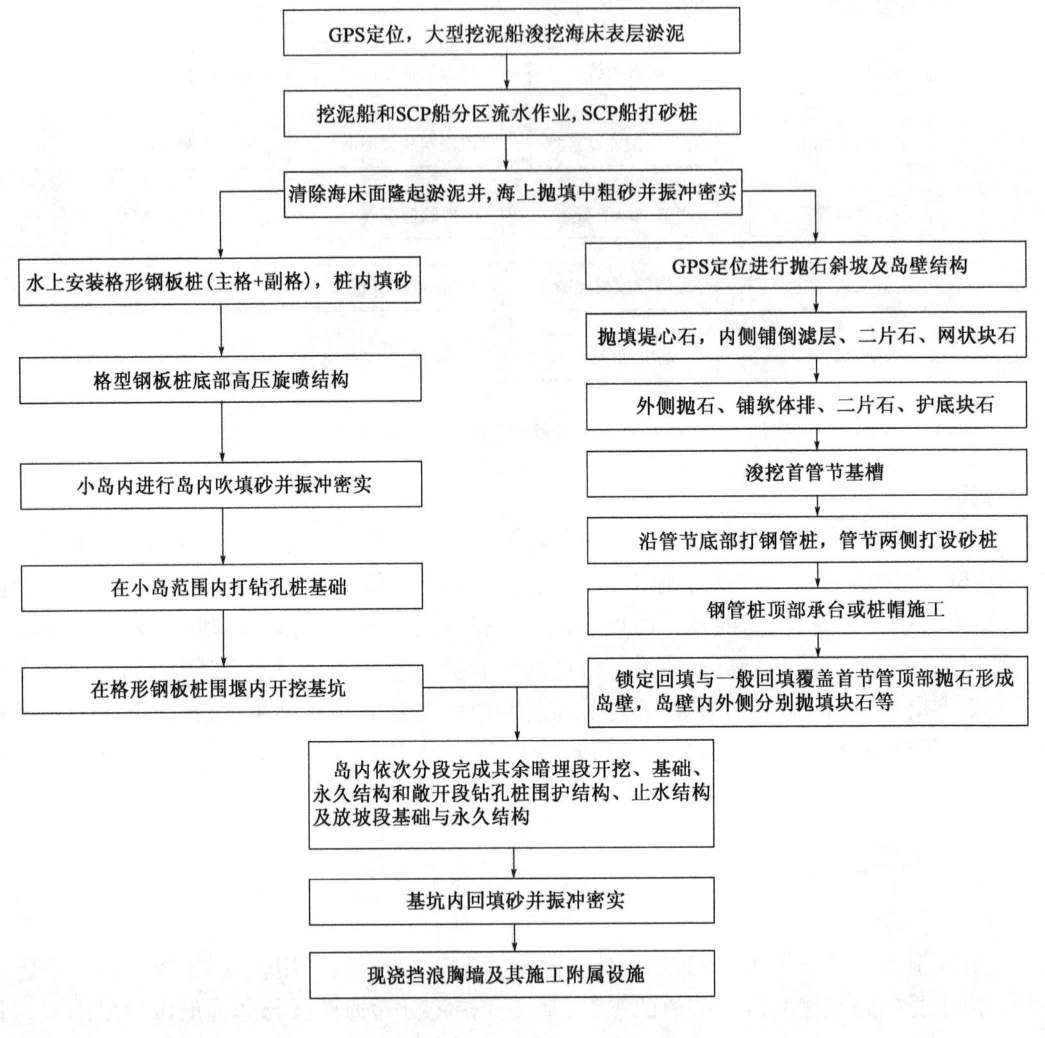

图13-2-5　岛隧施工流程

根据抓斗船设备特性、抗风浪能力和挖掘能力，以及隧道基槽开挖尺度和质量要求，选择$18m^3$以上的抓斗船承担粗挖和槽底到达设计高程前4.0~1.5m土层的开挖，尤其是设计底高程-30m之下的槽底1.5m土层开挖由$30m^3$及以上的抓斗船承担。

抓斗船采用分段分层分条的施工方法。分段长度：粗挖阶段300m、底层和精挖阶段180m（第一段按300m提交）；分层厚度：粗挖2.0~3.0m，精挖1.0~1.5m；分条宽度以抓斗船的宽度为基准，取20~30m。

抓斗船的分条开挖方向垂直于基槽,与水流方向大致一致。逆水相对容易控制船位移动,为确保质量,并考虑安全,最好逆水开挖,即涨潮与落潮采用前进或后退顶水的施工方法。

沉管隧道基槽开挖工艺流程如图13-2-6所示。

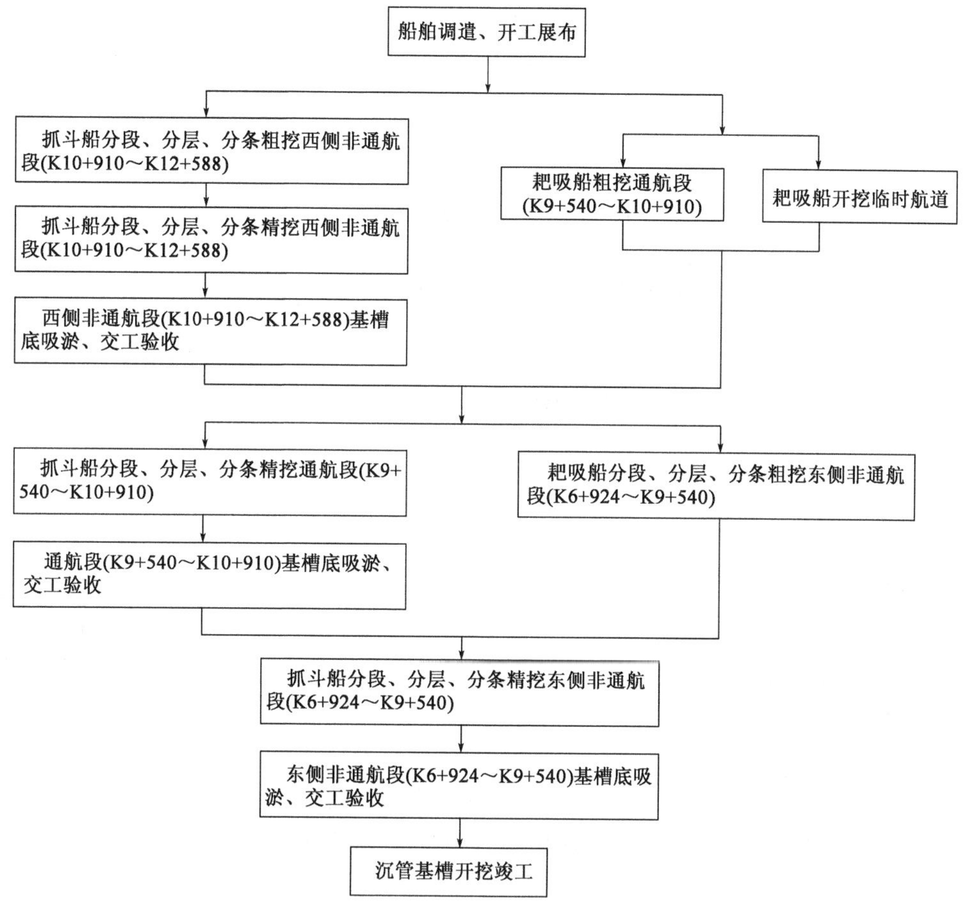

图13-2-6　沉管隧道基槽开挖工艺流程

2)沉管出坞、浮运及安装

(1)管节出坞

管节的出坞采用在坞顶设置锚点及布置绞车、在坞口布设工程驳船对管节进行绞拉,移出干坞。沉管出坞工艺流程如图13-2-7所示。

(2)管节浮运

从管节临时寄放区至沉放安装现场位置的水上航距大约9km。选择寄放区附近的榕树头航道作为浮运航道,占用航道宽度约为150m。拖航作业选择在白天大潮的高平潮前3.5～4.0h开始浮运。管节拖航的航速定为2～3节。海况条件为波浪低(小于0.5m)、流速小(小于1.0m)、风速小(小于6级),能见度大于1000m。管节的浮运采用4艘全回转大马力拖轮吊拖的方式进行管节浮运。浮运速度为2～3节/h。管节的浮运拖航需考虑拖航航道的清道及警戒。

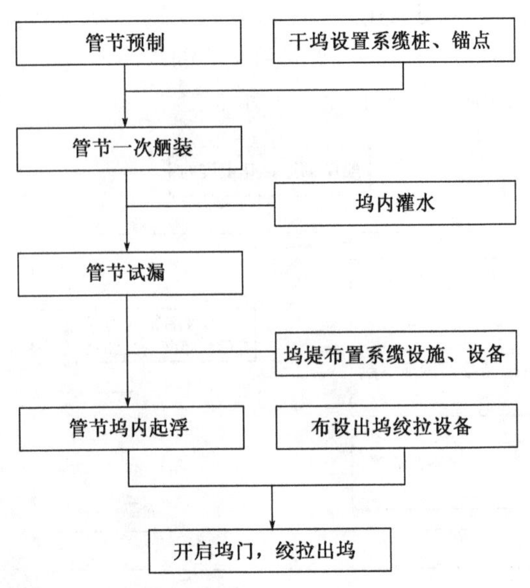

图 13-2-7 沉管出坞工艺流程

(3)沉管安装

沉管隧道的管节共32 节,管节沉放安装顺序首先进行 E32 管节与西人工岛出入口处的暗埋段的沉放对接,然后由西向东按顺序沉放安装 E31、E30、E29…E4 管节;再进行 E1 管节与东人工岛出入口处暗埋段的沉放对接,然后由东向西按顺序沉放安装 E2、E3 管节。管节的沉放安装采用水压接的方式进行对接。

①管节沉放的系泊系统。

管节沉放安装时要能准确定位必须依靠可靠的系泊系统抵抗水流作用力。由于管节安装定位时主要承受横向水流力,而纵向水流作用力相对较小,采用四点系泊系统进行定位。定位锚点采用重力锚块。

②管节沉放的吊沉系统。

管节的吊沉可采用抬吊方法或骑吊方法。吊沉过程在测量严格的控制下进行,并采取逐步吊沉的办法。

③管节的压载。

管节的压载分为 2 个阶段;沉放过程的压载和沉放后的稳定压载。管节沉放压载的负浮力系数按不小于 1.01 进行控制,沉放后的稳定压载的负浮力系数按 1.05 进行控制。

3)管节锁定、回填

管节在完成沉放对接后,为防止管节发生侧移,须及时按要求对管节进行锁定回填施工。管节的锁定施工采用自有供料能力的方驳配料斗(下料管)定点抛填,供料船为 3000m^3 运输船,并采取有效措施监控抛填质量。

沉管基础采用先铺法处理完成碎石基床后,在管节沉放就位后,应尽快在沉管的基础两侧及顶部进行回填处理,以及时对管节加以保护,使其具有较好的防冲刷、防锚等能力,同时也为了防止在基础边缘两侧可能形成地震液化薄弱区,两侧回填层应具有良好的排水性能,将碎石砂按一定配比混合,做成反滤层。

本项目的回填处理按要求分层施工,管底两侧 3.5m 范围内级配碎石砂反滤层采用自带钩机民驳配料斗(下料管)定点抛填,正式抛填前经试抛确定不同水流影响范围后,再正式抛填。块石直接采用开底驳抛填。抛填前通过 GPS、测深仪完成平面测量定位和水深测量,设立浮标控制每次抛填范围,抛填时分层进行,每层抛填厚度利用测量船测深仪与常规打水砣结合控制。为了防止发生侧滑,管节回填两侧必须同时进行。

4)沉管水下接头施工

沉管隧道的水下最终接头设于 E29 与 E30 之间,长度为 3.0m。水中最终接头采用水下临时密封连接、管内干施工的方法完成。在 E29 管节沉放之前,将预留合龙段基础进行抛碎石整平,并放置好底封板,待 E29 管节沉放后,用螺杆将底封板拉起,使底封板上的橡胶止水带紧贴住两管节底部并加以固定,之后在两管节钢筋混凝土墙之间用支撑顶梁支撑,在顶梁两端灌注填充无收缩浆料,安装两边侧封板并收紧固定,最后安装顶封板并用螺栓固定。顶封板安装完成后,进行水力压接,达到密封目的。最后打开管节封门,凿除端面的钢板,露出钢筋连接器,绑扎、连接钢筋,进行混凝土浇筑,实现隧道整体贯通。

水下最终接头施工工艺流程如图 13-2-8 所示。

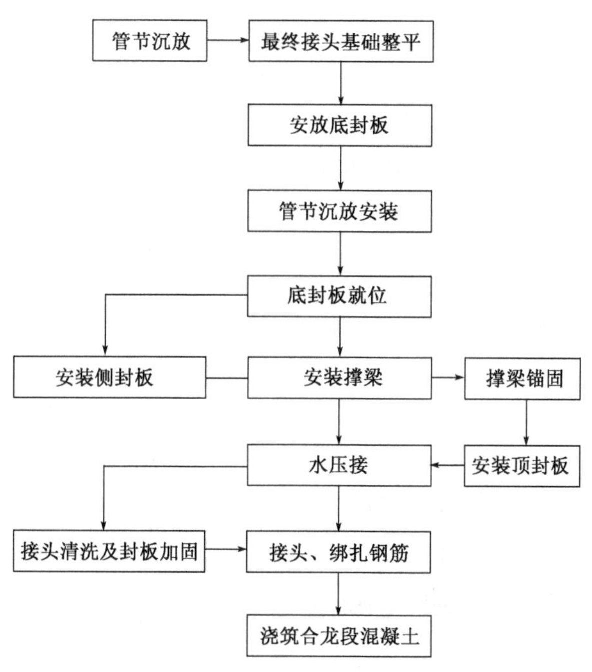

图 13-2-8　水下最终接头施工工艺流程

13.2.4　隧道人工岛

1)总体布置

人工岛总体施工顺序为先施工西人工岛,延时约 1 年后施工东人工岛。西人工岛施工从岛隧接合部开始,向岛桥接合部流水推进;主要工序的施工顺序为先进行基槽挖泥和地基加固,然后流水施工岛隧接合部第一段暗埋隧道,在岛隧接合部第一段暗埋隧道施工完成后,用钢封门临时封闭隧道口,并在隧道口两侧及顶板上设临时挡墙,然后拆除隧道口外侧的围护结构,使隧道对接口全部暴露在海域,为沉管海上对接提供条件。首节沉管与其对接后,进行沉管覆盖层和其上的岛头岛壁结构的施工;西人工岛主体岛壁围筑和岛隧接合部可同步组织施工,主体岛壁合龙后在岛内回填中粗砂形成岛体,陆上施工岛上段隧道主体结构;岛体沉降稳定后进行混凝土挡浪墙和路面施工。

东人工岛施工从岛隧接合部开始,向岛桥接合部流水推进,由于东人工岛沉管对接总体计划安排在工程开工后 4 年进行。其不是关键节点,可按正常流水顺序由岛隧接合部向岛桥结合部组织流水施工。

2)西人工岛施工

地基处理采用全部挖除表层淤泥,淤泥质黏土、粉质黏土层采用挤密砂桩加固(SCP 工法);隆起地基土清除后,换填中粗砂并振冲密实后形成岛壁岛体地基。

岛壁结构为抛石斜坡堤,外坡 5t 扭工字块体、内坡 3t 网装块石压护;岛壁内侧倒滤层合龙后回(吹)填中粗砂并振冲密实,形成岛体;岛壁上部结构为钢筋混凝土挡浪墙。

岛上段隧道基础为直径 1.5m 的灌注桩;其中开敞段隧道采用钻孔灌注维护桩组合旋喷桩形成基坑围护止水结构;岛隧接合部及暗埋段隧道采用封闭的格形钢板桩圆筒围堰作为基坑围护止水结构,圆筒筒壁底部采用高压旋喷桩(墙)作为基础。

岛隧接合部:西人工岛首先由岛隧接合部开始进行清淤和地基 SCP 处理,清除隆起并抛填砂垫层;随即水上进行格形钢板桩圆筒沉设施工、筒内及时回填砂,直至形成岛隧接合部封闭围堤;围堤内回填砂形成暗埋段岛体,陆上进行隧道基础灌注桩施工,流水跟进施工筒底旋喷;暗埋段基坑降水、开挖与主体结构施工,隧道端头永久结构施工;与 E1 沉管对接后,进行岛头填筑。

桥隧开敞引导段:清淤、SCP 砂桩、隆起清除流水段完成后,流水跟进施工块石斜坡堤岛壁抛填至合龙在 +2.00m 高程;完成内坡倒滤层后回填中粗砂形成岛体,钻孔维护灌注桩组合旋喷桩形成基坑围护止水结构,同步进行岛体回填砂密实处理和上部岛壁施工;隧道引导段与暗埋段止水结构封闭后,拆除中间土石围堰,基坑降水分层开挖支护,进行桥隧引导段隧道施工;岛体沉降稳定后,统一进行混凝土挡浪墙和路面以及上部附属设施的施工。

13.3 保护区内施工对白海豚的影响

13.3.1 施工干扰迫使白海豚改变活动场所和生境减少

海上建筑工程将无可避免地减少白海豚的生境。大桥走线经过白海豚的主要出没水域,还穿越中华白海豚自然保护区的核心区、缓冲区和实验区(长度约为 18km),由于工程需兴建 300 多个桥墩,还需填海兴建人工岛及海底隧道,将会永久占用一部分自然保护区的海床,所以大桥工程将直接令白海豚失去一些重要的栖息地。

根据《港珠澳大桥工程海域使用论证报告书》(已通过专家评审)所申请的海域使用面积,整个工程占用海面面积共超过640公顷(不包括香港水域),即6.4km²,其中已包括施工范围的沿线外扩部分。

相对整个珠江口中华白海豚种群栖息地的面积(超过1800km²)而言,6.4km²的海床减少并不是太显著,而且大桥需永久占用保护区内的海域范围实际上比海域使用论证报告书内的面积为小。但是,大桥所占用的面积均在中华白海豚的主要出没范围,而上述占用海面面积只包括大桥珠江段的水域范围,并未包括香港水域范围的占用海域面积(大屿山西北水域的海豚密度相对更高),因此,整座港珠澳大桥对中华白海豚的长远影响值得关注。

Hung等(2004)的研究表明,白海豚个体有相对固定的活动范围,该范围仅占种群分布区的一小部分,活动范围最小仅9.55km²,最大的有303.84km²,但多数海豚个体的活动范围在50~100km²之间。大桥走线将经过中华白海豚的主要分布区,因此受影响的海豚数目较多,施工区挤占了它们的习惯活动空间。

需注意的是,根据本项目2005年2月至2006年1月12个航次的海豚截线观测结果,本次调查中伶仃洋水域的中华白海豚目击分布较为均匀,没有出现东高西低的明显分布态势,不同于1997—1998年,东部的目击率明显高于西部水域。总而言之,在本项目12个航次的调查中,中华白海豚在伶仃洋的分布范围较为分散,而非集中在中间的保护区。还有,在过去较少发现中华白海豚的保护区南面水域如青洲一带水域,2005年的12个航次调查中均有发现海豚的出现,而且目击率较高,与1998—2000年的海豚分布有显著的区别。以上事实说明,珠江口中华白海豚的分布仍有较大的弹性空间,主要分布区并不局限于保护区一带水域。

13.3.2 施工噪声

施工引起的水中噪声污染源大致可分为几类:打桩、重型机器操作及海床挖掘等(National Research Council,2003)。由于中华白海豚需利用声音以侦察周围环境及与同伴沟通,水中噪声将对它们的生活造成不同程度的滋扰。

撞击式打桩所发出的高频噪声会严重影响海豚的听觉。短期内这些噪声会增加它们的压力及改变它们的行为,而长期则可能令它们迁离原本的栖身地,令它们受伤甚至死亡(Richardson等,1995; National Research Council,2003)。香港曾试验用“泡沫屏障”缓解撞击式打桩产生的噪声(Jefferson,2000; Würsig等,2000)。研究指出,因泡沫能吸收噪声的能量,因此使用“泡沫屏障”将整个打桩工程范围包围起来,能有效减轻噪声的扩散。然而,根据陆上观察数据,即使已使用泡沫屏障,海豚的行为及泳速仍然因撞击式打桩活动而改变,海豚在施工范围内的数目仍然明显减少(Jefferso,2000)。所以兴建桥墩时,应尽量避免利用撞击式打桩方法,而改用制造较低噪声的钻探式打桩方法,以减低对施工区内中华白海豚的影响。

大桥施工期间,将有大量低频噪声由重型机器操作及海床挖掘造成,这些操作活动产生的噪声一般只在较低的频段如20~1000Hz具有较高的能量(Greene,1987; Greene和Moore,1995)。而体长3~4m的小型齿鲸类对于频率在1kHz以下声波的反应不很敏感,尽管如此,它们还是会听到该波段中的许多声音,并且邻近的强噪声甚至会引起它们行为改变、沟通受到干扰以及生理和器官的损伤等(Ketten,1994；Ridgway,1983)。由于中华白海豚一般利用较高频率的声音(大于10kHz)进行觅食及沟通(Goold和Jefferson,2004),而重型机器操作及海床挖掘所产生的噪声大都是1kHz以下的低频率,因此这对中华白海豚的滋扰将不太显著,其他地方的研究亦指出固定的挖掘工程对小型鲸豚的影响有限(Richardson和Würsig,1997)。但值得注意的是,当上述的水中噪声长时间出现(如海床挖掘工程)或产生的部分低频噪声具有较高的能量,或部分机器零件可能产生高频率的声波,以上任一情形出现,都会使工程活动仍有可能影响到中华白海豚的正常生活。这些影响不容忽视,故工程期间亦应监察水中噪声的水平及留意中华白海豚的行为变化。

必须指出,如果噪声滋扰发生在每年4—8月份,对白海豚的影响较大。每年春、夏季是珠江口中华白海豚种群产仔和交配的高峰季节,此时成年海豚的交配较频繁,多数幼豚也是在该季节出生的,对外界的滋扰较为敏感。外界滋扰会影响成年海豚的交配行为,即将产仔的母海豚对周围环境的反应也较为敏感。小海豚刚出生时还不大会游泳,需要母海豚及其他成年海豚的协助,所以外界滋扰会影响新生幼豚的成活率。因此,在每年4—8月份海豚繁殖高峰季节,应尽可能降低在保护区内的噪声滋扰。

13.3.3 施工混浊区

1)悬浮物的影响

大桥工程施工需建筑桥桩、兴建人工岛及海底隧道,均需要较大规模的海床挖掘及填海,此举势必令水中的悬浮物增加,形成混浊区。即使利用隔泥网围着施工地点,中度至严重的水体悬浮物增加将无可避免,致使水体透光度和含氧量下降,对珠江口的水质带来一定程度的负面影响。

悬浮物增加或海水含氧量下降对水中鲸豚类动物的直接影响有限,因为鲸豚类动物是用肺呼吸空气的水生哺乳动物,有别于用鳃呼吸水中溶解氧的鱼类,不较易受水中悬浮物增加所影响;而且,白海豚长期生活在水体混浊的河口水域,其视觉不发达,主要靠位于头部的回声定位系统来探测周围环境和识别物体,因此,水中悬浮物的增加不会直接影响白海豚的觅食、社交等活动。

但是,悬浮物增加可能会增加海豚体表感染细菌的机会,研究海豚个体的照片发现,白海豚也会患皮肤病(Hung,2004;Jefferson,2005),一般是皮肤受伤的个体易被细菌感染。另外,河口水域的鱼类虽然对混浊水体有较高的适应性,但悬浮有机物对溶解氧的消耗作用有可能造成相对低氧的区域,从而使鱼类产生回避反应,间接影响到白海豚的觅食。

2)环境污染物的影响

工程施工对海床沉积物和底土的扰动,导致悬浮物的扩散,会不同程度地使沉积物和底土中的污染物(如重金属、有机氯化物、石油烃类)释放到水体中造成二次污染。根据过去的研究,影响中华白海豚的污染物包括数种有机氯化物(如DDT、PCBs)和重金属(如汞、砷)等(Jefferson,2000、2005；Parsons,2004)。虽然本项目在大桥施工范围内的水质及沉积物调查中,多种重金属及有机氯只有滴滴涕及总汞的含量在个别调查站超标,而这些污染物的再度释放也不会达到直接毒害白海豚的程度;但污染物将通过食物链的传递和累积残留在海豚体内组织,长远来讲可能会影响海豚的健康。

目前尚未清楚环境污染物会对海豚产生多大的影响,但许多鲸豚专家相信,鲸豚会因体内积聚过多的重金属及有机氯化物而令免疫系统受损。对许多鲸类的研究表明,母鲸在怀孕时会将 DDTs 和 PCBs 传给胎儿,Parsons 等(2000)对中华白海豚初步研究的数据也显示有这种情况存在,这可能是新生海豚高死亡率的原因。根据 Parsons(1998)的研究,珠江口白海豚体内各类重金属中只有汞的含量比在鱼类中的高得多,表明白海豚对汞有长期的生物富集作用,因此,汞的污染对白海豚有潜在的影响。Parsons(1998)的研究也发现,砷在白海豚体内的浓度比在鱼类中的浓度还低,显示白海豚能将砷排出体外。

由此可见,大桥工程产生的污染物释放(特别是汞和 DDT,其含量在个别站位超过一类标准)将加重对白海豚的影响,但是这种影响不是即时的,其滞后期可能很长,长远来说将对白海豚,特别是新出生幼豚的健康造成损害。所以工程对水质的影响不容忽视,尤其是大桥桥墩水下基础施工将产生大量悬浮物及泥浆,令水质出现混浊的情况。因此,在设计大桥及计划施工方法时,必须考虑施工混浊区的不利影响,如在基础挖掘的地方加上保护罩、在周围围上隔泥网,并在挖泥时利用封密措施,预防挖泥船溢流,相信可减轻海床挖掘或打桩所带来的水质污染。

另外,大桥工程施工期间,将有大量工程船只在海豚出没范围穿梭,因而增加小规模漏油或漏化学物事故的机会;同时,施工船舶亦会排放生活污水及污物,令施工水域的水质进一步恶化。由于珠江口的水流可冲淡少量污水及化学物,因此相信这类污水排放对中华白海豚的影响较为轻微。但由于往来船只频繁,一旦发生海上突发事故,将可能造成大规模漏油或漏化学物品,给中华白海豚及其他海洋生物带来严重影响。

13.3.4　船舶碰撞风险

大桥施工期间,各种施工船舶将会在中华白海豚分布范围出现,造成船只数量的增加。虽然海豚一般不会受到移动缓慢并发出低频声响的船只的影响,但它们仍要面对被船舶碰撞的风险。由于大桥海上施工期将长达 5 年,往来不息的施工船舶将可能改变它们的潜泳模式,甚至迫使它们暂时离开原来的栖身地。

根据香港方面的资料,中华白海豚及江豚均有被船舶碰撞至受伤及死亡的记录(Parsons 和 Jefferson,2000)。受船舶碰撞致死的海豚,身上都有明显被船叶打伤的伤痕或留有被碰撞后呈现的瘀血。而在香港及珠江口已辨认的 300 多条中华白海豚当中,约有 10% 曾经确实或很大可能被船舶撞击,在身上留下永久的伤痕(Jefferson,2005),所以船舶碰撞的风险确实存在。但是,白海豚被船只撞击的风险主要来自高速航行的轮船和渔船。因为白海豚长期生存在繁忙的航道,已适应水上慢速交通工具,但对高速水翼客轮一般是尽量回避,因此认为这类高速轮船对白海豚的威胁最大。另外,白海豚喜欢靠近正在拖网作业的渔船,而渔船起网后的突然加速和转向也容易撞伤白海豚。所以,大桥工程相关施工船只在施工期间应尽量留意海豚的出没,并尽量慢速航行,以防白海豚被碰撞致死或受伤。

13.3.5　施工中具体施工活动的影响分析

大桥在施工中具体施工活动对白海豚的主要影响见表 13-3-1。

具体施工活动的影响分析　　表 13-3-1

施工活动	影响因素	影响程度
桥墩桩基施工	噪声、饵料	a. 桩基施工噪声严重影响附近的白海豚； b. 桥墩占地区域内的底栖生物完全遭到破坏，会影响到白海豚的饵料来源
隧道、人工岛基槽挖泥	饵料及其他	a. 挖泥区的底栖生物完全损失，可能会间接地影响中华白海豚的饵料； b. 挖泥使底泥泛起，导致海水中的污染物含量增高，生物富集作用最终会影响到白海豚的饵料质量； c. 挖泥将会直接导致海水中 SS 浓度增高，可能会对白海豚造成一定的不利影响
人工岛吹填	生境恶化	人工岛填海需要进行吹填作业，包括挖砂、吹填、溢流等过程，挖泥区的底栖生物完全损失、溢流口处悬浮物浓度增大等，均有可能对白海豚的栖息环境质量造成影响
施工船舶	噪声、撞击	a. 施工船舶噪声可能会给白海豚带来一定的影响； b. 施工船舶密集增加了撞击白海豚的概率
挖泥、砂	饵料、重金属、其他	a. 挖泥区的底栖生物完全损失，可能会最终影响中华白海豚的饵料； b. 挖泥使底泥中沉积的重金属泛起，导致海水中的重金属含量增高，可能会最终由于其他生物富集作用而影响到白海豚的饵料质量； c. 挖泥将会直接导致海水中 SS 浓度增高，可能会对白海豚造成一定的不利影响
填海	饵料、重金属、其他	a. 填海造成白海豚基本生境的损失和栖息地的减少，属于不可逆转的影响； b. 口岸填海需要进行吹填作业，包括挖砂、吹填、溢流等过程，挖泥区的底栖生物完全损失、溢流口处悬浮物浓度增大等，均有可能对白海豚的栖息环境质量造成影响

13.4 保护区内施工影响缓解措施

13.4.1 施工噪声干扰的缓解措施

在讨论施工噪声干扰的缓解措施时，优先考虑次序为避免、抑减、补偿。由于保护中华白海豚的意义重大，缓解措施以避免不利影响为主，以抑减及补偿为辅。大桥施工作业的机械类型较多，包括打桩机、钻孔机、挖泥船、交通运输船、真空压力泵、混凝土拌和机和卷扬机等。这些机械运行时产生的突发性非稳态噪声和振动将惊扰白海豚和其他水生动物，并使它们产生回避行为，如对强噪声回避不及，甚至有可能导致白海豚个体在生理和器官上的损伤，因此，施工时考虑采取相应的避免或缓解措施。这里讨论的重点是水下作业类型，包括打桩、钻孔和挖泥。

1）撞击式打桩作业

对于撞击式打桩作业，其制造的高频噪声会严重影响海豚的听觉，短期内这些噪声会增加它们的压力及改变它们的行为，而长期则可能令它们迁离原本的栖身地，甚至令它们受伤致死(Richardson 等,1995;National Research Council,2003)。因此,考虑采用相应的有效减缓措施(如气泡屏幕等),同时采用先进技术降低噪声源头的强度,直至达标。也可考虑采用环保型的油压式打桩机替代柴油打桩机,距离打桩机 15m 外的噪声源强可降低至 50dB,达到我国《建筑施工场界环境噪声排放标准》(GB 12523—2011)关于打桩噪声源强不得大于 85dB 的规定。目前国内外还没有建立关于中华白海豚对噪声忍受能力的量化临界值指标,但是通过上述分析和类比后认为,大桥工程撞击式打桩产生的噪声可以控制达标,在采取有效措施以后对中华白海豚来说这些影响是可以接受的。

对于海豚来说,除了关注空气中的噪声强度以外,更重要的是关注水中的情况。撞击式打桩的噪声源产生于空气中的撞击接触点,但桩柱在水中的震动会向外传播。强烈的波震产生水中的超压会影响海豚的回声定位系统。可参考香港新机场建设的经验,在打桩施工现场,定向设置气泡屏幕,以便有效地减缓水中噪声的强度(噪声降低 3dB 时,超压降为 1/2;噪声降低 6dB 时,超压降为 1/4)。总之,对撞击式打桩必须采取有效措施,以保证海豚的安全。

2)桥桩钻孔

桥梁桩基钻孔和打桩作业类似,也是固定位置的水下作业。钻孔施工产生的噪声主要在低频率波段(20 ~ 1000Hz)具有较高的能量(Greene,1987; Greene,Moore,1995),而白海豚对这一频段的噪声反应不敏感,对其影响程度较小。但是其产生的水中噪声还是要采用监视、监测与气泡屏幕相结合的防范和缓解措施(Würsig 等,2000)。另外,对于桥桩钻孔,在减少水中噪声的同时还要避免产生大量悬浮物,以减少环境污染。

3)挖掘作业

中华白海豚一般利用较高频率的声音(大于 10kHz) 进行觅食及沟通(Goold,Jefferson,2004),Wursig 等(2001)的研究也表明白海豚对 300Hz 以下的低频声源不是很敏感,挖掘船产生的噪声主要在 300Hz 以下。尽管挖掘作业对海豚的影响有限,也要在施工地点设立一定的监视范围,以降低对白海豚的影响。根据海上调查经验,目击到的白海豚群体大多在 300m 范围内,500m 以外的目击记录较少,考虑到监视范围的可行性和噪声声源的复杂性,监视半径应定为 500m。白海豚群体最长潜水时间约 5min,施工地点半径 500m 监视范围内连续 5min 没有海豚出现时可以开始施工,挖掘期间海豚进入该范围,作业照常进行。

在进行浚挖前,须由专门的海豚监察员使用望远镜及肉眼搜索施工地点半径 500m 范围内的水面,确定该范围内是否有海豚出没,以减轻噪声干扰,避免机器突然开动,惊吓海豚及直接撞伤海豚。如监视范围内有海豚出没,则暂时延迟施工,直至海豚完全游离施工监视范围。为了减少施工噪声,尽量减少同时作业的挖泥船数量,并尽量避免因机械操作而产生噪声。所有施工机械均要保持良好的性能状态,以免造成不必要的影响。

4)船只来往

大桥建设期间,施工和水上交通运输船只的来往将会非常繁忙。为减缓对白海豚的不利影响,须加强对水上交通运输的管理。根据在香港沙洲和龙鼓洲海岸公园实施航船限速的经验,将航船的速度限制在 10 节以下,可以有效防止航船撞击海豚。为防止航船撞击海豚和水上交通事故,进入施工区的所有船只需限速在 10 节以内,并加强教育驾船者遵守有关限制,航行时留意海豚的出没并加以回避。同时,为施工船及配合施工的交通运输船只制订相对固定的航线,使影响范围尽可能缩小。

5)敏感季节

大桥建设过程中将减少在敏感的海豚繁殖季节进行滋扰较大的施工工序。大桥全段均处于中华白海豚种群分布区范围,虽然暂时还未确定中华白海豚在珠江口的重要繁殖区及育婴区的范围,但每年3—8月份为白海豚育婴和交配较频繁的季节(Jefferson,2005),根据香港的调查结果,已知大屿山西侧沿岸水域是中华白海豚一个重要的育婴区(Hung,2005);而根据本研究12个航次的调查结果显示,广东水域保护区内幼豚密度相对较低,而且分布比较分散,为了不严重影响海豚的繁殖行为,在每年4—8月份高峰期保护区核心区水域内尽量避免敏感的施工活动,如不进行撞击式打桩等施工。

13.4.2 污染物影响的缓解措施

1)减少悬浮物的影响

桥梁施工中的桩基钻孔,沉管隧道施工中的干坞形成和隧道回填,人工岛和口岸填筑中的护岸基槽开挖和吹填,临时航道疏挖,各施工环节的泄漏和水上航运等都将对海床及海水造成局部扰动,使悬浮物浓度增高。悬浮物增加及由此造成的溶解氧轻微下降对白海豚的直接影响较为有限,但悬浮物和底土释出的污染物会通过食物链传递和富集间接影响海豚,特别是新生幼豚的健康,悬浮物还通过降低浮游植物光合作用和鱼类幼体的成活率影响鱼类资源生产,间接影响白海豚,因此大桥施工过程将采取必要的措施,减少悬浮物的产生,尽可能在隔泥幕内进行施工,同时尽量采用环保的施工工艺。

大桥工程挖泥作业量大,必须采取措施尽量减低悬浮物的扩散。例如,使用先进的自航耙吸船进行作业,并在适当位置安装摄录镜来监视沉积物在自航耙吸船泥斗内的水位,或在斗内安装水位探测器,以显示水位的高度,预防淤泥溢流及水溢流,以进一步防止水污染。在保护区范围内施工,禁止淤泥溢流;在保护区范围外施工,将利用环保阀以减少溢流。尽量缩短自航耙吸船试喷的时间,并在确认耙子弯管与船体吸泥管口的连接完全对位后开始挖泥作业,以免污泥从连接处泄漏入海。

挖泥船的数量、挖掘进度和挖掘量需根据水质模型评估结果而定。在大潮期及退潮时流速较大,悬浮物较难沉降,因此尽量减少在大潮期及退潮时作业。此外,在挖泥区周围加装幕网,使高悬浮物的区域控制在有限范围内。准确定出需要开挖位置,以减少不必要的超深、超宽的挖掘;准确计算工程的土方平衡,尽量减少挖掘量。

在人工岛护岸挖泥、吹填和隧道基槽开挖、回填等施工中考虑采用先围后填和先围后挖的施工顺序。同时,合理安排工期,控制每日挖泥量,将泥沙泄漏率控制在5%以内。土方表面进行覆盖,以减少水流和雨水冲刷造成的悬浮物扩散。挖泥船及其他船只往来挖掘地点时尽量使用低速(控制在10节之内),以减轻淤泥的悬浮和扩散。人工岛和口岸陆域吹填也要防止泥浆泄漏,取砂地点不应选在保护区和海豚主要生境之内。

2)淤泥和弃土处置

淤泥、弃土和其他固体废弃物的处置严格遵守有关法律和管理条例,以减少对环境的不利影响。废弃物的倾倒不在珠江河口区进行,主抛泥区设于大万山南侧的大万山南临时性海洋倾倒区。施工过程中充分利用淤泥、弃土和其他固体废弃物作为人工岛和围海造地的填料,减少废弃物的倾倒。人工岛和口岸造地的吹填作业采取分片静置沉降措施,以降低溢流口附近海域的悬浮物浓度。

3)采用大型预制构件

大桥设计是采用了大型化、标准化、预制化、工厂化的设计理念,通过大型预制构件安装,减少现场作业时间、作业量和在施工现场的材料堆放,达到减少现场建筑废料、污染物排放和对附近水环境的扰动的目的。所有预制组件的生产和临时堆放均将在保护区以外进行。

4)实施清洁生产

施工机械和船舶的油料泄漏,以及施工材料如沥青、油料和化学品等渗漏都将会对水体造成污染。因此,实施严格的清洁生产措施。大桥施工将使用大量机械,要采取相应措施有效防止油料和含油污水进入水体;施工船舶的含油机仓水均回收处理,杜绝现场排放;建筑材料的装卸和存放避免出现泄漏和流失而造成环境污染;施工现场将设置建筑废料、生活垃圾、粪便和污水收集设备,并及时清运,杜绝水上现场抛弃和排放。

5)防范水上污染事故

珠江口现有的水上运输已经比较繁忙,大桥施工及与此有关的船只来往将增加一定的压力。一旦发生船舶事故,造成溢油或危险化学品泄漏,将给水域生态带来严重危害。施工过程中进一步加强水上交通管理,避免发生碰撞、沉船、溢油和物料泄漏等航行事故。为了防患于未然,所有施工船舶均要经过严格船检,达到作业现场的抗风浪能力,并保持良好工况;特别要注意防范台风和大雾等恶劣天气对航船的不利影响。实施安全航速是避免事故的重要措施,结合防止碰撞白海豚的需要,所有施工船舶均实施限速 10 节。制订紧急漏油事故应变措施,以准备第一时间尽快清理油污及防止扩散。

13.5　工程施工中的环保措施

13.5.1　桥梁工程施工环保措施

桥梁工程建设中主要采用的环保措施有:

(1)施工期避免使用水下爆破作业。

(2)在打桩施工时,桩锤尽量选用液压锤,同时监察水中噪声的水平及留意中华白海豚的行为变化。

(3)工程施工前,必须考虑施工混浊区的不利影响,采用相应的措施以尽量避免影响,如在基础挖掘的地方加上保护罩、在周围围上隔泥网,并在挖泥时利用封密措施,预防挖泥船溢流等,将海床挖掘或打桩所带来的水质污染减低。

(4)施工船舶严防油料泄漏,杜绝直接向海中排放生活污水及污物。

(5)施工船只在施工期间应尽量留意海豚的出没,并尽量慢速航行、避免突然加速和转向,以防海豚被碰撞致死或受伤。

(6)施工组织安排对白海豚影响也较大,尤其是在白海豚繁殖高峰期,应尽可能不安排对白海豚影响大的工程项目施工,主要有:①白海豚保护核心区内的非通航孔桥,不安排在白海豚繁殖高峰期施工;②青州航道桥位于白海豚保护缓冲区,对白海豚影响较大的打桩作业不安排在白海豚繁殖高峰期施工。

13.5.2 隧道工程施工环保措施

沉管隧道区域地处中华白海豚自然保护区中心区,环保要求高。基槽开挖施工期间的环保工作主要是针对中华白海豚的保护。同时,沉管隧道水上挖泥作业量大,挖泥时产生的泥沙泄漏对水质影响大,为此,应注意在相应工艺环节采取环保技术措施。

1)对减低挖泥时产生的泥沙泄漏的安排

(1)合理安排施工进度,注意保护环境敏感目标

施工单位应合理安排施工船舶的数量、位置及挖掘进度,施工时应重视对环境敏感目标的保护,尽量减少在大潮期及退潮时进行绞吸施工作业。在进行绞吸施工作业时注意附近是否有白海豚出现。

(2)缩短自航耙吸式挖泥船的试喷时间

为减少污泥进入施工海域,施工作业人员应尽量缩短挖泥船试喷的时间,并在确认耙子弯管与船体吸泥管口的连接完全对位后开始挖泥作业,以免污泥从连接处泄漏入海而污染海域。

(3)减少超挖土方量

配备 GPS 全球定位系统,准确确定需开挖位置,从而减少挖泥作业中不必要的超深、超宽的挖泥土方量,从根本上减少对环境产生影响的悬浮物数量。

(4)减少溢流对施工区水域环境的影响

施工单位必须调整好泥舱溢流口的位置,控制好溢流口的泥浆浓度,减少入海泥浆。可考虑使用带有先进的定位系统的挖泥船,可采用自动调节溢流口的装置,更易于减轻溢流对施工海域的污染。此外,有条件的话,可以增加泥浆旁通装置、水下扩散管装置,或改进溢流口的高程,可将溢流口改至水下数米处,使溢流泥浆溢至水底,悬浮物再悬起则比较困难,保持上部水体比较澄清,缩小混浊水团的影响范围。

(5)挖泥时加装幕网。在挖泥区周围加装幕网,使可能产生的泥沙泄漏控制在有限范围内。

(6)抛泥区设置明显的标志

在废弃污泥倾倒过程中为保证施工的安全,以及附近航道等其他水域功能区的合理运作,应在该工程选定的抛泥区和抛泥区外围设置明显的标志,以利施工船舶方便地进入倾倒区后实施相应作业,避免产生不必要的污染事故。

(7)挖泥船到位倾倒

挖泥船必须严格按照所划定的倾倒区进行倾倒作业,杜绝未到达指定区域便实施抛泥现象的发生。实施定点到位作业是保证倾倒区周围水域环境不受较大影响的重要环节,必要时可安排相应人员,配置必要的监测仪器进行监控。

(8)确保舱门密闭,严防泥浆泄漏

挖泥船在倾倒区抛泥完毕后,应及时关闭舱门,并确定舱门关闭无误后方可返航。若泥舱关闭不严,在航行途中泥浆的泄漏入海将会导致污染事故的发生。

2)中华白海豚保护措施

(1)编制施工进度计划时,有意识地降低白海豚繁殖高峰期 4—8 月份的施工强度,尽可

能减少对白海豚保护区的污染。

(2)耙吸船尽量减少溢流并采用水下溢流的方法,使溢出的泥水直接从船底排出,减少泥砂悬浮和影响范围,在施工中尽量缩短溢流时间。

(3)尽可能采用对航槽底土扰动最小的抓斗船进行开挖施工,施工中保持准确定位,尽量控制挖深超宽,减少超挖工程量,减少对底层土的扰动。

(4)施工期间注意开挖作业产生的泥浆扩散范围。对于抓斗船施工,如必要,可考虑采用小范围的防污帘进行防护。

(5)现场驻船技术员兼职"中华白海豚监察员",开工前及施工期间使用望远镜及肉眼搜索施工船舶半径不小于 500m 范围内的水域(10 ~ 15min 的观察时间),确定该范围内是否有海豚出没,以减轻噪声干扰,避免机器突然开动惊吓海豚及机器和船只螺旋桨直接撞伤海豚,并做好监察情况记录。监察员就现场相关情况及时与施工船及相关施工管理人员沟通,必要时向保护区管理局报告。

(6)船舶航行尽量避免穿越白海豚保护区,特别是核心区;施工船舶通过白海豚保护区附近水域或看见白海豚时,应放慢航速,尽量慢速通过或停车,避免对白海豚产生干扰和伤害。在确保施工船舶安全的前提下,必要时可能需要绕道而行。

(7)开工前须对所有参与施工的船舶进行严格检查,发现有可能泄漏疏浚物(包括船用油类及疏浚泥沙)的必须先修复后才能施工。

(8)有效控制疏浚施工作业带来的环境影响,在施工中要不断进行环境监测,根据监测结果随时改进施工方案,减少污染,确保周围海域水质。

(9)施工中废弃的材料不得随意抛撒,应及时收集,存放于指定地点,定期进行集中处理。

(10)加强施工船舶自身的防污管理,船舶施工时产生的油污水必须通过船舶自身配置的油水分离器处理,处理后的污油用桶装运到指定地点;禁止把施工中的生活垃圾直接抛入水中,应用袋装处理后运到指定地点。

(11)在挖泥时采用 GPS 定位进行精确施工,减少超挖工程量,降低泥浆扩散,并保证在高浓度情况下施工作业。

(12)在进行油类作业过程中,遵守交通运输部《油轮安全生产管理规则》《港口油区安全生产管理规则》等规章制度,采取防油污染的措施,防止发生跑油、漏油事故。

(13)发生船舶交通事故,应尽可能地关闭所有油舱(柜)管系的阀门、堵塞油舱(柜)通气孔,防止溢油。

13.5.3　隧道人工岛施工环保措施

1)综合环保措施

设立专职环保机构负责环保工作。通过系统教育提高全员的环保意识。编制环保事故应援预案和现场处置方案,开展防止污染应急训练,尽可能降低意外事故对环境的影响。开工前进行环境影响评价,确定影响环境的施工因素,编制施工环境保护规程和施工期环境监测方案并严格执行。通过优选施工方案和优化工期安排,减弱施工对环境的影响。通过典型施工验证施工方案的环保效果,否决不符合环保要求的施工方案。布置有效的环境监控设施,及时监控和有效制止意外污染事件。

2)施工船舶防污措施

严格遵守 MARPOL73/78 公约和海事部门的防污管理规定,保证船舶的排污系统符合《船舶污染物排放标准》。选择对环境影响小的船机设备并在开工前进行严格检查。预防燃料补给和机械检修时漏油。严格按规程合理装载,防止搁浅或拖底事故发生。限制施工船舶在浅海区的航速,减轻对表层泥沙的扰动。

3)疏浚物运输抛卸环保措施

对挖泥船、泥驳定期进行检查和维修保养,保证泥舱密闭完好,防止疏浚物运输途中洒漏。严格将疏浚物抛卸至海洋局指定的抛泥区内,抛泥完毕及时关闭舱门。

4)施工现场环保措施

采用固沙剂、喷水、覆盖和路面防尘处理等措施,控制干坞预制场和人工岛施工中的扬尘污染。采用“防污帘”“气幕”、过滤栅栏等措施,控制基槽开挖、岛体吹填、高压旋喷和 SCP 施工时的泥浆入海量。加装消音器、挡音板、隔音罩等措施,控制施工机械设备噪声污染。

5)中华白海豚特殊保护措施

(1)开展全员保护白海豚意识教育并制定行为规范。

(2)专设“海豚监察员”和半径 500m 监视范围,施工开始时提前 5min 进行观测,确保影响范围内没有白海豚出没,避免惊吓或直接撞伤白海豚。各类船舶遇生物群(尤其是白海豚)时予以避让。限制船舶航速,严格控制船舶排放等。

(3)制订施工方案时,充分考虑保护白海豚。不采用爆破等可能对白海豚造成严重伤害的作业方案。合理安排工期,每年 4—8 月为中华白海豚繁殖期,其间在其保护区内施工时,要采取适宜的保护措施。

附　　录

振动式打桩水中冲击波监测结果

附表1

时间	桩基深度（m）	监测距离（m）	水听器入水深度（m）	声源	峰值声压（Pa）	峰值声压级（dB）（0dB/1μPa）	周期信号峰值声压（Pa）	周期信号峰值声压级（dB）（0dB/1μPa）
12:47	—	3.5	1	背景噪声	8.40	138.5	—	—
	—	3.5	2	背景噪声	20.6	146.3	—	—
	—	3.5	3	背景噪声	20.9	146.4	—	—
13:11	—	3.5	1	气泡帷幕	11.3	141.1	—	—
	—	3.5	2	气泡帷幕	26.1	148.3	—	—
	—	3.5	3	气泡帷幕	51.0	154.2	—	—
13:34	12.8	3.5	1	振动打桩	969	179.7	841	178.5
	12.8	3.5	2	振动打桩	1190	181.5	993	179.9
	12.8	3.5	3	振动打桩	1300	182.3	1040	180.3
13:33	12.5	3.5	1	气泡帷幕 振动打桩	276	168.8	217	166.7
	12.5	3.5	2	气泡帷幕 振动打桩	342	170.2	256	168.2
	12.5	3.5	3	气泡帷幕 振动打桩	372	171.4	281	169.0
12:25	—	26.3	1	气泡帷幕	20.3	146.1	—	—
	—	26.3	2	气泡帷幕	19.0	145.6	—	—
	—	26.3	3	气泡帷幕	19.8	145.9	—	—
12:24	7	26.3	1	振动打桩	—	—	—	—
	7	26.3	2	振动打桩	—	—	—	—
	7	26.3	3	振动打桩	—	—	—	—
12:26	8	26.3	1	气泡帷幕 振动打桩	63.9	156.1	55.3	154.9
	8	26.3	2	气泡帷幕 振动打桩	67.4	156.6	56.9	155.1
	8	26.3	3	气泡帷幕 振动打桩	59.8	155.5	49.3	153.9

续上表

时间	桩基深度（m）	监测距离（m）	水听器入水深度（m）	声源	峰值声压（Pa）	峰值声压级（dB）（0dB/1μPa）	周期信号峰值声压（Pa）	周期信号峰值声压级（dB）（0dB/1μPa）
12:30	—	46.9	1	背景噪声	4.11	132.3	—	—
	—	46.9	2	背景噪声	5.36	134.6	—	—
	—	46.9	3	背景噪声	6.89	136.8	—	—
12:28	—	46.9	1	气泡帷幕	16.3	144.2	—	—
	—	46.9	2	气泡帷幕	17.6	144.9	—	—
	—	46.9	3	气泡帷幕	23.6	147.5	—	—
12:31	9.5	46.9	1	振动打桩	108	160.7	80.7	158.2
	9.5	46.9	2	振动打桩	126	162.0	109	160.7
	9.5	46.9	3	振动打桩	141	163.0	131	162.3
12:29	9	46.9	1	气泡帷幕 振动打桩	52.4	154.4	41.3	152.3
	9	46.9	2	气泡帷幕 振动打桩	64.6	156.2	52.7	154.4
	9	46.9	3	气泡帷幕 振动打桩	75.4	157.6	61.3	155.7
12:33	—	88.2	1	背景噪声	9.41	139.5	—	—
	—	88.2	2	背景噪声	6.07	135.7	—	—
	—	88.2	3	背景噪声	8.80	138.9	—	—
12:35	—	88.2	1	气泡帷幕	7.32	137.3	—	—
	—	88.2	2	气泡帷幕	7.22	137.2	—	—
	—	88.2	3	气泡帷幕	6.21	135.9	—	—
12:34	10	88.2	1	振动打桩	25.2	148.0	20.1	146.1
	10	88.2	2	振动打桩	45.2	153.1	32.9	150.3
	10	88.2	3	振动打桩	42.4	152.5	34.4	150.7
12:36	10.8	88.2	1	气泡帷幕 振动打桩	8.33	138.4	4.97	133.9
	10.8	88.2	2	气泡帷幕 振动打桩	11.6	141.3	9.96	140.0
	10.8	88.2	3	气泡帷幕 振动打桩	12.5	142.0	11.0	140.8
12:41	—	102.6	1	背景噪声	10.5	140.4	—	—
	—	102.6	2	背景噪声	10.8	140.7	—	—
	—	102.6	3	背景噪声	10.9	140.7	—	—

续上表

时间	桩基深度（m）	监测距离（m）	水听器入水深度（m）	声源	峰值声压（Pa）	峰值声压级（dB）（0dB/1μPa）	周期信号峰值声压（Pa）	周期信号峰值声压级（dB）（0dB/1μPa）
12:39	—	102.6	1	气泡帷幕	18.8	145.5	—	—
	—	102.6	2	气泡帷幕	18.8	145.5	—	—
	—	102.6	3	气泡帷幕	17.3	144.8	—	—
12:41	11.8	102.6	1	振动打桩	10.2	140.2	8.85	138.9
	11.8	102.6	2	振动打桩	11.4	141.1	10.2	140.2
	11.8	102.6	3	振动打桩	14.0	142.9	12.0	141.6
12:40	11.5	102.6	1	气泡帷幕 振动打桩	8.29	138.4	6.55	136.3
	11.5	102.6	2	气泡帷幕 振动打桩	8.68	138.8	7.08	137.0
	11.5	102.6	3	气泡帷幕 振动打桩	9.75	139.8	7.26	137.2

注:1. 现场环境参数、现场作业设备型号及相关参数和桩基深度、监测距离等数据由委托方测量并提供。
2. 监测点二未监测到连续的周期性振动打桩噪声信号,该时刻打桩机疑似处于非正常工作状态。

撞击式打桩水中冲击波监测结果　　附表 2

时间	监测距离（m）	水听器入水深度（m）	声　源	峰值声压（Pa）	峰值声压级（dB）（0dB/1μPa）
15:58	65	1	背景噪声	10.2	140.2
	65	2.5	背景噪声	15.1	143.6
	65	4	背景噪声	25.9	148.3
15:59	65	1	撞击打桩	1100	180.8
	65	2.5	撞击打桩	848	178.6
	65	4	撞击打桩	1180	181.4
15:54	65	1	气泡帷幕 撞击打桩	707	177.0
	65	2.5	气泡帷幕 撞击打桩	744	177.4
	65	4	气泡帷幕 撞击打桩	1050	180.4
16:04	118	1	背景噪声	34.8	150.8
	118	2.5	背景噪声	35.1	150.9
	118	4	背景噪声	33.0	150.4

续上表

时间	监测距离(m)	水听器入水深度(m)	声源	峰值声压(Pa)	峰值声压级(dB)(0dB/1μPa)
16:05	118	1	撞击打桩	608	175.7
	118	2.5	撞击打桩	651	176.3
	118	4	撞击打桩	678	176.6
16:07	118	1	气泡帷幕撞击打桩	244	167.7
	118	2.5	气泡帷幕撞击打桩	306	169.7
	118	4	气泡帷幕撞击打桩	358	171.1
16:13	189	1	背景噪声	81.4	158.2
	189	2.5	背景噪声	40.0	152.0
	189	4	背景噪声	74.3	157.4
16:14	189	1	撞击打桩	258	168.2
	189	2.5	撞击打桩	326	170.3
	189	4	撞击打桩	288	168.2
16:11	189	1	气泡帷幕撞击打桩	84.1	158.5
	189	2.5	气泡帷幕撞击打桩	113	161.1
	189	4	气泡帷幕撞击打桩	145	163.2
16:20	385	1	背景噪声	95.0	159.6
	385	2.5	背景噪声	55.9	154.9
	385	4	背景噪声	69.8	156.9
16:21	385	1	撞击打桩	79.5	158.0
	385	2.5	撞击打桩	126	162.0
	385	4	撞击打桩	217	166.7
16:24	385	1	气泡帷幕撞击打桩	—	—
	385	2.5	气泡帷幕撞击打桩	—	—
	385	4	气泡帷幕撞击打桩	—	—
16:37	498	1	背景噪声	46.4	153.3
	498	2.5	背景噪声	8.59	138.7
	498	4	背景噪声	18.8	145.5

续上表

时间	监测距离(m)	水听器入水深度(m)	声源	峰值声压(Pa)	峰值声压级(dB)(0dB/1μPa)
16:38	498	1	撞击打桩	63.7	156.1
	498	2.5	撞击打桩	132	162.4
	498	4	撞击打桩	195	165.8
16:41	498	1	气泡帷幕 撞击打桩	—	—
	498	2.5	气泡帷幕 撞击打桩	—	—
	498	4	气泡帷幕 撞击打桩	—	—
16:57	852	1	撞击打桩	—	—
	852	2.5	撞击打桩	—	—
	852	4	撞击打桩	—	—
17:02	852	1	气泡帷幕 撞击打桩	—	—
	852	2.5	气泡帷幕 撞击打桩	—	—
	852	4	气泡帷幕 撞击打桩	—	—

注:现场环境参数、现场作业设备型号及相关参数、桩基深度和监测距离等数据由委托方测量并提供。

参考文献

[1] 王伯惠,上官兴. 中国钻孔灌注桩新发展[M]. 北京:人民交通出版社,1999.

[2] 梅子广,黄生根,郝世龙,等. 超长大直径钻孔灌注桩施工质量控制[J]. 施工技术,2013,42(1):54-58.

[3] 秦溱,段树梅. 桥梁下部施工技术[M]. 北京:高等教育出版社,2011.

[4] 中国建筑科学研究院. 普通混凝土配合比设计规程[M]. 北京:中国建筑工业出版社,1997.

[5] 刘明虎,孟凡超,李国亮. 港珠澳大桥青州航道桥工程特点及关键技术[J]. 桥梁建设,2013,43(4):87-93.

[6] 中交公路规划设计院. 公路钢筋混凝土及预应力混凝土桥涵设计规范[M]. 北京:人民交通出版社,2005.

[7] 中华人民共和国行业标准. 公路桥涵施工技术规范:JTG/T F50—2011[S]. 北京:人民交通出版社,2011.

[8] 中华人民共和国国家标准. 混凝土结构工程施工质量验收规范:GB 50204—2015. [S]. 北京:中国建筑工业出版社,2015.

[9] 电力工业部中南勘测设计研究院. 水工建筑物抗震设计规范[M]. 北京:中国电力出版社,2001.

[10] 中华人民共和国住房和城乡建设部. 建筑结构荷载规范:GB 50009—2012[S]. 北京:中国建筑工业出版社,2012.

[11] 中华人民共和国国家标准. 钢结构设计标准:GB 50017—2017[S]. 北京:中国计划出版社,2017.

[12] 交通部公路科学研究所. 公路工程水泥及水泥混凝土试验规程:JTG E30—2005[S]. 北京:人民交通出版社,2005.

[13] 冷发光,戎君明,丁威,等. 普通混凝土长期性能和耐久性能试验方法标准:GB/T 50082—2009 简介[J]. 施工技术,2010,39(2):6-9.

[14] 中华人民共和国住房和城乡建设部. 建筑桩基技术规范[J]. 岩土力学,2008(11):3020-3020.

[15] 戴祖生,周游. 异形索塔超宽幅预应力混凝土箱梁斜拉桥施工关键技术[M]. 北京:人民交通出版社股份有限公司,2018.

[16] Giorv O. 严酷环境下混凝土结构的耐久性设计[M]. 北京:中国建材工业出版社,2010.

[17] 陈学兵. 高性能海工混凝土渗透性能研究[D]. 武汉:武汉理工大学,2009.

[18] 洪荣标,郑冬梅. 海洋保护区生态补偿机制理论与实证研究[M]. 北京:海洋出版社,2010.